Ernst Engelke, Konrad Maier, Erika Steinert, Stefan Borrmann,
Christian Spatscheck (Hrsg.)

Forschung für die Praxis
Zum gegenwärtigen Stand der Sozialarbeitsforschung

Lambertus

Ernst Engelke, Konrad Maier, Erika Steinert,
Stefan Borrmann, Christian Spatscheck (Hrsg.)

Forschung für die Praxis
Zum gegenwärtigen Stand der
Sozialarbeitsforschung

Lambertus

Deutsche Bibliothek – CIP-Einheitsaufnahme
Ein Titeldatensatz für diese Publikation ist bei
Der Deutschen Bibliothek erhältlich

Alle Rechte vorbehalten
© 2007, Lambertus-Verlag, Freiburg im Breisgau
Umschlag: Nathalie Kupfermann, Bollschweil
Herstellung: Druckerei F. X. Stückle, Ettenheim
ISBN 978-3-7841-1803-1

Inhalt

15	Teil 1	Einleitung
19	Teil 2	Forschungsergebnisse und ihre Bedeutung für die Theorieentwicklung, Praxis und Ausbildung *Silvia Staub-Bernasconi*
47	Teil 3	65 Forschungsprojekte der Sozialen Arbeit Dokumentation zusammengestellt von Stefan Borrmann, Christian Spatscheck
47	A 1	Workshop „Armut und Wohnungslosigkeit"
47	A 1.1	Aufsuchende Beratung alleinstehender Wohnungsloser – Kritische Lebensereignisse auf dem Weg ins soziale Abseits *Karl-Heinz Grohall*
50	A 1.2	Laboro ergo sum – Eine Analyse des Umgangs mit wohnungslosen Menschen in Österreich am Beispiel der Stadt Innsbruck *Christian Stark*
53	A 1.3	„Und seitdem bin ich ganz draußen...". Lebensort Straße – Eine fallrekonstruktive Untersuchung über die Lebenswelten wohnungsloser Mädchen und junger Frauen *Claudia Steckelberg*
57	A 2	Workshop „Sexuelle Ausbeutung von Frauen"
57	A 2.1	Lebenssituation, Sicherheit und Gesundheit von Prostituierten *Margrit Brückner*
60	A 2.2	Gehandelte Frauen – Menschenhandel zum Zweck der sexuellen Ausbeutung mit Frauen aus Mittel-, Ost- und Südosteuropa *Alexandra Geisler*

Inhalt

63	A 2.3	Die Bedeutung des Jungfräulichkeitsgebotes für Mädchen mit islamischem Hintergrund *Manuela Leideritz*
66	A 3	Workshop „Leben älterer Frauen"
66	A 3.1	FrauenLeben am Rande – Generationsübergreifende Aspekte sozialer Benachteiligung *Gabriele Helmhold-Schlösser*
69	A 3.2	Lesbische Frauen im Alter – ihre Lebenssituation und ihre spezifischen Bedürfnisse für ein altengerechtes Leben *Ulrike Schmauch, Stephanie Braukmann*
72	A 3.3	Ältere und alte Frauen – Bedeutung und Bewältigung des Alterns vor dem Hintergrund der Systemtransformation *Erika Steinert, Hermann Müller*
76	A 4	Workshop „Gewalt und Prävention"
76	A 4.1	Gewalterleben von Fachkräften der Sozialen Arbeit – eine Vergleichsstudie *Klaus Fröhlich-Gildhoff*
80	A 4.2	Mit Sicherheit Sozialarbeit! Gemeinwesenarbeit als innovatives Konzept zur Prävention und Reduktion von Gewalt im Geschlechterverhältnis *Sabine Stövesand*
84	B 1	Workshop „Kinder in Kindertagesstätten"
84	B 1.1	Kinder Stärken! – Resilienzförderung in der Kindertagesstätte *Klaus Fröhlich-Gildhoff, Tina Dörner, Gabriele Kraus-Gruner, Maike Rönnau*
87	B 1.2	Aggressive Verhaltensweisen im Kindergarten: Die aktuelle Situation und Interventionsmaßnahmen – empirische Studie in einer Kleinstadt *Stephanie Gröhl, Angelika Weber*
90	B 1.3	Kindertagesstätten als Lernende Organisation – Die Implementierung des Orientierungsplans für Bildung und Erziehung in Kindertagesstätten in Baden-Württemberg *Christiane Vetter, Susanne Schäfer-Walkmann*

94	B 2	Workshop „Kindersozialisation und Recht"
94	B 2.1	Tutelary Child Protection – Norms, Process, and Outcome *Peter Voll*
97	B 2.2	Kindesinteressenvertretung im Familiengericht – Empirische Analyse eines neuen Feldes Sozialer Arbeit *Heike Schulze*
100	B 2.3	Leitfaden zur Hilfeplanung und Qualitätssicherung in der Sozialpädagogischen Familienhilfe (SPFH) *Eva-Maria Engel*
103	B 3	Workshop „Pflegefamilien und Heimerziehung"
103	B 3.1	Öffentliche Sozialisation – Ein Beitrag zur Entwicklung einer Theorie der Identitätsbildung und gelingender Lebenspraxis unter den Bedingungen öffentlicher Erziehungshilfe am Beispiel des Sozialisationsmilieus Pflegefamilie *Bruno Hildenbrand, Walter Gehres*
106	B 3.2	Zusammenarbeit mit der Herkunftsfamilie in SOS Kinderdörfern *Günther Koch*
110	B 4	Workshop „Soziale Arbeit mit Jugendlichen"
110	B 4.1	Empirische Befunde aus einer Längsschnittstudie zu Jugendlichen ohne Berufsausbildung in Deutschland *Sandra J. Wagner*
113	B 4.2	Ein- und Ausstiegsprozesse von Skinheads *Kurt Möller*
116	B 4.3	Jugendliche Genderinszenierungen als Bildungsgelegenheiten in der Offenen Jugendarbeit *Lotte Rose, Marc Schultz*
120	C 1	Workshop „Klinische Sozialarbeit"
120	C 1.1	Wissen und Expertise in der Sozialen Arbeit *Brigitte Geißler-Piltz, Susanne Gerull*
123	C 1.2	Lebensqualität und Krankheitsbewältigung bei Tumorpatienten in der MKG-Chirurgie – Beitrag des Kliniksozialdienstes zur psychosozialen Versorgung *Silke Birgitta Gahleitner, Kirsten Becker-Bikowski*

Inhalt

128	C 2	Workshop „Soziale Arbeit mit (Schwer)Kranken"
128	C 2.1	Zur Berücksichtigung Sozialer Netzwerke bei chronischen Erkrankungen in der Klinischen Sozialarbeit am Beispiel Morbus Parkinson *Stephan Dettmers*
130	C 2.2	Bodyguard – Gesundheitsförderung und HIV/Aids-Prävention bei Männern *Sibylle Nideröst, Matthias Hüttemann, Daniel Gredig*
134	C 2.3	Soziale Arbeit in Einrichtungen stationärer Palliativmedizin – Eine qualitative Studie *Lisa Brandl-Thür*
138	C 3	Workshop „Sozialpsychiatrie"
138	C 3.1	Integration und Ausschluss – Theorie und Praxis der Sozialen Arbeit in Re-Integrationsprozessen *Peter Sommerfeld, Lea Hollenstein, Raphael Calzaferri*
142	C 3.2	Was bewirkt betreutes Wohnen? Ergebnisse einer empirischen Untersuchung über ambulant betreutes Wohnen für chronisch psychisch kranke Menschen *Michael Leupold, Christoph Walther*
145	C 3.3	Subjektwissenschaftlich begründetes Konzept von Qualitätsentwicklung *Kurt Bader*
147	C 4	Workshop „Sucht und Prävention"
147	C 4.2	Suchtprobleme bei Studierenden an deutschen Hochschulen *Michael Klein, Anne Pauly*
151	D 1	Workshop „Migration und Integration"
151	D 1.1	Sozialraumorientierte interkulturelle Arbeit – Faktoren des Gelingens *Sarah Häseler, Gaby Straßburger*
154	D 1.2	Evaluierung des Xenos-Projektes „Ausbildung für Integration" – Integratives Beschäftigungsprojekt der Zittauer Bildungsgesellschaft *Erika Steinert, Sylvia Wünsche*

157	D 1.3	Förderung der Sprachkompetenz als Schlüssel zur Integration von Kindern und Erwachsenen mit Migrationshintergrund – Evaluation der Deutsch-Offensive Erlangen *Roswitha Sommer-Himmel*
161	D 2	Workshop „Schulsozialarbeit"
161	D 2.1	Schulsozialarbeit aus Lehrersicht *Franz J. Schermer*
164	D 2.2	Kinder psychisch erkrankter Eltern – Ansprechpartner im Kontext der Schule. Eine empirische Studie *Schirin Homeier, Angelika Weber*
168	D 2.3	Ausgrenzung in Schulklassen – Eine qualitative Fallstudie zur Schüler- und Lehrerperspektive *Thomas Markert*
171	D 3	Workshop „Soziale Arbeit mit älteren Menschen"
171	D 3.1	Senior 2030 *Michael Klassen*
174	D 3.3	Ehemalige deutsche Kriegsgefangene in Lagern in den USA – Prisoners of War *Dorothea Geuthner, Rowitha Sommer-Himmel*
178	D 4	Workshop „Bewältigung schwieriger Biographien"
178	D 4.1	Sexuelle Gewalt im Kontext der Familien- und Gesellschaftsgeschichte *Ulrike Loch*
182	D 4.2	Aneignung von Lebenswelt und Bewältigungsstrategien von Kindern in benachteiligten Lebenslagen *Karl August Chassé, Peter Rahn*
185	D 4.3	Bewältigung von Patchwork-Biographien – Eine empirische Überprüfung des Konzepts der biographischen Lebensbewältigung anhand diskontinuierlicher Erwerbsverläufe *Christine Schmidt*

Inhalt

188	E 1	Workshop „Analyse und Planung Sozialer Arbeit"
188	E 1.1	Das Wynental – Sozialraumanalyse oder zur sozialen Lage in urbanisierten ländlichen Regionen mit heterogener kultureller und ökonomischer Bevölkerungsstruktur *Bernhard Haupert, Sigrid Schilling*
191	E 1.2	Nachhaltige Stadtentwicklung – Zur Wahrnehmung des Bund-Länder-Programms „Soziale Stadt" durch Bewohnerinnen und Bewohner *Ina Zimmermann*
194	E 1.3	Quantitative Personalbedarfsplanung in den Sozialen Diensten der kommunalen Kinder- und Jugendhilfe *Benjamin Landes*
197	E 2	Workshop „Sekundäranalysen"
197	E 2.1	Zur Existenz sozialer Bedürfnisse und den Folgen ihrer Versagung. Ein Beitrag zur biopsychosoziokulturellen Theorie menschlicher Bedürfnisse und sozialer Probleme *Werner Obrecht*
200	E 2.3	Lebenslage und Lebensbewältigung von Menschen mit Behinderungen in der Schweiz *Daniel Gredig, Heinrich Zwicky*
204	E 3	Workshop „Handlungsmethoden"
204	E 3.1	Problem- und Ressourcenanalyse in der Kinder- und Jugendhilfe *Manuel Arnegger, Ursula Korf*
206	E 3.2	Biographietheoretische Zugänge als Grundlage interkultureller Kompetenz in der Klinischen Sozialarbeit und Psychosozialen Beratung *Heidrun Schulze*
210	E 4	Workshop „Wirkung und Qualität Sozialer Arbeit"
210	E 4.1	Effekte und Nutzen der Berufsbezogenen Jugendhilfe – Zur Möglichkeit einer Effizienz-Analyse *Christina Heydenreich*

214	F 1	Workshop „Menschen mit Behinderungen"
214	F 1.2	Dämon-Opfer-Ware – Das Menschenbild in der Arbeit mit Menschen mit Behinderungen im gesellschaftlichen und historischen Kontext *Irmingard Fritsch*
217	F 2	Workshop „Ethische Spannungsfelder"
217	F 2.1	Fürsorge im Netz der Eugenik – Städtische Fürsorge im Kräftefeld von Eugenik, Geschlecht und medizinisch-psychiatrischen Normalisierungsdiskursen in Bern und St. Gallen vom Ende des ersten Weltkrieges bis in die 50er Jahre *Gisela Hauss, Béatrice Ziegler*
221	F 2.2	Das Selbstverständnis der Professionellen in der Sozial-psychiatrie – Zwischen Empowerment und sozialer Kontrolle *Ralf Quindel*
224	F 2.3	Ethische Dilemmata in der Sozialen Arbeit – Erscheinungs-formen und Umgangsweisen im internationalen Vergleich *Stefan Borrmann*
227	F 3	Workshop „Soziale Arbeit mit/in Industrieunternehmen"
227	F 3.2	Gesundheitsförderung in einem Industrieunternehmen – Eine salutogenetische Perspektive *Myriam Fröschle-Mess*
230	F 3.3	Forschungsschwerpunkt Rehabilitation – Entwicklung von Modellen und Standards integrativer Versorgung im Bereich der Rehabilitation von Patienten mit motorischen Störungen *Silke Jakobs, Dieter Röh, Ruth Haas, Harro Ohlenburg, Bernd Glauninger, Helmut Tiemann*
234	F 4	Workshop „Interdisziplinarität und Strukturwandel Sozialer Arbeit"
234	F 4.2	Der neoliberale Strukturwandel Sozialer Arbeit aus der Perspektive der Beschäftigten *Ulrike Eichinger*

237	F 4.3	Inszenierung des Sozialen im Wohnquartier – Das Projekt Quartiersaufbau Rieselfeld *Konrad Maier*
241	G 1	Workshop „Professionelles Selbstverständnis"
241	G 1.1	Der Blick von Schuldnerberaterinnen und Schuldner- beratern auf ihre eigene Arbeit – Typen verschiedener professioneller Selbstverständnisse in der Schuldnerberatung *Monika Thomsen*
244	G 1.2	Die aktuelle Qualitätsdebatte in der stationären Kinder- und Jugendhilfe – Ein Element neoliberaler Steuerung? *Cora Herrmann*
246	G 1.3	Wissenschaftliche Weiterbildung und Lebenslanges Lernen in der Sozialen Arbeit *Friedhelm Höfener*
249	G 2	Workshop „Bildungseffekte und Kompetenzen"
249	G 2.2	Das Soziale Kompetenztraining für die Soziale Arbeit – SKSA. Der Bedarf an sozialer Kompetenz in Handlungs- feldern der Sozialen Arbeit – Ergebnisse einer ExpertInnenbefragung *Andreas Schiebel*
252	G 2.3	Kolumbus Projekt – Partizipative Organisations- und Mitgliederentwicklung für Nachbarschaftshilfen, Seniorengenossenschaften, Bürgerhilfen und ausgewählte Kolpingfamilien in Hessen *Uwe J. Schacher*
255	G 3	Workshop „Ausbildung in Sozialer Arbeit"
255	G 3.1	Qualitätsmanagement im Studiengang Soziale Arbeit *Mathias Blanz*
258	G 3.2	Studieren neben dem Beruf als Professionalisierung Sozialer Arbeit *Stefan Busse, Gudrun Ehlert*

263	**TEIL 4 ESSAYS ZU DEN VORGESTELLTEN FORSCHUNGSPROJEKTEN**
263	Der Beitrag der Sozialarbeitsforschung zur Praxis Sozialer Arbeit
Ernst Engelke, Maria Lüttringhaus
271	Wer forscht was unter welchen Bedingungen?
Konrad Maier
280	Grundlagenforschung in der Sozialen Arbeit
Rudolf Schweikart, Uta Steiner
289	Sozialberichterstattung in der Sozialen Arbeit
Lothar Stock, Carina Tausch
297	Evaluationsforschung in der Sozialen Arbeit
Klaus Fröhlich-Gildhoff, Eva-Maria Engel
305	Mit Handschuhen und Pinzette?! Zum Umgang mit Moral und Ethik in der Sozialarbeitsforschung
Karola Kreutner
314	Zur wissenschaftlichen Qualität der vorgestellten Forschungsprojekte
Erika Steinert
324	Entwicklung von Verfahren durch integrierte Praxisforschung in der Sozialen Arbeit
Konrad Maier
333	Der Beitrag der Forschung zur Theoriebildung in der Sozialen Arbeit
Peter Sommerfeld
347	**TEIL 5 LITERATURVERZEICHNIS**
364	HerausgeberInnen und AutorInnen der Essays

Teil 1

Einleitung

AUSGANG UND ANLASS

Die Soziale Arbeit verzeichnet in Deutschland in den letzten 30 Jahren eine beispiellose Expansion: Die Zahl der sozialversicherungspflichtig beschäftigten Diplom-SozialarbeiterInnen/Diplom-SozialpädagogInnen hat sich verfünffacht, auch in den letzten 10 Jahren ist diese Zahl trotz des allerorten festgestellten Sozialabbaus um 23 % angestiegen. Offensichtlich nimmt die Zahl der Problemlagen, deren Lösung die Gesellschaft der Sozialen Arbeit zuschreibt, kontinuierlich zu. Inwieweit hat die Entwicklung der Wissenschaft und Forschung der Sozialen Arbeit mit dieser Expansion Schritt gehalten?
Ein Ziel des Kongresses 2006 der Deutschen Gesellschaft für Soziale Arbeit (DGS) am 17./18. November 2006 in der Fachhochschule Würzburg-Schweinfurt war es, eine Antwort auf diese Frage zu finden. Für die Veranstalter waren die große Resonanz auf die Ankündigung des Kongresses und die hohe Zahl der ForscherInnen, die auf den Call for Papers zum Thema des Kongresses „Empirie und Theorie in der Sozialen Arbeit. Forschungsergebnisse und ihre Bedeutung für die Theorieentwicklung und die Praxis" antworteten, ein wenig überraschend. 77 von 82 eingereichten Abstracts wurden von der Programmkommission für den Kongress angenommen. Einige ReferentInnen mussten aus persönlichen Gründen ihre zugesagte Teilnahme kurzfristig absagen, so dass letztendlich 68 Forschungsprojekte in 27 Workshops den 330 TeilnehmerInnen auf dem Kongress präsentiert worden sind.[1]

AUFBAU DES BUCHES

Auf dem Kongress hat Silvia Staub-Bernasconi das Eröffnungsreferat gehalten. In dem *zweiten Teil* des Buches ist ihr überarbeitetes Referat unter dem Titel „Forschungsergebnisse und ihre Bedeutung für die Theorieentwicklung, Praxis und Ausbildung der Sozialen Arbeit" abgedruckt.

---

[1] Die Abstracts aller angenommenen Kongressbeiträge sind im Internet unter der Adresse http://www.dgsinfo.de/AbstractsJahrestagung2006/vortraege_in_den_workshops.htm abrufbar. Die Kennzeichnung der Abstracts beim Kongress und bei der Dokumentation in diesem Buch ist gleich. Die Abstracts der im Teil 3 nicht dokumentierten Beiträge mit den Kennzeichnungen C 4.1, D 3.2 und E 2.2, auf die im Teil 4 Bezug genommen wird, befinden sich ebenfalls auf der genannten Website.

Einleitung

Für die HerausgeberInnen einer Tagungsdokumentation stellt sich bei einer derartig großen Anzahl von Projekten die Frage, in welcher Art und Weise diese Vielfalt in angemessener Weise dokumentiert werden kann. Ein Abdruck eines umfassenden Artikels zu jedem der Projekte würde den Rahmen eines solchen Vorhabens deutlich sprengen. Sozialarbeitsforschung ist vielfältig, nutzt die gegebene Bandbreite an empirischen Methoden, befasst sich mit unterschiedlichsten inhaltlichen Fragestellungen und wird in unterschiedlichsten Größenordnungen praktiziert. Die Dokumentation der auf der Tagung präsentierten Forschungsprojekte verdeutlicht diese Vielfalt.

Im Anschluss an den Kongress wurde an die Vortragenden ein Fragebogen verschickt, der dazu diente, grundlegende Daten zum Forschungsprojekt zu erheben. Zusätzlich wurden die ReferentInnen gebeten, anhand von fünf kategorialen Vorgaben ihr Forschungsprojekt und deren Ergebnisse – soweit sie bereits vorlagen – zu beschreiben. Bis auf wenige Ausnahmen haben sich die Vortragenden zu einer solchen kurzen Vorstellung bereit erklärt. Hierfür gebührt ihnen der Dank der HerausgeberInnen dieses Bandes. Die Bereitschaft dazu ist umso höher einzuschätzen, als durch die geforderte Kürze der Projektdarstellungen vielleicht nicht alle wesentlichen Informationen darstellbar waren. In Einzelfällen mag dies dazu führen, dass sich Nachfragen an die ForscherInnen und ihre Projekte ergeben. Diese sind erwünscht! Zu vielen der Projekte finden sich weitergehende Literaturhinweise auf bereits erfolgte umfangreichere Veröffentlichungen. Bei allen Projekten ist eine Ansprechpartnerin oder ein Ansprechpartner benannt, an die Fragen direkt gerichtet werden können. Vielleicht führt dies ja dazu, dass sich der Austausch zwischen den in der Sozialen Arbeit Forschenden auch neben Tagungen und persönlichen Begegnungen intensiviert.

Mit der Dokumentation der Forschungsprojekte in dem *dritten Teil* dieses Buches wird eine auf den ersten Blick beeindruckende Forschungslandschaft quer durch alle Bereiche der Sozialen Arbeit sichtbar. Ihre Dokumentation bietet beispielhafte Modelle für Forschung und Lehre der Sozialen Arbeit. Handlungsmodelle werden ebenso dargestellt und untersucht wie die Wirkung und Qualität Sozialer Arbeit.

Ob diese Präsentation einem zweiten Blick standhält, ist Thema des *vierten Teils*. In neun Essays werden die dargestellten Projekte hinsichtlich ihres Beitrags zur Grundlagen- und Evaluationsforschung, zur Sozialberichterstattung, zur Theorieentwicklung, zum Umgang mit Moral und Ethik, zur Entwicklung von Verfahren, zur Praxis der Sozialen Arbeit und hinsichtlich ihrer wissenschaftlichen Qualität als Forschungsprojekte untersucht und kommentiert. Aus diesem Grund wurden die einzelnen Forschungsprojekte mit Kennziffern versehen. Die Kennziffern der Beiträge orientieren sich an der Workshopnummerierung des Kongresses. Dies erleichtert eine strukturierte Sichtung der nachfolgenden Beiträge. Die Workshops sind nach thematischer oder methodischer Nähe der Forschungsprojekte zusammengestellt worden. Einzelne Kennziffern sind leer geblieben, weil die angekündigten Projekte nicht vorgestellt worden sind und das Nummerierungssystem aber als Ganzes beibehalten werden sollte.

AUSBLICK

Schon der Kongress selbst, die große positive Resonanz auf den Kongress sowie die dort präsentierten Beispiele gegenwärtiger Sozialarbeitsforschung bezeugen, dass an den Fachhochschulen und Universitäten in Deutschland bemerkenswerte Forschungskapazitäten im Bereich der Sozialen Arbeit aufgebaut worden sind. Deutlich wird, dass die Praxis zunehmend nach Evaluationsuntersuchungen, wissenschaftlicher Begleitung, Feldanalysen und der Mitarbeit bei der Planung sozialer Dienste fragt. Für die immer wichtiger werdende Forschung im Bereich Sozialer Arbeit fehlen jedoch häufig die erforderlichen (finanziellen) Ressourcen. Bei der Forschungsförderung werden Forschungsprojekte mit Bezug auf sozialarbeiterische Gegenstände vernachlässigt. Die Weiterentwicklung der Sozialarbeitswissenschaft und einer ihr angemessenen Forschung wird dadurch bedauerlicher Weise zum Nachteil für viele Menschen in unserer Gesellschaft verhindert.

Einen Ausweg sehen wir darin, Stiftungen oder Programme zur Förderung von Forschung im Bereich Sozialer Arbeit einzurichten. Daher appellieren wir an die großen Träger der Sozialen Arbeit, an die Städte und die Landkreise, die Wohlfahrts- und Berufsverbände und an die einschlägigen Ministerien in Bund und Ländern, solche Stiftungen zu gründen!

DANK

Wir danken den ReferentInnen und AutorInnen für ihren Beitrag auf dem Kongress und für die schriftliche Aufbereitung ihrer Forschungsprojekte nach den Vorgaben der HerausgeberInnen. Dem Lambertus-Verlag danken wir dafür, dass er ohne Druckkostenzuschuss die Verlegung dieses Kongressbandes übernommen hat. Sabine Winkler vom Lambertus-Verlag danken wir für ihre vorzügliche Betreuung beim Entstehen dieses Buches.

Würzburg, im September 2007

Ernst Engelke, Konrad Maier, Erika Steinert,
Stefan Borrmann, Christian Spatscheck

Teil 2

Forschungsergebnisse und ihre Bedeutung für die Theorieentwicklung, Praxis und Ausbildung

Silvia Staub-Bernasconi

> *„To make benevolence scientific is the great problem of the present age."*
> *(Arnold Toynbee 1881)*
> *„Charity is a science, the science of social therapeutics, and has laws like all other sciences." (Charles D. Kellogg of the Philadelphia Charity Organization Sciety 1880)*
> *„Die naturwissenschaftliche Methode fordert das Experiment. Dabei ist klar, dass weil jemand arm oder sonst hilfsbedürftig ist, er nicht zu Versuchen ausgenutzt werden darf. Neben diesem allgemein anzuerkennenden Grundsatz muss allerdings zugegeben werden: In der Fürsorge wird überhaupt nur experimentiert!" (Ilse Arlt 1958)*

Der öffentliche Auftakt zur Diskussion Sozialer Arbeit als „forschende Disziplin" in Deutschland wurde durch den von Erika Steinert, Birgitta Sticher-Gil, Peter Sommerfeld und Konrad Maier herausgegebenen Sammelband „Sozialarbeitsforschung: was sie ist und leistet – Eine Bestandsaufnahme" (1998) gegeben. Er war das Produkt intensiver Diskussionen des Arbeitskreises „Sozialarbeitsforschung" der Deutschen Gesellschaft für Soziale Arbeit. In der Einleitung heißt es: „SozialarbeiterInnen, die sich von Minderwertigkeitsgefühlen befreien und die gesellschaftliche Wichtigkeit der von ihnen geleisteten Unterstützungsarbeit in komplexen sozialen Situationen erkennen, sind notwendigerweise zur Steigerung der Qualität ihres Handelns auf wissenschaftliche Grundlagen angewiesen." (Sticher-Gil 1998, 7). Die Fragen, die damals, wie es im Text heißt, „äußerst kontrovers" diskutiert wurden, waren (a.a.O. 9):

- Was ist der *Gegenstand* der Sozialarbeitsforschung?
- Welche Rolle spielen die *Grundlagen- oder Bezugsw*issenschaften Sozialer Arbeit?
- Welches sind die verfolgten *Ziele,* das Erkenntnisinteresse?
- Welche Rolle spielen Sinnfragen, *Werte, Ethik* in der Sozialarbeitsforschung?
- Welche *Forschungsmethoden* sind für die Soziale Arbeit bedeutsam und was sind die wissenschaftlichen Gütekriterien?

- Welches sind die *Typen von Sozialarbeitsforschung,* was sind die Ergebnisse und was tragen Sie zur Weiterentwicklung von Theorie, Praxis und Ausbildung in Sozialer Arbeit bei?[1]

Ich werde in meinem Beitrag diesen Fragen nachgehen. Dabei fragt sich allerdings, ob die drei obgenannten Gründe für den Ausbau von Sozialarbeitsforschung, nämlich die Überwindung von Minderwertigkeitsgefühlen, die Suche nach gesellschaftlicher Anerkennung und die zunehmende Problemkomplexität hinreichend sind. Meines Erachtens muss dazu noch ein klares Bekenntnis zur Weiterentwicklung von *Professionalität* hinzukommen, wobei ich mich für diesen Beitrag auf ein einziges Merkmal des Professionsverständnisses beschränke, nämlich *wissenschaftsbegründete Praxis*[2]. Und dieses Bekenntnis scheint mir bis heute nicht so eindeutig zu sein.

1. Nüchterne Bilanz zur Professionalisierung und dennoch berechtigte Hoffnungen

Was es deshalb als erstes braucht, ist die schonungslose Kenntnisnahme des aktuellen Standes der Professionsentwicklung (Staub-Bernasconi in: Weiss/Welbourne 2007):

- Auch wenn die Vorstellung, Soziale Arbeit sei keine Disziplin, sondern ein Berufsfeld, nicht mehr weit verbreitet ist, gibt es nach wie vor die Position, Soziale Arbeit sei „ein ganz normaler Beruf" (Bommes/Scherr 2000). Für diesen genüge es, „bestimmte Kompetenzen – Zuständigkeiten und Fähigkeiten – in einer Weise zusammen(zufassen), deren Zusammenhang besser historisch als systematisch zu begreifen ist; ...." (A.a.O. 26) Soziale Arbeit sei zudem eng an rechtliche, politische und materielle Vorgaben gebunden und verfüge deshalb bezüglich Diagnose, Ziele und Hilfsplan über keine Entscheidungsautonomie. (Scherr 2001)
- Etliche Fachbeiträge zum Handlungsaspekt Sozialer Arbeit begnügen sich denn auch mit der Darstellung von Methoden ohne deren theoretisch-wissenschaftliche Begründung (zum Beispiel Galuske 1999)[3]. Damit verstärken

---

[1] Als zweiten Meilenstein in der Etablierung einer Sozialarbeitsforschung kann der Band von Konrad Maier „Forschung an Fachhochschulen für die Soziale Arbeit. Bestandsaufnahme und Perspektiven" (Maier 1999) zum 10-jährigen Bestehen der Kontaktstelle für praxisorientierte Forschung in Freiburg mit weiteren einleitenden Beiträgen von Peter Sommerfeld und Albert Mühlum betrachtet werden.

[2] Was dieser Beitrag nicht leisten kann, ist die Beantwortung der Frage, wie die Anforderungen an eine forschungsbasierte Wissenschaft Sozialer Arbeit kompetenzmäßig und praxisbezogen ein- und ausgeübt werden kann.

[3] So definiert Galuske „Methode" wie folgt: „Methoden der Sozialen Arbeit thematisieren jene Aspekte im Rahmen sozialpädagogischer/sozialarbeiterischer Konzepte, die auf eine planvolle, nachvollziehbare und damit kontrollierbare Gestaltung von Hilfeprozessen abzielen und die dahingehend zu reflektieren und zu überprüfen sind, inwieweit sie dem Gegenstand, den gesellschaftlichen Rahmenbedingungen, den Interventionszielen, den Erfordernissen des Arbeitsfeldes, der Institution,

sie implizit diese Vorstellung. Je nachdem kommt die Forderung nach Verzicht auf Diagnose und Erklärungen zugunsten einer Lösungsorientierung hinzu (kritisch hierzu Obrecht/Gregusch 2003).
– Auch in den kürzlich verabschiedeten Qualifikationsstandards der Arbeitsgruppe „Qualifikationsrahmen des (deutschen) Fachbereichstages Soziale Arbeit" für das Bachelor- und Masterstudium (Bartosch et al. 2006) zeigen die Stellungnahmen zum vorgelegten Konzept, dass noch erhebliche Differenzen in der Einschätzung des Stellenwertes von Wissenschaft und Theorie für professionelles Handeln bestehen; das Gleiche gilt für den Zusammenhang zwischen den Bezugswissenschaften und der Allgemeinen Handlungstheorie sowie den speziellen Handlungstheorien (Methoden) der Sozialen Arbeit.
– Ungeklärt bleibt auch das Verhältnis zwischen Disziplin und Profession, wenn man von der problematischen Annahme ausgeht, dass die als abstrakt und wissenschaftlich definierte Disziplin vornehmlich die gesellschaftlichen Bedingungen als Handlungsrahmen der Sozialen Arbeit reflektiert und die Profession es mit der meist als schlicht betrachteten Praxis und die Praxistauglichkeit von Qualifikationen zu tun habe (Staub-Bernasconi 2006).[4]
– Und schließlich zeigt sich auch mehr und mehr, dass der Bachelorabschluss – im Unterschied zu internationalen Standards – im deutschen Sprachraum zum Regelabschluss werden könnte bzw. teilweise schon geworden ist (Riedi/Schleicher 2007), auf welchem ein unkontrollierbarer Wildwuchs von durch partikuläre Interessen bestimmte „Weiterbildungen" aufbaut. Sofern sich dies durchsetzt, wird dies die Weiterentwicklung zur Profession für lange Zeit blockieren.[5]

Das Bekenntnis zur Professionalität ist aber auch bei PraktikerInnen der Sozialen Arbeit nicht ohne weiteres gegeben.

---

der Situation sowie den beteiligten Personen gerecht werden" (Galuske 1999, 25). Es ist eine umfassende Definition, die jedoch die beteiligten Personen, für deren Problembewältigung sie gedacht sind – also die Adressaten dieser Methoden – im Sinne einer funktionalen Top-Down-Logik an den Schluss setzt (vgl. Staub-Bernasconi 2007, 113–132) und keinen Hinweis auf eine theoretisch-wissenschaftliche Begründung der Arbeitsweisen macht.
[4] Zur Profession Sozialer Arbeit gehören sowohl die Bezugswissenschaften als auch die speziellen Handlungstheorien/Methoden und natürlich: die Geschichte ihres Gegenstandes und der Theoriebildung, der individuellen und kollektiven Akteure des Sozialwesens und ihres Managements, des Professionalisierungsprozesses usw. Die curriculare Integration dieser Themen konstituiert zugleich die Disziplin Soziale Arbeit. Was damit abgelehnt wird, ist die dualistische Differenzierung und Hierarchisierung von Disziplin und Profession. Keine Profession „verfügt über eine singuläre Wissenschaft", wie dies Scherr unter Bezug auf die Medizin behauptet (2001, 29). Ihre Bezugswissenschaften sind Biologie/Anatomie, Physik/Physiologie, Neurobiologie/Psychobiologie, medizinische Psychologie und medizinische Soziologie, die Geschichte der Medizin sowie die klinisch-praktische Ausbildung.
[5] So umfasst der Abschluss in „Clinical Social Work" in den USA zwischen 5 und 6 Studienjahren, etliche Jahre supervisierte Praxis nach dem Masterabschluss sowie eine Prüfung – entwickelt von der autonomen Association of Social Work Boards – für den Erhalt einer Praxislizenz, welche die „minimal" notwendigen Kompetenzen „to practice safely" gewährleistet (Thyer 2004, 30).

- So übersetzt der Deutsche Berufsverband für Sozialarbeit, Sozialpädagogik und Heilpädagogik e.V. (DBSH) die internationale Definition Sozialer Arbeit „Soziale Arbeit ist eine Profession ..." mit „Soziale Arbeit ist ein Beruf ...". Der schweizerische Berufsverband spricht hingegen in seinen Dokumenten (leider nicht in seiner offiziellen Bezeichnung „AvenirSocial") klar von Professionalität.
- Aufgrund diverser Studien über die Einschätzung von Studium und Ausbildung durch AbsolventInnen in Sozialarbeit/Sozialpädagogik müssen wir eine große Theorieskepsis zur Kenntnis nehmen: „Sich in Theorie ergehen errichtet Sprachbarrieren, fördert Elitedenken, führt zu unrealistischen Wunschvorstellungen, trübt die Wahrnehmung der Wirklichkeit, erzeugt Selbstüberschätzung und falsche Sicherheit, erschwert also grundsätzlich den Zugang zur Praxis." (Salustowicz u.a. 1985, 227, zit. in Schweppe/Thole 2005, 208) Theorie ist in dieser Einschätzung geradezu hinderlich für die Praxis.
- Das dennoch notwendige Fach- und Routinewissen eignet man sich nicht in der Ausbildung, sondern erst im Handlungsfeld über KollegInnen an. Nur selten, wenn überhaupt, erfolgt für die Legitimierung der Praxis der Rückgriff auf wissenschaftliche Theorien und Forschungsergebnisse (Ackermann/Seeck 1999).
- Ein weiteres Ergebnis der von Schweppe/Thole zitierten Studie zeigt Folgendes: An die Stelle von Theorie, Wissen treten Persönlichkeitsmerkmale: „Voraussetzung für eine erfolgreiche Berufspraxis ist nicht ... der Erwerb von reinem Fachwissen durch die Ausbildung, sondern vielmehr das Vorhandensein von Sozialkompetenz (wie Geduld, Fähigkeit zum Zuhören, Selbstbewusstsein, Akzeptanz des Gegenübers, Offenheit, Auf-Leute-Zugehen-Können, Einfühlungsvermögen und Kommunikationsfähigkeit)". (A.a.O. 206) Das Problem ist hier das Wörtchen „sondern" statt „und". Mit dieser Aufzählung sind überdies einmal mehr durchgängig weiblich konnotierte, persönliche Eigenschaften festgehalten, die offenbar als hinreichend für eine gelingende Alltagspraxis betrachtet und so zum „Kern eines Professionalisierungsprojekts" gemacht werden. (Kritisch dazu Brückner 2003; Nadai et al. 2005, 185)
- In ihrer Untersuchung über das Selbstbild Sozialer Arbeit schreiben Nadai et al. (2005) zusammenfassend von einer bescheidenen Profession, die sich in einem Kreislauf von
  - fehlendem Bewusstsein, Teil einer Profession zu sein,
  - missglückter Inszenierung gegenüber Freiwilligen und anderen Professionen,
  - pragmatischem, individuellem Abarbeiten von praktischen Problemen,
  - Ausblenden fach- bzw. professionspolitischer Dimensionen und
  - begrenzter Autonomie und – wie man ergänzen müsste –
  - dauernder Klage über ihre gesellschaftliche wie professionelle Randständigkeit bewegt (a.a.O. 189f.).

Es wäre zu einfach, einseitig die Theoriefeindlichkeit und den Pragmatismus der PraktikerInnen zu beklagen. Parallel dazu müssten auch Currriculum, Studium und damit die Lehrenden befragt werden, denen es offenbar wenig gelingt, das „Theorie-Praxis-Problem" theoretisch zufriedenstellend zu lösen – auch wenn sich die Ausbildungsstätten nun „Universities of Applied Sciences" nennen.

Und schließlich müssen auch die Arbeitgebererwartungen in diese Problembeschreibung einbezogen werden. Ein jüngstes Beispiel: Die Schweizerische Konferenz für Sozialhilfe (SKOS), eine Trägerorganisation der staatlichen Sozialhilfe, führte bei den Arbeitgebern eine Studie mit der Frage durch, was sie von der Sozialen Arbeit – Personal und Ausbildung – erwarten. Das Ergebnis: Durchsetzungsfähigkeit, Belastbarkeit, Flexibilität und das für die Arbeit notwendige Handwerk (Knupfer et al. 2005). Im Rahmen der heutigen Sozialstaatsdiskussion wage ich zu präzisieren: Durchsetzungsfähigkeit bei Missbrauchsabklärungen und Ahndungen, eventuell auch gegenüber Behörden; Belastbarkeit, also kein Burnout bei steigenden Fallzahlen ohne Personalaufstockung, hingegen wachsender Verantwortung bei zunehmendem Sparzwang; ferner: Flexibilität bei der Anpassung der Arbeitsroutinen vor dem Hintergrund der neuen politischen Vorgaben und betriebswirtschaftlichen Instrumente der formalen Berichterstattung und schließlich: Handwerk und nicht Wissen und schon gar nicht wissenschaftlich begründetes Wissen. Weshalb soll man da nicht auf die Idee kommen, professionelle Sozialarbeiter durch billigere Casemanager zu ersetzen, die nach standardisierten Verfahren und Software-Tools zu arbeiten gelernt haben? James (2004) nennt dies in einem erhellenden Artikel die Fast-Food-Variante der Sozialen Arbeit im Rahmen eines strukturellen Macdonaldisierungsprozesses.

Trotz alledem: Wenn nun eine Tagung – angeregt durch Hans-Jürgen Göppner (2006a) – mit dem Untertitel „Forschungsergebnisse und ihre Bedeutung für die Theorieentwicklung und Praxis" mit über 300 TeilnehmerInnen und 78 Forschungsbeiträgen zustande kommt, so lässt dies hoffen und stimmt optimistisch für die Weiterentwicklung der Sozialen Arbeit als wissenschaftsbasierte Profession. Es gibt sie also doch, die als nicht-existent beklagte Sozialarbeitsforschung und sie wird offensichtlich vor allem von der jungen Generation getragen und praktiziert. Dabei muss klar sein: Die Befreiung von Minderwertigkeitsgefühlen und fehlender gesellschaftlicher Anerkennung sind nicht die Voraussetzung, sondern das Ergebnis von Professionalisierungsbestrebungen.

2 Grundannahmen empirisch-theoretischer Forschung im Rahmen eines Professionsverständnisses

Im Folgenden werde ich in Kürze das Wissenschaftsverständnis einer transdisziplinären Handlungswissenschaft klären, das meinen weiteren Überlegungen zugrunde liegt, um hierauf an Beispielen aufzuzeigen, was aktuelle Forschungsbeiträge zum Auf- und Ausbau der Sozialen Arbeit als Handlungswissenschaft beitragen können (vgl. hierzu u.a. Bunge 1998, 1999; Obrecht 2003, 2007; Obrecht/Gregusch 2003; Wolpert 2004; Klassen 2004; Hollstein-Brinkmann/ Staub-Bernasconi 2005; Engelke 2003). Sie bilden den philosophischen Hintergrund jeder empirischen Forschungstätigkeit, auch wenn sie von den Forschenden selber meistens nicht explizit erwähnt oder gar reflektiert werden.[6]

2.1 Die philosophischen Grundannahmen empirisch-theoretischer sowie empirisch-handlungstheoretischer Forschung

Empirisch-theoretische Forschung – und damit die Frage nach der möglichen Entsprechung unserer theoretischen Vorstellungen mit dem, worauf sie sich beziehen – hat nur dann einen Sinn, wenn eine Welt vorausgesetzt wird, die es unabhängig von unserer Vorstellung, unseren subjektiven Deutungen und unserer individuellen Existenz gibt. Nur diese Annahme ermöglicht die Feststellung und Korrektur von Wahrnehmungsverzerrungen, Fehlurteilen, Ideologien und anderem mehr. Nur dann lässt sich eine mentale Vorstellung überhaupt testen. Wer diese Annahme nicht teilt, muss seine Forschungstätigkeit auf Ideengeschichte, Gedankenexperimente, subjektive Deutungen, Analogien, kognitive Ambivalenzen und Widersprüche und mithin nicht durch Empirie überprüfbare, kognitive Muster (Konstrukte/Codes) beschränken.

Empirisch-theoretische Forschung setzt voraus, dass wir die Realität wenigstens *ansatz- und näherungsweise* erkennen können. Erkenntnistheorie fragt deshalb, was zuverlässige Erkenntnis ist und wie sie gewonnen werden kann. Empirisch-theoretische Forschung setzt des Weiteren voraus, dass sich das, was erforscht wird, nicht beliebig, sondern *gesetzmäßig verhält,* das heißt aufgrund von Forschung Erklärungen ermöglicht, weshalb „etwas" so geworden ist, wie es ist, wie es sich erhält, welche Folgen dies hat, und unter welchen Bedingungen es sich verändert, zerfällt oder sich neu organisiert. Biologische, psychische, soziale *Gesetzmäßigkeiten* – wozu auch probabilistische, das heißt mit Wahrscheinlichkeiten rechnende Gesetzmäßigkeiten gehören – sind also reale Muster des Seins und Werdens, die durch *Aussagen* über Gesetzmäßigkeiten repräsentiert werden können. Wissenschaftliche Beobachtungen werden im Lichte von Hypothesen (hypothetische Gesetzesaussagen), die (teilweise) bestätigt oder falsifiziert werden können, konzipiert und durchgeführt. Wissenschaftliche Theorien Sozialer Arbeit sind entsprechend empirisch überprüfte Systeme von Aussagen über die Entstehung, den Erhalt wie die Veränderung sozialer

---

[6] Dies gilt auch für radikale Konstruktivisten, sofern sie empirische Forschung betreiben oder/und als Begründung für ihre Thesen und Theorien (Sozialer Arbeit) in Anspruch nehmen. Empirische Forschung erfindet, konstruiert die Welt nicht, sondern exploriert, entdeckt sie. Das, was sich daraus ergibt, sind Aussagen, Repräsentationen oder mehr oder weniger abstrakte begriffliche Konstruktionen. Das heisst, man wird den ontologischen Konstruktivismus, aber nicht den erkenntnistheoretischen in Frage stellen müssen (vgl. hierzu ausführlich zum Beispiel Bunge 1999, 173–207).

Probleme von Individuen als Mitglieder von sozialen Systemen. Die Erarbeitung von klar definierten Begriffen (Konzepten) ist eine Vorbedingung und Ressource für die Theoriebildung, aber noch keine Theorie.
Empirisch-theoretische Forschung setzt einen *korrespondenztheoretischen Wahrheitsbegriff* voraus, das heißt es geht um die (semantische) These, dass die Wahrheit einer Tatsachen*aussage* in ihrer Übereinstimmung mit den Tatsachen besteht – und nicht etwa im Konsens einer Gruppe von Personen/ForscherInnen/SozialarbeiterInnen oder allein in der Kohärenz/Systematik der gemachten Aussagen. Der korrespondenztheoretische Wahrheitsbegriff sagt uns aber nicht, ob und wie die Übereinstimmung einer Aussage mit den Tatsachen erkannt werden kann. Dazu benötigen wir Wahrheitskriterien oder Indikatoren im Sinn von Beobachtungshypothesen und -kriterien (Operationalisierungen). Das Zugeständnis, dass wir uns dabei irren können, hält uns dazu an, immer nach Fehlern sowie nach Möglichkeiten zu suchen, unsere Erkenntnis zu verbessern (Fallibilismus oder methodischer Skeptizismus, kombiniert mit Meliorismus, das heißt Verbesserungsfähigkeit).
Eine Grundlagenwissenschaft ist nur in dem Sinne wertfrei, als sie keine *externen* Werturteile über ihre Untersuchungsgegenstände fällt, fällen darf – außer, je nach Erkenntnisinteresse, über deren Eignung und (Un)Wichtigkeit als Forschungsthemen.[7] Eine Grundlagenwissenschaft wird deshalb auch keine Werturteile über die AdressatInnen der Sozialen Arbeit oder eine bestimmte, vorfindbare Gesellschaftsstruktur fällen, außer über die Erforschungsnotwendigkeit zum Beispiel bestimmter sozialer Probleme bestimmter Individuen, Organisationen, Gemeinwesen, gesellschaftlicher Machtverhältnisse – kurz: sozialer Systeme – im Hinblick auf problemverursachende Strukturen und Prozesse. Dass diese Norm nicht immer eingehalten wird, schränkt die Geltung der Norm nicht ein, sondern bildet die Grundlage für Kritik und Sanktionen bei Fehlverhalten von Wissenschaftlern. Diese Wertfreiheit gilt allerdings *nicht* für Handlungstheorien als Veränderungswissen, bei denen es um die Kritik bestehender Sachverhalte (Zustände, Prozesse) und praktische Veränderungsziele geht. Hierzu müssen *externe* Werte und Normen zur Beurteilung sowohl der Ziele, Verfahren und Ressourcen/Mittel beigezogen werden. Diese können philosophisch-ethisch oder/und empirisch-realwissenschaftlich begründet sein. Eine Grundlagen- oder Bezugswissenschaft verfolgt kognitive Ziele, eine Handlungswissenschaft hat auch ein praktisches Erkenntnis- und damit Veränderungsziel. Kritische Theorie und Soziale Arbeit/Sozialarbeitswissenschaft setzen bestimmte Werte wie Herrschaftsfreiheit/Emanzipation axiomatisch fest und vermischen die beiden Fragestellungen und Erkenntnisziele in unzulässiger Weise.

---

[7] So hat erst die feministische Forschung in allen Disziplinen die fast vollständige Vernachlässigung von frauenspezifischen Forschungsthemen aufgezeigt. Die historische Forschung zur Rolle der Sozialen Arbeit im Zusammenhang mit der Eugenik-Bewegung und im Nationalsozialismus war bis vor kurzem kein Thema. Das Aufzeigen, inwiefern die in der Sozialen Arbeit verbreiteten soziologischen Modernisierungstheorien und Theorien der Sozialpolitik in hohem Masse ethnozentrisch sind, steht noch bevor.

2.2 Soziale Arbeit – Soziale Probleme – als Gegenstand der Bezugswissenschaften

Das, was im Diskurs über Soziale Arbeit als Gegenstand von Bezugswissenschaften bezeichnet wird, sind Aussagen über die Beschaffenheit und Veränderung der realen Welt, im Fall der Sozialen Arbeit insbesondere des Menschen und der Gesellschaft, *miteingeschlossen ihre individuellen, innerpsychischen und kollektiv geteilten (sub)kulturellen Deutungsmuster,* die ebenso real sind wie die sozioökonomische Position in einem gesellschaftlichen Kasten-, Klassen- oder Schichtungssystem. Im Besonderen sind es zum einen Aussagen über die Nöte, das Leiden von Menschen und ihre (fehlenden) Bewältigungskompetenzen; zum andern ist es das, was Menschen einander in direkter Interaktion oder indirekt über institutionalisierte soziale Regeln der sozialen und kulturellen Strukturen an Leid antun können. Der Gegenstand der Sozialarbeitsforschung ist mithin der Gleiche wie der Gegenstand der Disziplin/Profession Sozialer Arbeit. Diese Real- oder Wirklichkeitswissenschaften umfassen also ausdrücklich nicht nur die Naturwissenschaften, sondern auch die Psychologie, Soziologie (Ökonomie, Politologie) und Kulturwissenschaften. Denn die in diesen Disziplinen ermittelten Gesetzmäßigkeiten gehören nicht einer, vom Menschen abgekoppelten „höheren, ideell-geistigen Sphäre" an, die sich als Reich der von Gesetzmäßigkeiten unbehelligten Freiheit von den Naturwissenschaften kategorial unterscheidet, wie dies in einer dualistischen Weltsicht und idealistischen Philosophie der Fall ist. Dabei ist es nicht so, dass etwas entwertet wird, sobald man es wissenschaftlich erklärt hat. Auch wenn man – hypothetisch – vollständig erklären wollte oder könnte, warum wir jemanden lieben oder hassen, was in uns vorgeht, wenn wir Musik oder eine Predigt hören, ändert dies nichts an der Qualität oder Intensität dieser Gefühle und Gedanken.

Sozialarbeitswissenschaft wird also alle Grundlagen- als Bezugswissenschaften daraufhin befragen, welchen Beitrag sie zur Beschreibung und Erklärung sozialer Probleme leisten. Der Erkenntnis- oder Wissensstand einer wissenschaftlichen Disziplin ist eine Sammlung aktueller und nach den Regeln des wissenschaftlichen Forschungsverfahrens bestätigter, allerdings jederzeit kritisier- und revidierbarer Erkenntnisse (Daten, Hypothesen und Theorien), die von den WissenschaftlerInnen der betreffenden „Scientific Community" bislang gewonnen wurden.

Die *Ziele* der Bezugswissenschaften sind rein kognitiver Natur, das heißt, es geht um die Entdeckung von Gesetzmäßigkeiten mit den dazugehörigen Beschreibungen, Erklärungen und Voraussagen von Sachverhalten.

Die *Methodik* einer realwissenschaftlichen Disziplin ist die wissenschaftliche Methode, das heißt eine Abfolge der allgemeinen Schritte: Problemstellung – Hypothesenbildung – Test (mit geeigneten Methoden) – Beurteilung und Integration der Resultate in den vorhandenen Wissensbestand oder Umbau desselben. Als Methoden kommen hier alle qualitativen und quantitativen Methoden der Human- und Sozial- bzw. Kulturwissenschaften in Frage (Für ein Übersichtswerk zu den Methoden der Sozialarbeitsforschung vgl. Rubin/Babbie 1993).

2.3 Soziale Arbeit – Soziale Probleme – als Gegenstand einer Handlungswissenschaft

Eine Handlungswissenschaft beruht auf den ermittelten *Gesetzmäßigkeiten* biologischer, psychischer, sozialer wie kultureller Natur als Begründungsbasis, ist also immer interdisziplinär und, indem sie jeweils eine Makro- und Mikroebene ihres Gegenstandes miteinander verknüpft, auch transdisziplinär.

Dazu kommen aber noch *Werturteile* in Bezug auf die beschriebenen wie erklärten Sachverhalte. Diese Werturteile können nicht aus erhobenen Ist-Zuständen *begründet* werden (naturalistischer Fehlschluss), wenngleich die von Menschen vertretenen Werte und ihre reale Verteilung auf bestimmte Bevölkerungsgruppen auch *empirisch erhoben* werden können. Es gibt aber auch keine in einer Ideenwelt vorgegebenen, unantastbaren Werte an sich mit dem Anspruch auf Letztbegründungen (kulturalistischer Fehlschluss), sondern: Werte sind Aussagen über wünschbare (Soll-)Zustände und Prozesse, Präferenzen von wertenden Individuen, die zu Entscheidungen und ethisch-präskriptiven Handlungsweisen führen (können), die von anderen Individuen geteilt oder nicht geteilt werden.

Unter Berücksichtigung sowohl von Gesetzmäßigkeiten als auch von Bewertungen lassen sich *Handlungsleitlinien* konzipieren, die je nach Wertpräferenz das Ausgangsproblem mildern, lösen oder auch vergrössern. Hierzu ein einfaches Beispiel (Bunge/Mahner 2004):

- *Gesetzmäßigkeiten:* Armut ist das Ergebnis gesellschaftlicher Ungleichheit (Determinante auf der sozialen Makroebene) und bewirkt psychisches Leiden (Folgen auf der psychischen Mikroebene) sowie unter bestimmten Bedingungen auch soziale Unrast (sozialpsychologische Meso- oder Makroebene).
- *Werturteile:* Armut ist unerwünscht, da sie (unter Bezug auf eine sowohl empirische, bedürfnistheoretische wie philosophisch-metaethische und rechtlich-verfassungsbezogene Vorstellung von Menschenwürde) die Armen entwürdigt, aus dem gesellschaftlichen Leben ausschließt; und soziale Unrast ist unerwünscht, weil sie für die Reichen gefährlich werden kann, das heißt die Befriedigung ihrer Sicherheits- und Kontrollbedürfnisse bedroht, die ethisch betrachtet – illegitime Machterhaltungsinteressen sind, weil sie – empirisch betrachtet – die Bedürfnisbefriedigung der Armen verhindert.[8]
- *Norm, Entscheidungen und Handlungsleitlinien:* Aus der Perspektive der Armen: Um Armut und soziale Unrast zu vermeiden, ergreife Massnahmen zur Hebung des Lebensstandards der Armen (zum Beispiel Schulbildung, individuelle Ressourcenerschließung auf der Mikroebene; Steuererhöhungen, Subventionen für Sozialprogramme, Mindestlöhne, Grundeinkommen, das heißt kollektive Ressourcenerschließung auf der Makroebene). Aus der Perspektive der Reichen: Um soziale Unrast zu vermeiden, erhöhe die soziale Kontrolle der Armen (durch den Ausbau von Polizei und Gefängnissen).

---

[8] Für die Unterscheidung zwischen legitimer und illegitimer Macht vgl. Staub-Bernasconi 2007, 374ff.

Ließe sich die Soziale Arbeit ihr Mandat allein von der Politik geben, würde sie in diesem Beispiel Teil des repressiven Disziplinierungsapparates, was sie – historisch und teilweise auch heute betrachtet – in vielen Fällen geworden ist (Kappeler 2000; Wilhelm 2005; Maeder/Nadai 2004). Professionalisierung und damit der Ethikkodex als konstitutives Merkmal einer Profession, dessen zentrale Wertorientierung sich auf Gerechtigkeit und Menschenrechte beruft, fordert hingegen klar die „Option für die und mit den Armen" und zwar sowohl auf der Mikro- wie auf der Makroebene (vgl. hierzu auch Schrödter 2007).

Eine Handlungswissenschaft hat also über das kognitive Erkenntnisziel hinaus auch ein Veränderungsziel, das sie ethisch begründen muss. Und ihr Beurteilungsmaßstab ist *Wirksamkeit*, das heißt die Frage, inwiefern das gesetzte Ziel real erreicht wurde, wie wirksam die umgesetzten Handlungsleitlinien sind, welche (unerwarteten) problematischen, aber auch positiven Nebenwirkungen entstanden sind und inwiefern deshalb eventuell die Beschreibung, Erklärung oder Bewertung der Ausgangssituation modifiziert werden muss.

Als mögliche *Forschungsformen und -methoden* kommen in diesem Zusammenhang als erstes Evaluationsforschung (Heiner 1996, 1998), ferner Sozialberichterstattung, spezifische Adressatenforschung, Entwicklung von Social Policies, forschungsgestützte Interventionskonzepte auf der sozialen Makro-, Meso- und Mikroebene, wissenschaftliche Begleitung und Evaluation von Projekten, der Alltagspraxis usw. in Frage.

Die Funktion Sozialer Arbeit *als Profession* kann sich aufgrund des Gesagten nicht als eine im Voraus bestimmte normative Festsetzung ihrer gesellschaftlichen Funktion ergeben. Man denke an die heutige teilweise Instrumentalisierung der Sozialen Arbeit im Gefolge der neoliberalen Gesellschaftsideologie (Staub-Bernasconi 2007b). Sie muss eine Antwort auf die wissenschaftliche Begründung, Erklärung und Bewertung ihres Gegenstandes, nämlich soziale Probleme von Individuen als Mitglieder sozialer Systeme oder wie es im Text von Steinert et al. heißt: die „Bearbeitung von gesellschaftlichen und/oder professionell als relevant angesehenen Problemlagen" sein (Steinert et al. 1998, 33ff.). Dabei gilt es selbstredend, *auch* „ihre gesellschaftliche und institutionelle Kontextuierung", wie obiges Beispiel zeigt, mitzuberücksichtigen (Sommerfeld 1996, 29 in Sticher-Gil 1998, 156). Würde man sich beispielsweise allein auf die gesellschaftlich-gesetzlichen Vorgaben der Gesellschaft – zum Beispiel das KJHG, das BSHG oder das SGB VIII – für die Formulierung von Forschungsfragen beschränken, wären häusliche Gewalt an Frauen und Kindern, die working poor, die Probleme illegal Eingewanderter, Diskriminierungsprobleme von Queers, interkulturelle Konflikte, kulturell legitimierte Gewalt, die Internationalität sozialer Probleme und andere mehr kaum je zu Themen der Sozialarbeitsforschung geworden. Wie wir wissen, können diese Gesetze auch Gesetze zur Verhütung erbkranken Nachwuchses, Apartheid- oder illegitime Sozialhilfegesetze sein. Ebensowenig kann sich eine Profession – unter der Maxime, dass soziale Probleme erst solche sind, wenn sie gesellschaftlich definiert wurden – allein auf die öffentlichen „Moden" und „Konjunkturen" gesellschaftlich definierter sozialer Probleme einlassen. Zur Zeit ist „Kinderarmut" eines der öffentlich stark debattierten Themen. Aber – wäre zu fragen –, gibt es sie erst, seitdem sie öffentliche Aufmerksamkeit erfahren hat? Vergleichbares gilt für die Thematisierung kulturell und religiös legitimierter Gewalt, Repression in Migrantenfamilien. Allgemein gefragt: Dürfen Menschen erst soziale Probleme haben, wenn sie von „der Gesellschaft" wahrgenommen werden? Müssten SozialarbeiterInnen – zum Beispiel in der Sozialhilfe, Jugend-, Migrations- und Flüchtlingsarbeit – nicht die ersten sein, sie zu erforschen und die Ergebnisse an die Öffentlichkeit zu tragen, sind es schließlich sie, welche den Alltag dieser verletzbaren Gruppen hautnah erfahren?

2.4 Eine international konsensuale Wissensbasis Sozialer Arbeit

Empirische Forschung hat – wie sich in diesem Band eindrücklich herausstellt – sehr viele wertvolle Einzelstudien hervorgebracht und wird zunehmend weitere hervorbringen. Um die Profession weiter zu entwickeln, wird man diese allerdings nicht isoliert diskutiert und stehen lassen können, sondern einem umfassenderen, integrativen, genauer transdisziplinären Theorierahmen zuordnen müssen, der den aktuellen Wissensstand der Disziplin Soziale Arbeit dokumentiert. Dass es einen solchen Theorierahmen gibt, zeigt eine international vergleichende Studie über den Professionalisierungsgrad Sozialer Arbeit in zehn Ländern (Weiss/Welbourne 2007). Die einbezogenen Länder sind Chile, Deutschland, England, Indien, Mexiko, Nordamerika, Spanien, Schweden, Südafrika, Ungarn. Im Schlusskapitel wird Folgendes festgehalten: „Zu Beginn des 20. Jahrhunderts war das Fehlen einer eigenen Wissensbasis die Grundlage dafür, dass man zum Urteil gelangte, dass Soziale Arbeit keine Profession sei (Flexner 1915). In den 60er und 70er Jahren wurde Soziale Arbeit als ‚semi-profession' – als ‚halbe Profession' – betrachtet (Toren 1972, Etzioni 1972). Seit den 80er Jahren, die (aufgrund der Einrichtung vieler Ph.D.-Studiengänge, StB) eine breite Weiterentwicklung der Wissensbasis Sozialer Arbeit ermöglichten, wurde soziale Arbeit als eine ... sich ‚entwickelnde' Profession bezeichnet (Johnson/Yanca 2001; Skidmore/Thackeray/Farley 1991)." Und diese gemeinsame Wissensbasis über die Profession Soziale Arbeit besteht als erstes im

- Wissen über *soziale Probleme* von *verletzbaren Individuen* und Bevölkerungsgruppen (vulnerable populations), die unter Armut, Ungleichheit, Diskriminierung, Unterdrückung, sozialem Ausschluss usw. leiden;
- im Wissen über die *Ursachen dieser Probleme* sowie ihre unterschiedlichen, komplexen *Auswirkungen auf Individuen, Familien, das lokale Gemeinwesen, das Sozialwesen und die Gesellschaft*;
- ferner im Wissen über ihre *Lebenssituation* und *Erfahrungen*, aber ebenso die *Bedeutungen*, die sie ihnen geben sowie die Vorstellungen und *Hoffnungen*, die sie in Bezug auf die *Veränderung* ihrer Situation haben;
- sie besteht des Weiteren im Wissen über die *professionellen Interventionen* in soziale Systeme (Familie, Gemeinwesen, Organisationen usw.); diese In-

terventionen beziehen sich zum einen auf den sozialen, ökonomischen, politischen, kulturellen Problemkontext, zum andern auf die persönlichen bzw. kulturellen Merkmale von Individuen, die darunter leiden;
– und schließlich gehört dazu das Wissen über die *Wirksamkeit* der von der Profession konzipierten Methoden der individuellen und sozialen Veränderung.

Die ersten drei Wissensinhalte sind die zentralen Themen von Bezugswissenschaften, die letzten beiden konstituieren – unter systematischem Beizug der ersteren drei sowie unter Berücksichtigung des Ethikkodexes der Profession die Soziale Arbeit als Handlungswissenschaft.
Die Autorinnen beenden ihren Vergleich mit folgender Bemerkung: Jenseits bestehender Unterschiede, Gemeinsamkeiten und – infolge des Managerialism – vor allem in den USA und England erfolgten Rückschläge im Professionalisierungsgrad zeige sich, dass alle beschriebenen Länder bestrebt sind, das spezifische Wissen der Profession weiterzuentwickeln und zu diesem Zweck auch Programme und Einrichtungen entstanden sind, um Sozialarbeitsforschung und die Entwicklung von theoriebasierter Praxis zu fördern.
Wenn ich von diesen international erhobenen Inhalten einer professionellen Wissensbasis ausgehe und versuche, ihnen die Titel der Workshop-Beiträge zuzuordnen, ergibt sich folgendes Bild: Etwa ein Drittel der Beiträge beziehen sich auf verletzbare Individuen und Mitglieder sozialer Kategorien – in der Regel qualitative Forschung mit dem Erkenntnisziel der *Beschreibung* der Lebenssituation von AdressatInnen. Im Rahmen dieser Titel überwiegen die Beiträge über Individuen; zwei befassen sich explizit mit Herkunfts- und Pflegefamilie, vier mit Gemeinwesen. Klares Stiefkind sind hingegen Studien zur Beurteilung von Hilfe und helfender Beziehung aus der Sicht der AdressatInnen, und zwar obwohl sich die so genannte Kundenorientierung in Teilen der Sozialen Arbeit – wenigstens dem Vokabular nach – etabliert hat. Zu Fragen Anlass geben muss ebenfalls die Einengung der Forschung auf Individuen und ihre Problemlagen. Bei einem weiteren Drittel stehen Interventionsaspekte im Vordergrund: Die meisten beziehen sich auf allgemeine handlungstheoretische Verfahrensfragen wie zum Beispiel Diagnosestellung, Hilfe- oder Interventionsplanung, Qualitätssicherung und Evaluation. Nur etwa fünf behandeln spezielle, professionelle Handlungstheorien, das heißt Bewusstseinsarbeit, Partizipation und Vernetzung sowie Empowerment. Sieben Beiträge thematisieren Trägeraspekte, also organisationsbezogene Themen; dazu kommen noch drei Beiträge zu Handlungsfelder wie Rehabilitation, gleich viele zur Ethik, ferner fünf zum professionellen Selbstverständnis sowie vier Beiträge zu Ausbildungsfragen. Ein Beitrag behandelt – mit dem Hinweis auf knappe Forschungsressourcen jedoch eine Fülle von Untersuchungen über soziale Probleme – die Sekundäranalyse von Forschungsergebnissen als Strategie sozialarbeitswissenschaftlicher Forschung über Soziale Probleme.
Viele, wenn nicht die meisten Studien verwenden narrative, biographische, hermeneutische, wenige quantitative Methoden, wobei zu klären bliebe, inwieweit beide im Deskriptiven bleiben oder zu möglichen Erklärungen vorstoßen. Ich

denke, dass der Fokus auf diese Methoden dem legitimen Wunsch entspricht, die AdressatInnen Sozialer Arbeit besser zu verstehen. Die Frage bleibt allerdings, ob zum Verstehen – eine Kategorie für zwischenmenschliche Kommunikation – auch Erklärungen für das, was vorliegt – eine Kategorie für mentale Operationen – notwendig sind: also man (auch) erklären muss, um zu verstehen! Was die Beiträge zur professionellen Praxis betrifft, so beziehen sie sich mit Ausnahme von dreien auf Themen, die *allen* Professionen gemeinsam sind, nämlich Diagnose, Zielsetzung/Hilfeplanung, Qualitätssicherung, Evaluation usw. Dass Titel mit ausgeschilderten, sozialarbeitsspezifischen Veränderungsmethoden nahezu fehlen, muss zu denken geben.

3 Der Beitrag empirischer Forschung für die Entwicklung der Handlungswissenschaft Soziale Arbeit

Hier sollen Beispiele empirischer Forschungsergebnisse dargestellt werden, die einen Beitrag zu den in den Abschnitten 2.2 bis 2.4 genannten sozialarbeitsspezifischen Theoriethemen zu leisten vermögen. Dadurch erweitert sich nicht nur das Spektrum der Sozialarbeitsforschung im engen Sinn (zum Beispiel als Sozialberichterstattung, Begleitforschung, Evaluationsforschung), sondern es dürfte auch der Beitrag der Bezugswissenschaften für die Erforschung von Gesetzmäßigkeiten und die Klärung der Bedingungen und Folgen ethischer Entscheidungen und Handlungsweisen einsichtig werden. Des Weiteren soll auch die kritische Funktion von empirischer Forschung in Bezug auf Alltagsvorstellungen, Überzeugungen und ideelle Vorlieben aufgezeigt werden. Dabei sei daran erinnert, dass jedes Forschungsergebnis aufgrund neuer Forschungsergebnisse falsifiziert, verbessert, revidiert werden kann. Was kann man also dank Forschung über die AdressatInnen der Sozialen Arbeit, die Erklärung sozialer Probleme, die Wahl von Handlungsleitlinien und Wertentscheidungen lernen?

3.1 Forschungsergebnisse zu AdressatInnen der Sozialen Arbeit

Es handelt sich hier in der Regel um qualitative Forschung, sei es über die *Lebensbedingungen* von AdressatInnen oder/und die *Bedeutungen,* welche diese ihrer Situation und Problematik geben. Wünschbar wäre eine Kombination beider Themen, die in hermeneutisch orientierten Studien nicht immer gegeben ist.

– Eine Studie über „Intensive Sozialpädagogische Einzelbetreuung" zeigt, wie viel physische Gewalt auch von Mädchen bzw. jungen Frauen ausgehen kann (Schultz 2007). Diese und andere, viel zu seltenen Studien über TäterInnen (vgl. Sutterlüthy 2002, Welzer 2006) müssen zur Neuformulierung der Frage nach dem komplizierten Verhältnis von Opfer und Täter in der gleichen Person und damit auch zu einem differenzierteren Bild über die entsprechenden AdressatInnen führen.

- Eine Studie in einem Frauenhaus über die Gründe der Frauen, wieder in die alten Gewaltverhältnisse zurückzukehren, zeigte auf differenzierte Weise, dass die unbesehene feministische Parteinahme für die Emanzipation Frauen, verbunden mit einem Drängen auf Trennung oder gar Scheidung, nicht auf die Bedürfnisse der Frauen nach einer lebbaren Partnerschaft mit ihrem derzeitigen Ehepartner antworten konnte (Stolk/Wouters 1987).
- Die Familienstudien zur „fremden Braut" als „Bericht aus dem inneren des türkischen Lebens in Deutschland" von Nekla Kelek (2005) brachten zutage, wohin Multikulturalismus als normatives Leitbild in Bezug auf die Gleichwertigkeit von Kulturen und – damit verknüpft – die Angst vor westlicher Dominanz und Rassismus – führen kann, nämlich zum Verschweigen massiver innerfamiliärer Menschenrechtsverletzungen und mithin verpasster, professioneller interkultureller Auseinandersetzung und Konfliktaustragung in der Sozialern Arbeit.
- Eine Studie zur Sozialhilfe zeigt, dass sich nicht alle SozialarbeiterInnen in der Sozialhilfe – gemäß dem Herrschaftscode kritischer Sozialer Arbeit – unbemerkt und widerspruchslos den neuen neoliberalen Zumutungen der Anreiz- und Effizienzorientierung unterwerfen, sondern im Umgang mit ihnen sehr unterschiedliche Bewältigungsmuster entwickelt haben: Sie reichen von tatsächlich übereifriger Anpassung und illegitimer, herrschaftlicher Klientendisziplinierung über die Aufrechterhaltung der Professionsorientierung bis zur aktiven, professionell anwaltschaftlichen Unterstützung bei der Einlösung von Sozialrechten (Maeder/Nadai 2004).

In all diesen Fällen handelt es sich um Beispiele für zu grobe Kategorisierungen, Pauschalisierungen, um die Überlagerung der realitätsbezogenen Adressatenwahrnehmung durch Wert- und Wunschvorstellungen oder durch eine Theorie, die besagt, dass eine bestimmte Gesellschaftsformation monokausale Voraussagen über das Bewusstsein und Verhalten ihrer Individuen hervorzubringen vermag. Die Frage stellt sich allerdings, inwiefern die Sozialarbeitenden bereit sind, diese Forschungsergebnisse zu reflektieren und je nachdem ihr Adressaten- und Sozialarbeitsverständnis zu revidieren. Eine differenziertere Wahrnehmung müsste auch zu einer differenzierteren Diagnose und Praxis führen, so beispielsweise in Bezug auf die Frauenhausstudie zunächst zum Verzicht auf Autonomie- und Emanzipationsarbeit zugunsten einer sorgfältigen Abklärung der Partnerschaftsmodelle dieser Frauen wie der realen Bedingungen und Chancen – miteingeschlossen die Ressourcen der Sozialen Arbeit –, diese wenigstens halbwegs zu verwirklichen. Die Studien von Kelek fordern die Wahrnehmung der Nöte sowohl der Frauen wie der Männer (Kelek 2005, 2006), die unter anderem damit zusammenhängen, dass die Familienehre die Letztbegründung für ethisch-moralisch richtiges Verhalten ist, anstatt sie unter dem Label „Differenz", „Toleranz" und „Multikulturalismus" zuzudecken, ja implizit zu legitimieren.

3.2 Forschungsbeiträge zu Gesetzmäßigkeiten als Grundlage der Theoriebildung über Soziale Probleme

Unter diesem Titel ist Forschung dazu da, Hypothesen über den Zusammenhang zwischen Problemen und vermuteten biologischen, psychobiologischen, psychischen, sozialpsychischen, sozialen und kulturellen Problemursachen und -folgen in empirisch überprüfte und immer wieder neu zu überprüfende Erklärungen zu überführen. Eine Erklärung ist ein erkenntnistheoretischer Vorgang, der sich auf Fakten bezieht. Wer also im Rahmen dieses Verständnisses Theorie sagt, meint nicht einfach allgemeines Orientierungswissen, Sprachspiele (Winkler 1995, Rauschenbach/Züchner 2005), abstrakte Begriffe, denen bestimmte Sachverhalte zugeordnet werden, sondern meint stabile, reale Beziehungen zwischen mindestens zwei Merkmalen von Einheiten – in unserem Fall von oder zwischen Menschen und solchen der Gesellschaftsstruktur. In den folgenden Beispielen wird nach Determinanten für Aggression, Diskriminierung, stabile wie instabile Paarbeziehungen, für die Bildung von relativ geschlossenen ethnischen Communities mit eigenem, ethnisch oder/und religiös bestimmten Rechtssystem, für Gewalt gefragt – alles Konstellationen, mit denen es Soziale Arbeit zu tun hat.

Die Gesetzmäßigkeiten können *kausal* sein:

- Eine bekannte Beziehung ist die Frustrations-Aggressions-Hypothese von Dollard et al. (1939). Pastore (1952) konnte aber nachweisen, dass nur Frustration, die als willkürlich, ungerechtfertigt interpretiert wird, Aggression hervorruft und unter bestimmten Bedingungen zu Protest führt (Montada 2002, 52f.). Aus sozialdiagnostischer Sicht ist dies ein hoch relevanter Befund, der nicht mehr unbesehen von einem „Aggressionstrieb" ausgehen kann.
- Jugendliche schweizerischer wie ausländischer Herkunft, welche eine Lehrstelle oder einen Arbeitsplatz suchten, ließ man Bewerbungen mit und ohne Namenangaben schreiben. Man könnte von einem „natürlichen Experiment" sprechen, das eine bestimmte Determinante für Fremdenfeindlichkeit und Rassismus isoliert und quasi-experimentell überprüft. Dort, wo keine Namen bekannt gegeben wurden, entschieden die Qualifikationen für ein Bewerbungsgespräch und umgekehrt. (Neue Zürcher Zeitung 2007). Insofern konnte ein klarer, kausaler Zusammenhang zwischen den Namen der Jugendlichen und der Nichtberücksichtigung ihrer Bewerbung durch Lehrlingsausbilder, Personalverantwortliche festgestellt werden.
- Im Rahmen einer 8jährigen Studie eines Gemeinwesens entstand ebenfalls eine quasi-experimentelle Situation (Costella/Compton/Keeler et al. 2003): Aufgrund der Eröffnung eines Spielkasinos wurde das Einkommensniveau eines ganzen Gemeinwesens erhöht. Überprüft wurde unter anderem der Einfluss dieser neuen „Determinante" auf psychopathologische Symptome von Kindern und Jugendlichen von armen American Indian Families. Inwiefern

verursacht Armut bestimmte psychopathologische Probleme, welche durch die Hebung des Einkommens verschwinden? Die sehr differenziert erhobenen Ergebnisse zeigen die Abnahme psychiatrischer Symptome vor allem im Verhaltensbereich, weniger im Bereich von Depressionen (a.a.O. 2028).
– Eine Studie über zwei ehemalige Arbeiterviertel nach der Deindustrialisierung im Ruhrgebiet zeigt Folgendes (Sutterlüty 2006, 26–34): Es gibt eine auffallende Häufung abwertender Zuschreibungen ausgerechnet gegenüber sozioökonomisch erfolgreichen, also sozialstrukturell integrierten türkischen Aufsteigern – Geschäftsinhabern, Immobilienbesitzern – und ebenso gegenüber sich erfolgreich Gehör verschaffenden Migrantenvertretern und -vereinen. Also: Je mehr sozioökonomische Integration, umso mehr Fremdenfeindlichkeit, Ethnozentrismus, Anerkennungskämpfe um kulturelle Deutungshoheit und damit Streit, Konflikte und erschwertes Zusammenleben. Ein weiterer Befund: Die heftigen Konflikte konzentrieren sich im Stadtteil mit einem Ausländeranteil von etwa 10 %, das heißt einer Situation, in welcher die Zugewanderten auf die Integrationswilligkeit der einheimischen Bevölkerung angewiesen sind. Im Stadtteil mit etwa 50 % Ausländeranteil gibt es keine Migrantengruppen, die ihre Interessen in der Öffentlichkeit vertreten. Es entstand hier eine eigene, ethnisch strukturierte Infrastruktur, anhand derer viele Bedürfnisse befriedigt und Konflikte geschlichtet werden (bezeichnet als „institutional completeness"), so dass man nicht auf die Anerkennung der deutschen Bevölkerung angewiesen ist. Hier zeigt sich, dass der quantitative Ausländeranteil in einem Stadtteil für das, was man als „Parallelgesellschaft" mit teilweise religiös bestimmter Rechtsprechung bezeichnen kann, eine entscheidende Determinante ist.

Aber kausale Gesetzmäßigkeiten sind nur eine Teilmenge von Gesetzmäßigkeiten und nicht einmal in der Physik die häufigsten (Bunge 1999). So gibt es viele *Gesetzmäßigkeiten* im Sinne von Wechselwirkungen: Als Beispiel dazu können alle Arten von Aushandlungsprozessen zwischen kooperierenden oder gegnerischen AkteurInnen dienen (Ehe-, Arbeits-, Wirtschafts-, religiöse Partner usw.):

– In Working Poor-Haushalten wird beispielsweise von den Partnern oft an einer Alleinernährer-Vorstellung festgehalten und dies auch dann, wenn die Frau mehr verdienen würde (was der Theorie der nutzenmaximierenden Individuen der neuen Haushaltökonomie, zum Beispiel von Gary S. Becker, widerspricht). Erklärbar wird dies durch die theoretische Vorstellung der kulturell und gesellschaftlich geprägten Geschlechterrollen, welche auch die Aushandlungs- und Entscheidungsprozesse der Ehepartner über Einkommensfragen sogenannt gegen jede ökonomische Rationalität beeinflussen. Sogar ein Sozialhilfebezug als Ergänzung zum Einkommen des Mannes erscheint vielfach als das geringere Übel als der „Zuverdienst" der Frau (Kutzner/Streuli 2006, 297).
– Viele Konflikte zwischen binationalen Paaren sind dadurch determiniert, dass der eine Partner ein westliches Entscheidungsmodell der übergeordne-

ten Loyalität zur Kleinfamilie durchsetzen will und der andere seine kulturell vorgeschriebene Loyalität zur Herkunfts- und Grossfamilie nicht aufgibt, aufgeben kann; dadurch entstehen in Konfliktsituationen sich gegenseitig aufschaukelnde Prozesse der immer massiveren Schuldzuschreibung, die ohne Klärung der Konfliktdeterminanten nicht unterbrochen werden können (Thode-Arora 1999).

Und es gibt schließlich das, was man *teleonome Gesetzmäßigkeiten* nennt, die für eine Handlungswissenschaft von ganz spezieller Bedeutung sind; es sind stabile Beziehungen, die durch die Menschen als Akteure aufgrund ihrer Wünsche, Ideale, Ziele mittels psychischer, psychomotorischer und psychosozialer Lernprozesse selber hergestellt – wenn man so will – konstruiert werden. Damit ergibt sich ein Zusammenhang zwischen den Absichten eines Akteurs und demjenigen Zustand oder Prozess, den er oder sie mittels ihres Verhaltens erhalten, vermeiden, verändern oder eventuell auch zerstören will. Je eher und häufiger die erhoffte Wirkung eintritt, umso eher wird sich dieser Zusammenhang stabilisieren und somit zu einer Gesetzmäßigkeit werden.

- So muss jeder Mensch lernen, seine Bedürfnisse mittels Lernprozesse zu befriedigen. Gelingt es Kindern nicht, beispielsweise ihre Bedürfnisse nach Bindung/Anerkennung zu befriedigen, entwickeln sie zum Schutz vor psychischer Verletzung bestimmte Muster von Vermeidungsverhalten oder oszillierendem, ambivalentem Annäherungs- und Vermeidungsverhalten, die bis ins Erwachsenenalter und damit in anderen sozialen Kontexten erhalten bleiben und zu Krisen und Problemen führen (Grawe 2004).
- So lässt sich beispielsweise die (häufige) Ausübung von Gewalt als ein Lernprozess beschreiben, bei dem man relativ rasch lernt, dass Drohungen oder Gewalt beim Bedrohten zu sofortigem konformem Verhalten oder blindem Gehorsam führen, so dass man sein jeweiliges Ziel sehr effizient und wirksam erreicht, was zur zielstrebigen Wiederholungstat führt (Sutterlüty 2002).

Zusammenfassend: Alle Studien geben lediglich Auskunft darüber, welches die Determinanten für die Entstehung von Sachverhalte sein können, ohne dass bereits ausgemacht ist, ob man sie überhaupt als Probleme definieren soll. Dazu braucht es explizite Wertvorstellungen über (Un)Erwünschtes. Das heisst, dass die gleichen Gesetzmäßigkeiten, die je nach Werturteil als Entscheidungsgrundlage für die Konzeption von Lösungen dienen, auch zur Verstärkung problematischer Sachverhalte genutzt werden können (Staub-Bernasconi 2007a, 261f.). In der Folge ginge es darum, diese Einzelstudien in einen grösseren, transdisziplinären theoretischen Zusammenhang zu stellen und mit anderen Forschungsergebnissen zu verknüpfen. Wie dies auf einem hohen Komplexitätsniveau gelingen kann, zeigt die Arbeit „Soziale Arbeit mit rechten Jugendcliquen" von Stefan Borrmann (Borrmann 2005).

Dass eine – jede – Profession auf das Wissen verschiedenster Bezugswissenschaften angewiesen ist, weil sowohl Menschen wie ihre Probleme nicht monodisziplinär „daherkommen", scheint vielen VertreterInnen der Disziplin Sozialarbeit/Sozialpädagogik Mühe zu machen. Sie sprechen von einem, die Autonomie der Disziplin bedrohenden, disziplinfremden Theorieimport, welchem eine eigenständige Theoriebildung gegenübergestellt werden soll, die beispielsweise in Anlehnung an Winkler auf zwei Zentralbegriffe – „Subjekt" und „Ort" – zurechtzuschneiden sei (zum Beispiel Rauschenbach/Züchner 2005). Dem ist Folgendes entgegenzuhalten: *Erstens*, eine Bedrohung der Autonomie der Disziplin entsteht erst dann, wenn der Gegenstand Sozialer Arbeit unklar, von akademischen Modeströmungen abhängig und damit konturlos und unverbindlich bleibt oder wenn behauptet wird, dass „Sozialarbeitsforschung ... keinen spezifischen Gegenstand (hat), der nicht auch von anderen Disziplinen bearbeitet wird oder zumindest bearbeitet werden kann." (Maier 1998, 53) Dies verunmöglicht klare Fragestellungen an die Bezugswissenschaften. „Subjekt" und „Ort" sind Themen aller Human- und Sozialwissenschaften und deshalb zu allgemein. Die Vertreter der Bezugswissenschaften können nur dann die notwendigen Beiträge zur Sozialen Arbeit leisten, wenn man ihnen sagen kann, was ihr Gegenstand und die damit verbundenen Fragestellungen sind. *Zweitens* entsteht dann ein Problem, wenn sich die Vertreter der Bezugsdisziplinen weigern, neben der Darstellung der Struktur ihrer jeweiligen Disziplin diejenigen Sachverhalte zu erklären, mit denen es Soziale Arbeit zu tun hat. Wenn also der Psychologe beim Überblick über psychologische Ansätze verharrt und als sogenannt „Anwendungsentlasteter" von den Studierenden fordert, dass sie selber die Anwendung einer wissenschaftlich begründeten Psychologie der Armut, Erwerbslosigkeit, Behinderung, Krankheit oder Repression entwickeln. Wenn die Soziologin sich damit begnügt, gesellschaftliche und organisationelle Strukturen und Prozesse von sozialen Systemen darzustellen, kritisch zu reflektieren ohne beispielsweise die Frage zu behandeln, inwiefern bestimmte Strukturregeln von Organisationen des Sozial-, Gesundheits-, Gefängniswesens – empirisch nachweisbar – die Bedürfnisbefriedigung von Menschen systematisch verletzen und welche Folgen dies für den Hilfsprozess hat. Sowohl Armut wie strukturbedingte Menschenrechtsverletzungen brauchen den Psychologen oder Soziologen im Rahmen seiner ursprünglichen Disziplin her nicht zu interessieren. Lehren sie aber im Rahmen eines Studiums in Sozialer Arbeit, hätten sie die Aufgabe der Vermittlung forschungsgestützter Beschreibungen und Erklärungen und je nachdem Prognosen zum Gegenstand Sozialer Arbeit. Umgekehrt gibt es im Bereich der Human- und Sozialwissenschaften unzählige Forschungsergebnisse über soziale Probleme und Adressaten der Sozialen Arbeit, die SozialarbeiterInnen von sich aus nutzen könnten (vgl. den Abschnitt 4 über Evidence-Based-Practice, ferner Obrecht Workshop E 2.1).

3.3 Der Beitrag von Forschungsergebnissen für das Handlungs- bzw. Veränderungswissen

Im Rahmen einer Handlungswissenschaft, das heißt einer dem verändernden Handeln, dem Lösen praktischer Probleme verpflichteten Wissenschaft, dienen

Forschungsergebnisse über Gesetzmäßigkeiten erstens der Aufklärung über reale Sachverhalte und Zusammenhänge und zweitens der wissenschaftlichen Begründung von Handlungsleitlinien (Montada/Kals 2001; Grawe 2004; Borrmann 2005; Stövesand 2007; Staub-Bernasconi 2007a). Denn: Wenn wir empirisch erhellen können, was die Determinanten sozialer Probleme sind, können wir auch, wenngleich immer unter dem Vorbehalt neuer Forschungsergebnisse, vorläufig begründet annehmen, was, welche Determinanten verändert werden müssen, um ein Problem zu lindern oder gar zu lösen. Dabei muss geklärt werden, welche Determinanten der Sozialen Arbeit überhaupt zugänglich sind. So zum Beispiel wenn Erwerbslosigkeit unter anderem auch mit der Struktur und Dynamik der Weltgesellschaft zusammenhängt.

- Wenn wir also wissen, dass ethnisch-kulturelle Konflikte resssourcenbezogene Ursachen haben können, werden wir aufgrund einer sozialen Diagnose im konkreten Fall nicht Toleranz oder den interkulturellen Dialog fordern, sondern Aushandlungen über faire Ressourcenverteilungsregeln ermöglichen (Thode-Arora 1999).
- Wenn wir wissen, dass eine starke, kausale Beziehung zwischen stigmatisierenden LehrerInnen und Schülergewalt besteht, werden wir den ersten Ansatzpunkt für Methoden zur Prävention von Gewalt bei der Lehrerschaft suchen (Tillmann et al. 1999).
- Nun gibt es aber auch Hypothesen, die aufgrund von Forschungsergebnissen immer noch in der Diskussion und weiteren Überprüfung sind: Überwiegen bei Fremdenfeindlichkeit oder Rassismus die psychischen oder sozialen Determinanten – ein nach wir vor ungeklärter Streit, der aber für die Wahl der Handlungsleitlinien große Bedeutung hat (zum Beispiel Butterwegge 1996): Wenn wir Fremdenfeindlichkeit psychologisch mit der Angst vor dem Fremden erklären, werden wir nach Methoden der Veränderung von Emotionen, kognitiven Strukturen, Vorurteilen fragen; wenn wir aber Fremdenfeindlichkeit soziologisch als Antwort auf erfahrenen oder befürchteten sozialen Abstieg, auf eigene Unrechtserfahrungen oder solche der Kinder zurückführen, dann steht eine Veränderung der Sozialpolitik und zwar sowohl für die inländische als auch für die zugewanderte Unterschicht zur Diskussion. Der policy- bzw. handlungsbezogene Ausweg aus dem Erklärungsdilemma müsste heißen: beide Policies als Handlungsoptionen auszuarbeiten und zu kombinieren oder /und genauer zu fragen und zu erforschen: Unter welchen Bedingungen psychische und unter welchen Bedingungen soziale Determinanten überwiegen?

Von Forschungsergebnissen lässt sich allerdings, wie bereits in Abschnitt 2.3 erwähnt, nicht umstandslos auf professionelle Handlungsleitlinien schließen. Weshalb sollen Fremdenfeindlichkeit und Gewalt überhaupt reduziert werden, wenn die betreffenden Individuen als Rekrutierungsbasis für eine politische Partei vorgesehen sind? Warum sind sie überhaupt ein Problem, warum gehören sie nicht zur „condition humaine" als unveränderbare anthropologische Konstanten? Die Antwort ist eine Antwort auf die Frage nach dem Guten und Gesollten, womit wir beim Thema Ethik und Professionskodex wären.

3.4 Der Beitrag von Forschungsergebnissen zur Ethik Sozialer Arbeit

Die zentrale Frage heißt hier: Kann Ethik, ein traditionellerweise von der Philosophie behandeltes Thema, etwas mit empirischer Forschung zu tun haben? Gehört sie nicht in den Bereich der Letztbegründungen, Religion oder gar Spekulation? Ich beschränke mich hier auf die forschungsrelevanten Themen, ohne auf diese komplexe Fragestellung eingehen zu können (vgl. hierzu zum Beispiel Liebig/Lengfeld 2002; Staub-Bernasconi 2005, 2006):

Empirische Forschung kann/müsste uns über Folgendes Auskunft geben:

– Als erstes ginge es um Wissen, wie sich ethisch-moralische Vorstellungen beim Menschen entwickeln, je nachdem nicht oder unvollständig entwickeln und unter welchen Bedingungen sie sich verändern (vgl. die Studien in der Forschungstradition von Piaget, Kohlberg, Gilligan, Nunner-Winkler; ferner Bauer 2006; für Religiosität und religiöse Werte vgl. Angel et al. 2006); dazu käme die Frage, wie sie in einem sozialkulturellen Kontext mit religiöser oder philosophisch-kultureller Legitimation ausgestattet werden.
– Darüber hinaus müssten wir etwas über die Verteilung der religiösen wie säkularen Präferenzen, Werte, Ethiken und Moralen in einer Bevölkerung wissen, da sie im Zusammenhang mit Machtverhältnissen sowohl die öffentliche Thematisierung und Bewertung sozialer Probleme, die (fehlende) Empathie gegenüber AdressatInnen der Sozialen Arbeit als auch die politischen Präferenzen der Problemlösung maßgeblich bestimmen. So ist es in einem Gemeinwesen nicht unerheblich, wie viele Individuen welche Gerechtigkeitsvorstellung (vgl. hierzu zum Beispiel Liebig/Wegener 1999) und wie viele die Vorstellung eines säkularen Rechtsstaates und wie viele eine religiöse Gemeinschaft oder den Familienverband und die Familienehre als zentrale ethische und moralisch-rechtlich verpflichtende Referenzgröße teilen (als einschlägiges Beispiel die aktuelle Türkei).
– Ethikbezogene Forschung muss sich mit der Frage beschäftigen, unter welchen Bedingungen fundamentalistische versus der Aufklärung verpflichtete, (anti)humanistische Wertorientierungen und Ethiken entstehen und unter welchen Bedingungen die Vertreter der einen zu Vertretern der anderen Orientierung werden können (zum Beispiel Armstrong 2004).
– Ethikbezogene Forschung muss ebenfalls darüber Auskunft geben, was Menschen als Not, Leiden, Unrecht thematisieren, wie sie diese Erfahrungen erklären und je nachdem umdefinieren. Ebenso wichtig ist, was sie als unverzichtbare Bedingungen und Ressourcen für ein gelingendes, lebenswertes Leben betrachten (Staub-Bernasconi 2005). Sie wird in diesem Zusammenhang erheben müssen, unter welchen Bedingungen was Menschen einander antun können, sei dies Diskriminierung, Repression, physische und psychische Verletzungen, kurz Menschenrechtsverletzungen und deren reale,

also *empirisch erhebbare Folgen* für menschliches Wohlbefinden (Staub-Bernasconi 2007b). Fehlendes Interesse dafür birgt die Gefahr, dass SozialarbeiterInnen ihre Klientel in ein „gelobtes Land" der Emanzipation und Autonomie führen wollen, ohne auf ihre reale Situation und Lebensziele Rücksicht zu nehmen. So zeigt Maria Bitzan (Bitzan 1997), dass Frauen in sozialen Brennpunkten im Rahmen von Gemeinwesenarbeit nicht Autonomie, sondern Formen der sozialen Vernetzung suchen.

- Ethikbezogene Forschung wird sich schließlich nicht auf Gewalttäter und Bösewichte beschränken, sondern auch Akteure im politischen, wirtschaftlichen, kirchlichen wie familiären Bereich, aber auch die Strukturen, Politiken und Hilfsysteme des Sozialwesens in ihrer Wirkung auf die AdressatInnen untersuchen und an den Vorgaben des Ethikkodexes der Profession messen.

Empirische Forschung in ethischen Belangen muss auch die Korrektur ethischer Postulate, Ziele und Forderungen ermöglichen, deren Folgen unerwartete, ja gegenteilige Wirkungen haben.

- Bereits die erste Frauenbewegung musste lernen, dass *Emanzipation* für die Frauen aus dem Bürgertum das Verlassen des goldenen Käfigs der Familie, aber für die Arbeiterfrauen das Verlassen der Fabrik – zugunsten der Familien- und Haushaltarbeit bedeutete (Abbott, Women in Industry, 1912).
- Die bereits erwähnte Studie über zwei Stadtteile zeigt, dass *Toleranzappelle* im Fall des Stadtteils mit tiefem Ausländer-, aber hohem Konfliktanteil kaum wirksam wären, handelt es sich hier um Ressourcenverteilungs- und Mitgliedschaftskonflikte; im Stadtteil mit hohem Ausländeranteil dürfte der Aufruf zur Toleranz zur Unsichtbarmachung von vielen individuellen Nöten und Menschenrechtsverletzungen beitragen.
- Die *Integration der Zugewanderten* ist zur Zeit eine ethisch-normativ besetzte Zielvorstellung. Dass sie auch Fremdenfeindlichkeit bewirken kann, ist eine empirische, wenngleich unbeabsichtigte Nebenfolge, die aber ethisch reflektiert werden muss. (Sutterlüty 2006, 33)

Empirische Forschung müsste auch aufzeigen können, mit welchen ethischen Dilemmata SozialarbeiterInnen in ihren Alltagsentscheidungen zu ringen haben: Zu nennen sind professionell unsinnige Fallsteuerungsvorgaben, Globalbudgets, die dazu führen, rechtlich gesicherte Klientenansprüche abzuweisen und professionelle Standards zu verlassen, wenn das Geld nicht mehr reicht (Urban/Schruth 2006). Bekannteres Beispiel sind die Schwangerschaftsberatungen im katholisch-kirchlichen Einflussbereich. In der Schweiz besteht die Tendenz, ausländische Eltern, die Zwangsehen durchsetzen, für eine Ausländerpolitik zu missbrauchen, welche den Beteiligten keine Hilfe anbietet, sondern sie deswegen kurzerhand ausweist.

Die hehren ethischen Leitvorstellungen, die Dokumente der Menschenrechtscharta, der nationalen Verfassungen, des Grundgesetzes entfalten von sich aus keine Wirkung, ausser sie wären bekannt und würden von Menschen angerufen oder/und umgesetzt. Das gilt auch für den Ethikkodex der Sozialarbeitenden,

den in Deutschland offenbar erschreckend wenige kennen und noch weniger als ethische Leitlinien der Profession benutzen. Wenn Soziale Arbeit in ihrem Ethikkodex und ihrer internationalen Definition von Menschenrechten spricht, dann deshalb, weil sie als universalistische Richtschnur für die Beurteilung komplexer Problemlagen, forschungsbezogener Handlungsoptionen und ethischer Dilemmata akzeptiert wurden. In den neuen „Global Standards for Social Work Education and Training" von 2004 heißt es immer wieder: Kulturelle und damit auch religiöse und ethnisch-ethische Diversität wird insofern berücksichtigt, als sie die Menschenrechte nicht verletzen.

Mit diesen Ausführungen sollte klar geworden sein, wie breit das thematische Forschungsspektrum der Sozialen Arbeit als Handlungswissenschaft zu fassen ist. Umgekehrt lassen sich die Forschungsergebnisse mit diesem Hintergrund auch klarer zuordnen. Dabei sei einmal mehr betont, dass sie sich in vielen Bereichen auf Forschung abstützen kann, die in ihren Bezugswissenschaften geleistet wurde und wird. Wie mit ihren Ergebnissen im Rahmen der Interaktion/Kommunikation mit den AdressatInnen umgegangen werden soll, kann nicht mehr Thema dieses Beitrags sein.[9] Nicht nur Ethik, sondern *auch Forschung* erfüllt – ob sie sich auf Beschreibungs-, Erklärungs-, Handlungs- oder ethisches Wissen bezieht – sowohl eine erkenntnis- und handlungsleitende als auch eine *kritische Funktion*. Das heisst, es geht um die Infragestellung von Alltagsvorstellungen, Vorurteilen, falschen oder Pseudoerklärungen, ideologischen wie ethischen Überzeugungen, von unwirksamen, kontraproduktiven, menschenverachtenden Maßnahmen im Umgang mit sozialen Problemen usw. Sie bildet dadurch die Basis für eine *wissenschaftlich fundierte, kritische Soziale Arbeit und Sozial(arbeits)politik* und – zusammen mit einer Professionsethik – die Grundlage für die relative *EntscheidungsautonomieSozialer Arbeit als Profession.*[10] Es ist nicht die Professionalisierung, sondern die bürokratische, pragmatisch-betriebswirtschaftliche Domestizierung und teilweise rechtliche Einengung der Sozialen Arbeit, die aus ihr das macht, was ihr immer wieder zur Last gelegt wird.

4 EVIDENCE-BASED PRACTICE (EBP) – DIE LÖSUNG DES THEORIE-PRAXIS-PROBLEMS?

Wenn es um Sozialarbeitsforschung geht, muss heute auf ein Thema eingegangen werden, das international bereits breit diskutiert wird und mit der üblichen

---

[9] Hierzu lediglich ein wegleitendes Zitat von Jane Addams aus dem Jahr 1902: „... wir wissen, dass wir die Wahrheit nur mittels eines rationalen und demokratischen Interesses für menschliches Leben entdecken können.... Was soll das Gerede von Brüderlichkeit und Gleichheit, wenn man kein Recht hat, dieses Reden in der Hilfsbeziehung konkret umzusetzen?" Es braucht also beides, Wissenschaftlichkeit und die deemokratische Gestaltung der Hilfsbeziehung, was hier nicht näher ausgeführt werden kann (vgl. Staub-Bernasconi 2007a, 287–296).

[10] Damit ist das dritte Mandat Sozialer Arbeit angesprochen, nämlich dasjenige der Profession, das zum Doppelmandat seitens der AdressatInnen und der Gesellschaft/Träger hinzukommen muss (Staub-Bernasconi 2007d).

zeitlichen Verzögerung auch die Soziale Arbeit im deutschen Sprachraum beeinflussen wird (vgl. das Sonderheft von Thyer/Kazi 2004, das die Rezeption des Konzepts in England, Schottland, Nordirland, Israel, Südafrika, Kanada, Hongkong, Australien und Finnland aufzeigt).
Im Kommentar zur *International Definition of Social Work* (von IFSW/IASSW) heißt es unter dem Stichwort „Theory": „Social work bases its methodology on a systematic body of *evidence-based knowledge* derived from *research and practice evaluation*, including local and indigenous knowledge specific to its context" (2000, Herv. StB). Interessant an dieser Formulierung ist, dass sie breiter ist als Evidence-Based-*Practice:* „Evidence-Based *Knowledge"* lässt auf die explizite Orientierung an den Bezugswissenschaften schließen, was im nachfolgenden Text bestätigt wird: „The social work profession draws on theories of human development and behavior and social systems to analyse complex situations and to facilitate individual, organisational, social and cultural changes". Evidenz-Basiertes *Wissen* fragt also nicht im funktional-pragmatischen Direktgang nach dem, „was wirkt", sondern danach, was eine wissenschaftsbasierte Praxis begründet. Erst in zweiter Linie spricht man von Praxisevaluation als tragendem Element des „Evidenz-Basierten-Wissens".
Wenn „Evidence-Based-Practice" (EBP) mit diesen Ausführungen deckungsgleich wäre, müsste man nicht von vorneherein eine kritische Position einnehmen. Ihre Anfänge gehen auf die neoliberale Wende der 80er Jahre zurück, wobei England der erste Kontext war, in welchem die Politik Sinn und Wirksamkeit Sozialer Arbeit bezweifelte und deshalb mit der Forderung konfrontierte, diesen Nachweis zu erbringen. In den USA war und ist es vor allem der *Council on Social Work Education*, der die Forderung nach empirisch begründeten und evaluierten Interventionen in seinen Akkreditierungsstandards von 2001 erhebt. Für Eileen Gambrill vom Welfare Department der University of Berkeley war diese Forderung der Anlass, von einer Praxis wegzukommen, die sich an (mehrheitlich therapeutischen) Autoritäten und Schulen anstelle von wissenschaftlich überprüfbaren Interventionserfolgen oder -misserfolgen orientiert. Entsprechend fordert sie die Distanzierung von autoritäts-basierten oder gar willkürlichen Entscheidungen, die sich unter anderem auf Konsens, unreflektierte, selektive Alltagserfahrungen oder Traditionen berufen. Unter Bezugnahme auf einen Artikel von Mario Bunge hält sie fest, es gehe um „blowing the whistle on pseudoscience, fraud, quackery and censorship" (Gambrill 2004, 221). Die Einführung einer Ethik wissenschaftlichen Denkens und Forschens ist eines ihrer Hauptanliegen. In Südafrika war der Anlass, sich mit EBP auseinanderzusetzen, das „zunehmende Bewusstsein über die verheerenden Folgen der Missachtung von seriösem Wissen (serious knowledge) in den Entwicklungsländern mit knappen Ressourcen und immensen Bedürfnissen." Dabei wird der Postmodernismus als Hindernis für die Entwicklung dieses Bewusstseins betrachtet. Unter Bezug auf Gambrill (1999, 343) wird festgehalten, es sei geradezu paradox („ironical"), dass eine (postmoderne) Sichtweise, die sich so wenig mit ökonomischer und politischer Macht befasst, so warm von einer Profession aufgenom-

men werde, die von sich behaupte, dazu beizutragen, Ungleichheiten in den Lebensbedingungen ihrer AdressatInnen abzubauen (Zyl 2004, 141).
Bis hierher lassen sich die dargelegten *Anliegen* im Lichte der in diesem Beitrag gemachten Ausführungen teilen. Die ernsthaften Probleme entstehen bei deren praktischen Umsetzung.
EBP definiert sich als „the planned use of empirically supported assessment and intervention methods combined with the judicious use of monitoring and evaluation strategies, for the purpose of improving the psychosocial well-being of clients" (O'Hare 2005, 6). Oder in Kürze: „Evidence-based treatment is treatment based upon the best available science." (Thyer/Kazi 2004, 13) Der „cornerstone" von EBP ist ein umfassendes „multidimensional-funktionales Assessment", das beides nutzt, individuelle wie standardisierte Assessmentmethoden, um das Funktionieren des Klienten (client functioning) und seine Veränderungen zu messen. Auf der Gemeinwesenebene geht es um vergleichende Evaluation von im Top-Down-Verfahren initiierten Regierungsprogrammen, um die Erfassung der Zahl der erreichten Personen, Freiwilligen, die Interpretation der Outcomes, Projekt(kosten)Analyse usw. (Zyl 2004, 136). Diese Definitionen sowie das nachfolgend skizzierte Verfahren lassen allerdings offen, welche Rolle die Bezugswissenschaften spielen.
Das Verfahren besteht in folgenden Schritten: „a) Umsetzung von Informationsbedürfnissen in beantwortbare Fragen, welche eine effiziente und wirksame elektronische Suche anleiten können; b) wirksame und effiziente Suche nach Forschungsergebnissen; c) kritische Sichtung des Vorgefundenen; d) Integration des Vorgefundenen mit den kontextuellen Bedingungen, den Charakteristika der Klienten – mit eingeschlossen ihre Werte und Präferenzen sowie die erhältlichen Ressourcen; e) Evaluation dessen, was passiert."(Norcross et al. 2005 in: Gambrill 2007, 429) Es geht also um die Integration von Wissen aus möglichst unterschiedlichen Wissensquellen. Dabei wird klar, wie sehr die Internet-Revolution diese Art von Wissenssuche ermöglicht. Wie „effektiv und effizient" sie ist und vor allem wie vertrauenswürdig ihre Ergebnisse sind, bleibe einmal dahingestellt. Dieweil die einen hauptsächlich auf die Expertise der Praxismanuale und Verfahrensvorschriften vertrauen, versuchen andere, das ermittelte Wissen mit den KlientInnen zu teilen, sie bei jedem einzelnen Schritt des Entscheidungsprozesses mitzunehmen, so dass es zu einem „evidence-informed client choice" kommt, der auch die Berücksichtigung der Werte und Präferenzen der Klientel berücksichtigt. Angesichts der Tatsache, dass über Vieles gut überprüftes Wissen fehle, müsse man mit den KlientInnen sowohl das Wissen wie das unsichere und das Nicht-Wissen teilen.

Die Kontroversen über EBP verweisen nun aber auf ihre Schwächen:

Sommerfeld (2005) sieht die Gefahr der politischen Instrumentalisierung der Profession, die auf Einsparungen, technologische Steuerung und Komplexitätsreduktion abziele. Die Alternative sei eine „acknowledged, legitimised, accountable knowledge and value-based" Profession im Sinne eines dritten Weges zwischen Selbst- und Auftraggeberkontrolle (vgl. meine Ausführungen zum „dritten Mandat", Staub-Bernasconi 2007d). Diese Gefahr ist meines Erachtens umso grösser, wenn eine klare Vorstellung über den Gegenstand Sozialer Arbeit fehlt. Andere Kritiken beziehen sich auf erkenntnistheoretische Probleme, vor allem auf den impliziten oder gewollten Pragmatismus:

- Ein Haupteinwand betrifft die Tatsache, dass EBP die Frage nach den Ursachen einer bestimmten Problematik tendenziell oder ganz ausklammert. (Gambrill 2007, 432) Wenn man den Anspruch habe, Wissenschaft zu betreiben, dann sei dies die erste Frage, die man zu stellen habe.
- Die aktuelle Gewichtsverlagerung auf Wirksamkeitsstudien könne dazu führen, dass Studien zur Entstehung von Problemlagen und zur Lebenssituation der Klientel vernachlässigt werden (Gredig in Heiner/Kindler 2006).
- Unreflektiert bleibe der Schaden, der möglicherweise durch schlecht validiertes Wissen und falsche Nutzung von Studien zugefügt werde. Dem wird entgegengehalten, dass durch die bisherigen Hilfsaktivitäten vermutlich ebensoviel Schaden angerichtet wird.
- Es wird des Weiteren darauf hingewiesen, dass das Spannungsfeld zwischen Standardisierung und der notwendigen Anpassung von Maßnahmen an individuelle, lokale und programm- oder projektbezogene Gegebenheiten bislang nicht zureichend gelöst sei (Shaw in Heiner/Kindler 2006).
- Weitere Kritiken beziehen sich auf das ungelöste Verhältnis von manualbasierter, standardisierter Expertise und erfolgswirksamen Persönlichkeitsmerkmalen der SozialarbeiterInnen.
- Dieweil die einen EBP als „klinische Expertise" aufgrund von standardisierten Praxismanualen für bestimmte Probleme zum zentralsten Kriterium einer klinischen Sozialarbeitspraxis machen wollen, erinnern andere daran, dass Beziehungsgestaltung, Mitleid (compassion), sensibles Zuhören, ein breiter Blick auf die Human- und Sozialwissenschaften, die es ermöglichen, Klienten im Kontext ihrer Erfahrungen, Persönlichkeiten und kulturellen Orientierung zu verstehen, für eine klinische Praxis ebenso wichtig seien. Allerdings fehle, so die Replik, für diese Position oft die empirische Beweisführung.
- Eine sehr ernst zu nehmende Kritik besteht schließlich darin, dass sich EBP lediglich auf theoretisch unbegründete Wahrscheinlichkeitsaussagen (Vorhersagen) über Verhalten und angemessenes soziales Funktionieren abstützt und mithin ein reduktionistisch-funktionalistisches, theoretisch problematisches Menschenbild transportiert.

Zusammenfassend: Die größte Gefahr dieser akademischen Bewegung, die sich als „revolutionär" bezeichnet (Roberts/Yeager 2006), besteht in der unheiligen Allianz von „EBP, softwarestandardisierten Fallbearbeitungsverfahren und (Kosten)Effizienz".
Die erwartbare Kritik von „außerhalb", das heißt von denjenigen, die *jede* Form von (Real)Wissenschaft, die Vorstellung von Gesetzmäßigkeiten sowie eine Korrespondenztheorie der Wahrheit ablehnen und/oder am Dualismus zwischen

Natur- und Human/Sozial-, genauer Geisteswissenschaften festhalten, dürfte noch heftiger ausfallen. Sie werden vermutlich – nicht ganz zu Unrecht – die Schimpfworte „Positivismus" und „Technokratie" bemühen. Dieser Kritik wäre Folgendes entgegenzuhalten: Das Konzept der EBP ist in der Tat in den meisten Fällen eine viel zu enge, technokratische Vorstellung von „Professionalität" und deshalb keine Basis für die Weiterentwicklung einer Profession Sozialer Arbeit. Sie löst das „Theorie-Praxis-Problem" tendenziell so, dass man sagen kann, dass „es" funktioniert hat, aber kaum eine Ahnung hat, warum. Aber sie legt den Finger auf eine wunde Stelle vieler Theorien und Methoden (speziellen Handlungstheorien) Sozialer Arbeit und damit der Glaubwürdigkeit dieser Profession: das Unvermögen, das Theorie-Praxis-Problem zu lösen,[11] und damit das Unvermögen, ihre Wirksamkeitsannahmen als Beitrag zur Linderung oder Lösung sozialer Probleme empirisch glaubwürdig zu belegen und wieder neu zu überprüfen. So bleibt die Frage, wie sich denn Forschungsprojekte mit dieser Zielsetzung sinnvoll organisieren ließen.

5 INSTITUTIONELLE ARRANGEMENTS FÜR DIE DURCHFÜHRUNG VON FORSCHUNGSVORHABEN UND FOLGERUNGEN FÜR DIE AUSBILDUNG

Eine als Handlungswissenschaft konzipierte professionelle Soziale Arbeit wird eine kooperative soziale und institutionelle Verschränkung von VertreterInnen aus Wissenschaft/Ausbildung und Praxis der Sozialen Arbeit herstellen müssen,

– in welcher es nicht um Über- und Unterordnung, um den Streit über Weltfremdheit und Praxisferne gegen Technokratie und Effizienz geht,
– in welcher sich die VertreterInnen der Bezugswissenschaften auf Wahrheitssuche und mithin „Anwendungsentlastung" berufen, sich aber kritisch gegenüber einer falschen Praxis verhalten und die VertreterInnen der Profession auf pragmatischem Entscheiden unter Handlungsdruck, Dilemmatas, Rückschlägen sowie auf Tools, Routinehandlungen und Effizienz beharren – kurz in welcher Wissenschaftlichkeit mit der Nähe zu Problemen rapide sinkt. (Maier 1998, 59)

Was durch diese Arbeitsteilung zementiert wird, ist, dass PraktikerInnen nicht wissenschaftlich oder vielleicht gar nicht denken – zumindest theoretisch argumentieren – können, ihre Praxis keine wissenschaftliche Erkenntnisrelevanz hat und umgekehrt WissenschafterInnen weltfremde Spieler mit Ideen ohne Handlungsrelevanz sind und vom Gegenstandsbereich, den AdressatInnen und dem

---

[11] Vgl. dazu die analoge Debatte im Rahmen der Erziehungswissenschaft anlässlich einer DGfE-Tagung: „Zur Lage der Erziehungswissenschaft", 20.1.2006 an der Humboldt Universität zu Berlin – mit Beiträgen von Heinz-Elmar Tenorth, Andreas Gruschka, Helmut Heid, Heinz-Hermann Krüger, Sabine Reh, wobei letztere – gemäß der institutionalisierten Rollenteilung – den Praxispart übernehmen sollte, was sie auf erfrischende Weise ironisiert.

Alltag der Sozialen Arbeit keine Ahnung haben. Aus gegenseitigen Vorurteilen und Beschuldigungen kann sich nichts Positives entwickeln.
Kooperation zwischen BezugswissenschafterInnen und Professionellen müsste in Anlehnung an Sommerfeld (1998, 25ff.) heißen, gemeinsam definierte soziale Probleme im Hinblick auf AdressatInnen Sozialer Arbeit durch gemeinsame Wissensproduktion in beschreibender, erklärender, bewertender wie verändernder Absicht bearbeitbar zu machen und damit das Wissen der Disziplin im Hinblick auf eine bessere Praxis zu erweitern. Diese Kooperationsform lässt die Stärken der Referenzwissenschaften zum Zug kommen, ohne dass sich die PraktikerInnen davon verabschieden können und umgekehrt (Göppner 2006b, 3). Sie unterscheidet sich klar von Auftragsforschung. Diese steht immer in der Gefahr, einseitig die Interessen und Fragestellungen des Auftraggebers zu berücksichtigen.
Diese forschungsbezogene Verschränkung von Wissensformen kann sowohl auf Universitäts- und Fachhochschulebene als auch in externen Forschungsprojekten stattfinden, die von Trägern und Netzwerken des Sozialwesens initiiert werden. Sie sieht auch die Kooperation oder Vertretung von AdressatInnen in Forschungsarrangements vor. Dabei ist zu erinnern, dass gerade die Anfänge der Frauenforschung auf Anregungen der Frauenbewegung und Frauenarbeit entwickelt wurde (Fiebertshäuser/Jakob/Klees-Möller 1997, 10). Es ist zu vermuten, dass auch heute zentrale, weiterführende Fragestellungen aus der Praxis kämen.
Im Hinblick auf die *Ausbildung* stellt die stärkere Betonung eines wissenschafts-, also forschungsgestützten Studiums sowohl an die Studierenden wie die Lehrenden neue Anforderungen. Es wären beispielsweise in einer ersten Phase Arbeitsgruppen von Bezugs- und HandlungswissenschafterInnen denkbar, die gemeinsam die für ihr Lehrfach einschlägige Forschungsliteratur durchforsten, diskutieren, auf die wissenschaftlichen Gütekriterien hin befragen, Fragliches ausscheiden, um das, was diesen Gütekriterien entspricht, in die jeweilige Lehrsequenz einzubringen. In Fachhochschulen, die eine Forschungsabteilung haben, wären Forschungswerkstätten zu institutionalisieren, in denen auch Studierende/PraktikantInnen mitwirken können. Das würde auch dazu führen, dass man in Vorlesung und Seminar besser aufeinander Bezug nehmen kann. Zudem müssten, aufbauend auf den bereits definierten Qualifikationskriterien (Bartosch et al. 2006), diese in Bezug auf das Verhältnis von Theorie und Praxis präzisiert werden.
Was mit Sicherheit gilt, ist, dass diese Anforderungen nicht in einem 6- oder 7-semestrigen Bachelor-Studium als Regelstudium zur Sozialen Arbeit erlernt und praktisch umgesetzt werden können. Dies ist noch weniger der Fall, wenn man Soziale Arbeit als Profession definiert, die sich auf mehreren sozialen Niveaus (Individuum, Familie, Kleingruppe, Gemeinwesen, Organisationen) und im jetzigen Jahrhundert darüber hinaus auch in internationaler Hinsicht zu bewähren hat. Es ist zu befürchten, dass man sich damit den Weg vom Beruf zur Profession Sozialer Arbeit, zumindest für die nächsten Jahre, vollständig verbaut (hat), es sei denn, es entstünden Kooperationsstudien zwischen (Fach)-

Hochschulen und Universitäten (vgl. hierzu den Aufruf von Otto 2007). Aber auch da ist zu befürchten, dass diese Chance aufgrund partikulärer, sozialarbeitsfremder Interessen vertan wird.

Diese ausbildungskritischen Bemerkungen sollen nicht entmutigen, sondern nachdenklich machen und Anlass für bildungspolitische Weichenstellungen sein. Zudem ist zu hoffen, dass dieser Sammelband, der aufzeigt, dass Sozialarbeitsforschung existiert und entwicklungsfähig ist, Anstoß zu einem Anschlussprojekt führt, nämlich solche Ausbildungbedingungen und -ziele festzulegen, die den Anspruch, Soziale Arbeit als forschungsbasierte Profession und mithin universitäre, anwendungsbezogene Disziplin zu etablieren und eine reale, nicht nur fiktive Gleichwertigkeit von Ausbildungen in Europa und weltweit herzustellen, einlösen.

Teil 3 65 Forschungsprojekte der Sozialen Arbeit Dokumentation zusammengestellt von Stefan Borrmann, Christian Spatscheck

A 1 Workshop „Armut und Wohnungslosigkeit"

A 1.1 AUFSUCHENDE BERATUNG ALLEINSTEHENDER WOHNUNGSLOSER – KRITISCHE LEBENSEREIGNISSE AUF DEM WEG INS SOZIALE ABSEITS

Karl-Heinz Grohall

Projektleitung
Prof. Dr. Karl-Heinz Grohall, FH Münster, im Ruhestand,
E-mail: Karl.Grohall@t-online.de

Weitere beteiligte Personen
Dipl. Soz.Arb. Johannes Duschner, wissenschaftlicher Mitarbeiter, 50 % für 18 Monate
Sechs Studentische Hilfskräfte für 12 Monate

Projektdauer
01/2002–12/2003

Finanzvolumen
53.000 Euro

Durch wen wurde das Forschungsprojekt ggf. gefördert?
Ministerium für Wissenschaft und Forschung NRW
Bischof-Hermann-Stiftung Münster,
Haus der Wohnungslosenhilfe, Münster
Institut für Landes- und Stadtentwicklung des Landes Nordrhein-Westfalen
Programmgeschäftsstelle Wohnraumversorgung für Wohnungsnotfälle, Dortmund

Angewandte Forschungsmethoden
Teilnehmende Beobachtung, Narratives Interview, Umfrage, Inhaltsanalyse (Kontaktprotokolle, Dokumentenanalyse)

Forschungstyp
Evaluationsuntersuchung

Wissenschaftliche Begleitung sozialer Projekte
Entwicklung von Konzepten/Verfahren (integrierte Praxisforschung)
Grundlagenforschung

Projektveröffentlichungen

Grohall, Karl-Heinz/ Duschner, Johannes 2003: Aufsuchende Beratung Alleinstehender Wohnungsloser in Münster. Ein Forschungsbericht der Fachhochschule Münster. In: ILS/Programmgeschäftsstelle Dortmund (Hrsg.): Plattform. Informationen aus dem Landesprogramm des Sozialministeriums NRW – Wohnungslosigkeit vermeiden – dauerhaftes Wohnen sichern, 1/2003, Dortmund, S. 25–31.

Grohall, Karl-Heinz 2004: Aufsuchende Beratung Alleinstehender Wohnungsloser. Soziale Arbeit im randständigen Stadtmilieu. In: Ernst, Stefanie (Hrsg.): Auf der Klaviatur der sozialen Wirklichkeit. Studien – Erfahrungen – Kontroversen. Forschung, Studium und Praxis, Bd. 9, Münster.

Ministerium für Wissenschaft und Forschung NRW 2004: TRAFO-Forschungsreport 2003. Aufsuchende Beratung Alleinstehender Wohnungsloser, Düsseldorf, S. 56ff.

Inhaltliche Projektdarstellung

Entstehungshintergrund

Die Untersuchung „Aufsuchenden Beratung von Alleinstehenden Wohnungslosen" wurde an der Fachhochschule Münster durchgeführt. Innerhalb der Studie, die aus mehreren Teilen besteht, gaben Betroffene narrative Interviews (Biografien). Sie liegen dem Bericht zugrunde.

Fragestellungen

Die Studie folgt einem doppelten Interesse. Einmal richtet dieses sich auf die „Aufsuchende Beratung Alleinstehender Wohnungsloser" und damit zweitens auf eine besondere Gruppe Alleinstehender Wohnungsloser und deren Lebensbedingungen, die die angebotenen Hilfen nicht oder nur sporadisch suchen und annehmen. Sie ziehen ein Leben auf der Straße den Wohnangeboten der Hilfeträger vor. Sie haben sich ein Überlebenssystem neben dem offiziellen Hilfesystem eingerichtet, worüber wenig bekannt ist. Deshalb handelt es sich bei dieser Untersuchung um eine explorative Studie, die in einem unbekannten Feld möglichst viele Aspekte erfassen möchte.

Projektverlauf

Um zu den narrativen Interviews zu gelangen, waren studentische Hilfskräfte mehrere Wochen mit einem Streetworker unterwegs. Sie versuchten vertrauensbildende Kontakte zu Wohnungslosen aufzunehmen, um Voraussetzungen für die Interviews zu schaffen. Acht Betroffene fanden sich schließlich zu einem Interview bereit. Systematische Nachfragen prüften die Stimmigkeit der Erzählungen. Sie wurden aufgezeichnet und transkribiert sowie zu verdichteten Erzähltexten und Chronologien der Lebensereignisse zusammengefasst. Diese dienten einer semantischen und einer Schlüsselwortanalyse als Materialgrundlage.

Zentrale Ergebnisse
Das Forschungsmaterial wurde mit Hilfe der Kategorien „Lebensphasen" (Struktur des Ablaufs des Lebens in biografischer Zeit), „Lebensbereiche" (vorgegebene Dimensionen des Lebens, denen sich Menschen ausgesetzt sehen, und mit denen sie sich auseinandersetzen müssen) und „Kritische Lebensereignisse" (Lebensprobleme und -krisen, die als Wendepunkte einem Lebenslauf eine neue Richtung geben. Sie führen zu Verlusten jeglicher Art, die von finanziellen Nachteilen über soziale Ausgliederung bis hin zur Entwertung der Identität reichen können) systematisiert und untersucht. Zu den Ergebnissen gehören unter anderem folgende Aussagen:

(a) Ein typischer Verlauf der Biografien, die in die Alleinstehende Wohnungslosigkeit führen, ist nicht zu beobachten, wohl lässt sich eine deutlichere Gewichtung des Merkmals:
„alleinstehend sein" gegenüber dem Merkmal: „wohnungslos sein" in den erzählten Lebensgeschichten erkennen.
(b) Die Biografien sind unterschiedlich häufig mit Kritischen Lebensereignissen belastet. Der soziale Abstieg ist also nicht die Folge einer besonders extremen Problemüberlastung.
(c) Die kritischen Ereignisse verteilen sich auf nahezu alle Lebensbereiche. Alleinstehende Wohnungslosigkeit ist also kein einzelnes soziales Problem, sondern ein durch und durch problematisches Leben.
(d) Die problematische Lebenslage ist durch das Fehlen familiärer oder partnerschaftlicher Beziehungen als dem Hauptproblem gekennzeichnet, welches die Betroffenen zunächst in die Alleinstehende Wohnungslosigkeit führt und sie dann dort festhält.
(e) Die stabilisierende Wirkung von festen, aber nicht nur gelungenen Beziehungen zur eigenen und zur Herkunftsfamilie hat eine besondere Bedeutung. Ihr Fehlen macht einen sozialen Abstieg in die Alleinstehende Wohnungslosigkeit wahrscheinlicher.
(f) Alkoholmissbrauch, kriminelles Verhalten und mangelnde Arbeitsintegration sind weniger Primärbedingungen für eine Lebenswende in die Wohnungslosigkeit. Sie haben aber eine enorme sekundäre Bedeutung, weil sie zum Abbruch von Beziehungen beitragen und die Aufnahme neuer Beziehungen erschweren.
(g) Wenn das Merkmal „Alleinstehen" gegenüber dem Merkmal „Wohnungslos" das eigentliche Problem beschreibt, wie es aus den Erzählungen gefolgert werden kann, dann sind die derzeitigen Hilfeangebote, die durch materielle Hilfe und Wohnungsfürsorge zwar das Überleben sichern, aber selten genug aus der, durch soziale Isolation bestimmten Lebenslage herausführen, zu überden-

ken. Den Befragten fehlen zuverlässige soziale Beziehungen zu Personen, die nicht selbst der stigmatisierten Wohnungslosen-Szene angehören.

Bedeutung der Ergebnisse für die Theorieentwicklung im Bereich Sozialer Arbeit
(a) Die Ergebnisse liefern Erkenntnisse über die aktuellen Lebenshintergründe einer besonderen Lebensweise in der Alleinstehenden Wohnungslosigkeit und deren besonders gravierende Probleme,
(b) sie können dazu beitragen, Inkompatibilitäten zwischen Problemlagen und Hilfeangeboten zu entdecken und eine Optimierung der fachlichen Hilfe unterstützen,
(c) sie können helfen, die Hilfen der Aufsuchenden Beratung sowohl im Überlebenssystem der Betroffenen als auch im Hilfesystem besser zu platzieren,
(d) sie können helfen, methodisches Vorgehen im Einzelkontakt mit den Adressaten im Rahmen von Streetwork zu beschreiben und zu erklären sowie Anregungen zu deren Verbesserung geben.

A 1.2 Laboro ergo sum – Eine Analyse des Umgangs mit wohnungslosen Menschen in Österreich am Beispiel der Stadt Innsbruck

Christian Stark

Projektleitung
Dr. phil. Christian Stark, hauptberuflich Lehrender am Fachhochschulstudiengang für Sozialarbeit in Linz, E-mail: christian.stark@fh-linz.at

Weitere beteiligte Personen
Keine

Projektdauer
04/2000–09/2002

Finanzvolumen
Eigenmittel

Durch wen wurde das Forschungsprojekt ggf. gefördert?
Keine Förderung

Angewandte Forschungsmethoden
Teilnehmende Beobachtung, qualitative und quantitative Inhaltsanalyse von Konzepten, Jahresberichten, Presseberichten, Befragung durch leitfadengestützte Interviews

Christian Stark

Forschungstyp
Sozialberichterstattung (Beschreibung/Analyse sozialer Verhältnisse/sozialer Probleme)
Evaluationsuntersuchung

Projektveröffentlichung
Stark, Christian 2007: Verwahrung von Armut oder Integration? Sozialpädagogische Überlegungen zum Umgang mit Obdachlosen am Beispiel der Stadt Innsbruck. In: Gumpinger, Marianne (Hrsg.): Schriften zur Sozialen Arbeit, Bd. 5., Linz.

Inhaltliche Projektdarstellung

Entstehungshintergrund
Das Forschungsprojekt ist die wissenschaftliche Reflexion meiner im Zeitraum von 1994 bis 2000 gesammelten beruflichen Erfahrungen als Streetworker und Leiter einer Tagesaufenthaltstätte für wohnungslose Menschen in Innsbruck und der daraus resultierenden Hypothesen.

Fragestellungen
Auf dem Hintergrund der Fragestellung „Verwahrung von Armut oder Integration?" wird der Umgang mit wohnungslosen Menschen von Seiten des Hilfssystems, der lokalen politischen Verantwortlichen und der Exekutivorgane untersucht.

Projektverlauf
Keine weiteren Nennungen

Zentrale Ergebnisse
(a) Verwahrung von Armut durch das traditionelle Hilfssystem: Das traditionelle Hilfssystem für Wohnungslose schreibt Armut fest: Einrichtungen wie Herbergen und Notschlafstellen gettoisieren, stigmatisieren und hospitalisieren ihre Klientel gleich totalen Institutionen. Sie absorbieren einen Teil der Wohnungslosigkeit und fungieren als eine Art politische Verschleierung des wirklichen Ausmaßes der Wohnungslosigkeit. Als Notschlafstellen konzipierte Einrichtungen fungieren als Dauerlösung. Es herrscht eine mangelnde Intimsphäre aufgrund von zu großen Schlafsälen und es fehlt an entsprechend ausgebildetem Personal und damit verbunden an professioneller Beratung und Betreuung. Durch rigide Hausordnungen werden die BewohnerInnen diszipliniert. So ziehen es zahlreiche Wohnungslose vor, im Freien zu übernachten als in Herbergen und Notschlafstellen.
(b) Sozialhilfe als Disziplinierungsinstrument: Das Gewähren von Sozialhilfe basiert auf einer Verknüpfung von Hilfe und Kontrolle. Hilfe wird nur gewährt um den Preis individueller Unterwerfung, Anpassung und Selbstdisziplinierung. Wohnungslose sind keine Subjekte mit Rechtsanspruch auf Hilfe, sondern Objekte der Disziplinierung. Wohnungslose werden zu etwas gezwungen – zu

arbeiten –, was in ihrer Situation kaum möglich und für Menschen in ihrer Situation auch kaum noch vorhanden ist (ohne Wohnung keine Arbeit – ohne Arbeit keine Wohnung). Ihre Lebenslage wird moralisiert. Armut bedeutet nicht den erzwungenen Verzicht auf das Lebensnotwendige bzw. gesellschaftlich übliche Konsumstandards, sondern wird als individuelles Fehlverhalten interpretiert.
(c) Die Opfer werden zu Tätern – Wohnungslosenpolitik als Vertreibungspolitik: Wohnungslose sind Opfer einer kriminalisierenden Gesetzeslage (Bettelverbote, Alkohol- und Aufenthaltsverbote), Opfer stigmatisierender Äußerungen von politisch Verantwortlichen („stören das Stadtbild", „Stadtplage", „Sandlerunwesen"), Opfer einer rigorosen Vertreibungspraxis durch Exekutivorgane, Opfer manueller Gewalt und Opfer struktureller Gewalt (Tod durch Erfrieren, verspätete oder unterlassene Hilfeleistung). Diese Opfer werden durch Innsbrucks politische Vertreter zu Tätern gemacht: „Zu einer Minderheit, die eine Mehrheit terrorisiert", es müssen „Notwehrmaßnahmen" gegen sie ergriffen werden und es muss ihretwegen ein „Sicherheitsgipfel" einberufen werden. Wohnungslose werden zum Sicherheitsrisiko hochstilisiert. Nicht die Armut, sondern die Armen werden bekämpft. Wohnungslose werden zum Abfallprodukt, das aus den Augen der Öffentlichkeit entfernt werden muss. Die Orte der Vertreibung sind vornehmlich Areale des Kapitals und Konsums. Sauberkeit und Ordnung auf den Straßen sollen ungetrübtes touristisches Erleben und Einkaufsvergnügen garantieren. Der Mensch, dem jegliche Sicherheit in Form von Wohnung und geregelter Arbeit fehlt, wirkt bedrohlich auf eine Wohlstandsgesellschaft, da er ihr Versagen wie einen Spiegel vorhält. Er kratzt am Klischeebild der Sauberkeit und des Wohlstands einer Stadt wie Innsbruck und stört das Konsumerlebnis in ihren Konsum- und Freizeittempeln. Wohnungslosigkeit wird nicht mehr als ein soziales, sondern als ein Fremdenverkehrs- und Sicherheitsproblem wahrgenommen.

Bedeutung der Ergebnisse für die Theorieentwicklung im Bereich Sozialer Arbeit
Der Umgang mit Wohnungslosen offenbart ein Menschenbild, das vom Leitgedanken ausgeht: Der Mensch muss sich zu leben verdienen, das heißt, er muss sich der Gesellschaft gegenüber als nützlich erweisen. Nützlich sein heißt, rentabel sein, nützlich für den Profit. Der Wert des Menschen wird auf seinen wirtschaftlichen Ertrag reduziert. Das Recht auf Leben erwirbt man durch die Pflicht zu arbeiten: Laboro ergo sum. Die Ein- oder Nichteinbindung in Arbeits-, Produktions- und Konsumationsprozesse definiert den Anspruch auf soziale Rechte und legitimiert die Einschränkung des Gleichheitspostulats. In diesem Sinne sind die Ergebnisse der Studie ein deutliches Plädoyer für eine Sozialarbeit als Menschenrechtprofession, das heißt, im untersuchten Fall für den professionellen Einsatz für die Rechte wohnungsloser Menschen auf ein menschenwürdiges Leben unabhängig von deren Einbindung in Arbeits-, Produktions- und Konsumationsprozesse. Für die sozialarbeiterische Praxis bedeutet dies eine vermehrte Wahrnehmung der Anwaltfunktion für wohnungslose

Menschen, vermehrte Öffentlichkeitsarbeit und sozialpolitisches Engagement im Hinblick auf Entstigmatisierung der Klientel, einer Wohnungs- und Arbeitsmarktpolitik in deren Sinn und einer Reduzierung oder Auflösung der Form der Unterbringung in Notschlafstellen und Herbergen zugunsten betreuter oder begleiteter Wohnformen sowie des Ausbaus präventiver Angebote.

A 1.3 „Und seitdem bin ich ganz draußen...". Lebensort Strasse – Eine fallrekonstruktive Untersuchung über die Lebenswelten wohnungsloser Mädchen und junger Frauen

Claudia Steckelberg

Projektleitung
Claudia Steckelberg, Dipl. Sozialpädagogin,
E-mail: c.steckelberg@web.de

Weitere beteiligte Personen
Dissertationsvorhaben an der Universität Osnabrück, Fachbereich Erziehungswissenschaft
Betreuung: Prof. Dr. Carol Hagemann-White und PD Dr. Eva Breitenbach

Projektdauer
05/2002–voraussichtlich 10/2007

Finanzvolumen
Förderung in Höhe eines Promotionsstipendiums

Durch wen wurde das Forschungsprojekt ggf. gefördert?
Heinrich Böll Stiftung (Promotionsstipendium von 05/2002–04/2005)

Angewandte Forschungsmethoden
(a) Insgesamt 14 qualitative, narrativ orientierte Interviews mit Mädchen und jungen Frauen im Alter von 16–24 Jahren, ergänzt durch Beobachtungs- und Gesprächsprotokolle.
(b) Entwicklung einer Interviewform, die sich an forschungsethischen Gesichtspunkten orientiert und jungen Menschen mit belasteten Lebensgeschichten gerecht wird, die problematische bis akut krisenhafte Lebenssituationen alltäglich bewältigen müssen.
(c) Die Auswertung folgt der dokumentarischen Methode der Interpretation nach Ralf Bohnsack und wird hier verbunden mit der Perspektive des empirischen Konstruktivismus.

Forschungstyp
Sozialberichterstattung (Beschreibung/Analyse sozialer Verhältnisse/sozialer Probleme)
Grundlagenforschung

Projektveröffentlichung
Steckelberg, Claudia 2005: Jugendliche und junge Erwachsene auf der Straße. Lebenswelt, Kultur und Geschlecht. In: Fachtag in Essen 07.10.2004. Aktuelle Versorgungsmöglichkeiten, Lebenswelten und Therapiekarrieren von Straßenkids. Essen, S. 10–16.

Inhaltliche Projektdarstellung
Entstehungshintergrund
Das Thema dieser Dissertation ist hervorgegangen aus meinen beruflichen Erfahrungen als Sozialpädagogin in der Arbeit mit verschiedenen Personengruppen, die auf der Straße leben und der wissenschaftlichen Auseinandersetzung mit dem theoretischen Konzept der Lebensweltorientierung.

Fragestellungen
Die Forschungsfrage lautet: Wie konstruieren wohnungslose Mädchen und junge Frauen ihre Lebenswelt? Konstruktion meint hier nicht die Deutung einer vorgängigen Realität durch die Subjekte, sondern erforscht Herstellungsprozesse sozialer Wirklichkeit. Dabei findet die Relevanz von Geschlecht als sozialer Kategorie besondere Beachtung. Ich nehme damit Bezug auf einen phänomenologisch orientierten Lebensweltbegriff, der die Erfahrungen und Sichtweisen der Individuen als konstitutiv begreift und als Leitorientierung zur Beschreibung von Lebenswelten setzt. In Anlehnung an die dokumentarische Methode interessiert mich nicht, inwieweit die Darstellung der Interviewten faktisch richtig ist. Vielmehr dokumentieren sich in den Erzählungen die lebensweltlichen Orientierungen der Sprecherinnen. Lebensweltliche Praxis bringt Orientierungen hervor, die dann wiederum die Praxis strukturieren. Es wird hier fokussiert auf die Lebensphase auf der Straße, die als konjunktiver Erfahrungsraum anerkannt wird, der bestimmte Orientierungen und Sichtweisen wohnungsloser Mädchen und jungen Frauen ausmacht. Anders als in primär pädagogisch motivierten interventions- oder integrationsbezogeen Forschungen, geht es hier um das Aufdecken von im öffentlichen wie im Fachdiskurs verdeckten Erfahrungen und Standpunkten.

Projektverlauf
Den Zugang zu meinen Interviewpartnerinnen habe ich in mehreren jeweils einwöchigen Feldphasen über niedrigschwellige Einrichtungen der Jugendhilfe in vier bundesdeutschen Städten unterschiedlicher Größe gesucht. Die Interviews kamen zumeist spontan zustande, abhängig von der aktuellen Tagesverfassung und dem Tagesablauf der Mädchen und jungen Frauen. Interessanterweise bot

nicht die Privatheit eines Zweiergesprächs den Interviewten Sicherheit, sondern die Anwesenheit Anderer, der vertraute öffentlichere Rahmen, mit der Möglichkeit, kurzzeitig aus der Interviewsituation aussteigen zu können, indem sie sich auf das Geschehen im Umfeld bezogen. Ich hatte zudem den Eindruck, dass mir gerade meine Fremdheit, also die Tatsache, dass sie mich nicht kannten und ich keinerlei Relevanz in ihrem Alltag hatte, den Zugang zu den Interviewten verschaffte.

Zentrale Ergebnisse
(a) Die bisherige Annahme der Fachliteratur, die Straße als eher männlich konnotierter Lebensort bringe die Mädchen und Frauen eher als die Jungen und Männer in Konflikt mit ihrer Geschlechtszugehörigkeit, sehe ich nicht bestätigt. Vielmehr wird ein offensives, vermeintlich männliches Raumverhalten und die Selbstbestimmung über Raum und Zeit von den Interviewten als ein Vorteil des Straßenlebens angesehen. Prekär wird die Auseinandersetzung mit geschlechtskonnotierten Zuschreibungen auf der Straße in Verbindung mit dem wirkmächtigen Stigma der Prostitution.
(b) Das Zitat im Titel dieser Arbeit „Und seitdem bin ich ganz draußen..." bezieht sich auf das übergeordnete Orientierungsmuster, das die Interviews zeigen. Es geht um die Bewältigung des Verlusts von Normalität, des Ausschlusses aus als normal anerkannten Lebensverhältnissen. Normalität meint innerhalb gesellschaftlicher Normen lebend und bezieht sich auf gesellschaftliche und persönliche Verhältnisse, die im Rahmen allgemein anerkannter Regeln und Werte Sicherheit, Anerkennung und Handlungsfähigkeit versprechen. Die Mädchen und jungen Frauen rekurrieren damit auf die Konstruktion von Normalität als einen gesellschaftlichen Ort, dem man unter bestimmten festgelegten Vorzeichen entweder zugehörig oder von dem man, wie sie es aktuell erfahren, ausgeschlossen ist, sei es durch den Verlust der Herkunftsfamilie, durch das Zerbrechen von Freundschaften, durch Unverständnis von Seiten der Ämter und des Hilfesystems der Sozialen Arbeit und durch die Vertreibung aus öffentlichen Räumen.

– Innerhalb dieses Orientierungsmusters lassen sich zwei Hauptorientierungen ausmachen, die funktional darauf ausgerichtet sind, diese Bewältigung gelingen zu lassen: „Herstellung von Normalität" einerseits und „Normalisierung" andererseits.
– Unter der Orientierung der „Herstellung von Normalität" zeigt sich die Erfahrung von Wohnungslosigkeit als ein nicht antizipierbarer Wechsel der Lebenswelt und des Wegbrechens der bisher unhinterfragten Sicherheiten und Routinen. Das Ziel ist, diesen Ausnahmezustand des existenziellen materiellen Mangels und des Ausschlusses zu beenden und ein normales Leben zu führen. Normalität findet unter dieser Perspektive nicht in der Lebenswelt Straße statt.
– Die Orientierung an Normalisierung meint in Abgrenzung dazu das Motiv der Interviewten, die eigene Lebenswelt auf der Straße als normal und gesellschaftlich integriert darzustellen, unter anderem durch die Distanzierung

von gesellschaftlich virulenten Bildern über wohnungslose Menschen und die Straßenszene. Es geht dabei auch um die Inanspruchnahme der Deutungsmacht der eigenen Lebenswelt. Dieses Sich-fremd-machen von den eigenen alltäglichen Bezügen auf der Straße ist genau genommen orientiert an der Zugehörigkeit zur Mehrheitsgesellschaft, die nur möglich ist, weil man die Zuordnung zu einer stigmatisierten Randgruppe verlässt. Das Potenzial zur Veränderung der eigenen Lebenssituation, das der Orientierung auf die Herstellung von Normalität immanent ist, findet sich hier nicht. Die Orientierung auf Normalisierung dient vielmehr der Stabilisierung der aktuellen Lebenswelt.

Bedeutung der Ergebnisse für die Theorieentwicklung im Bereich Sozialer Arbeit
(a) Die Antwort der Sozialen Arbeit auf den Versuch der Bewältigung von Verlust und Ausschluss sollte nicht Einschluss oder Reintegration heißen, sondern Anerkennung, die nicht suggeriert, es könne einen gesellschaftlichen Zustand geben, in dem alle Menschen integriert sind. Sonst wird verdeckt, dass der Ausschluss bestimmter Personengruppen zugleich konstitutiv ist für die gesellschaftliche Anerkennung hegemonialer Lebensformen und Existenzweisen.
(b) Relevant im Diskurs über wohnungslose Mädchen und junge Frauen sowie in der Jugendhilfepraxis ist es, diese mit ihren Erfahrungen auszuhalten und damit das Unerträgliche, das Unerklärliche und Unverständliche zu ertragen. Das heißt auch, mit einer gesellschaftlichen Wirklichkeit konfrontiert zu werden, in der Gewalt, Vernachlässigung und Stigmatisierung Alltag konstituieren können, anstatt als professionell Handelnde selbst auf Strategien der Herstellung von Normalität oder Normalisierung zurück zu greifen.
(c) Solche Anerkennung umfasst zwei Momente, das des Erkennens des Anderen und das der Achtung, die trotz der Wirkmächtigkeit gesellschaftlicher Zuschreibungen auf einem Zur-Kenntnis-Nehmen gründet.

A 2 Workshop „Sexuelle Ausbeutung von Frauen"

A 2.1 LEBENSSITUATION, SICHERHEIT UND GESUNDHEIT VON PROSTITUIERTEN

Margrit Brückner

Projektleitung
Prof. Dr. phil. habil. Margrit Brückner, Fachhochschule Frankfurt am Main, Fachbereich 4 Soziale Arbeit und Gesundheit,
E-mail: brueckn@fb4.fh-frankfurt.de

Weitere beteiligte Personen
Dr. Christa Oppenheimer M.A., wissenschaftliche Projektmitarbeiterin

Projektdauer
Geförderter Zeitraum: 06/2004–09/2005

Finanzvolumen
50.000 Euro

Durch wen wurde das Forschungsprojekt ggf. gefördert?
Hessisches Ministerium für Wissenschaft und Kunst

Angewandte Forschungsmethoden
Sowohl quantitative als auch qualitative Methoden:
(a) ein umfangreicher standardisierter Fragebogen orientiert an der repräsentativen Bundesstudie zur Situation von Frauen in Deutschland (BMFSFJ 2004) (N=72)
(b) ausführliche Leitfadeninterviews mit Prostituierten (N=8), ExpertInnen aus Behörden und Hilfevereinen (N=15) sowie Menschen aus dem Rotlichtmilieu (N=3)

Forschungstyp
Sozialberichterstattung (Beschreibung/Analyse sozialer Verhältnisse/sozialer Probleme)
Selbstreferentielle Untersuchung

Projektveröffentlichung
Brückner, Margrit/ Oppenheimer, Christa 2006: Lebenssituation Prostitution – Sicherheit, Gesundheit und soziale Hilfen. Königstein.

Workshop „Sexuelle Ausbeutung von Frauen"

Inhaltliche Projektdarstellung

Entstehungshintergrund
Auseinandersetzungen mit dem Phänomen Prostitution haben aufgrund des Frauenhandels europaweit an Aktualität gewonnen. Ob Prostitution insgesamt dem Thema Gewalt zuzuordnen und als Ausdruck von Männerherrschaft anzusehen oder „einen Beruf wie jeder andere" darstellt, ist in der Fachöffentlichkeit und der Frauenforschung umstritten. Untersuchungsziel war daher, die Lebenssituation von Frauen in der Prostitution aufzuzeigen und Hilfebedarfe einzuschätzen.

Fragestellungen und Projektverlauf
Die Komplexität der Problematik erforderte eine interdisziplinäre Fragestellung: Die soziologische Dimension bezog sich auf das Thema soziale Randgruppe, die sozialpolitische Dimension lag in der Einbeziehung rechtlicher Bedingungen, die sozialpädagogische Dimension umfasste die Analyse von Hilfestrukturen. Die Studie verfolgte drei Hauptanliegen: die Untersuchung der Lebens- und Arbeitssituation von Prostituierten unter besonderer Berücksichtigung ihrer Gesundheit und Gewalterfahrungen, die Überprüfung der Auswirkungen des neuen Prostitutionsgesetzes und die Recherche zur Erreichbarkeit der Frauen durch Hilfeeinrichtungen. Hierzu wurden unterschiedliche Methoden angewandt: Eine standardisierte Befragung in unterschiedlichen Sprachen von Prostituierten (N=72) – orientiert an der repräsentativen Bundesstudie zur Lebenssituation von Frauen in Deutschland (BMFSFJ 2004) (Auswertung durch SPSS) und qualitative Leitfadeninterviews mit Prostituierten (N=8), ExpertInnen aus Behörden und Hilfevereinen (N=15) sowie Menschen aus dem Rotlichtmilieu (N=3) (inhaltsanalytisch nach Mayring ausgewertet). Aufgrund der Kontaktaufnahme zu Frauen durch soziale Hilfeeinrichtungen sind in der Befragungsgruppe Prostituierte in Problemlagen vermutlich überrepräsentiert.

Zentrale Ergebnisse
(a) Strukturen der Prostitution: Neben dem Verkauf sexueller Dienstleistungen handelt es sich bei Prostitution um ein heterogenes Phänomen, das einem raschen Wandel unterliegt. Dieser Wandel bezieht sich auf die Herkunftsländer der Frauen (wachsender Anteil von Migrantinnen), die Art sexueller Leistungen (extremer werdende Formen) und deren Vermarktung. Folge ist ein Auseinanderdriften von Szenarios bezogen auf: Legalität – Illegalität, unterschiedliche Möglichkeiten der Angebotsregelungen durch die Frauen (Art des Angebotes, Zahl und Wahl der Freier etc.), Freiwilligkeit – Zwang. Die Ausdifferenzierung von Sexleistungsorten, -nachfragen und sinkende Preise bewirken, dass alte Normen und entsprechende Kontrollmechanismen immer weniger greifen (Arbeit mit Kondom, begrenzte Leistungskataloge). Der Druck wächst, eine Vielfalt von Sex-Leistungen anzubieten, sich gegenüber Freiern geschäftstüchtig zu erweisen und eigene Grenzen durchzusetzen, um die psychische, physische und sexuelle Integrität zu wahren. Während professionelle deutsche Frauen (und

Frauen ohne Aufenthaltsprobleme) heute eher ohne Zuhälter arbeiten, stehen „gehandelte" Frauen meist unter der Aufsicht von Zuhältern.
(b) Gewalterfahrungen und Gesundheit im Vergleich zur Gesamtfrauenbevölkerung (repräsentative Studie des BMFSFJ 2004): Das Ausmaß physischer und sexueller Übergriffs- und Gewalterfahrungen der befragten Prostituierten liegt sowohl in der Kindheit als auch im Erwachsenenalter deutlich höher; wie in der allgemeinen Frauenbevölkerung, erleiden die Befragten als häufigste Gewaltform (Ex)partnergewalt zu Hause. Gut die Hälfte von Ihnen hat sexuellen Missbrauch erfahren (ein erheblich höherer Anteil als in der Gesamtfrauenbevölkerung). Die Gesundheitsangaben verweisen auf einen im Vergleich zur gesamten Frauenbevölkerung schlechteren Gesundheitszustand, vor allem für Beschaffungsprostituierte und illegalisierte Frauen.
(c) Auswirkungen gesetzlicher Neuregelungen: Das Prostitutionsgesetz von 2002 mit seiner entdiskriminierenden Intention war vielen Frauen nicht bekannt. Wenn sie es kannten, befürworteten sie die Ausrichtung des Gesetzes, ebenso wie die befragten Professionellen, alle hielten jedoch seine Effekte für minimal.
(d) Aufgabenbestimmung und Positionen der Professionellen: Die Analyse sozialer und gesundheitlicher Institutionen sowie Einrichtungen öffentlicher Ordnung weist auf deren Funktion als Bindeglied zwischen Mainstream Gesellschaft und Milieu hin. Mit der Normalisierung der Prostitution verändert sich die Definition des Hilfe- sowie des (auch schützenden) Kontrollbedarfes und begrenzt diese stärker auf eng definierte Problemlagen. Schon liegt eine Grenze professionellen Handelns darin, dass nach den Befragungen auch bei Gewalterfahrungen bei denen nach Selbsteinschätzung Hilfebedarf entstand, nur etwa die Hälfte der Prostituierten diese Hilfe nachgesucht und bekommen hat.

Bedeutung der Ergebnisse für die Theorieentwicklung im Bereich Sozialer Arbeit
Die Ergebnisse vermitteln Erkenntnisse über die Institution Prostitution und somit über einen sozialarbeiterisch relevanten Bereich, da mit Sexarbeiterinnen eine benachteiligte Gruppe von Frauen in den Blick genommen wurde, an der die Machtungleichheit im Geschlechterverhältnis besonders deutlich wird. Auch die sexuelle Liberalisierung hat die traditionelle Doppelmoral weitgehend unbeschadet gelassen, so dass Prostituierte weiterhin den Status einer Randgruppe haben, deren Analyse der Weiterentwicklung von Gendertheorien dient und Ungleichheitsforschung weiter vorantreibt. Mit der Studie wird die gesellschaftspolitische Debatte, ob Prostitution als Beruf von Frauen anzusehen ist, kritisch weitergeführt und knüpft damit an die gesellschaftliche Verantwortung Sozialer Arbeit und ihre Tradition als Menschenrechtsprofession an. Je mehr empirische Erkenntnisse zu Sexarbeit und den gesundheitlichen und sozialen Belastungen für Frauen vorliegen, desto eher kann die auch auf EU-Ebene politisch geführte Debatte mit Daten und Kenntnissen abgesichert werden.

A 2.2 Gehandelte Frauen – Menschenhandel zum Zweck der sexuellen Ausbeutung mit Frauen aus Mittel-, Ost- und Südosteuropa

Alexandra Geisler

Projektleitung
Alexandra Geisler: MA Sozialwissenschaften, Promotion an der Humboldt Universität zu Berlin, derzeit Promotionsstipendiatin der Friedrich-Ebert Stiftung, E-mail: alexandra.geisler@gmx.net

Weitere beteiligte Personen
Keine

Projektdauer
01/2004–07/2004

Finanzvolumen
Eigenmittel

Durch wen wurde das Forschungsprojekt ggf. gefördert?
Keine Förderung

Angewandte Forschungsmethoden
Qualitative Sozialforschung mit problemzentrierten Interviews

Forschungstyp
Grundlagenforschung

Projektveröffentlichungen
Geisler, Alexandra 2004: Gehandelte Frauen. In: Bellers, Jürgen/Nitzsche, Frank (Hrsg.): Niedergangsstadium? Die Imperialismus-Theorie im interdisziplinären Diskurs. Hamburg, S. 93–122.
Geisler, Alexandra 2004: Hintergründe des Menschenhandels in die Prostitution mit Frauen aus Osteuropa. In: „Gewalt im Geschlechterverhältnis", Aus Politik und Zeitgeschichte, B 52–53, Bonn.
Geisler, Alexandra 2005: Gehandelte Frauen – Menschenhandel zum Zweck der Prostitution mit Frauen aus Osteuropa, Berlin.
Geisler, Alexandra 2005: Menschenhandel mit Frauen aus Osteuropa zum Zweck der sexuellen Ausbeutung. In: Bulletin Texte 29+30, Armut und Geschlecht, Zentrum für transdisziplinäre Geschlechterforschung der Humboldt Universität zu Berlin, S. 121–131.
Geisler, Alexandra 2005: Ursachen und Erscheinungsformen des Menschenhandels mit Frauen in die Prostitution. In: Mitteilungen Nr. 431 Gegen Frauenhandel der EFD, S. 17–24.

Geisler, Alexandra 2006: Überblick über geltende internationale Abkommen und ihre Entstehungsgeschichte. In: eins Entwicklungspolitik, Information Nord-Süd, 5-2006, S. I–IV.

Inhaltliche Projektdarstellung

Entstehungshintergrund
(a) Ein wachsendes Interesse am Themenkomplex Menschenhandel in osteuropäischen Ländern ist insbesondere seit den Beitrittsverhandlungen um eine Mitgliedschaft in der Europäischen Union zu verzeichnen. In Bezug auf Menschenhandel haben diese Prozesse zumindest oberflächlich dazu geführt, dass kein Beitrittsland die Situation weiterhin ignorieren konnte. Der Menschenhandel mit Frauen ist jedoch kein postsozialistisches Phänomen, sondern ein sehr altes und war bereits vor der Gründung der Vereinten Nationen ein Thema der internationalen politischen Agenda.
(b) Im Dezember 2000 wurde die UN Konvention gegen grenzüberschreitende organisierte Kriminalität unterzeichnet, die 2003 in Kraft trat. Das Zusatzprotokoll zum Menschenhandel, wenn auch nun geschlechtsneutral formuliert und nicht auf die Zwangsprostitution beschränkt, spiegelt dennoch die früheren Ansätze im Titelzusatz „especially women and children" wieder. Das primäre Definitionsmerkmal des Menschenhandels ist aber nun erstmals nicht mehr die Art der Tätigkeit der gehandelten Person.
(c) Menschenhandel wird somit international definiert als „[...] die Anwerbung, Beförderung, Verbringung, Beherbergung oder den Empfang von Personen durch die Androhung oder Anwendung von Gewalt oder anderen Formen der Nötigung, durch Entführung, Betrug, Täuschung, Missbrauch von Macht oder Ausnutzung besonderer Hilflosigkeit oder durch Gewährung oder Entgegennahme von Zahlungen oder Vorteilen zur Erlangung des Einverständnisses einer Person, die Gewalt über eine andere Person hat." Die Ausbeutung beinhaltet laut Zusatzprotokoll „[...] mindestens die Ausnutzung der Prostitution anderer oder andere Formen sexueller Ausbeutung, Zwangsarbeit oder Zwangsdienstbarkeit, Sklaverei oder sklavereiähnliche Praktiken, Leibeigenschaft oder die Entnahme von Körperorganen."
(d) So liegt Menschenhandel vor, wenn eine Person unter Vortäuschung falscher Tatsachen (Mittel) angeworben (Handlung), aber schließlich unter ausbeuterischen Bedingungen zum Beispiel als Prostituierte ausgebeutet wird (Zweck). Die ursprüngliche Einwilligung der gehandelten Person ist unerheblich, wenn eines der genannten Mittel vorliegt. Die bloße Anwerbung einer Person ohne Anwendung eines der Mittel, reicht nicht aus.

Fragestellungen und Projektverlauf
Zur thematischen Eingrenzung ging es in der durchgeführten Forschung um den Menschenhandel mit Frauen aus mittel-, ost- und südosteuropäischen Staaten zum Zweck der sexuellen Ausbeutung, wofür problemzentrierte Interviews mit ehemals gehandelten Frauen durchgeführt wurden. Dabei stand neben der Situation im Zielland, vor allen Dingen ihr Leben im Herkunftsland im Mittel-

punkt. Dies diente dem Verständnis, in welcher Situation sie waren, bevor sie „Opfer" von Menschenhandel wurden.
Die zentrale Forschungsfrage, die sich hier anschloss, liegt auf der Hand. Es ging darum zu überprüfen, ob die Frauen primär Opfer sind oder ob sie vielmehr autonom handelnde Arbeitsmigrantinnen sind, die erst aufgrund äußerer Umstände wie zum Beispiel der ausländerrechtlichen Rahmenbedingungen, „Opfer" von Menschenhandel geworden sind.

Zentrale Ergebnisse
(a) Menschenhandel ist ein Grund für und eine Konsequenz von Menschenrechtsverletzungen.
(b) Die als belastend wahrgenommenen gesellschaftlichen Faktoren, wie absolute Armut, Arbeitslosigkeit, Gewalt, Alkoholismus, Diskriminierung, alleinige Verantwortung für die Familie, sind jedoch nicht notwendigerweise ursächlich für eine Migration verantwortlich, schaffen allerdings erst die notwendigen Bedingungen für den Menschenhandel, aus denen kriminelle Elemente ihren Vorteil ziehen.
(c) Der Missbrauch freundschaftlicher Netzwerke, insbesondere durch Händlerinnen, dominiert als Form der Anwerbung und korreliert mit der steigenden Aufklärung und Vorsicht von osteuropäischen Frauen, sowie der Entwicklung eines reaktionären Frauenbildes, inklusive einer gewissen gesellschaftlichen Akzeptanz, wodurch die massenhafte Anwerbung von Frauen zur sexuellen Ausbeutung als individuelle Überlebensstrategie forciert wird. Die Wahlfreiheit der gehandelten Frauen wird durch die MenschenhändlerInnen so ernsthaft beeinträchtigt, dass die Freiwilligkeit des Migrationsprozesses in Frage gestellt werden muss, auch wenn Momente der selbstverantwortlichen Entscheidung und Durchführung vorkommen.
(d) Ferner werden so genannte Versuche der „Freiersensibilisierung" in Frage gestellt und somit die Legitimität der Nachfrage generell. Die meisten Freier ignorierten die Notlage und in einigen Fällen nutzten sie diese sogar für ihre eigenen materiellen oder persönlichen Profite aus. Vielfach konnte davon ausgegangen werden, dass die Lage der Zwangsprostituierten nicht zu übersehen oder -hören war.
(e) Zudem verinnerlichen die gehandelten Frauen stigmatisierende Moralvorstellungen in Bezug auf Prostitution in den Herkunftsländern. Dies trägt wiederum zum TäterInnenschutz bei, denn um nicht als beschmutzt zu gelten, verschweigen sie ihrem Umfeld das Erlebte.

Bedeutung der Ergebnisse für die Theorieentwicklung im Bereich Sozialer Arbeit
(a) Die gesellschaftliche Positionierung zur Prostitution trägt einen erheblichen Teil dazu bei, wie mit gehandelten Personen zum Zweck der sexuellen Ausbeutung umgegangen wird.
(b) Eine der notwendigsten gesellschaftlichen und politischen Entwicklungen ist die Beendigung der Hierarchisierung und Privilegierung von „Opfern", zum Beispiel der so genannten „Unschuldigen" vs. der so genannten „Unverantwortlichen" oder „Schuldigen".

(c) Es muss zudem um die Wahrnehmung aller Formen des Menschenhandels gehen und nicht um die Verleugnung von Formen des Menschenhandels, die weder die Zwangsprostitution noch die sexuelle Ausbeutung betreffen.

A 2.3 Die Bedeutung des Jungfräulichkeitsgebotes für Mädchen mit islamischem Hintergrund

Manuela Leideritz

Projektleitung
Manuela Leideritz, Dipl.-Sozialarbeiterin (FH), Master of Social Work, Leiterin einer Einrichtung der offenen Kinder- und Jugendarbeit in Leipzig, E-mail: Manuela.Leideritz@web.de

Weitere beteiligte Personen
(a) Forschungsarbeit, keine
(b) Masterthesis im Studiengang Master of Social Work – Soziale Arbeit als eine Menschenrechtsprofession am Zentrum für postgraduale Studien der Sozialen Arbeit (ZPSA) Berlin

Projektdauer
09/2003–07/2004

Finanzvolumen
Eigenmittel

Durch wen wurde das Forschungsprojekt ggf. gefördert?
Keine Förderung

Angewandte Forschungsmethoden
Qualitative Erforschung von Lebensberichten durch zusammenfassende Inhaltsanalyse nach Mayring

Forschungstyp
Sozialberichterstattung (Beschreibung/Analyse sozialer Verhältnisse/sozialer Probleme)
Wissenschaftliche Begleitung sozialer Projekte

Projektveröffentlichung
Leideritz, Manuela 2004: Die Bedeutung des Jungfräulichkeitsgebotes für Mädchen mit islamischem Hintergrund. Welche individuellen und sozialen Aspekte verknüpfen sich mit der Aufrechterhaltung des Jungfräulichkeitsgebotes bzw. mit Verstößen dagegen? Unveröffentlichte Thesis im Studiengang Master of Social Work – Soziale Arbeit als eine Menschenrechtsprofession, Zentrum für postgraduale Studien der Sozialen Arbeit (ZPSA) Berlin.

Workshop „Sexuelle Ausbeutung von Frauen"

Inhaltliche Projektdarstellung

Entstehungshintergrund
Die anonyme Krisen- und Übergangseinrichtung PAPATYA des Türkisch-Deutschen Frauenvereins e.V. in Berlin bietet seit 1986 Schutz und Hilfe für Mädchen und junge Frauen, die aufgrund familiärer Konflikte ihr Zuhause verlassen (müssen). Das Angebot richtet sich an Mädchen und junge Frauen aus der Türkei aber auch aus anderen Ländern mit ähnlichem kulturellem Hintergrund (http://www.papatya.org).
Im Rahmen einer Masterthesis wurden 25 Lebensberichte von Mädchen und jungen Frauen mit islamischem Hintergrund untersucht, welche im Laufe des Jahres 2002 Zuflucht in der anonymen Schutzwohnung suchten.

Fragestellungen
Ausgangspunkt der Thesis war der Wunsch der Mitarbeiterinnen von PAPATYA, einen Teil der über Jahre angesammelten Lebensberichte auszuwerten. Das Thema „Jungfräulichkeit" wurde in den Lebensberichten allerdings nur selten explizit benannt. Diese Grenzen des Forschungsmaterials führten zu einer Ausdifferenzierung der Forschungsfrage (siehe Untertitel).
Im ersten Teil der Thesis (A) findet eine theoretische Auseinandersetzung zu Zusammenhängen zwischen Gesellschaftsstruktur und der Bedeutung geschlechtsbezogener Sexualnormen – insbesondere des Gebotes, als Jungfrau in die Ehe zu gehen – statt. Im zweiten und dritten Teil der Thesis (B und C) wird die individuelle Situation der Mädchen und jungen Frauen unter Einbeziehung der Forschungsergebnisse beleuchtet.
Da es sich um eine Masterthesis im Rahmen des Masterstudiengangs „Soziale Arbeit als eine Menschenrechtsprofession" handelte, wurde auch der menschen- und frauenrechtliche Aspekt ausgeleuchtet.

Projektverlauf
Das Material wurde in einen theoretischen Kontext gestellt und die Ausgangsfragestellung für die qualitative Inhaltsanalyse ausdifferenziert. Darauf aufbauend wurden spezifische Forschungsfragen festgelegt und ein gegenstands- und fragebezogenes Kategoriensystem für die zusammenfassende Inhaltsanalyse konstruiert.

Zentrale Ergebnisse
(a) Aus dem Teil A: Wenn eine Bevölkerungsgruppe als eine nationale, religiös-kulturelle oder ethnische Minderheit von der Mehrheitskultur „identifiziert" und – wie im Falle der EinwanderInnen mit muslimischem Hintergrund zunehmend – abgewertet wird, wirken die soziologisch beschreibbaren Dynamiken der Ethnisierung sowie Selbstethnisierung. Einerseits konstruiert die Mehrheitskultur die Männer und Frauen aus islamisch geprägten Herkunftsländern unabhängig von deren individuellen Biographien als VertreterInnen einer mit folkloristischen, aber vor allem distanzerzeugenden Mustern (Ehre, Jungfräulichkeitsgebot) durchsetzten Kultur. Andererseits lassen sich innerhalb von Migrantengemeinschaften

Überhöhungen eben jener folkloristischen aber auch religiöser Elemente zur Stabilisierung eines eigenen Selbst-, Gesellschafts- und Weltbildes feststellen.
Beide Prozesse dienen der Herstellung eines ethnisch konnotierten Wir-Gefühls. Die Mehrheitsgesellschaft findet gemeinsame Identitätsmomente in Abgrenzung gegenüber einer als Bedrohung interpretierten Minderheitskultur. Migrantengemeinschaften wiederum schaffen sich stabile Identitäten in der von Unsicherheiten gekennzeichneten Lebenssituation. Frauen werden dabei häufig zu „symbolic boarder-guards", das heißt, ihre geschlechtliche Identität wird mit der ethnisierten Identität verknüpft. Sie repräsentieren mit ihrem (Sexual)Verhalten die ethnisierte Gemeinschaft.

(b) Zentrale Ergebnisse aus den Teilen B und C:
– Alterstypische Generationskonflikte können sehr schnell zu so genannten „kulturellen Konflikten" werden, weil das gesamte Referenzsystem der ethnisierten Gemeinschaft berührt wird.
– Nicht alle Mädchen – auch wenn sie aktuell große innerfamiliäre Spannungen erleben – stellen den Referenzrahmen der Familie und der Migrantengemeinschaft in Frage. Es wird deutlich, dass die Mädchen selbst sehr stark nach Wegen suchen, mit den Vorstellungen ihrer Eltern umzugehen. Die Zugehörigkeit zur Familie und zur Gemeinschaft wird sehr hoch eingeschätzt.
– Bei (mutmaßlichen) Verstößen der Mädchen oder der jungen Frau gegen ethnisierte Normen drohen sehr konkrete Gefahren. Die physische Bedrohung, die abweichendes Verhalten (aus Sicht der ethnisierten Gemeinschaft) nach sich ziehen kann, ist nicht zu unterschätzen.
– Das Jungfräulichkeitsgebot ist für Mädchen ein „Kapital für die Zukunft": Ein Leben als respektierte Hausfrau und Mutter macht sie nicht abhängig von einer unattraktiven, schlecht bezahlten Erwerbsarbeit (wie sie heute viele Migrantinnen ausüben). Aber auch, wenn Mädchen einen Beruf anstreben und damit die Möglichkeit, sich selbst zu versorgen, ist die Jungfräulichkeit bedeutsam: Sie garantiert, einen Mann im eigenen kulturellen Umfeld zu finden.
– Das Jungfräulichkeitsgebot wird in vielen Fällen zur „letzten Bastion in sich verändernden Zeiten". Auch wenn (und oft gerade weil) sich innerhalb von Familien Rollenbilder auflösen und ethnisierte Werte an der Lebensrealität scheitern, wird an weiblichen Sexualnormen festgehalten. Das Jungfräulichkeitsgebot wird so zum Sinnbild für Abgrenzung. Die Mädchen erleben diese alltäglichen Kontroversen teilweise als persönliche Zerreißprobe.

Bedeutung der Ergebnisse für die Theorieentwicklung im Bereich Sozialer Arbeit
(a) Forschung findet ihren Ausgangspunkt in sozialarbeiterischer Praxis, Ergebnisse sind relevant für Weiterentwicklung praktischer Handlungsansätze
(b) Verknüpfung beschreibenden und erklärenden Wissens verschiedener Bezugswissenschaften unter sozialarbeiterischem Fokus und ausgerichtet auf konkrete sozialarbeiterische Praxis.

A 3 Workshop „Leben älterer Frauen"

A 3.1 FrauenLeben am Rande – Generationsübergreifende Aspekte sozialer Benachteiligung

Gabriele Helmhold-Schlösser

Projektleitung
Dr. Gabriele Helmhold-Schlösser, Dipl. Päd., Dipl. Sozialarbeiterin, Mitarbeiterin des Stadtjugendamtes Siegen, Wissenschaftliche Mitarbeiterin der Universität Siegen, Fachbereich 2, mit dem Schwerpunkt Methoden und Sozialpädagogik, E-mail: helmhold@ispa.uni-siegen.de

Weitere beteiligte Personen
Keine

Projektdauer
2002–2004

Finanzvolumen
Eigenmittel

Durch wen wurde das Forschungsprojekt ggf. gefördert?
Keine Förderung

Angewandte Forschungsmethoden
Narrative Interviews, Genogrammerstellung, Dokumentarische Methoden

Forschungstyp
Sozialberichterstattung (Beschreibung/Analyse sozialer Verhältnisse/sozialer Probleme)

Projektveröffentlichungen
Helmhold-Schlösser, Gabriele 2004: FrauenLeben am Rande – Generationsübergreifende Aspekte sozialer Benachteiligung. Weinheim.
Helmhold-Schlösser, Gabriele 2005: Ich hab' so viel Schuld! Muster generativer Erbschaft und die Bildung weiblicher Identität im Spiegel der Generationen. In: Sozial Extra 11/2005.
Helmhold-Schlösser, Gabriele/ Hering, Sabine 2002: Warum viele dem Sozialen Brennpunkt nicht entkommen. In: Sozial Extra 11/12 2002, S. 42–44.

Gabriele Helmhold-Schlösser

Inhaltliche Projektdarstellung

Entstehungshintergrund
Die praktische pädagogische Tätigkeit in einem sozialen Brennpunkt und hier besonders die Arbeit mit Müttern und ihren Kindern, die seit Generationen in deprivierten Lebenssituationen verharren, bildete den Ausgangspunkt für das Forschungsvorhaben.

Fragestellungen
Wodurch wird der Deprivationskreislauf von Problemfamilien ausgelöst und welche Mechanismen halten ihn in Gang, so dass er über Generationen fortwirkt? Gibt es so etwas wie einen Anfang oder ein Ende? Welche besondere Rolle kommt dabei den Frauen und Müttern zu?

Projektverlauf
(a) Inhalt der Studie ist es, über die bloße Darstellung des „Ist-Zustandes" hinaus, die Frage nach der Konstitution und der Prozessstruktur des Deprivationskreislaufes zu stellen.
(b) Das Forschungsdesign, bestehend aus neun biographischen Interviews mit Frauen dreier Generationen und einem Familiengenogramm der drei untersuchten Familien, wurde in dieser Form entwickelt, um zu den Problematiken einen möglichst breiten Zugang zu bekommen.
(c) Dazu gehört die Armut, die Vernachlässigung, die Misshandlung, Gewalt und Delinquenz in der Familie, Alkohol- und Drogenmissbrauch, sowie die Problematik einer Multiproblemfamilie. Für die nachwachsenden Generationen bildet die Sozialisation in einem solchen Lebensraum Kompetenzen aus – oder führt zu fehlenden Kompetenzen –, die einen erheblichen Einfluss auf die Kommunikationsstruktur und die Schul- und Berufsausbildung haben.
(d) Innerhalb des Forschungsrahmens kommt der Milieuanalyse eine besondere Bedeutung zu. Die gemeinsame Sozialisationsgeschichte und das gemeinsame biographische Erleben machen die Angehörigen eines Milieus zu Trägern eines gemeinsamen Schicksals.
(e) Das drei Generationen umfassende Familiengenogramm explorierte den umfassenden Familienkontext der Indexperson und gab somit Einblick in eine breitere historische Perspektive und die in ihr agierenden Personen. Wichtige Familienereignisse wurden so auch in ihrer gesellschaftlichen und historischen Entwicklung erfasst und halfen beim Aufspüren wichtiger Veränderungen und Ereignisse innerhalb des Familienzyklus. Es wurden somit nicht nur spezifische Probleme erkennbar, sondern die vorher und nachher eintretenden Ereignisse erschlossen einen Kontext der Geschehnisse.
(f) Die Familienstruktur in der Herkunftsfamilie und die Beziehungen der interviewten Frau zu ihren Geschwistern und Eltern bildeten die ersten Eckpunkte. Da das Erkenntnisinteresse unter anderem nach einem Beginn oder Ende der Chronifizierung von Randständigkeit suchte, ist die Kategorie des Eintritts in das randständige Milieu besonders interessant.

(g) Die strukturellen Bedingungen verdienen besondere Beachtung im Bezug auf den Verlauf der Armutsgeschichte. Zu ihnen gehören die Kategorien des schulischen und beruflichen Werdeganges, sowie die eigene Familiengeschichte der Frauen und die Erfahrungen mit den Risikofaktoren.
(h) Im Diskursverlauf der Analyse des Datenmaterials vollzieht sich der „Horizontale Vergleich" der Frauenleben. Dieser setzt die Frauen in ihre historischen Zeitbezüge, um verstehen zu können, welche Ereignisse prägend und handlungsleitend für die jeweilige Epoche gewesen sind und wie sie sich auf ihre Erziehungs-, Sozialisations- und Lebensbedingungen auswirkten.
(i) In den Familienporträts erweitert sich der Horizont auf die Handlungs- und Bewältigungskompetenzen und die Konstituierung von Familienmustern. Dieser „Vertikale Vergleich" wirft die Frage nach dem Generationszusammenhang auf. Hier werden erste Tradierungen sichtbar, die sich aus dem Austausch der Generationen ergeben.

Zentrale Ergebnisse
(a) Ein zentrales Ergebnis war die Feststellung, dass die „Dynastiegründerinnen" vor dem Zweiten Weltkrieg in ihren Herkunftsfamilien nicht von Deprivation betroffen waren. Erst die Auswirkungen des Krieges brachten sie in die prekäre Lage, die sich nunmehr über drei Generationen erstreckt.
(b) Soziale Arbeit mit Frauen aus problembelasteten Familien ist in erster Linie Beziehungsarbeit. Um überhaupt einen Zugang zu der Geschichte der Deprivation, ihrer Verfestigung und dem Grad der Belastung, den sie darstellt zu finden, ist der Zugang zu öffnen.
(c) Wie die vorliegende Untersuchung zeigt, hat sich die Einstellung zur Annahme finanzieller Hilfen im Laufe der Jahrzehnte gewandelt. Sie ist nicht unbedingt mehr, aus der Sichtweise der Frauen, ein Makel, obwohl die Abhängigkeit und die damit verbundene Kontrollfunktion sehr wohl wahrgenommen werden. Die Öffnung in Richtung sozial-struktureller und emotionaler Unterstützung dagegen, der originären Arbeit von SozialarbeiterInnen/ SozialpädagogInnen, ist mit Bedenken behaftet. Die Erfahrung mit Jugendhilfeeinrichtungen wird als positiv beschrieben. Die Angst und die Skepsis dem „Jugendamt" gegenüber, welches immer noch als Kontrollinstanz wahrgenommen wird, ist erkennbar. Und aus den Ergebnissen der vorliegenden Studie unbedingt nachvollziehbar, da die Kinder den Lebensinhalt dieser Frauen bilden und sie mit dem Verlust der Kinder nicht nur die Achtung ihres sozialen Umfeldes erführen, sondern auch ihre Existenzberechtigung einbüssten.
(d) Familien und gerade Müttern und Kindern müssen innerhalb ihres Sozialraumes „unverfängliche" Angebote zur Verfügung gestellt werden, die durch ihre Niedrigschwelligkeit und ihre Angebote Schwellenängste erst gar nicht zulassen; Entlastung, Beratung und Förderung versprechen. Der Zugang zu den Frauen erfolgt in den meisten Fällen über ihre Probleme als Mütter und die Schwierigkeiten der Kinder als Symptomträger.

(e) Eine Öffnung der Frauen und die Problembearbeitung wird erst dann möglich, wenn Vertrauen entstanden ist und die Angst vor Sanktionsmaßnahmen anstelle von Hilfe, der sie folgen können und die sie nicht dominiert, angeboten wird. Diese Hilfe setzt Akzeptanz voraus. Die meisten Frauen wissen sehr wohl wodurch sich ihre Schwierigkeiten ergeben. Sie wissen in vielen Fällen auch, dass sie über Ressourcen verfügen, die sie jedoch nicht in der Lage sind zu mobilisieren. Viele Jahre in der Deprivation verharrend, ist ihnen ihre Selbstachtung abhanden gekommen oder sie haben durch ihre eigene Sozialisation ohnehin ein beschädigtes Selbst. Der Wunsch nach „Wahrnehmung", dass „man gesehen wird", wie es eine Frau äußert, und zwar in der Gesamtheit der Persönlichkeit mit all ihren Stärken und Schwierigkeiten, bestimmt das Verhältnis zwischen SozialarbeiterIn/SozialpädagogIn und einer Frau und Mutter, die Hilfeleistungen benötigt. Hilfsangebote, die die Frauen am ehesten anzunehmen bereit sind, sind jene, die ihren Kindern helfen.

(f) Produziert und reproduziert sich soziale Ungleichheit in vielen Bereichen des täglichen Lebens, bleibt sie besonders bedeutend für die Bereiche Bildung, Gesundheit und Lebensalltag

Bedeutung der Ergebnisse für die Theorieentwicklung im Bereich Sozialer Arbeit
Wie die vorliegende Studie zeigt, konstituiert sich Randständigkeit häufig über einen sehr langen Zeitraum und hat eine Geschichte. In dieser Situation können sozialraumorientierte Konzepte präventiv und motivierend wirken, wenn es darum geht, wieder eine Kontrollüberzeugung des eigenen Handels in der Gemeinschaft zu bewirken. In dieser Hinsicht ist es besonders erforderlich, sozialraumorientierte Konzepte für Frauen und Kinder zu entwickeln, die gesellschaftliche Teilhabe beinhalten und Bildungs- und Ausbildungswege begleiten.

A 3.2 LESBISCHE FRAUEN IM ALTER – IHRE LEBENSSITUATION UND IHRE SPEZIFISCHEN BEDÜRFNISSE FÜR EIN ALTENGERECHTES LEBEN

Ulrike Schmauch/Stephanie Braukmann

Projektleitung
Prof. Dr. Ulrike Schmauch, Fachhochschule Frankfurt am Main, Fachbereich 4, Soziale Arbeit und Gesundheit, E-mail: schmauch@fb4.fh-frankfurt.de

Weitere beteiligte Personen
Dr. Stephanie Braukmann, Wissenschaftliche Mitarbeiterin (50 % für 15 Monate)
Forschungsgruppe:
Dr. Margit Göttert, gemeinsames Frauenforschungszentrum der Hessischen Fachhochschulen (gFFZ)
Dr. Elke Schüller

Uli Habert, Beraterin des Referats zur Gleichstellung gleichgeschlechtlicher Lebensweisen im Hessischen Sozialministerium (Werkvertrag für Recherche)
Kirsten Kullmann (Forschungspraktikum für 3 Monate)

Projektdauer
10/2005–12/2006

Finanzvolumen
51.000 Euro

Durch wen wurde das Forschungsprojekt ggf. gefördert?
Hessisches Ministerium für Wissenschaft und Kunst (HMWK), Forschungsschwerpunkt „Genderforschung und Gleichstellung der Geschlechter"

Angewandte Forschungsmethoden
Quantitative Erhebung: Schriftliche Befragung per Fragebogen, anschließende Auswertung mit SPSS

Forschungstyp
Sozialberichterstattung (Beschreibung/Analyse sozialer Verhältnisse/sozialer Probleme)

Projektveröffentlichungen
Geplant:
(a) Artikel in sozialwissenschaftlichen und sexualwissenschaftlichen Zeitschriften
(b) Broschüre mit Empfehlungen für Institutionen der Altenhilfe

Inhaltliche Projektdarstellung
Entstehungshintergrund
Vor dem Hintergrund des demographischen Wandels und der gestiegenen Aufmerksamkeit für den Lebensabschnitt Alter wird der eklatante Mangel an empirischen Daten über die Lebenslagen von Schwulen und Lesben im Alter immer deutlicher, ein Umstand, auf den auch im fünften Bericht zur Lage der älteren Generation in der Bundesrepublik hingewiesen wird. Dabei sind lesbische Frauen, deren Lobby kleiner und deren Präsenz in der Öffentlichkeit geringer ist als die schwuler Männer, noch einmal unsichtbarer, so dass über die Anforderungen und Bedarfe älterer und alter lesbischer Frauen in besonderem Maße Informationen fehlen.

Fragestellung
Das Projekt will Aufschluss über die Sozialstruktur und die Lebensweise älterer lesbischer Frauen geben, Erkenntnisse über ihre Erfahrungen mit der Altenhilfe und mit Diskriminierung sammeln und die spezifischen Anforderungen und Be-

dürfnisse lesbischer Frauen an ein selbstbestimmtes und diskriminierungsfreies Leben im Alter ermitteln.

Projektverlauf
Die quantitative Studie basiert auf einer schriftlichen Befragung, die von März bis Juli 2006 im Rhein-Main-Gebiet anhand eines Fragebogens durchgeführt wurde. Der Fragebogen wurde auf Veranstaltungen, durch Medien und ein dicht gespanntes Netz von Multiplikatorinnen in Frauen- und Lesbennetzwerken und -einrichtungen beworben und verteilt. Der Rücklauf der insgesamt 800 ausgegebenen Fragebögen lag bei 27 %.

Zentrale Ergebnisse
(a) Insgesamt haben 214 Frauen im Alter zwischen 50 und 73 Jahren an der Erhebung teilgenommen. Das Durchschnittsalter liegt bei 58 Jahren, so dass die Studie vor allem Auskunft über das so genannte „junge" Alter gibt. Mit Blick auf die *zentralen soziostrukturellen Daten* lässt sich festhalten, dass die befragten Frauen überwiegend noch im Berufsleben stehen und – wie bereits in anderen Erhebungen über Schwule und Lesben aufgefallen – überdurchschnittlich hohe Schul- und Berufsausbildungsabschlüsse aufweisen. Von den befragten Frauen sind 44 % geschieden oder verwitwet. Aus der Gruppe der ehemals verheirateten lesbischen Frauen rekrutiert sich auch der größte Teil der Frauen mit Kindern, die insgesamt 37 % der Grundgesamtheit ausmachen.
(b) Die Frage nach *Diskriminierungen* ergab ein im Grundsatz zunächst positives Bild. Über 80 % der Befragten fühlten sich in den letzten fünf Jahren als lesbische Frauen überwiegend akzeptiert oder respektiert. Dies schließt Diskriminierungserfahrungen jedoch nicht aus: 43 % der Frauen haben in den letzten fünf Jahren negative Erfahrungen aufgrund ihrer sexuellen Orientierung gemacht. Darüber hinaus gab knapp ein Fünftel der Befragten an, sich als lesbische Frauen nicht nur vereinzelt, sondern überwiegend durch ihre Umwelt nicht akzeptiert oder respektiert zu fühlen. Dies zeigt, dass zum Teil – trotz der gewachsenen öffentlichen Präsenz und Akzeptanz von Homosexualität – eine Ablehnung lesbischer Lebensweisen spürbar fortbesteht.
(c) Mehr als zwei Drittel der Frauen haben persönlich oder vermittelt durch nahestehende Dritte bereits Erfahrungen mit Angeboten und Einrichtungen im Bereich der *professionellen Altenhilfe* gemacht. Die Frage, ob diese Einrichtungen auf die Bedürfnisse lesbischer Frauen eingestellt sind, wurde von den Erhebungsteilnehmerinnen zurückhaltend beantwortet. Von den Frauen, die eine Bewertung vorgenommen haben, haben jedoch über 70 % eine negative Einschätzung abgegeben.
(d) Für den Fall von *Hilfe- und Unterstützungsbedarf* präferieren die befragten Frauen einen Mix aus kommerziellen/staatlichen Anbietern sowie aus ehrenamtlichen und privaten Netzwerken. Dabei verteilt sich die gewünschte Unterstützung relativ gleichmäßig auf Partnerinnen, FreundInnen und ambulante (Pflege)dienste, während der Wunsch nach Unterstützung durch Angehörige deutlich geringer ausfällt.

(e) Obwohl die überwiegende Mehrheit der Befragten gegenwärtig allein oder mit der Partnerin in ihrer eigenen Wohnung lebt, wird dies nur von 16 % als *ideale Wohnform* in der Zukunft benannt. Dagegen stellt das Leben in einer Hausgemeinschaft die mit Abstand am stärksten präferierte Wohnform in Alter dar, wobei als Mitbewohnerinnen Lesben und teilweise auch heterosexuelle Frauen erwünscht sind. An einem Zusammenleben mit schwulen Männern besteht ein sehr viel geringeres Interesse. Das hier deutlich sichtbare Bedürfnis nach Kontakt zu und Umgang mit anderen lesbischen Frauen tritt auch an weiteren Stellen der Erhebung klar hervor und zeigt, dass die in der Öffentlichkeit wie in der Homosexualitätsforschung häufig vorgenommene Gleichsetzung schwuler und lesbischer Bedürfnisse sich nicht mit den Interessen lesbischer Frauen deckt.

(f) Für die Zukunft wird es wichtig sein, die *nichtfamilialen Netzwerke von Lesben* gezielt zu fördern und Diskriminierung aktiv abzubauen. Innerhalb der Einrichtungen der professionellen Altenhilfe gibt es bislang kaum Wissen über und nur geringe Aufmerksamkeit für die Bedürfnisse lesbischer Frauen, so dass in diesem Bereich ein deutlicher Qualifizierungsbedarf festzustellen ist. Kompetente Wohnberatung für lesbische Frauen und die finanzielle Förderung konkreter Wohnprojekte und Mischmodelle in der Pflege sind weitere Aspekte, die einen wichtigen Beitrag zum selbstbestimmten Altern lesbischer Frauen leisten.

Bedeutung der Ergebnisse für die Theorieentwicklung im Bereich Sozialer Arbeit
Die Studie erhellt die Lebenssituation und die Bedürfnisse lesbischer Seniorinnen und zeigt Anforderungen an eine professionelle zielgruppenspezifische Altenarbeit auf. Die Untersuchung ist im Kontext der interdisziplinären Erforschung des demografischen Wandels und seiner Bedeutung für die Soziale Arbeit zu sehen.
Sie fokussiert auf Frauen, nichtfamiliale Lebensgestaltung, Besonderheit und Wandel von Diskriminierungserfahrungen. Sie betritt Neuland, insofern sie systematisch und empirisch Alters-, Sexual- und Genderforschung verknüpft und durch ihre Erkenntnisse zur Erhellung der bislang kaum sichtbaren Gruppe älterer Lesben und ihrer Bedürfnisse beiträgt.

A 3.3 Ältere und alte Frauen – Bedeutung und Bewältigung des Alterns vor dem Hintergrund der Systemtransformation

Erika Steinert, Hermann Müller

Projektleitung
Prof. Dr. Erika Steinert, Professorin für Sozialarbeitswissenschaft am Fachbereich Sozialwesen, Hochschule Zittau/Görlitz (FH), E-mail: e.steinert@hs-zigr.de

Weitere beteiligte Personen
Andrea Rook, wissenschaftliche Mitarbeiterin von September 2001 bis Januar 2002,
Hermann Müller, Dr. rer. pol., Diplom-Soziologe, Forschungsmitarbeiter von Januar 2002 bis Januar 2003
Janina Haas, Studentin, Interviewerin
Antje Küchler, Studentin, Interviewerin

Projektdauer
09/2001–03/2003

Finanzvolumen
90.000 Euro

Durch wen wurde das Forschungsprojekt ggf. gefördert?
BMBF

Angewandte Forschungsmethoden
Qualitative Interviews mit 26 Frauen, teilnehmende Beobachtung und standardisierte Fragebögen, qualitative Inhaltsanalyse nach Mayring, zum Teil auch Biographieanalysen

Forschungstyp
Grundlagenforschung

Projektveröffentlichungen
Steinert, Erika 2002: Old Women – The Quality of their Life in Eastern Germany. Vortrag im Rahmen der Biannual European IUCISD-Conference „Urban Community Work in Europe in the Context of Social Development", Den Haag, 28.09.02.
Steinert, Erika 2002: Zur Situation älterer und alter Frauen in der Grenzregion vor dem Hintergrund der Systemtransformation. Projektpräsentation im Rahmen gleich lautender Veranstaltung am 24.04.02, Hochschule Zittau/Görlitz.
Steinert, Erika 2003: Ältere Frauen in der Grenzregion – Bedeutung und Bewältigung des Alterns vor dem Hintergrund der Systemtransformation. Vortrag anlässlich der Internationalen Tage der Forschung an der Hochschule Zittau/Görlitz, 28.10.2003.
Steinert, Erika 2003: Elderly Women – The Quality of Life in Times of Transition. Vortrag im Rahmen der „Summer Academy Social Work and Society", St. Petersburg, Staatliche Universität St. Petersburg, September 2003.
Steinert, Erika/ Müller, Hermann 2007: Misslungener innerdeutscher Dialog. Biografische Brüche ostdeutscher älterer Frauen in der Nachwendezeit. Erscheint 2007 beim Centaurus Verlag Herbolzheim.

Workshop „Leben älterer Frauen"

Fachveranstaltung an der Hochschule Zittau/Görlitz, organisiert von Erika Steinert: Zur Situation älterer und alter Frauen in der Grenzregion vor dem Hintergrund der Systemtransformation, 24.04.02.

Inhaltliche Projektdarstellung
Entstehungshintergrund
Die Studie untersucht soziale Prozesse des Alterns von Frauen vor dem Hintergrund des Zusammenbruchs der DDR, der das Leben der Bevölkerung grundlegend veränderte. Mögliche Interventionsbedarfe für Soziale Arbeit werden eruiert.

Fragestellungen
Wie hat sich die soziale Identität von älteren Frauen durch den gesellschaftlichen Umbruch verändert? Konnten sie sich beruflich behaupten oder erlebten sie biographische Krisen? Welche Bewältigungsmuster für Krisen, die durch den Systemwandel bedingt waren, lassen sich rekonstruieren? Veränderten sich Prozesse des Alterns durch den Zusammenbruch der DDR? Welche Unterschiede lassen sich zwischen unterschiedlichen Geburtskohorten (Generationslagen) feststellen?

Projektverlauf
Bis zum Januar 2002 wurden 26 qualitative Interviews mit Frauen aus drei Altersgruppen (Jahrgänge 1940–1949; Jahrgänge 1931-1939 und Jahrgänge vor 1931) durchgeführt. Es schloss sich die Inhaltsanalyse der Interviews nach verschiedenen Themen und Fragestellungen, die Erstellung von Fallstudien und Kurzportraits, sowie die Daten der teilnehmenden Beobachtung und die Auswertung standardisierter Fragebögen an.

Zentrale Ergebnisse
(a) Deutlich wird ein Strukturwandel des Alterns durch die Systemtransformation, unter anderem durch Entberuflichung bei zunehmender sozialer Ungleichheit, vor allem bei den Jahrgängen der „jüngeren Alten". Ein kleiner Teil der jüngeren Frauen konnte die „Wende" als berufliche Chance nutzen, während ein größerer Teil mit Arbeitslosigkeit, Ausgrenzung oder instabilen Beschäftigungskarrieren konfrontiert war. Nicht betroffen von dieser Entwicklung war die älteste Altersgruppe der Rentnerinnen, während vor allem in der jüngsten Altersgruppe Frauen längere krisenhafte und folgenschwerere Biographieverläufe erlebten.
(b) Zu den beruflich Ausgegrenzten gehören zum einen Frauen, die aufgrund von Krankheiten oder Behinderungen kaum noch Chancen auf dem Arbeitsmarkt hatten, aber nicht krank „genug" waren, um eine Erwerbsunfähigkeitsrente zu beziehen. Zum anderen handelt es sich um Frauen, die zwar leistungsfähig, aber aufgrund ihres Alters nicht mehr vermittelbar waren. Durch Weiterbildungen, ABM und andere „Integrationsmaßnahmen" blieben sie beschäftigt. Der Ruhestand wird bei ihnen zu einem herbeigesehnten Ereignis, das eine Zeit

der Unsicherheit und Diskriminierung beendet. Beruflich bedingte krisenhafte Verläufe verschärfen sich durch alterstypische Belastungen und Krisen wie zum Beispiel die Pflege der Mutter beziehungsweise Schwiegermutter oder das Sterben des Partners.
(c) In der thematisch breit angelegten Studie wurden die Wohn- und Lebenssituation sowie altersbedingte biographische Ereignisse und Prozesse von Frauen vergleichend untersucht. Auswirkungen der „Wende" auf die Familienbeziehungen älterer Frauen (etwa durch Arbeitslosigkeit oder Wegzug von Kindern und Enkelkindern) sowie auf die kollektive Identität als Ostdeutsche sind ebenso Thema. Für ein erfolgreiches Altern ist es unter anderem wichtig, auf ein befriedigendes Berufsleben zurückblicken zu können. Das Berufsleben der Befragten wird aber in Frage gestellt. Viele Frauen fühlen sich als „Ossis" diskriminiert, Menschen die nichts geleistet und es zu nichts gebracht haben. Als Reaktion wird der „arrogante Wessi" konstruiert, der, anstatt beim Wiederaufbau zu helfen, „alles kaputt" machte, nur seinen eigenen Nutzen suchte und dann wieder verschwand. Viele Frauen, darunter auch Frauen, die dem DDR-System kritisch oder distanziert gegenüber standen, fühlen sich folglich vom Westen kolonialisiert („System übergestülpt"). Der innerdeutsche Dialog scheint in vielen Fällen misslungen zu sein. Eine kollektive Identität von Ostdeutschen wird deutlich, unabhängig von beruflichem Erfolg oder Misserfolg und ohne dass in jedem Fall eine Nähe zum alten System der DDR gegeben ist. Der Erfolg der eigenen Kinder und Enkelkinder trägt zu einem erfolgreichen Altern bei. Berufliche, durch die Systemtransformation bedingte Krisen von Kindern und Enkelkindern führen zu Belastungen auch bei Frauen, die selbst von der „Wende" profitierten.

Bedeutung der Ergebnisse für die Theorieentwicklung im Bereich Sozialer Arbeit
Eine Altensozialarbeit benötigt eine differenzierte Theorie des Alterns. Sie muss von unterschiedlichen historisch bedingten Generationslagen, lebenszyklischen Krisen und sozialen Milieus Älterer ausgehen. Hierzu leistet die Buchpublikation einen Beitrag.
Bedeutung der Ergebnisse für die Praxis: Krisen oder auch anomische Situationen wirken sich auf das Altern aus und können zu einem Interventionsbedarf für die Sozialarbeit führen. Umschulungen, Weiterbildungen und ABM können zwar den Betroffenen kurzfristig finanziell weiterhelfen, bieten aber keine Lebensperspektive. Die Prozessierung der Betroffenen durch die Agenturen für Arbeit greift hier zu kurz. Krisenbewältigung und Zielfindung im Hinblick auf die sinnvolle Gestaltung erwerbsarbeitsfreier Zeit kann eine präventive Aufgabe der Sozialen Arbeit sein, um krisenhafte Verläufe zu vermeiden. Aus einer lebenszyklischen Perspektive erscheinen Ältere und Alte weniger als zu pflegende oder zu betreuende Personen, sondern als Männer und Frauen, die existenzielle lebenszyklische Aufgaben und Probleme zu bewältigen haben, was ihnen auch häufig gelingt.

A 4 Workshop „Gewalt und Prävention"

A 4.1 GEWALTERLEBEN VON FACHKRÄFTEN DER SOZIALEN ARBEIT – EINE VERGLEICHSSTUDIE

Klaus Fröhlich-Gildhoff

Projektleitung
Prof. Dr. Klaus Fröhlich-Gildhoff, Dipl. Psych., Professor an der Evangelischen Fachhochschule Freiburg, Leiter des Zentrums für Kinder-und Jugendforschung an der EFH Freiburg, E-mail: froehlich-gildhoff@efh-freiburg.de

Weitere beteiligte Personen
Eva-Maria Engel, Dipl. Psych, wiss. Mitarbeiterin, 2 Std./Woche in diesem Projekt, 4 Monate
Marco Peichl, cand. Sozpäd, wiss. Hilfskraft, 10 Std./Woche, 4 Monate

Projektdauer
04/2005–08/2005

Finanzvolumen
1.500 Euro

Durch wen wurde das Forschungsprojekt ggf. gefördert?
Weingartener Arbeitsgemeinschaft Soziales (WAS); Zusammenschluss von Institutionen im Sozialen Bereich im Stadtteil Freiburg-Weingarten

Angewandte Forschungsmethoden
Qualitative Vorstudie (Interviews), quantitative Hauptstudie (Fragebogen)

Forschungstyp
Sozialberichterstattung (Beschreibung/Analyse sozialer Verhältnisse/sozialer Probleme)
Grundlagenforschung

Projektveröffentlichungen
Zur Veröffentlichung eingereicht, erster Projektbericht veröffentlicht unter:
  http://www.zfkj.de/zfkj/was.htm

Inhaltliche Projektdarstellung

Entstehungshintergrund
Hintergrund der vorliegenden Untersuchung war, dass ErzieherInnen im Freiburger Stadtteil Weingarten eine Zunahme von Gewalt beziehungsweise Belas-

tungen durch direkte und indirekte Gewalterfahrungen an ihrem Arbeitsplatz festgestellt haben. Weingarten gilt als Stadtteil mit besonderem Entwicklungsbedarf (hoher Anteil arbeitloser und armer BewohnerInnen, hoher Anteil von Alleinerziehenden und Migrantenfamilien).
Die Studie wurde auf Initiative der Weingartener Arbeitsgemeinschaft Soziales (WAS) durchgeführt, um das Auftreten und die Auswirkungen von Gewalt im Berufsalltag der Fachkräfte im sozialen Bereich in den Stadtteil-Einrichtungen zu untersuchen.
Zum Vergleich der Weingartener Ergebnisse wurden im zweiten Schritt auch Fachkräfte in den Stadtteilen Herdern und Wiehre befragt, in denen nur wenige Einzelpersonen und Familien in sozialen Problemlagen leben.
Die hier vorgestellte Vergleichsstudie ist eine Vertiefung und Bestätigung der Gesamtergebnisse zur Gewaltbelastung von Fachkräften in unterschiedlichen Feldern im Stadtteil Freiburg-Weingarten (vgl. Fröhlich-Gildhoff et al. 2005).

Fragestellungen
Im Gegensatz zu angelsächsischen und schweizer Studien (z.B. Christen 2000, Wolbold 2003) gibt es im deutschsprachigen Raum keine systematische Untersuchung von Fachkräften im Sozialen Bereich zum Erleben von und Umgang mit Gewalt. Die Untersuchung hat daher Pilotcharakter und sollte folgende zentrale Fragestellungen behandeln:
(a) In welcher Intensität erleben die Fachkräfte in Kindertageseinrichtungen direkte und indirekte Gewalt in ihrem Arbeitsalltag?
(b) Wie gehen sie mit diesen Gewalterfahrungen um und welche Belastungen resultieren daraus?
(c) Unterscheiden sich Ausmaß des Gewalt-Erlebens und Belastungen in Abhängigkeit von sozialen Status der Stadtteile, in denen die Fachkräfte arbeiten?
Die „Gewalt"-Definition orientierte sich an der Analyse von Fröhlich-Gildhoff (2006), derzufolge Gewalt eine Schädigungs-Absicht des Täters/der Täterin voraussetzt; auf dieser Grundlage können dann unterschiedliche Formen direkt und indirekt erlebter Gewalt erfasst werden.

Projektverlauf
Im Vorfeld der Erhebung wurden leitfadengestützte ExpertInneninterviews mit fünf Fachkräften (in der Regel LeiterInnen aus unterschiedlichen Einrichtungen) durchgeführt und inhaltsanalytisch (vgl. Mayring 1999) ausgewertet. Die Interviewdaten bildeten – neben den einschlägigen theoretischen Analysen – die Grundlage für die Konstruktion des Fragebogens, der in die fünf Frageblöcke gegliedert ist:
(a) persönliche Daten
(b) Vorkommen von Gewalt in der Einrichtung
(c) Umgang mit Gewalt in konkreten Situationen
(d) Belastung durch Gewalt und Bewältigungsstrategien sowie
(e) Wünsche und Ideen für Unterstützungsmaßnahmen

Im Allgemeinen wurden geschlossene Fragestellungen teilweise mit mehrstufigen Einschätzmöglichkeiten (Likert-Skala; vgl. Bortz/ Döring 2003) verwendet. Für diese Ratingskalen wurden verbale Marken („Anker") als Orientierung vorgegeben; die Ratingstufen variierten zwischen vier und sechs.
Teilweise wurden die geschlossenen Antwortvorgaben durch eine offene Antwortmöglichkeit ergänzt.
Da die Untersuchung in unterschiedlichen Arbeitsfeldern der Sozialen Arbeit durchgeführt wurde, die nur bedingt miteinander verglichen werden können, wurde für die folgenden Analysen der Arbeitsbereich mit dem größten Fragebogenrücklauf, nämlich der der Kindertageseinrichtungen, herausgegriffen. Diese Teilstichprobe setzt sich aus 126 Fragebögen zusammen (74 aus Weingarten und 52 aus Herdern/Wiehre).

Zentrale Ergebnisse
(a) Erlebte direkte Gewalt: 10 % der Weingartener Fachkräfte erlebten Bedrohungen mehrmals im Jahr und häufiger, in Herdern/Wiehre lag der Anteil bei 8 %. Hinsichtlich Vandalismus und Diebstahl zeigten sich deutliche, statistisch signifikante Unterschiede: 46 % der ErzieherInnen aus Weingarten erlebten mehrmals pro Jahr oder häufiger Formen von Vandalismus, 31 % in derselben Intensität Diebstahl. In Herdern und in der Wiehre gaben dies lediglich 2 % (Vandalismus) beziehungsweise 8 % (Diebstahl) an.
(b) Erlebte indirekte Gewalt: 25 % der Weingartener Erzieherinnen beobachteten mehrfach im Monat, knapp 50 % mehrfach im Jahr, dass Eltern gegenüber ihren Kindern körperliche Gewalt ausübten. Dies ist nicht nur ein sehr deutlicher Unterschied gegenüber der Vergleichsgruppe Herdern/Wiehre (2 % mehrmals im Monat, 10 % mehrmals im Jahr), sondern weist auf Interventions- und Unterstützungsbedarf hin.
(c) Umgang mit Gewalt: Als häufigste Präventionsmaßnahme wurde von ca. 1/3 der Fachkräfte in allen Stadtteilen soziales Kompetenztraining genannt. Als situativ wirksam wurden vor allem Deeskalation und konsequentes Handeln nach festen Regeln beurteilt; im Stadtteil Weingarten war zudem das sofortige Herbeirufen von KollegInnen beziehungsweise der Polizei eine wirkungsvolle Maßnahme. Eine wichtige Funktion haben gute Kooperationsstrukturen zu anderen Einrichtungen im Stadtteil, die in Weingarten häufiger angegeben wurden.
(d) Belastungen und Bewältigung: Die stärksten Auswirkungen der Belastung durch Gewalterfahrung waren „sinkende Arbeitsmotivation", „Verunsicherung", „verschlechtertes Arbeitsklima", „Ohnmacht" und „Angst" – die zwei letzt genannten Auswirkungen fanden sich wesentlich häufiger bei den Weingartener Fachkräften. Immerhin 38,2 % der Befragten berichteten von „mittleren" und „starken" langfristigen psychischen Belastungen
Als häufigste Bewältigungsstrategien wurden von den Befragten der Austausch mit KollegInnen in der Einrichtung sowie mit Angehörigen oder Freunden und die Thematisierung im Team genannt. Hier wird deutlich, dass eine gute Einbindung in das Team der ArbeitskollegInnen eine wichtige Ressource zum Um-

gang mit den erlebten Belastungen darstellt (dieses Ergebnis deckt sich mit anderen Untersuchungen zur Burnout-Prävention (zum Beispiel Gusy/ Kleiber 1997) und zur organisationspsychologischen Bedeutung der Teamentwicklung (zum Beispiel Weinert 1998, Smith/ Kelly 1998). Als Unterstützungsbedarfe wurden häufig Fortbildungen – besonders zum Thema De-Eskalationsstrategien – und eine größere Wertschätzung der Arbeit genannt.

Bedeutung der Ergebnisse für die Theorieentwicklung im Bereich Sozialer Arbeit

Die Ergebnisse zeigen:

(a) Die soziale Situation in unterschiedlichen Stadtteilen wirkt sich auf die Arbeitssituation und -belastung der Fachkräfte aus.
(b) Gewalt ist in den Kindertageseinrichtungen ein bedeutsames Thema und muss durch klare Handlungsweisen, Interventionen und strukturelle Voraussetzungen „beantwortet" werden.
(c) Folgende Konsequenzen lassen sich aus der Untersuchung ableiten:

– die Strukturqualität in den Einrichtungen muss verbessert werden
– das Team ist eine wichtige Ressource, die systematisch ausgebaut werden kann und sollte (einheitliche Definition von Grenzen und Konsequenzen beim Überschreiten, Unterstützung betroffener KollegInnen)
– die Fachkräfte benötigen Fortbildungen im Umgang mit Gewalt (bei Kindern und Eltern) und zu präventiven Maßnahmen
– die Vernetzung von Institutionen im Stadtteil, mit Ämtern (Jugendamt) und der Polizei ist auszubauen.

Literatur

Bortz, Jürgen/Döring, Nicola 2003: Forschungsmethoden und Evaluation für Sozialwissenschaftler. Berlin.

Christen, U. 2000: Impressionen aus der Fachliteratur. In: SozialAktuell 13/2000, S. 6–11.

Fröhlich-Gildhoff, Klaus 2006: Gewalt begegnen – Konzepte und Projekte zur Prävention und Intervention. Stuttgart.

Fröhlich-Gildhoff, Klaus/Eichsteller, Gabriel/Peichl, Marco/Seckler, Michaela/Engel, Eva-Maria 2005: Gewalt im Arbeitsalltag von Fachkräften im sozialen Bereich im Stadtteil Freiburg-Weingarten. Abschlussbericht. Freiburg.

Gusy, Burkhard/Kleiber, Dieter 1997: Burnout: Maßnahmen zur Prävention und Intervention. In: Bamberg, Eva/Ducki, Antje/Metz, Anna-Marie (Hrsg.): Betriebliche Gesundheitsförderung. Göttingen.

Mayring, Philipp 1999: Einführung in die qualitative Sozialforschung. Weinheim.

Smith, Anthony F./Kelly, Tim 1998: Menschliches Kapital in der digitalen Wirtschaft. In: Hesselbein, Frances/Goldsmith, Marshall/ Beckhard, Richard (Hrsg.): The Drucker Foundation. Organisation der Zukunft. Düsseldorf, S. 217–229.

Weinert, Ansfried 1998: Organisationspsychologie. Weinheim
Wolbold, Jennifer 2003: Gewalt gegen Sozialarbeiterinnen und Sozialarbeiter. In: Fabian, Thomas/ Schweikart, Rudolf (Hrsg.): Brennpunkte der Sozialen Arbeit. Münster, S. 167–210.

A 4.2 Mit Sicherheit Sozialarbeit! Gemeinwesenarbeit als innovatives Konzept zur Prävention und Reduktion von Gewalt im Geschlechterverhältnis

Sabine Stövesand

Projektleitung
Prof. Dr. Sabine Stövesand, Förderprofessur Soziale Arbeit, HAW Hamburg,
E-mail: sabine.stoevesand@sp.haw-hamburg.de

Weitere beteiligte Personen
Dissertation, Betreuerinnen:
Prof. Dr. Christine Maier, Universität Hamburg
Prof. Dr. Silvia Staub-Bernasconi, Technische Universität Berlin

Projektdauer
10/2002–02/2006

Finanzvolumen
Übernahme der Personalkosten im Rahmen einer Förderprofessur an der HAW Hamburg, Fakultät Soziale Arbeit und Pflege

Durch wen wurde das Forschungsprojekt ggf. gefördert?
Stadt Hamburg

Angewandte Forschungsmethoden
Literaturanalyse, Praxisforschung

Forschungstyp
Entwicklung von Konzepten/Verfahren (integrierte Praxisforschung)

Projektveröffentlichungen
Stövesand, Sabine 2007: Mit Sicherheit Sozialarbeit! Gemeinwesenarbeit als innovatives Konzept zur Reduktion von Gewalt im Geschlechterverhältnis unter den Bedingungen neoliberaler Gouvernementalität. Münster.

Sabine Stövesand

Inhaltliche Projektdarstellung

Entstehungshintergrund
Ausgangspunkt der Forschungsinteresses waren ein realer Fall und ein konkretes Projekt zur Gewaltprävention beziehungsweise ein Interventionsansatz zum Abbau von Gewalt gegen Frauen, welches die Verfasserin in den 1990er Jahren im Rahmen ihrer langjährigen sozialarbeiterischen Tätigkeit initiiert und durchgeführt hat (15-jährige Praxis als Sozialarbeiterin in der Arbeit mit misshandelten Frauen und im Gemeinwesen).

Fragestellungen
Das Anliegen der Untersuchung ist die wissenschaftliche Fundierung und Konzeptualisierung eines neuen Handlungsansatzes zur Prävention und zum Abbau von Gewalt im Geschlechterverhältnis. Im Fokus stehen dabei zum einen die männliche Gewalt gegen Frauen im sozialen Nahraum und zum anderen die Unterstützungspotenziale lokaler sozialer Netzwerke.

Projektverlauf
Die Untersuchung verlief im Wesentlichen in drei Schritten:
(a) Zunächst wurde eine differenzierte Problemerfassung zu der Gewaltthematik vorgenommen.
(b) Auf dieser Grundlage wurde in einem zweiten Schritt ein spezifischer Ansatz Sozialer Arbeit, die „Gemeinwesenarbeit" vorgeschlagen und seine Tragfähigkeit, hauptsächlich anhand einer Literaturanalyse zum Thema soziale Netze, Nachbarschaft und freiwilliges Engagement, geprüft.
(c) Anschließend erfolgte der detaillierte Entwurf eines entsprechenden Handlungskonzeptes, welches zum Schluss noch einmal kritisch auf seine gesellschaftlichen Rahmenbedingungen hin reflektiert wurde. Die Erfahrungen aus dem oben erwähnten Praxisprojekt wurden systematisch in die Konzeptentwicklung einbezogen.

Zentrale Ergebnisse
(a) Es kann aufgezeigt und begründet werden, dass die Gewalt stabilisierenden und die Gewalt reduzierenden Möglichkeiten, die auf der Ebene des lokalen Gemeinwesens liegen, bisher nicht genügend in den Blick genommen worden sind; dass und warum die lokale Community eine wichtige Rolle für die Eindämmung von Beziehungsgewalt und den Schutz bedrohter oder betroffener Personen spielt; wie handlungsleitende Prinzipien und konkrete sozialraumbezogene Vorgehensweisen aussehen müssten und dass ein nachbarschaftsorientiertes Konzept zwar anschlussfähig an aktuelle neoliberale Regierungstechniken (Privatisierung, Aktivierung ...) ist, gleichzeitig aber auch emanzipatorische Perspektiven bietet.
(b) Als zentrale Ansatzpunkte professionellen Handelns im Rahmen von Gemeinwesenarbeit werden die Unterstützung der Veröffentlichungsbereitschaft

derjenigen, die direkt in die Gewalt involviert sind sowie die Förderung der Interventionsbereitschaft der Nachbarschaft identifiziert.
(c) Belegt wird, dass diese Verhaltensweisen durch fünf miteinander verknüpfte strukturelle, kulturelle und individuelle Faktoren blockiert beziehungsweise gefördert werden:
– durch die soziale Lage
– durch die vorherrschenden Normen und kulturellen Leit- und Selbstbilder
– durch die Sichtbarkeit der Gewalt
– durch das Interesse an der Nachbarschaft und die Existenz vertrauensvoller Beziehungen
– durch persönliche Motivationslagen, Ängste, Unsicherheiten und Kompetenzen.

Damit wird gleichzeitig eine Abgrenzung zu dem herrschenden individualisierenden Diskurs vorgenommen, der insbesondere Angehörigen ohnehin marginalisierter Bevölkerungsgruppen mangelnde Eigeninitiative vorwirft, Verhaltensweisen individualisiert und Folgen sozio-ökonomischer Entwicklungen privatisiert.
(d) Zu den vorgeschlagenen Handlungsschritten und Methoden gehören:
– die verbindliche Entscheidung eines Trägers, das Thema aufzugreifen und Ressourcen dafür zur Verfügung zu stellen
– die Erkundung und Aktivierung des Gemeinwesens (Sozialraumanalyse, aktivierende Befragung, Community Organizing)
– der Aufbau nachbarschaftlicher Aktionsgruppen (unter anderem zielgruppenspezifische Öffentlichkeitsarbeit, Arbeit mit Schlüsselpersonen, „Kitchen Table Groups")
– die Vergrößerung von nachbarschaftlichen Netzwerken und die Veränderungsarbeit an kulturellen Leitvorstellungen, Identitätsbegriffen und Kriterien der BewohnerInnen im Gemeinwesen (künstlerische Interventionen, öffentliche Infotische, niedrigschwellige Kommunikationsorte und nützliche Beziehungen schaffen, Schulprojekte, Erinnerungsarbeit, dialogisches Lernen, Zukunftswerkstatt, Forum- und Statuentheater)
– die Initiierung, beziehungsweise der Ausbau von Vernetzung und Kooperationen auf Stadtteilebene
– das Angebot individueller Unterstützung
– die Etablierung einer kontinuierlichen, kleinteiligen Beziehungs- und Organisierungsarbeit sowie die Entwicklung politischer Bündnisse und politische Forderungen

Bedeutung der Ergebnisse für die Theorieentwicklung
im Bereich Sozialer Arbeit
(a) Gewalt gegen Frauen ist zwar kein neues Thema, aber ein aktuelles und ungelöstes gesellschaftliches Problem. Trotz erheblicher Fortschritte in Richtung einer Gleichstellung von Männern und Frauen und deutlicher Veränderungen in

den traditionellen Rollenbildern erlebt jede vierte Frau in der Bundesrepublik Gewalt in ihrer Partnerschaft. In 99 % der Fälle handelt es sich bei den Gewaltausübenden um männliche Beziehungspartner. Der Faktizität männlicher Beziehungsgewalt stehen in wissenschaftlichen und politischen Diskursen sowie auf der praktischen Interventionsebene Entwicklungen gegenüber, die eine erneute differenzierte wissenschaftliche Auseinandersetzung mit der Problematik notwendig machten (unter anderem Relativierung der Gewalt gegen Frauen, Überbetonung der Gewalt im öffentlichen Raum – Ausblendung der „privaten" Gewalt, massive Kürzungen bei der Frauenhausarbeit).

(b) Soziale Arbeit konzentrierte sich in diesem Problemfeld bislang hauptsächlich auf die Arbeit mit Opfern und/oder Tätern. Hier liefert die Untersuchung neue Impulse. Eine fundierte wissenschaftliche Auseinandersetzung mit den Potentialen nachbarschaftlicher Netzwerke für den Schutz vor und den Abbau von Beziehungsgewalt, in Verbindung mit der Ausarbeitung konkreter Vorgehensweisen, existierte in der Bundesrepublik Deutschland zuvor nicht. Das vorgestellte und diskutierte Praxisprojekt hat Pioniercharakter. Verarbeitet wurden zusätzlich auch US-amerikanische Forschungs- und Erfahrungszusammenhänge.

(c) Die Arbeit beschränkt sich dabei nicht auf die Darlegung der Möglichkeiten einer speziellen Handlungstheorie Sozialer Arbeit. Sie umfasst nicht nur eine ausführliche Darstellung der Ausgangs- und Problemsituation (Aufarbeitung der Erkenntnisse zur Gewalt im Geschlechterverhältnis), sondern analysiert den gesamtgesellschaftlichen Kontext. Hierzu wird die Perspektive der „Gouvernementalität" (Foucault) herangezogen und für das Feld der Gemeinwesenarbeit fruchtbar gemacht.

B 1 Workshop „Kinder in Kindertagesstätten"

B 1.1 Kinder Stärken! – Resilienzförderung in der Kindertagesstätte

Klaus Fröhlich-Gildhoff/Tina Dörner/Gabriele Kraus-Gruner/Maike Rönnau

Projektleitung
Prof. Dr. Klaus Fröhlich-Gildhoff, Dipl. Psych., Professor an der Evangelischen Fachhochschule Freiburg, Leiter des Zentrums für Kinder- und Jugendforschung an der EFH Freiburg, E-mail: froehlich-gildhoff@efh-freiburg.de

Weitere beteiligte Personen
Dipl. Soz.Päd. Tina Dörner, wissenschaftliche Mitarbeiterin 66 % für 24 Monate
Dipl. Päd. Gabriele Kraus-Gruner, wissenschaftliche Mitarbeiterin 25 % für 24 Monate
Dipl. Soz.Päd. Maike Rönnau, wissenschaftliche Mitarbeiterin 61 % für 24 Monate

Projektdauer
08/2005–07/2007

Finanzvolumen
220.000 Euro

Durch wen wurde das Forschungsprojekt ggf. gefördert?
Aktion Mensch, Stadt Freiburg, Landkreis Breisgau-Hoschschwarzwald

Angewandte Forschungsmethoden
Prozess- und Ergebnisevaluation, Kontrollgruppendesign mit einer Mischung aus quantitativen und qualitativen Forschungsmethoden: Fragebogenerhebung, Testverfahren, Interviews

Forschungstyp
Evaluationsuntersuchungen
Entwicklung von Konzepten/Verfahren (integrierte Praxisforschung)

Projektveröffentlichungen
Fröhlich-Gildhoff, Klaus/Rönnau, Maike 2006: Du schaffst es! Ein Projekt zur Resilienzförderung in der KiTa. In: Forum Frühpädagogik, 1. Jg., H1, S. 10–11.

Klaus Fröhlich-Gildhoff/Tina Dörner/Gabriele Kraus-Gruner/Maike Rönnau

Fröhlich-Gildhoff, Klaus /Rönnau, Maike/Dörner, Tina 2007: PRiK – Prävention und Resilienz in Kindertageseinrichtungen. Ein Trainingsmanual. München: Reinhardt.
Fröhlich-Gildhoff, Klaus/Rönnau, Maike/Dörner, Tina/Kraus-Gruner, Gabriele/Engel, Eva-Maria 2007: Kinder Stärken! – Resilienzförderung in der Kindertagesstätte. Im Erscheinen.

Inhaltliche Projektdarstellung

Entstehungshintergrund
Aufgrund aktueller Forschungsergebnisse konnten wesentliche protektive Faktoren empirisch identifiziert werden, welche die Widerstandskraft (Resilienz) von Kindern gegenüber Belastungen stärken und die Bewältigungsfähigkeit von Krisensituationen verbessern. Diese so genannten Resilienzfaktoren (wie Selbstwert und Selbstwirksamkeit, Selbststeuerungsmöglichkeiten, soziale Kompetenz und Problemlösefähigkeit) können gezielt gefördert werden.
Kindertageseinrichtungen eignen sich gut für eine Förderung, da sie diejenigen gesellschaftlichen Institutionen sind, welche Kinder als erste und über längere Zeiträume in ihrer Entwicklung intensiv begleiten. Zugleich bieten sie die große Chance, Zugänge zu den Eltern bzw. Familien zu erhalten.
Auf diesem Hintergrund wird das Projekt „Kinder Stärken! – Resilienzförderung in der Kindertagesstätte" vom 01.08.2005 bis 31.07.2007 im Zentrum für Kinder- und Jugendforschung (ZfKJ) an der Evangelischen Fachhochschule Freiburg unter der Leitung von Prof. Dr. Fröhlich-Gildhoff durchgeführt. Das Projekt wird von der „Aktion Mensch", der Stadt Freiburg und dem Landkreis Breisgau-Hochschwarzwald finanziert.

Fragestellungen
Das Ziel von „Kinder Stärken!" besteht darin, den Kindern präventiv unterschiedliche Wege aufzuzeigen, wie sie mit belastenden Situationen erfolgreich umgehen und diese meistern können. Dabei wird ein ganzheitlicher Ansatz verfolgt, der auf vier Ebenen ansetzt:
– gezielte, präventiv ausgerichtete Förderung der Kinder, vor allem durch Trainingskurse,
– Unterstützung der Eltern durch Kurse und Beratung,
– Fortbildung und Begleitung der ErzieherInnen,
– Vernetzung der Einrichtung mit anderen unterstützenden Institutionen.

Projektverlauf
Das Projekt wird in jeweils zwei Kindertagesstätten der Stadt Freiburg und des Landkreises Breisgau-Hochschwarzwald durchgeführt.
(a) Die Kinder nehmen innerhalb der Laufzeit des Projektes jeweils in Kleingruppen an einem zehnwöchigen Trainingsprogramm teil. Ihre Entwicklung wird kontinuierlich beobachtet, dokumentiert und an die Eltern und ErzieherInnen zurückgemeldet.

(b) Für die Eltern gibt es mehrere Angebote: eine wöchentliche „offene Familiensprechstunde" (für Informationsaustausch und Beratungsgespräche), regelmäßige Kontaktmöglichkeit in der KiTa mit einer Erziehungsberatungsstelle sowie Elternkurse zu Resilienzförderung und Erziehungsfragen.
(c) Die ErzieherInnen erhalten Fortbildungen zum Thema Resilienzförderung, begleiten die in den Kursen der Kinder und Eltern eingesetzten Sozialpädagoginnen und werden regelmäßig durch diese Fachkräfte und der zuständigen Erziehungsberatungsstelle bei Einzelfällen supervisiert. Durch die Qualifizierung der ErzieherInnen und das unmittelbare Anknüpfen am Alltag der Kindertageseinrichtung wird die Nachhaltigkeit gesichert.
(d) Zusätzlich werden die KiTas darin unterstützt, sich mit weiteren Einrichtungen im Stadtteil/der Gemeinde zu vernetzen.

Das Projekt wird kontinuierlich wissenschaftlich in Form einer Ergebnis- und Prozessevaluation im Kontrollgruppendesign evaluiert. Es werden quantitative und qualitative Forschungsmethoden eingesetzt.

Die Ergebnisse werden durch eine vergleichende Reihe von Vor- und Nachtests (3 Erhebungszeitpunkte in einem Gesamtzeitraum von 18 Monaten) auf verschiedenen Ebenen erfasst. Dabei werden unterschiedliche normierte und standardisierte Erhebungsinstrumente eingesetzt:

- SERKi – Selbstevaluations- und -reflexionsbogen für Kindertageseinrichtungen, Fröhlich-Gildhoff/Glaubitz 2006,
- WET – Wiener Entwicklungstest nach Kastner-Koller und Deimann, 2002,
- SFK Selbstkonzept-Fragebogen für (Vorschul)Kinder, neunormiert in Anlehnung an das FKSI – Frankfurter Kinder-Selbstkonzept-Inventar nach Deusinger, 2005,
- VBV – Verhaltensbeurteilungsbogen für Vorschulkinder nach Döpfner et al., 1993,
- selbst entwickelte Fragebögen zu Haltung und Erwartung für ErzieherInnen und Eltern.

Wirkungen, die im Verlauf des Prozesses des Projektes auftreten, werden erfasst durch

- Interviews mit Eltern und ErzieherInnen,
- teilnehmende Beobachtung,
- standardisierte Dokumentation der Kindertrainings, Elternkurse, Familiensprechstunden und Fallbesprechungen,
- Gruppendiskussionen mit KiTa-Teams der Durchführungsgruppe.

Zentrale Ergebnisse

Es liegen erste Ergebnisse über den Vergleich von t0 (Anfangszeitpunkt) und t1, das heißt über Wirkungen des Projektes bei den insgesamt 144 erfassten Schulkindern in einem Zeitraum von sechs Monaten vor. Bereits innerhalb dieses kurzen Erhebungszeitraums konnten mit Hilfe der Tests und der Befragungen positive Wirkungen des Projektes bei den Kindern der Durchführungsgruppe im Vergleich zur Kontrollgruppe festgestellt werden:

(a) Die Kinder haben eine positivere Selbstwahrnehmung, ihre Selbstwirksamkeit ist gestiegen und sie haben weniger Selbstzweifel.
(b) Die Selbststeuerung der Kinder wird besser; sie haben eine höhere Spielausdauer und sind weniger unkonzentriert.
(c) Die Kinder sind weniger auffällig, sie zeigen weniger Unsicherheit und emotionale Labilität.
(d) Die kognitive Entwicklung insgesamt verbessert sich.

Bedeutung der Ergebnisse für die Theorieentwicklung im Bereich Sozialer Arbeit
Die Studie bestätigt nicht nur die Ergebnisse anderer Forschungen auf diesem Gebiet sondern übertrifft sie sogar: Durch das Programm konnten die kognitiven Fähigkeiten der Kinder, die am Training teilgenommen hatten – auch gegenüber der Kontrollgruppe – signifikant verbessert werden. Dies weist darauf hin, dass das Programm die Kinder insgesamt fördert und Entwicklungsrückstände kompensieren kann. Die Niedrigschwelligkeit der Angebote ermöglicht verschiedenen Zielgruppen einen Zugang; die Eltern werden auf diese Weise systematisch erreicht. Darüber hinaus wird die Vernetzung der Institutionen angeregt. Das ganzheitliche Konzept des Projektes (Arbeit mit Kindern, ErzieherInnen, Eltern und der Einrichtung als soziales Netzwerk) erweist sich somit als tragfähig. Ein solches Konzept ist anschlussfähig an die aktuelle Fachdiskussion zur Pädagogik der Frühen Kindheit und entsprechenden Überlegungen zur ganzheitlichen Bildung der Kinder.

Literatur
Deusinger, Ingrid 2005: Das Frankfurter Kinder-Selbstkonzept-Inventar (FKSI). Göttingen.
Döpfner, Manfred/Berner, Walter/Fleischmann, Thomas/ Schmidt, M. 1993: Verhaltensbeurteilungsbogen für Vorschulkinder (VBV 3–6). Weinheim.
Fröhlich-Gildhoff, Klaus/Glaubitz, Daniela 2006: SERKi – Selbstevaluations- und -reflexionsbogen für Kindertageseinrichtungen.
Kastner-Koller, Ursula/Deimann, Pia 2002: Wiener Entwicklungstest. Göttingen.

B 1.2 Aggressive Verhaltensweisen im Kindergarten: Die aktuelle Situation und Interventionsmassnahmen – empirische Studie in einer Kleinstadt

Stephanie Gröhl, Angelika Weber

Projektleitung
Prof. Dr. Angelika Weber, Dipl. Psych., Professorin für Psychologie, E-mail: aweber@fh-wuerzburg.de
Stephanie Gröhl, Dipl. Sozialpädagogin, E-mail: s.groehl@yahoo.de

Workshop „Kinder in Kindertagesstätten"

Weitere beteiligte Personen
Keine

Projektdauer
10/2005–04/2006

Finanzvolumen
Eigenmittel

Durch wen wurde das Forschungsprojekt ggf. gefördert?
Keine Förderung

Angewandte Forschungsmethoden
Quantitative Erhebung mit standardisierten und halbstandardisierten Fragebögen. Für die Einschätzung der Kinder wurde eine Unterskala des Verhaltensbeurteilungsbogens für Vorschulkinder (Döpfner, Berner, Fleischmann und Schmidt, 1993) verwendet. Die Erzieherinteressen wurden in einem zweiten, selbst entwickelten Fragebogen erfasst.

Forschungstyp
Sozialberichterstattung
Wissenschaftliche Begleitung sozialer Projekte
Sozialplanung
Entwicklung von Konzepten/Verfahren (integrierte Praxisforschung)

Projektveröffentlichungen
Diplomarbeit an der FH Würzburg-Schweinfurt 2006

Inhaltliche Projektdarstellung

Entstehungshintergrund
Die Effektivität einzelner durchgeführter Präventionsmaßnahmen eines Präventionsvereines in einer Kleinstadt im Bereich der Gewaltprävention in Kindergärten wurde von den Kindergärten selbst in Frage gestellt und nicht gut angenommen. Die Konsequenz, die daraus resultierte, war der Wunsch nach einer adressatenspezifischen Intervention auf der Grundlage einer empirischen Erhebung. In Form einer Bedarfsanalyse sollte zunächst die Ausgangslage bestimmt werden, um in den Kindergärten vor Ort in Zukunft den Gegebenheiten entsprechende Maßnahmen entwickeln und anbieten zu können.

Fragestellungen
Um die Ausgangslage zu bestimmen, sollten durch die Erhebung folgende Fragen beantwortet werden:
(a) Wie hoch ist das Ausmaß aggressiver Handlungen allgemein einzuschätzen?
(b) Welche Aggressionsformen zeigen die Kindergartenkinder?

(c) Gibt es in Abhängigkeit von Geschlecht, Alter und Herkunft der Kinder Unterschiede in der Ausprägung aggressiver Verhaltensweisen?
(d) Welche Interessen der Erzieher und welche Rahmenbedingungen müssen in der Interventionsplanung berücksichtigt werden?
(e) Welche Interventionen scheinen sinnvoll?
Aus den Ergebnissen der empirischen Erhebung sollten im Anschluss Hinweise für eine effektive und adressatenspezifische Planung und Durchführung differenzierter Anti-Aggressions-Interventionen abgeleitet werden.

Projektverlauf
Es konnten in der Erhebungsstadt insgesamt fünf Kindergärten zur Mitarbeit gewonnen werden. Durch die jeweilige Gruppenleitung (14 Erzieher) wurde das Verhalten der Kindergartenkinder (274 Kinder, 3–6 Jahre) mit Hilfe von Einschätzskalen beurteilt. Nach einem Zeitraum von vier Wochen gab es einen 100%igen Rücklauf der Fragebögen. Mit Hilfe des Statistikprogramms SPSS 12 OG wurden die Daten nach Mittelwerten einzelner Aggressionsformen, Summenwerten (Aggressionsrohwert), Staninewerten und Mittelwertsdifferenzen (t-Test) aufbereitet und ausgewertet. Im Anschluss an die Auswertung der Erhebung wurden die Ergebnisse dem Präventionsverein und den Kindergärten präsentiert, über konkrete Ansatzpunkte diskutiert und Empfehlungen ausgesprochen.

Zentrale Ergebnisse
(a) Die beurteilten Kinder lagen mit einem mittleren Aggressionsrohwert von 14.2 und einem Stanine-Wert von 4.45 im mittleren Normbereich. Eine detaillierte Betrachtung der erhobenen Daten zeigte jedoch auch, dass insgesamt 16 % der Kinder sehr hohe Staninewerte haben und somit im Bereich der klinischen Auffälligkeit liegen [Prävalenzrate der Störung mit oppositionellem Trotzverhalten liegt bei 2–16 % (APA, 1996)].
(b) Ein Vergleich der Jungen und Mädchen, der 3–4jährigen und 5–6jährigen Kinder und ein Vergleich der Kinder mit deutscher Herkunft gegenüber den Kindern mit ausländischer Herkunft wies im durchschnittlichen Aggressionswert auf keine bedeutsamen Unterschiede hin. Signifikante Unterschiede ergaben sich jedoch in Bezug auf die einzelnen Aggressionsformen. Hier zeigten sich die Jungen eindeutig aggressiver als die Mädchen im Bereich der „körperlichen Aggressionen" ($t_{df}267= -2.741$; $p\leq.007$) und im „lärmenden Verhalten/gegenstandsbezogener Aggressivität" ($t_{df}267= -5.670$; $p\leq.000$). Weiterhin wurden die 5- bis 6jährigen Kindergartenkinder gegenüber den 3–4jährigen hinsichtlich der Aggressionsformen „aufmerksamkeitssuchendes Verhalten" ($t_{df}272= 3.711$; $p\leq.000$) und „verbale Aggressionen" ($t_{df}272= 2.339$; $p\leq.020$) als aggressiver eingeschätzt. Beim Vergleich nach deutscher und ausländischer Herkunft ergaben sich hinsichtlich der einzelnen Aggressionsformen keine bedeutsamen Differenzen. Werden jedoch die einzelnen Gruppen getrennt analysiert zeigt sich ein deutlicher Unterschied: Auffallend hohe Aggressionsrohwerte weisen die 5-

6jährigen Mädchen ausländischer Herkunft auf. Diese wurden mit einem Mittelwert von 21.06 signifikant aggressiver eingeschätzt, als die gleichaltrigen Mädchen deutscher Herkunft ($t_{df}60= -2.155$; $p\leq.035$).
(c) Insgesamt zeigen die Ergebnisse, wie wichtig eine individuelle und adressatenspezifische Intervention ist. Für die untersuchte Gruppe sollte beispielsweise den Jungen sowie den älteren Kindern und den ausländischen 5–6jährigen Mädchen eine besondere Intervention zukommen, die auf die spezifischen Formen aggressiven Verhaltens zugeschnitten ist. Die Angaben der Erzieherinnen weisen außerdem darauf hin, dass die hohe Aggressionsausprägung einiger Kinder mit ausländischer Herkunft vermutlich auf mangelnde Sprachkenntnisse zurückgeht. Deshalb scheint außerdem eine Sprachförderung aller Kinder mit ausländischer Herkunft sinnvoll.

Bedeutung der Ergebnisse für die Theorieentwicklung im Bereich Sozialer Arbeit
Das Forschungsprojekt belegt eindrucksvoll, dass theoretische Konzepte immer durch empirische Daten gestützt werden sollten. Nur so lässt sich eine adressatenspezifische, effektive Interventionsplanung sowie -durchführung und in der Folge auch sinnvolle Evaluation professionellen Handelns verwirklichen.

B 1.3 KINDERTAGESSTÄTTEN ALS LERNENDE ORGANISATION – DIE IMPLEMENTIERUNG DES ORIENTIERUNGSPLANS FÜR BILDUNG UND ERZIEHUNG IN KINDERTAGESSTÄTTEN IN BADEN-WÜRTTEMBERG

Christiane Vetter/Susanne Schäfer-Walkmann

Projektleitung
Prof. Dr. Christiane Vetter und Prof. Dr. Susanne Schäfer-Walkmann, Professorinnen an der Berufsakademie Stuttgart, Studienbereich Sozialwesen, E-Mail: vetter@ba-stuttgart.de und schaefer-walkmann@ba-stuttgart.de

Weitere beteiligte Personen
Ernst Heimes, Vorsitzender des Verbandes für Sonderpädagogik
Dr. Heinz Hinz, Fachschule für Sozialpädagogik, Stuttgart
Jörg Schulze-Gronemeyer, Evangelischer Stadtverband für Kindertagesbetreuung in Stuttgart
Mitarbeiterinnen und Mitarbeiter in sechs Kindertagesstätten

Projektdauer
07/2005–02/2007

Finanzvolumen
Eigenmittel

Durch wen wurde das Forschungsprojekt ggf. gefördert?
Förderantrag für Phase 2 wurde gestellt

Angewandte Forschungsmethoden
Quantitative und qualitative Methoden: Leitfadengestützte Gruppendiskussion mit dem pädagogischen Personal, qualitative, leitfadengestützte Einzelinterviews mit dem pädagogischen Personal sowie mit Eltern, qualitative Auswertung der Interviews mittels Strukturierter Inhaltsanalyse, SWOT-Analyse mit den Teams in den Kindertagesstätten (gewähltes Vertiefungsthema aus dem Orientierungsplan), Begleitung und Evaluation eines Change-Management-Prozesses in den Kindertagesstätten

Forschungstyp
Evaluationsuntersuchung
Wissenschaftliche Begleitung sozialer Projekte
Entwicklung von Konzepten/Verfahren (integrierte Praxisforschung)

Projektveröffentlichungen
Vetter, Christiane 2007: Die KiTa als lernende Organisation. Strategien zur Umsetzung des baden-württembergischen Orientierungsplans. In: KiTa Aktuell (im Erscheinen)

Inhaltliche Projektdarstellung

Entstehungshintergrund
Anlass für das Praxisforschungsprojekt ist die Einführung des Orientierungsplans für Bildung und Erziehung in Kindertagesstätten in Baden-Württemberg: Dieser wird seit dem 01. Januar 2006 dem Praxistest unterzogen, teils in eigens ausgestatteten Modellkindergärten, überwiegend jedoch in Regelkindergärten. Flankierend dazu stellen das Land und die Kommunen zusätzliche Finanzmittel für gezielte Bildungsförderung im Elementarbereich bereit.
Die Einführung des Orientierungsplans steht im Zusammenhang mit neuen Erkenntnissen der Hirnforschung, aktuellen Entwicklungen in Konzepten zur frühkindlichen Bildung sowie weiteren Bildungsthemen („Bildung im Vorschulalter", „Konzept ‚schulreifes' Kind", „gezielte Förderung von Kindern aus ‚bildungsfernen' Schichten", „Ergebnisse der PISA-Studie").

Fragestellungen
Ausgehend von einer Ist-Analyse elementarpädagogischer Praxis in Regelkindertagesstätten wurde als forschungsleitende Fragestellung formuliert: Wie entwickeln sich Kindertagesstätten zu Lernenden Organisationen, die einerseits flexibel und wandlungsfähig sind und andererseits im Wandel Bestand haben? Bearbeitet werden die folgenden Teilfragestellungen:

(a) Was ist Bildung in der Kindertagesstätte?
(b) Welches Verständnis hat das Team von der Kindertagesstätte als Bildungseinrichtung?

(c) Wie vollziehen Teams in Regelkindergärten den Wandel zur vorschulischen Bildungseinrichtung?
(d) Welche (zum Teil neuen) Anforderungen stellen sich an die Erzieherinnenausbildung?
(e) Welche Evaluationsfähigkeiten benötigt die Praxis, um den Erfolg ihrer Erziehungs- und Bildungsarbeit zu dokumentieren?

Projektverlauf
Mit dem partizipatorischen Verständnis von Organisationsentwicklung wurde in den beteiligten Modelleinrichtungen ein Prozess der aktiven Auseinandersetzung mit Struktur und Inhalten des Orientierungsplans in Gang gesetzt. Durch das gemeinsame Forschen von Praxis und Wissenschaft wurde eine teaminterne Diskussion angeregt, deren Ergebnisse schrittweise Eingang in die pädagogische Arbeit fanden. Prinzipiell war das Forschungsdesign offen angelegt, so dass jedes Pädagoginnenteam eigene Schwerpunkte setzen konnte, was das Mitwirkungsinteresse erhöhte.

Zentrale Ergebnisse
(a) Die Einführung des Orientierungsplans stößt auf eine Praxis, die sehr unterschiedlich ist in Bezug auf das Vorwissen zum Orientierungsplan, die Infrastruktur der Einrichtung und die Kinder, die gebildet werden sollen. Der Orientierungsplan stößt zudem auf eine Praxis, die Veränderungen zulässt und sich mit neuen Konzepten auseinandersetzt. Die beteiligten Teams waren aufgeschlossen und in beeindruckender Weise bereit, sich Zeit zu nehmen und sich mit dem Konzept der Lernenden Organisation auseinanderzusetzen.
(b) Im Detail liegen Ergebnisse der Gruppendiskussionen, von leitfadengestützten Interviews mit Erzieherinnen und Eltern sowie von Teilnehmenden Beobachtungen vor. Des Weiteren wurden zwei Organisationsentwicklungsprozesse dokumentiert.
(c) Die Meta-Theorie der „Lernenden Organisation" bietet einen geeigneten Rahmen, um die verschiedenen Teile des Forschungsprozesses aufeinander abzustimmen. Die forschungsleitende Frage konnte bezogen auf diejenigen Teams, die für sich einen Organisationsentwicklungsprozess in Gang gesetzt haben, einrichtungsspezifisch beantwortet werden.
(d) Mit Blick auf die Implementierung des Orientierungsplans ist das wohl die wichtigste Erkenntnis: Die Top-down-Strategie der Politik steht in der Gefahr, dass nach einer anfänglichen Beschäftigung mit dem Rahmenplan viele Teams wieder auf das Altbewährte zurückgreifen. Somit muss die Praxis befähigt werden und die Gelegenheit erhalten, Bilanz zu ziehen und für sich selbst eine geeignete Implementierungsstrategie zu entwickeln. Ein solch partizipatorisches Vorgehen stünde viel mehr im Einklang mit dem Bildungsverständnis des Orientierungsplans als ein Vorgehen, das in Fortbildungseinheiten auf traditionellem Wege Wissen vermittelt.

Bedeutung der Ergebnisse für die Theorieentwicklung
im Bereich Sozialer Arbeit
Der Ertrag für die Theorieentwicklung im Bereich Sozialer Arbeit liegt in der Überprüfung der Meta-Theorie sowie einer gemeinsamen Entwicklung von praktischen Arbeitshilfen. Theoretische Anbindung und praktische Umsetzbarkeit werden fortlaufend evaluiert, Zwischenergebnisse in den Forschungsprozess eingebunden. Sämtliche Erhebungsinstrumente werden theoriegeleitet entwickelt.

Als Meta-Theorie dient die Theorie der Lernenden Organisation mit den fünf Disziplinen, die eine Organisation „lernfähig" machen:

(a) Systemdenken: Die Kindertagesstätten werden als Systeme begriffen, die über ein jeweils eigenes Set an Informationen und Instrumenten verfügen, um Anforderungen beziehungsweise Störungen so zu bewältigen, dass der Fortbestand des Systems gewährleistet ist. Bei der Einführung des Orientierungsplans handelt es sich um einen übergreifenden politischen Prozess, der von außen – aus der systemischen Umwelt – an das System herangetragen wird und der auf die Organisation zunächst destabilisierend wirkt.

(b) Mentale Modelle: Die Erzieherinnen reflektieren ihr Bildungsverständnis beziehungsweise ihre Vorstellungen in Bezug auf die „Kindertagesstätte als Bildungseinrichtung" und leiten den Einfluss dieser tief verwurzelten Annahmen auf das pädagogische Handeln ab. Dabei wird deutlich, wie diese „inneren Bilder" auch professionelle Entscheidungen – oftmals unbewusst – steuern.

(c) Team-Lernen: Die Disziplin des Team-Lernens befähigt zur Entwicklung neuer Kommunikationsformen und kollektiver Denkfähigkeiten. Das Team macht sich sowohl seine Stärken als auch seine Schwächen in Bezug auf das Bildungsverständnis bewusst und lernt, die individuellen Fähigkeiten der Teammitglieder gewinnbringend für die Weiterentwicklung der Organisation einzusetzen.

(d) Gemeinsame Vision: Idealerweise mündet der angestoßene Prozess in eine gemeinsame – implizite oder explizite – Vorstellung darüber, wie sich die Kindertagesstätte als Organisation „lernfähig" macht und trotz neuer Anforderungen nicht bedroht ist.

(e) Personal Mastery: Teammitglieder, die sich auf einen solchen Organisationsentwicklungsprozess einlassen, verfügen über die Fähigkeit, auf Neues zu reagieren, weiter zu lernen und Ziele zu verwirklichen. Individuelles Lernen und organisationales Lernen sind interdependent. Als Disziplin betont Personal Mastery die Ausformung von Professionalität sowie die persönliche Weiterentwicklung als geistige Grundlagen einer Lernenden Organisation.

Mit diesem Projekt wurde ein aktiver und partizipatorischer Lernprozess initiiert, da sich für alle Beteiligten (Praktikerinnen, Studierende, Dozentinnen) vielfältigste und ganzheitliche Lernmöglichkeiten boten. Alle Beteiligten nahmen sich in ganz unterschiedlichen Rollen wahr (als Expertinnen, als Lernende, als „Untersuchungsobjekte", als Lehrende) und hatten die Möglichkeit, sich in einem geschützten Rahmen auszuprobieren.

B 2 Workshop „Kindersozialisation und Recht"

B 2.1 TUTELARY CHILD PROTECTION – NORMS, PROCESS, AND OUTCOME

Peter Voll

Projektleitung
Dr. rer.soc. Peter Voll, Leiter Forschung, Hochschule für Soziale Arbeit Luzern,
E-mail: pvoll@hsa.fhz.ch

Weitere beteiligte Personen
Prof. Christoph Häfeli, lic. iur., Mitgesuchsteller
Prof. Dr. Martin Stettler, Mitgesuchsteller
Dr. phil. Eva Mey, wissenschaftliche Mitarbeiterin, 20 % für 47 Monate
Andreas Jud, M Sc., wissenschaftlicher Mitarbeiter, 50 % für 47 Monate

Projektdauer
04/2003–04/2007

Finanzvolumen
360 000 Euro

Durch wen wurde das Forschungsprojekt ggf. gefördert?
Schweizerischer Nationalfonds zur Förderung der wissenschaftlichen Forschung SNF
Fachhochschule Zentralschweiz FHZ

Angewandte Forschungsmethoden
Aktenanalysen (quantitativ), Standardisierte Befragungen (schriftlich), Fallstudien auf Basis narrativer Interviews

Forschungstyp
Grundlagenforschung

Projektveröffentlichungen
Voll, Peter 2006: Vormundschaftsbehörden und Sozialdienste. Eine Untersuchung zur institutionellen Kooperation im Kindesschutz. In: FamPra.ch 2/2006, S. 262–285.
Voll, Peter 2006: Wenn Kinder mit Behörden groß werden – Probleme und Prozesse im zivilrechtlichen Kindesschutz. In: Soziale Sicherheit/CHSS 5/2006, S. 242–248.

Inhaltliche Projektdarstellung

Entstehungshintergrund
Für rund 27.000 Kinder besteht gegenwärtig eine Schutzmaßnahme gemäß Art 307–312 des Schweizerischen Zivilgesetzbuches. Die Rate der Maßnahmen und deren Restriktivität variieren allerdings beträchtlich zwischen den Kantonen, ohne dass sich die Unterschiede durch die Zusammensetzung der Bevölkerung erklären ließen. Dazu kommt, dass weder über den Verlauf noch über das Ende der Maßnahmen gesicherte Kenntnisse vorliegen. Im Rahmen des Nationalen Forschungsprogrammes 52: „Kindheit, Jugend und Generationenverhältnisse im gesellschaftlichen Wandel" können nun erstmals die nicht-rechtlichen Faktoren der Anwendung und Umsetzung dieses Teils des nationalen Rechts untersucht werden.

Fragestellungen
Kindesschutzmaßnahmen können als eine Folge von Entscheidungen wechselseitig aufeinander bezogener Akteure verstanden werden. In dieser Perspektive werden die Unterschiede zwischen den Kantonen verstehbar als Folgen unterschiedlicher institutioneller und prozeduraler Regelungen. Das Projekt soll deshalb klären, in welcher Weise verschiedene kantonale Institutionalisierungen des Kindesschutzes die Wahrnehmung des Problems im Einzelfall beeinflussen und damit die Einleitung und den Verlauf der Maßnahmen strukturieren. Untersucht werden Faktoren wie der Kreis der beteiligten Ämter und Behörden, ihre jeweilige Position im Prozess und die Professionszugehörigkeit ihrer Mitarbeiter/innen. Schließlich soll eruiert werden, wie sich diese Faktoren in der Wahrnehmung der Eltern niederschlagen und deren Kooperationsbereitschaft beeinflussen.

Projektverlauf
Das Projekt umfasst drei Teile, die parallel geführt werden:
(a) standardisierte Erfassung und quantitative Analyse von insgesamt 180 Kindesschutzdossiers bei Vormundschaftsbehörden, vorbereitenden Ämtern und Mandatsträgern in vier Kantonen (je zwei in der Deutsch und der Westschweiz mit unterschiedlich strukturierten Hilfesystemen und unterschiedlich professionalisierten Behörden)
(b) standardisierte Befragung von Professionellen und Behörden in der ganzen Schweiz zu Problemwahrnehmung und generellen Handlungsorientierungen
(c) Fallstudien auf der Basis narrativ-biographischer Interviews mit den beteiligten Eltern, Professionellen und Behördenmitgliedern

Zentrale Ergebnisse
(a) Die untersuchten institutionellen Settings unterscheiden sich nur unwesentlich hinsichtlich des Zustandekommens und der Dauer von Kindesschutzmaßnahmen. Hingegen sind Unterschiede auszumachen bezüglich der Maßnahmen, die für bestimmte Gruppen von Kindern getroffen werden. So scheinen zum

Beispiel Obhutsentzüge in den Sprachregionen unterschiedlich gehandhabt zu werden (Deutschschweiz: für ältere Kinder beziehungsweise Adoleszente, vor allem Mädchen; Französische Schweiz: Kleine Kinder).

(b) Die Rolle des Mandatsträgers oder der Mandatsträgerin und sein/ihr Selbstverständnis sind in hohem Maß durch die institutionelle Umgebung und den mit ihr verbundenen Grad der Arbeitsteilung bestimmt. Diese regelt unter anderem, ob der/die betreffende Sozialarbeitende für die ganze Familie oder nur für das einzelne Kind zuständig ist.

(c) Die Zahl der beteiligten Professionellen ist generell überraschend hoch: An 50 % der Beistandschaften gemäß Art. 308 sind 21 und mehr Professionelle und Behördenmitglieder beteiligt, deren zwölf treten als Verfasser/innen von Dokumenten in Erscheinung. Bei Obhutsentzügen als komplexeren Fällen mit größerer Interventionstiefe liegen diese Zahlen noch beträchtlich höher (Mediane von 33 bzw. 21; obere Quartilswerte von 43 und 31), ohne dass diese deswegen länger dauerten. Unterschiede zwischen den verschiedenen institutionellen Settings lassen sich einerseits mit der Struktur des Hilfesystems – je stärker Vorbereitung und Durchführung getrennt werden, desto höher – und mit dessen Formalisierung (insbesondere mit der Justizialisierung und dem damit einer gehenden Beizug von Anwälten) in Verbindung bringen. Andernfalls lässt sich darin auch eine Verteilung des Risikos im Vorfeld einer Entscheidung für oder gegen eine zivilrechtliche Maßnahme erkennen.

(d) In allen institutionellen Settings endet mehr als die Hälfte der Beistandschaften und Obhutsentzüge erst, wenn das Kind kein Kind mehr ist – das heißt, wenn es erwachsen wird und die Maßnahme von Gesetzes wegen aufgehoben wird. Es lässt sich beobachten, dass die mit der Maßnahmenführung verbundene Dokumentenproduktion stark abnimmt, wenn die Maßnahme einmal errichtet und rechtskräftig geworden ist und dass der damit verbundene Aufwand kurz vor der Aufhebung einer Maßnahme wieder steigt. Die lange Dauer lässt sich damit zum einen als Effekt fallunabhängiger arbeitsökonomischer Zwänge deuten. Zum andern aber drückt sich darin – wie auch Ergebnisse der Befragung und der Fallstudien zeigen – eine Tendenz zur Risikovermeidung aus: ist die Maßnahme einmal errichtet, stellt nicht mehr ihre Geltung, sondern ihre Aufhebung eine begründungsbedürftige und prinzipiell riskante Entscheidung dar.

Bedeutung der Ergebnisse für die Theorieentwicklung im Bereich Sozialer Arbeit
Die Ergebnisse zeigen, dass die Fallführung in hohem Ausmaß durch das institutionelle Setting bestimmt wird, in dem sie stattfindet. Zentraler Vermittlungsfaktor ist hierbei der Umgang mit dem Risiko, das Entscheidungen unter Ungewissheit bzw. bei unvollständiger Information anhaftet. Dieses Risiko – sowohl jenes, zu spät oder nicht zu intervenieren als auch jenes, zu früh oder zu stark einzugreifen und die Autonomie der Klientinnen unnötigerweise zu restringieren – ist für die Soziale Arbeit insgesamt typisch; angesichts des hohen Guts, welches das Kindeswohl darstellt, ist es im hier untersuchten Feld wohl besonders hoch.

B 2.2 Kindesinteressenvertretung im Familiengericht – Empirische Analyse eines neuen Feldes Sozialer Arbeit

Heike Schulze

Projektleitung
Dr. Heike Schulze, Dipl.-Sozialarbeiterin/Sozialpädagogin (FH), freiberufliche Dozentin, E-mail: schulze.20@t-online.de

Weitere beteiligte Personen
Keine

Projektdauer
2001–2006

Finanzvolumen
Eigenmittel

Durch wen wurde das Forschungsprojekt ggf. gefördert?
Promotionsstipendium der Heinrich-Böll-Stiftung

Angewandte Forschungsmethoden
Problemzentrierte Interviews nach Witzel, juristisch-hermeneutische Analysen von Rechtsprechungsdokumenten, Grounded Theory nach Strauss, Systematische Metaphernanalyse nach Schmitt

Forschungstyp
Entwicklung von Konzepten/Verfahren (integrierte Praxisforschung)

Projektveröffentlichungen
Schulze, Heike 2005: Die Einführung von Verfahrenspflegschaft. Eine Reaktion auf die strukturellen Paradoxien im Familiengericht. In: Zeitschrift für Rechtssoziologie, 26/2005, Heft 2, S. 199–227.
Schulze, Heike 2005: Trennung, Lebenskrise und das Recht: Professionelle Handlungsparadoxien und die Rolle von Verfahrenspflegschaft im familiengerichtlichen Umgangsverfahren. In: Kindschaftsrechtliche Praxis, 8/2005, S. 98–103.
Schulze, Heike (2006): Familienrichter zwischen Entscheidungszentrierung und Kindesperspektive. Die kindschaftsrechtlichen Ambivalenzen in der individualisierten Gesellschaft. In: Zeitschrift für Kindschaftsrecht und Jugendhilfe, Heft 12/2006, S. 538–541.
Schulze, Heike (2007): Kindesinteressenvertretung als juristisch-psychosozialpädagogisches Feld. Ein empirisches Handlungsmodell von Verfahrenspflegschaft. In: Zeitschrift für Kindschaftsrecht und Jugendhilfe, Heft 3/2007, S. 88–91.

Schulze, Heike (geplant Mai 2007): Handeln im Konflikt. Eine qualitativ-empirische Studie zu Kindesinteressen und professionellem Handeln in Familiengericht und Jugendhilfe. Würzburg.

Inhaltliche Projektdarstellung
Entstehungshintergrund
Im Zentrum meines Forschungsinteresses stand die mit der Kindschaftsrechtsreform 1998 ins Familiengericht eingeführte Rechtsfigur: die „Verfahrenspflegschaft nach § 50 FGG" beziehungsweise der „Anwalt des Kindes" als eigenständige Vertretung der Kindesinteressen.

Fragestellungen
Es war ein sehr erklärungsbedürftiges Phänomen, dass es in Deutschland keine Einigung gab, wie die Rolle der Verfahrenpflegschaften zu gestalten sei: Das Feld war seit Jahrzehnten durch erhebliche Divergenzen geprägt. So verband sich für einen Teil der Fachwelt mit der Einführung des „Anwalt des Kindes" die Hoffnung auf eine erhebliche Verbesserung der Kindesinteressenvertretung; ein anderer Teil hielt sie schlichtweg für eine überflüssige Verkomplizierung des Verfahrens.
Um die Einführung der familiengerichtlichen Kindesinteressenvertretung überhaupt verabschieden zu können, wurde die gesetzliche Grundlage im Kindschaftsrechtsreformgesetz so vage formuliert, dass sie für die divergierenden Ansichten anschlussfähig schien. Auf konkrete Vorgaben zu Aufgaben, Qualifikation und Handlungsbefugnissen wurde von Seiten des Gesetzgebers verzichtet; die Konkretisierung blieb damit der Praxis und der Rechtsprechung überlassen.
Es entstanden zwei diametrale Lager – ein eng juristisches Aufgabenverständnis, das Verfahrenspflegschaft auf die Wiedergabe des kindlichen Willensäußerungen beschränkte („Sprachrohrfunktion") sowie ein weites Funktionsverständnis, das auch eigenständige Ermittlungen sowie Aufklärungs- und Vermittlungsbemühungen im familialen Umfeld einbezog. Offen war, welches Rollenverständnis nun das angemessene sei.
So näherte ich mich dem Feld 2001 mit einem empirischen Erkenntnisinteresse: Was ist in dem Feld „Kindesinteressen und deren Vertretung im Familiengericht" der Fall? Welche reale Berufspraxis, welches professionelle Selbstverständnis hat sich mittlerweile in diesem umstrittenen Arbeitsfeld entwickelt? Welche praxistheoretischen Zusammenhänge lassen sich daraus erkennen?

Projektverlauf
Mein methodologisches Vorgehen lässt sich wie folgt skizzieren: Meine explorative, qualitativ-empirische Studie beschränkte sich auf Sachsen. Ich verwendete zwei verschiedene Datensorten: Etwa 15 „Problemzentrierte Interviews" nach Witzel mit Verfahrenspflegerinnen, Richterinnen, Jugendamtsmitarbeiterinnen, betroffenen Kindern und Eltern. Hierbei handelt es sich um eine „Perspektiven-Triangulation", insbesondere da mir zwei Fallstudien gelangen.
Das Material wertete ich mit Hilfe der „Grounded Theory" nach Strauss sowie darüber hinaus zum Teil mit der „Systematischen Metaphernanalyse" nach

Schmitt aus. Daneben habe ich etwa 20 Rechtsprechungsdokumente einer juristisch-hermeneutischen Analyse unterzogen.

Zentrale Ergebnisse
Als Ergebnis konnte ich zu drei Themenkomplexen gegenstandsbegründete Praxistheorien entwickeln:
(a) Die rechtssoziologische Analyse der kindschaftsrechtlichen Verfahren – insbesondere bei Trennung und Scheidung – ergab, dass sie nicht dem Vermittlungstyp „Rechtsverfahren" sondern dem Vermittlungstyp „Friedensstiftung" entsprechen. Anders als im typischen Rechtsverfahren ist es nicht mehr primäres Ziel, eine Entscheidung zu treffen, sondern die Bezugspersonen für die Interessen der Kinder zu sensibilisieren und entsprechende „Lern- und Veränderungsprozesse" zu initiieren. Um dies zu erreichen, wird der äußere Druck – die Legitimation, eine Entscheidung treffen zu dürfen – mit beraterisch-mediativen Elementen verknüpft. Kindschaftsrechtliche Verfahren erfordern eine interdisziplinäre Kooperation zwischen juristischen und psychosozialen Elementen.
(b) Es ließen sich zwei diametrale Pole im professionellen Selbst- und Verfahrensverständnis von FamilienrichterInnen typisieren, die gleichzeitig die Ambivalenzen des aktuellen kindschaftsrechtsrechtlichen Feldes aufzeigen: ein „kindzentriert-zweckorientierter" vs. traditionell „institutions- bzw. entscheidungszentriertem Habitus".
(c) Es ließ sich ein Handlungsmodell mit drei aufeinander aufbauenden Handlungsebenen entwickeln:
– Anwaltliche Vertretung der Kindesinteressen im familiengerichtlichen Verfahren
– Aufdecken der Fallkonstellation für das Familiengericht
– Sozialgeflechtsarbeit – als unmittelbar lebensweltbezogene Aktivierung der Eltern. Diese dritte Handlungsebene ist jedoch nur möglich, wenn die Eltern sich freiwillig auf ein „Arbeitsbündnis" mit den psychosozialen HelferInnen einlassen.

Bedeutung der Ergebnisse für die Theorieentwicklung im Bereich Sozialer Arbeit
(a) Ich habe vor dem Hintergrund der Professionstheorien Schützes und Oevermanns die Arbeitsfelder von FamilienrichterInnen, JugendamtsmitarbeiterInnen und VerfahrenspflegerInnen analysiert und kann für die jeweilige Berufsgruppe Aussagen zum Stand der Professionalisierung sowie deren Professionalität treffen.
(b) Ich konnte zeigen, dass Verfahrenspflegschaft – als weit gefasste „juristisch-(psycho-)sozial-pädagogische Konzeption" – eine Chance darstellt, im Interesse der Kinder positive Veränderungen zu bewirken. Eine so verstandene Verfahrenspflegschaft ist auf einem guten Weg, sich als professionalisiertes Feld Sozialer Arbeit im juristischen System zu etablieren.
(c) Insofern sind aus der Analyse durchaus Erkenntnisse auf das allgemeine Feld „Soziale Arbeit" beziehungsweise andere spezifische Bereiche der Sozialarbeit übertragbar: Kindesinteressenvertretung ist ein emanzipatorisches Kon-

zept; ihre Spezifik liegt in der Stärkung der Klient-Perspektiven gegenüber einer Institutionszentrierung. Im Kern geht es um eine moderne demokratische Hilfepraxis, was meines Erachtens den sozialarbeitsspezifischen, praxis-theoretischen Ertrag dieser Arbeit darstellt.

B 2.3 Leitfaden zur Hilfeplanung und Qualitätssicherung in der Sozialpädagogischen Familienhilfe (SPFH)

Eva-Maria Engel

Projektleitung
Eva-Maria Engel, Dipl. Psych., Wissenschaftliche Mitarbeiterin im Zentrum für Kinder- und Jugendforschung an der Evangelischen Fachhochschule Freiburg, E-Mail: engel@efh-freiburg.de

Weitere beteiligte Personen
Keine

Projektdauer
04/2005–08/2008 (geplante Laufzeit)

Finanzvolumen
Eigenmittel

Durch wen wurde das Forschungsprojekt ggf. gefördert?
Das Projekt ist eine weiterführende Studie der Untersuchung zur Sozialpädagogischen Familienhilfe (SPFH) von Fröhlich-Gildhoff, Engel und Rönnau (2006), die vom BMBF gefördert wurde.

Angewandte Forschungsmethoden
Fragebogen (Verlaufserhebung), Interviews, Gruppendiskussionen

Forschungstyp
Wissenschaftliche Begleitung sozialer Projekte
Entwicklung von Konzepten/Verfahren (integrierte Praxisforschung)

Projektveröffentlichungen
Engel, Eva-Maria 2006: Leitfaden zur Hilfeplanung und Qualitätssicherung in der Sozialpädagogischen Familienhilfe (SPFH). In: Fröhlich-Gildhoff, Klaus/Engel, Eva-Maria/Rönnau, Maike/Kraus, Gabriele (Hrsg.): Forschung zur Praxis in den ambulanten Hilfen zur Erziehung. Freiburg, S. 144–160.

Inhaltliche Projektdarstellung

Entstehungshintergrund
Hintergrund des Forschungsvorhabens bildet ein Forschungsprojekt zu SPFH, das im Zentrum für Kinder- und Jugendforschung der Evangelischen Fachhochschule Freiburg zwischen 2003 und 2005 durchgeführt wurde. In knapp 300 Leitfadeninterviews mit Familien, die SPFH in Anspruch genommen haben, den zuständigen FamilienhelferInnen und JugendamtsmitarbeiterInnen sowie TrägervertreterInnen wurden unter anderem Angaben zu (Hilfeplan-)Zielen, Veränderungen während der SPFH und Erfolgskriterien erfasst.
Dabei wurde deutlich, dass Qualitätsentwicklung eher unsystematisch erfolgt und Instrumente zur Qualitätssicherung in der SPFH fehlen.

Fragestellungen
Die Forschungsfragen beziehen sich auf zwei Ebenen:
(a) Entwicklung eines Erhebungsinstruments zur Erfassung von operationalisierten Hilfeplanzielen und zur Dokumentation der Zielerreichung:

- Was sind Kriterien der Ergebnisqualität in der SPFH aus der Sicht von Familien, FamilienhelferInnen, TrägervertreterInnen und JugendamtsmitarbeiterInnen?
- Wie können diese einrichtungsübergreifend operationalisiert und gemessen werden?

(b) Anwendung des Instruments in der Praxis
- Welchen Nutzen bringt das entwickelte Instrument für die Praxis?
- Kann es als Grundlage für die Fallreflexion verwendet werden?
- Wie hoch ist der Bearbeitungsaufwand?
- Bildet das Instrument die Prozesse ab?
- Kann es gut in den Arbeitsalltag integriert werden?
- Ist das Instrument kompatibel mit vorhanden Verfahren (zum Beispiel Falldokumentation)?
- Wo liegen die Grenzen des Instruments?
- Welche Verbesserungen und Weiterentwicklungen sind notwendig?

Projektverlauf
Im ersten Schritt des Projekts wurden die Interviews im Hinblick auf Kriterien der Ergebnisqualität inhaltsanalytisch ausgewertet. In Rückkoppelung mit Fachkräften (FamilienhelferInnen, ASD-MitarbeiterInnen und EinsatzleiterInnen) entstand ein Leitfaden mit 40 Items. Dieser liegt in zwei Versionen vor (zu Beginn der SPFH und ein Verlaufsbogen) und erfasst die Unterstützungsbedarfe, wahrgenommene Veränderungen sowie aktuelle Zielbereiche beziehungsweise Arbeitsschwerpunkte der SPFH.
Seit Januar 2006 wird der Leitfaden bei bisher zwei SPFH-Anbietern eingesetzt. Geplant ist, insgesamt 40 Hilfeverläufe mit dem Leitfaden zu dokumentieren, wobei möglichst alle drei Perspektiven (FamilienhelferIn, Familie, ASD-MitarbeiterIn) berücksichtigt werden sollen. Der Leitfaden wird zu Beginn der SPFH

sowie in regelmäßigen Abständen im Verlauf (ca. alle vier Monate) von den Beteiligten ausgefüllt. Anschließend erhalten diese zeitnah eine grafische Einzelauswertung, die als Arbeitsgrundlage genutzt werden kann.

Zentrale Ergebnisse
(a) Bislang (Nov. 2006) liegen zehn Hilfeverläufe – dokumentiert von FamilienhelferIn und Familie – vor, wobei ein Verlauf bereits zu drei Zeitpunkten eingeschätzt wurde, sechs Verläufe zu zwei Zeitpunkten. Bei drei Familien wird der Leitfaden getrennt von Mutter und Vater ausgefüllt, um deren unterschiedliche Sichtweise zu berücksichtigen. Erste übergreifende Auswertungen zeigen, dass FamilienhelferInnen mehr Ziele angeben als die Familie. Die Zielbereiche der SPFH liegen zu Beginn vor allem im Bereich Erziehung (in 90% der Verläufe wurde das Ziel „Regeln aufstellen" genannt). Den Unterstützungsbedarf schätzen die Fachkräfte höher ein als die Familien. Die meiste Unterstützung wurde bei der ersten Erhebung von beiden Gruppen in den Bereichen „Kontakte zu Kindergarten und Schule", „Konfliktlösefähigkeit der Kinder" sowie „Grenzen setzen" gesehen. Hinsichtlich der wahrgenommenen positiven Veränderungen nach vier Monaten zeigt sich, dass die Familien in der Regel mehr Veränderungen (vor allem im Bereich „Motivation/Änderungsbereitschaft der Eltern") angegeben haben als die FamilienhelferInnen.
Die Rückmeldungen zum Einsatz und zur Praktikabilität des Leitfadens weisen darauf hin, dass die 40 Items die Zielbereiche der SPFH gut abbilden. Nur in Einzelfällen wurde die Möglichkeit in Anspruch genommen, weitere Ziele als Freitext zu notieren und einzuschätzen. Die Bereitschaft von Familien, an der Erhebung teilzunehmen, ist dann hoch, wenn diese von den Fachkräften ausreichend über den Sinn der Erhebung informiert werden. Vorbehalte gegen den Einsatz des Leitfadens bestehen aus Sicht der FamilienhelferInnen dann, wenn es sich bei der SPFH vorrangig um einen Kontrolleinsatz handelt.
(b) Im nächsten Schritt ist geplant, auch MitarbeiterInnen des ASD in die Befragung miteinzubeziehen. Darüber hinaus sind Interviews mit den beteiligten Fachkräften (gegebenenfalls Gruppeninterviews im SPFH-Team) und mit Familien vorgesehen, um deren Erfahrungen mit dem Instrument zu erfassen.
(c) Die Gesamtergebnisse werden voraussichtlich im Sommer 2008 vorliegen.

Bedeutung der Ergebnisse für die Theorieentwicklung
im Bereich Sozialer Arbeit
Das Projekt dient der Qualitätsentwicklung im Bereich der SPFH, indem ein standardisiertes Instrument in der Praxis implementiert wird, mit dem aus der Perspektive der unterschiedlichen Beteiligten Veränderungen dokumentiert und Ziele überprüft werden können. Über die Operationalisierung von Zielen, die im Hilfeplan festgelegt werden, soll eine höhere Verbindlichkeit und Transparenz geschaffen werden.
Die Entwicklung dieses standardisierten Verfahrens kann beispielhaft für die Entwicklung von QS-Verfahren in den Hilfen zur Erziehung wirken.

B 3 Workshop „Pflegefamilien und Heimerziehung"

B 3.1 Öffentliche Sozialisation – Ein Beitrag zur Entwicklung einer Theorie der Identitätsbildung und gelingender Lebenspraxis unter den Bedingungen öffentlicher Erziehungshilfe am Beispiel des Sozialisationsmilieus Pflegefamilie

Bruno Hildenbrand, Walter Gehres

Projektleitung
Univ.-Prof. Dr. Bruno Hildenbrand, Institut für Soziologie, Arbeitsbereich Sozialisationstheorie/Mikrosoziologie, Friedrich-Schiller-Universität Jena, E-mail: bruno.hildenbrand@uni-jena.de

Weitere beteiligte Personen
Dr. Walter Gehres, Diplom-Soziologe, Wissenschaftlicher Mitarbeiter 100 % für 36 Monate
Regina Soremski, M.A. Soziolgie und Pädagogik, Studentische Hilfskraft für 24 Monate
Raupp, Cornelia, stud. Soziologie, Studentische Hilfskraft für 12 Monate

Projektdauer
04/2001–05/2003, Folgeprojekt 03/2004–04/2005

Finanzvolumen
186.000 Euro für beide Projekte

Durch wen wurde das Forschungsprojekt ggf. gefördert?
DFG – Deutsche Forschungsgemeinschaft

Angewandte Forschungsmethoden
Qualitative Sozialforschung: Fallrekonstruktive Familienforschung

Forschungstyp
Grundlagenforschung

Projektveröffentlichungen
Gehres, Walter 2004: Forschungsnotizen: Bedingungen öffentlicher Erziehungshilfe am Beispiel des Sozialisationsmilieus Pflegefamilie. In: Forum Erziehungshilfen, Heft 1, S. 36–38.
Gehres, Walter 2005: Jenseits von Ersatz und Ergänzung: Die Pflegefamilie als eine andere Familie. In: Zeitschrift für Sozialpädagogik, Heft 3, S. 246–71.

Gehres, Walter 2007: Scheitern von Pflegeverhältnissen – Ein Klärungsversuch zur Sozialisation in Pflegefamilien. Zeitschrift für Soziologie der Erziehung und Sozialisation. Heft 1, S. 73–87.
Hildenbrand, Bruno 2004: Gemeinsames Ziel, verschiedene Wege: Grounded Theory und Objektive Hermeneutik im Vergleich. Sozialer Sinn Heft 2, S. 177–194.
Hildenbrand, Bruno 2006: Resilienz, Krise und Krisenbewältigung. In: Welter-Enderlin, Rosmarie (Hrsg.): Resilienz – Gedeihen trotz widriger Umstände. Heidelberg.
Hildenbrand, Bruno/Gehres, Walter 2002: Aufwachsen in Pflegefamilien – Ein Forschungsprojekt zur Identitätsbildung und biographischen Entwicklung von Pflegekindern. In: Paten (Fachzeitschrift rund ums Pflegekind und Adoptivkind), Heft 4, S. 28–32.
Hildenbrand, Bruno/ Gehres, Walter 2002: Aufwachsen in Pflegefamilien – Ein Forschungsprojekt zur Identitätsbildung und biographischen Entwicklung von Pflegekindern. In: Pflegekinder, Heft 2, S. 5–11.
Hildenbrand, Bruno/Gehres, Walter 2005: Die Genese von sozialisatorischen Kompetenzen in der Pflegefamilie: Salutogenese und Resilienz. Abschlussbericht an die DFG. Erhältlich unter: bruno.hildenbrand@uni-jena.de.
In Vorbereitung: Monografie über beide Forschungsprojekte im VS Verlag für Sozialwissenschaften, Wiesbaden, voraussichtlich Herbst 2007.

Inhaltliche Projektdarstellung

Entstehungshintergrund
Die Studien sind am Institut für Soziologie der Friedrich-Schiller-Universität Jena zwischen 2001 und 2005 durchgeführt worden. Gegenstand der Untersuchungen sind Pflegefamilien. Diese Familienform unterscheidet sich von anderen dadurch, dass ein widersprüchliches sozialisatorisches Milieu insofern vorliegt, als familienähnliche Sozialbeziehungen auf der Grundlage eines Dienstleistungsvertrages hergestellt werden sollen.

Fragestellungen
Das zentrale Anliegen der Forschung besteht darin, das Verständnis der komplizierten Prozesse, die mit dem Aufwachsen in Pflegefamilien verbunden sind, zu verbessern und gleichzeitig einen Beitrag zur Theoriebildung zu leisten. Im Einzelnen geht es einerseits um die Rekonstruktion biografischer Entwicklungen ehemaliger Pflegekinder und andererseits um die Erkenntnis von Zusammenhängen, die Identitätsbildungsprozesse und Handlungsfähigkeit fördern. Unter einer gelingenden Identitätsbildung wird dabei im Wesentlichen die Fähigkeit des Pflegekindes verstanden, seine Lebensgeschichte – trotz der Erfahrung von Widersprüchlichem, Verschiedenartigem – anzunehmen und über Ressourcen zu verfügen, die es ihm erlauben, eigenständig zu handeln und zu denken.

Projektverlauf
(a) Die empirische Grundlage der Studie bilden sechs kontrastive Fallrekonstruktionen ehemaliger Pflegekinder beiderlei Geschlechts, plus einer Expertinnenrunde und einer Gruppendiskussion mit ehemaligen Pflegekindern, leiblichen Kindern von Pflegeeltern, Adoptivkindern und noch in Pflegefamilien lebenden Kindern. Bei Fallrekonstruktionen besteht die zentrale Aufgabe darin, aus verschiedenen Perspektiven den konkreten Fall charakterisierende Handlungs- und Bewältigungsmuster des Sozialisationsverlaufs zu erkennen. Damit wird eine fundierte Analyse der Zusammenhänge zwischen der biografischen Entwicklung und den Beiträgen der öffentlichen Jugendhilfe möglich (zur Vertiefung vgl. Hildenbrand/Gehres 2005).
(b) Zu einem „Fall" zählen jeweils neben dem ehemaligen Pflegekind, mindestens seine letzte Pflegefamilie, seine leiblichen Eltern und andere wichtige Bezugspersonen der Kindheit. So dass für jeden Fall mindestens zwei Interviews vorliegen, nämlich das familiengeschichtliche Gespräch mit der letzten Pflegefamilie einschließlich des ehemaligen Pflegekindes und ein Einzelinterview mit dem ehemaligen Pflegekind. In einem Fall konnten wir auf Interviews mit insgesamt fünf verschiedenen Bezugspersonen der Sozialisationsgeschichte zurückgreifen.
(c) Im Einzelnen haben wir sechs Fälle rekonstruiert, nämlich die bisherigen Lebensgeschichten von Pia (25), Jakob (28), Dieter (36), Gabriele (29), Christoph (27) Lukas (29). Die Altersangaben beziehen sich auf das Jahr 2006.
(d) Bei der Erhebungspraxis ging es darum, nicht einem starren Schema zu folgen, sondern vielfältige Datenquellen für die Auswertung zu nutzen (so konnten zum Beispiel für die Fallrekonstruktion von Dieter auch Aktenaufzeichnungen berücksichtigt werden).
Im Rahmen dieses Beitrags kann aus Platzgründen nicht näher auf das Auswertungsverfahren eingegangen werden (nähere Angaben hierzu enthält der Abschlussbericht an die DFG 2005, der per E-Mail angefordert werden kann).

Zentrale Ergebnisse
(a) Fallübergreifend zeigt sich ein ständiges Ringen um die Normalisierung des Aufwachsens des jeweiligen Kindes und damit eine Sozialisation im Modus des „Als-Ob" als Schlüsselkategorie für die Sozialisationsphase des gemeinsamen Zusammenlebens. Das bedeutet, dass Pflegeeltern so mit dem Pflegekind zusammen leben, als ob es sich bei der Beziehungsgrundlage um eine leiblich fundierte Familie handeln würde. Tatsächlich gründen Pflegeverhältnisse aber auf strukturellen Voraussetzungen, die sich unter anderem durch die Befristung des Pflegeverhältnisses und die Austauschbarkeit des Personals auszeichnen (näheres hierzu vgl. Gehres 2005, 249ff.). Es entsteht in der Alltagspraxis eine unbedingte Solidarität bis auf weiteres. Das gemeinsame Lebensthema Fremdheit und das Ringen gegen soziale Desintegration bilden dabei eine wichtige lebensgeschichtliche Folie sowohl in den Familiengeschichten der Pflegeeltern als auch im Herkunftsmilieu des Pflegekindes.

(b) Eine optimale Nutzung von Ressourcen und damit eine Steigerung von Resilienzpotenzialen gelingen Pflegeeltern am ehesten, wenn sie
- reflektiert und variabel mit Familiengrenzen, triadischen Beziehungsstrukturen und affektiven Bindungen in der Pflegefamilie umgehen,
- das Zusammenleben mit dem Pflegekind so gestalten, als ob familiäre Strukturen auch für diese faktische Familie gelten würde,
- mit dem Herkunftsmilieu kooperieren und damit Pflegekindern mögliche Ressourcen erschließen. Beide Familienmodelle (Herkunfts- und Pflegefamilie) können genutzt werden, um Identitätsspielräume zu erproben (wie im Fallbeispiel Gabriele Schubert),
- das Milieu als Erfahrungsraum für den Identitätsbildungsprozess ihres Pflegekindes nutzen.

Bedeutung der Ergebnisse für die Theorieentwicklung im Bereich Sozialer Arbeit
Auf der Grundlage dieser Ergebnisse wird ein neues Pflegeelternkonzept vorgeschlagen, nämlich die Pflegefamilie als eine „Familie eigener Art" zu verstehen. Die Pflegefamilie wird als eine von der Herkunftsfamilie unabhängige soziale Einheit verstanden, deren zentrale Leistung darin besteht, dem Pflegekind Alternativverfahren zu ermöglichen, indem die Pflegeeltern in ihrer Sozialisationspraxis einen gegenüber dem Herkunftsmilieu anderen Zugang und Umgang mit Familiengrenzen, triadischen Strukturen und affektiver Rahmung vermitteln. Pflegeeltern sind im Zusammenleben mit Pflegekindern gezwungen, sich in diesen Sozialisationsbereichen zu bewähren, bzw. sie haben die Möglichkeit, entsprechende Vorerfahrungen der Pflegekinder in diesem sozialisatorischen Dreieck (Grenze, Triade, Bindung) zu differenzieren und damit eine gegenüber dem Herkunftsmilieu nicht bessere, sondern eine andere Sozialisationspraxis zu etablieren.

Literatur
Gehres, Walter 2005: Jenseits von Ersatz und Ergänzung: Die Pflegefamilie als eine andere Familie. In: Zeitschrift für Sozialpädagogik, Heft 3, S. 246–71.
Hildenbrand, Bruno/Gehres, Walter 2005: Die Genese von sozialisatorischen Kompetenzen in der Pflegefamilie: Salutogenese und Resilienz. Abschlussbericht an die DFG. Erhältlich unter: bruno.hildenbrand@uni-jena.de.

B 3.2 Zusammenarbeit mit der Herkunftsfamilie in SOS Kinderdörfern

Günther Koch

Projektleitung
Günther Koch, Diplom Pädagoge, Leiter der Forschungsgruppe Petra gGmbH, E-mail: g.koch@projekt-petra.de

Weitere beteiligte Personen
Rolf Lambach, M. A., 50 %, gesamte Laufzeit

Projektdauer
08/2002–12/2006

Finanzvolumen
340.000 Euro

Durch wen wurde das Forschungsprojekt ggf. gefördert?
SOS Kinderdorf e.V., Eigenmittel

Angewandte Forschungsmethoden
Analyse von Dokumenten, leitfadengestützte Interviews, standardisierte Fragebögen

Forschungstyp
Evaluationsuntersuchung
Entwicklung von Konzepten/Verfahren (integrierte Praxisforschung)

Projektveröffentlichungen
Geplant in Forum Erziehungshilfen 4/2007

Inhaltliche Projektdarstellung

Entstehungshintergrund
Das Forschungsprojekt entstand im Rahmen eines Forschungsverbundes mit dem SPI im SOS Kinderdorf und Prof. Dr. Simone Kreher. Der Forschungsverbund mit dem Titel „Benachteiligte Kinder sozial integrieren" verfolgte zunächst in mehreren Pilotprojekten das Ziel, Forschungsfragen zu konkretisieren und praktikable Forschungsdesigns vorzubereiten.
Das Forschungsprojekt ist dabei auf ein Handlungsfeld gerichtet, das fachlich gefordert und klar rechtlich normiert (vgl. § 37 SGB VIII) ist: Der Träger der öffentlichen Jugendhilfe soll darauf hinwirken, dass die Einrichtung zum Wohl der Kinder mit den Eltern zusammenarbeitet. SOS Kinderdorffamilien zeichnen sich dadurch aus, dass dort Kinder in einem familienähnlichen Setting (mit einer Kinderdorfmutter) leben können. Sie sind vor allem für Kinder vorgesehen, die längerfristig nicht bei ihren Eltern leben können, weil dort dauerhaft ungünstige Bedingungen für ihre positive Entwicklung vorhanden sind. Gleichwohl besteht das Zusammenarbeitsgebot auch hier. Die SOS Kinderdörfer haben ihre Arbeit in diesem Bereich in den letzten Jahren wesentlich weiterentwickelt.

Fragestellungen
Das Kernthema unser Studie lautet, welche Zusammenarbeitsformen sich zwischen SOS Kinderdörfern und Herkunftsfamilien finden lassen, in welchen Kon-

texten diese stehen und welche Auswirkungen dies für die Bedingungen des Aufwachsens der jungen Menschen hat. Drei Bereiche lassen sich unterscheiden:

(a) Sozialpädagogische Handlungsmuster in Form der Gestaltung von Kontakten zwischen Eltern, Kindern und den Fachkräften im Kinderdorf unter Regie von Letzteren: Schwerpunkte liegen hier unter anderem in den Fragen, welche Formen von Zusammenarbeit sich finden lassen, in welcher Häufigkeit sie auftreten und mit welchen Planungen und Zielsetzungen sie verbunden werden.

(b) Kontexte der Zusammenarbeit in Form von zugrunde gelegten Konzepten auf der Ebene der Gesamtinstitution und bei den einzelnen Kinderdörfern mit den jeweiligen Organisationsformen: Es sollte hier darum gehen, zu verfolgen, in welcher Weise das Rahmenkonzept des Vereins in spezifische Einrichtungskonzepte übersetzt wurde und wie die Verbindung zur Handlungspraxis aussieht.

(c) Perspektiven der Beteiligten, also der Eltern, der untergebrachten jungen Menschen, der Fachkräfte im Kinderdorf und der Sozialarbeiter im Jugendamt: Hier ist vor allem von Interesse, zu welchen Punkten zwischen den unterschiedlichen Gruppen im Einzelfall ein Konsens, Dissens oder auch ähnliche Einschätzungen vorliegen oder nicht. Wesentliche Merkmale von gelingender Zusammenarbeit könnten sein, ob eine hinreichende Transparenz hergestellt wurde und ob sich zum Beispiel auch Dissens auflösen lässt.

Projektverlauf

Die prospektive Verlaufsstudie hatte drei Erhebungszeitpunkte. An der Studie waren zehn SOS Kinderdörfer mit insgesamt 19 Familienkonstellationen beteiligt.

Zum ersten Erhebungszeitpunkt, der ca. drei Monate nach der Aufnahme terminiert war, wurden ebenso wie in den beiden jährlich folgenden Terminen leitfadengestützte Interviews mit allen Beteiligten geführt. Einschätzungen und Bewertungen zu Aspekten der Zusammenarbeit wurden in der zweiten und dritten Erhebungsschleife auch über standardisierte Fragebögen erhoben. Zu diesen fallbezogenen Erhebungen gehörte auch die Analyse von Hilfeplänen. Über Gruppeninterviews mit Fachkräften im Kinderdorf und mit Hilfe von Textanalysen wurde der konzeptionelle Rahmen der Zusammenarbeit bei den einzelnen Kinderdörfern erfasst.

Die Ergebnisse aus den Einzelverläufen und den Konzeptanalysen wurden den beteiligten Kinderdörfern vorgestellt und mit ihnen diskutiert.

Zentrale Ergebnisse

(a) Als Voraussetzung der Zusammenarbeit mit den Eltern ist zu beachten, dass in einem Großteil der Fälle Zwangskontexte (Entzug des Aufenthaltsbestimmungsrechtes oder des Sorgerechtes) vorhanden sind, im Vorfeld der Unterbringung meist andere stationäre Hilfen (Heim oder Pflegefamilie) geleistet wurden und in keinem der verfolgten Fälle eine Rückführungsoption explizit zwischen

Jugendamt und Eltern vereinbart war. Primär geht es in der Zusammenarbeit mit den Eltern um die Gestaltung der Kontakte zwischen Eltern und Kindern, um deren Aufrechterhaltung, aber auch um die Erarbeitung und Erhaltung von Vertrauen und Zustimmung zur Unterbringung. In einigen Fällen waren komplexe Konflikte im Dreieck Jugendamt, Einrichtung und Herkunftssystem (zum Beispiel getrennt lebende Eltern, Großeltern, Pflegemutter) zu bearbeiten. Die wichtigste Leistung der Fachkräfte im Kinderdorf bestand darin, Vereinbarungen zu erzielen, die von den Beteiligten akzeptiert werden konnten und am Wohl der Kinder ausgerichtet waren.

(b) Die Kinderdorfmütter spielen dabei für die Eltern eine zentrale Rolle neben anderen Fachkräften, die zur Moderation von Konflikten und für Beratungs- und Unterstützungsleistungen unterschiedlichster Art eingesetzt wurden. Die Ausgangsvermutung, dass wegen möglicher Rivalität insbesondere Mütter mit den Kinderdorfmüttern eher Probleme im Kontakt haben als mit anderen Mitarbeitern, bestätigte sich nicht.

(c) Gelingende Formen der Zusammenarbeit fanden sich in den Fällen, die folgende Voraussetzungen aufwiesen:

- Es gibt qualifizierte Aufnahmeprozeduren und operationalisierte konzeptionelle Grundlagen im Kinderdorf
- Die Kinder schätzen und akzeptieren den Lebensort Kinderdorffamilie und können die Kontakte zu ihren Eltern selbst gestalten
- Die Eltern akzeptieren die Unterbringungsentscheidung und die Unterbringungsperspektive. Sie vertrauen der Institution Kinderdorf und äußern selbst Beratungsbedarf

Bedeutung der Ergebnisse für die Theorieentwicklung
im Bereich Sozialer Arbeit
Die Studie liefert Hinweise darauf, wie gelingende Zusammenarbeit mit Eltern in Zwangskontexten und ohne eine eindeutige Rückkehrmöglichkeit der Kinder nach Hause aussehen kann. Als explorative Studie verweist sie auf bedeutsame Variablen in diesem Kontext.

B 4 Workshop „Soziale Arbeit mit Jugendlichen"

B 4.1 EMPIRISCHE BEFUNDE AUS EINER LÄNGSSCHNITTSTUDIE ZU JUGENDLICHEN OHNE BERUFSAUSBILDUNG IN DEUTSCHLAND

Sandra J. Wagner

Projektleitung
Dr. Sandra J. Wagner, Dipl.-Sozialwissenschaftlerin und Dozentin, Berlin, E-mail: s.j.wagner@gmx.net

Weitere beteiligte Personen
Prof. Dr. Heike Solga
Dr. Justin Powell

Beginn des Projektes und Projektdauer
01/2000–05/2004

Finanzvolumen
Keine Angabe möglich

Durch wen wurde das Forschungsprojekt ggf. gefördert?
Max-Planck-Gesellschaft

Angewandte Forschungsmethoden
Quantitativ-empirische Methoden im Längsschnitt- und Paneldesign, ergänzt mit eigener Datenerhebung und Analyse

Forschungstyp
Entwicklung von Konzepten/Verfahren (integrierte Praxisforschung)
Grundlagenforschung

Projektveröffentlichungen
Powell, Justin/Wagner, Sandra J. 2002: Zur Entwicklung der Überrepräsentanz von Migrantenjugendlichen an Sonderschulen in der Bundesrepublik Deutschland seit 1991. In: Gemeinsam Leben. Zeitschrift für integrative Erziehung. Jg. 10,2, S. 66–71.
Solga, Heike/Wagner, Sandra J. 2001: Paradoxie der Bildungsexpansion. Die doppelte Benachteiligung von Hauptschülern. In: Zeitschrift für Erziehungswissenschaft, 4/2001, S. 107–127.
Wagner, Sandra J. 2005: Jugendliche ohne Berufsausbildung. Eine Längsschnittstudie zum Einfluss von Schule, Herkunft und Geschlecht auf ihre Bildungschancen. Aachen.

Wagner, Sandra J. 2005: Bildungsverläufe von Sonderschülerinnen und Sonderschülern in Deutschland. In: Felkendorff, Kai/Lischer, Emil (Hrsg.): Barrierefreie Übergänge? Jugendliche mit Behinderungen und Schulschwierigkeiten zwischen Schule und Beruf. Zürich, S. 14–29.

Wagner, Sandra J. 2007: Jobcoaching als Instrument der Sozialen Arbeit. Empirische Befunde zum Übergang Schule-Berufswelt. In: Cloerkes, Günther/Kastl, Jürgen (Hrsg.): Leben und Arbeiten unter erschwerten Bedingungen. Menschen mit Behinderungen im Netz der Institutionen. Heidelberg, S. 125–142.

Wagner, Sandra J./Powell, Justin 2003: Ethnisch-kulturelle Ungleichheit im deutschen Bildungssystem – Zur Überrepräsentanz von Migrantenjugendlichen an Sonderschulen. In: Cloerkes, Günther (Hrsg.): Wie man behindert wird. Texte zur Konstruktion einer sozialen Rolle und zur Lebenssituation betroffener Menschen. Heidelberg, S. 183–208.

Inhaltliche Projektdarstellung

Entstehungshintergrund

Der Beitrag stellt Befunde aus der Forschungsgruppe „Ausbildungslosigkeit: Bedingungen und Folgen mangelnder Berufsausbildung" am Max-Planck-Institut für Bildungsforschung vor. Diese Forschungsgruppe beschäftigte sich in unterschiedlichen Projekten in der Zeit von 2000 bis 2005 mit historisch-vergleichenden Untersuchungen von gering Qualifizierten in Deutschland und ihren Übergängen im Bildungs- und Erwerbssystem.

Fragestellungen

Das Projekt setzte sich mit der Frage auseinander, wer sich zu verschiedenen historischen Zeiten in der Gruppe der Jugendlichen ohne Berufsausbildung in Westdeutschland befindet und wie maßgeblich sie sich in den letzten 50 Jahren verändert hat. Vorgestellt werden zentrale empirische Befunde einer Längsschnittstudie, die es ermöglicht, im Geburtskohortenvergleich einen deutlichen Strukturwandel dieser Bildungsgruppe sichtbar werden zu lassen. Es wird im Weiteren diskutiert, welche Konsequenzen sich für die Schule von heute und die Jugendsozialarbeit daraus erbeben.

Projektverlauf

Die Untgersuchung erfolgte anhand von Individualdaten der Deutschen Lebensverlaufsstudien des Max-Planck-Instituts für Bildungsforschung und des Sozio-ökonomischen Panels (SOEP). Ergänzt wurde die ohnehin schlechte Datenlage zu dieser Untersuchungsgruppe durch eine eigene Befragung von Abgängerinnen und Abgängern der Sonderschule für Lernbehinderte. Den Rahmen der Studie bilden institutionentheoretische Überlegungen zum Einfluss von Strukturen und Bildungsnormen sowie kulturkapitaltheoretische Ansätze.

Zentrale Ergebnisse
(a) Der Begriff „ohne Berufsausbildung" steht für ein berufliches Bidungsniveau, das in einer Gesellschaft als unzureichend, mangelhaft oder fehlend gewertet wird. Ohne Berufsausbildung meint in diesem Beitrag das nicht Vorhandensein eines Berufsausbildungszertifikats.
(b) Die beruflichen Ausbildungschancen von Jugendlichen in Deutschland werden durch ihr schulisches Vorwissen, ihr Lernpotential und ihre sozialen Kompetenzen, aber auch durch schulische Bildungsgänge und Normen des Bildungssystems bestimmt. Um so wichtiger ist es für Schulsozialarbeit und Jugendhilfe, die Jugendlichen genauer zu kennen, die über ein erhöhtes Abbruchrisiko einer Ausbildung verügen bzw. denen es nicht gelingt, in eine Berufsausbildung einzumünden. Sie benötigen eine zweite Chance. Doch wer verbirgt sich hinter diesem allgemeinen „Gruppenlabel"?
(c) Der Anteil junger Ausbildungsloser westdeutscher Herkunft ist insgesamt von 50,7 % in der Geburtskohorte der um 1930 Geborenen auf 7,7 % in der Geburtskohorte der um 1971 Geborenen zurückgegangen. Der Anteil an den ausbildungslosen jungen Männern ist von 29 % auf 6 % gesunken, der der jungen Frauen von 70 % auf 10 %. Mit dieser anteilsmäßigen Verringerung der Gruppe hat sich die gesellschaftliche Definiton von einem geringen Bildungsniveau verändert. Mehr Bildung ist heute notwendig, um den gleichen sozialen Status zu erreichen wie frühere Generationen. Demzufolge ist die Gruppe der jungen Berufsausbildungslosen als Klient der Sozialen Arbeit historisch betrachtet relativ neu. Sie ist im Wesentlichen ein „Produkt" von Bildungsreform und -expansion. Erst mit einer erhöhten Bildungsbeteiligung, sich verändernden Bildungsnormen und der Erwartung einer abgeschlossenen Berufsausbildung als „Massenbildung" wird die Tatsache über keinen zertifizierten Berufsabschluss zu verfügen, überhaupt relevant.
(d) Darüber hinaus zeigen die empirischen Befunde der Längsschnittstudie, dass die Gruppe Jugendlicher ohne Berufsausbildung Ende der 90er Jahre im Vergleich zu den 50er und 60er Jahren sozial ärmer, zunehmend männlichen Geschlechts, zunehmend mit Migrationshintergrund und zugleich höher gebildet ist bezüglich Schulzeit, Lernstoff und Schulabschlüssen.

Bedeutung der Ergebnisse für die Theorieentwicklung im Bereich Sozialer Arbeit
Die Notwendigkeit handlungsleitender Theorien für bzw. über die Soziale Arbeit ist heute unumstritten. Anhand der oben genannten Längsschnittstudie zu Jugendlichen ohne Berufsausbildung kann festgestellt werden, dass eine theoriegeleitete Reflexion von Strukturen und Bildungsnormen sowie ein interdisziplinärer Blick als berufsrelevantes Wissen für die Praxis Sozialer Arbeit, beispielsweise der Jugendsozialarbeit hilfreich sein kann. Denn eine ausschließlich individuelle „Problemanalyse" von KlientInnen ohne Schul- bzw. Ausbildungsabschluss auf der aktionalen Ebene des Handlungswissens läuft Gefahr, die Systemmängel des Bildungswesens in Deutschland auf der kausalen Ebene des Erklärungswissens hinsichtlich der Interaktion von Person, Bildungsinstitution, Normen und Gesellschaft zu ignorieren, gar auszublenden.

(b) Benötigt werden neben Handlungsempfehlungen auf der aktionalen Ebene Evaluationsinstrumente und Politikstrategieen, die das Bildungssystem als Ganzes mit seinen Strukturen, Übergängen und „unsichtbaren" Normen in den Blick nehmen und analysieren. Das heißt, es muss die Leistungsfähigkeit des gesamten Bildungssystems, von Kindergarten über die Schule, Berufsausbildung und Hochschule bis zur beruflichen Weiterbildung, das heißt von der formalen und informellen Bildung über alle Teilbereiche und -systeme hinweg sichergestellt werden.

(c) Dazu sind Steuerungsinstrumente, die Erhebung und Auswertung entsprechender Längsschnittdaten und ein öffentlich verantwortetes Gesamtkonzept zur Qualitätssicherung im Bildungswesen jenseits des Denkens in Zuständigkeiten und Ressortabgrenzungen notwendig.

(d) Nur wenn Wissenschaft, Politik und Wirtschaft gemeinsam in eine Richtung blicken, ist der Weg für eine Bildungsreform frei, die langfristig wirkungsvoll greift und die vor Strukturveränderungen nicht zurück schreckt, um Jugendliche ohne Berufsausbildung langfristig in die Gesellschaft zu integrieren.

B 4.2 Ein- und Ausstiegsprozesse von Skinheads

Kurt Möller

Projektleitung
Prof. Dr. Kurt Möller Hochschullehrer an der Hochschule Esslingen, Fak. SAGP, E-mail: kurtmoeller@web.de

Weitere beteiligte Personen
Wolfgang Welp, Lehrer, Wissenschaftlicher Mitarbeiter, 50 % für 36 Monate
Nils Schuhmacher, Dipl.Krim./Dipl.Pol., Wissenschaftlicher Mitarbeiter auf Honorarbasis für 24 Monate

Projektdauer
07/2002–08/2005

Finanzvolumen
203.000 Euro

Durch wen wurde das Forschungsprojekt ggf. gefördert?
BMBF

Angewandte Forschungsmethoden
Themenzentrierte Leitfadeninterviews mit aktuell beziehungsweise früher rechtsextrem orientierten Skinheads, begleitende Fragebögen (im Wesentlichen für sozio-demographische Daten), längsschnittlich über zwei Erhebungszeit-

punkte im Abstand von etwa 15 Monaten hinweg, theoretical sampling, Auswertungen inhaltsanalytisch in Form von Einzel- und Querinterpretationen über die Fälle hinweg

Forschungstyp
Grundlagenforschung

Projektveröffentlichungen
Bleiß, Karin/Möller, Kurt/Peltz, Cornelius/Rosenbaum, Dennis/Sonnenberg, Imke 2004: Distanz(ierung) durch Integration – Neue konzeptionelle Grundlagen für aufsuchende Arbeit mit rechtsextrem bzw. menschenfeindlich orientierten Jugendlichen. In: Neue Praxis 6/2004, S. 568–590.
Möller, Kurt 2004: Jungengewalt – empirisches Wissen, theoretische Erklärungen und Prävention. In: K. Bruhns (Hrsg.): Geschlechterforschung in der Kinder- und Jugendhilfe. Praxisstand und Forschungsperspektiven. Wiesbaden, S. 135–258.
Möller, Kurt 2004: Pädagogische und sozialarbeiterische Arbeit „gegen rechts" – Wie weit reichen die gängigen Konzepte? In: Braun, Stephan/ Hörsch, Daniel (Hrsg.): Rechte Netzwerke – eine Gefahr. Wiesbaden, S. 207–220.
Möller, Kurt 2005: Rechtsextremismusbekämpfung – Einige Grundlagen für die politische Förderung pädagogischer Konzepte. In: http://www.stephanbraun-mdl.de/landtag/rechtsextrem/rechtsrock/Anhoerung_05/anhoerung.htm
Möller, Kurt 2005: Skinheads im Spannungsfeld gesamtgesellschaftlicher Desintegration und partikularistischer Integration. In: Heitmeyer, Wilhelm/ Imbusch, Peter (Hrsg.): Integrationspotenziale einer modernen Gesellschaft. Wiesbaden 2005, S. 279–301.
Möller, Kurt 2006: Schlussfolgerungen aus Empirie und Theorie zu rechtsextrem orientierter Gewalt. In: Heitmeyer, Wilhelm/ Schröttle, Monika (Hrsg.): Gewalt. Beschreibungen, Analysen, Prävention, Bonn, S. 462–468.
Möller, Kurt 2006: Einstiegsprozesse rechtsextrem orientierter Skinheads. Ergebnisse eines Forschungsprojekts und ihre Konsequenzen für die pädagogische Praxis. In: deutsche jugend, 6/2006, S. 259–267.
Möller, Kurt: Skinheads – Aktuelle Entwicklungen und pädagogische Herausforderungen. In: Fatke /Helsper, W. (Hrsg.): Abweichende Jugendkulturen (Arbeitstitel). Sonderheft der Zeitschrift für Pädagogik (im Erscheinen).
Möller, Kurt 2007: Soziale Arbeit gegen Menschenfeindlichkeit. Lebensgestaltung über funktionale Äquivalenzen und Kompetenzentwicklung. In: Heitmeyer, Wilhelm (Hrsg.): Deutsche Zustände. Folge 5. Frankfurt am Main, S. 294–311.
Möller, Kurt/ Schubarth, Wilfried 2005: Perspektiven für das Erlernen demokratischer Toleranz in Schule, Jugendarbeit und Erwachsenenbildung. In: Georgi, Viola B./Hartmann, Hauke/Schellenberg, Britta/Seberich, Michael (Hrsg.): Strategien gegen Rechtsextremismus. Band 2: Handlungsempfehlungen für Politik und Praxis. Gütersloh

Möller, Kurt/Schuhmacher, Nils 2006: Ein- und Ausstiegsprozesse von Skinheads. Abschlussbericht. In: Forschungsverbund Desintegrationsprozesse – Stärkung von Integrationspotenzialen einer modernen Gesellschaft. Abschlussbericht für das Bundesministerium für Bildung und Forschung. Bielefeld, S. 453–481.
Möller, Kurt/ Schuhmacher, Nils 2007: Rechte Glatzen. Rechtsextreme Orientierungs- und Szenezusammenhänge – Einstiegs-, Verbleibs- und Ausstiegsprozesse von Skinheads. Wiesbaden.

Inhaltliche Projektdarstellung
Entstehungshintergrund
Eklatante Defizite der wissenschaftlichen Erforschung der Skinhead-Szene in Deutschland trotz Versuchen mittels Sozialer Arbeit mit ihr umzugehen; kaum gesichertes Wissen über Hintergründe und Verläufe von Distanzierungen gegenüber rechtsextremen Haltungen trotz inzwischen angelaufener, aber weder empirisch noch theoretisch abgesicherter Aussteigerprogramme.

Fragestellungen und Projektverlauf
Das Projekt untersuchte mit Hilfe mehrmaliger Befragungen über drei Jahren hinweg aktuelle und ehemalig rechtsextrem orientierte Skinheads. Insbesondere interessierte es sich erstens für die Frage, wie und aufgrund welcher Erfahrungen die Untersuchten in die Szene beziehungsweise zu ihrer Auffassungen gelangt sind, zweitens dafür, warum sie in der Szene verblieben sind und welche Stabilisierungsprozesse hier durchlaufen wurden und drittens wie gegebenenfalls der Verlauf eines Ausstiegs aus der Szene vonstatten ging und was seine Hintergründe waren.

Zentrale Ergebnisse
Es wird festgestellt, dass Desintegrationserfahrungen in zentralen Lebensbereichen wie Familie, Schule, Ausbildung/Arbeit, Freunde oder Medien, aber auch partikularistische Integration zum Beispiel in traditionelle Männlichkeitsmuster und ethnisierende Deutungskulturen in Verbindung mit Defiziten bei individuellen Kompetenzen der Lebensbewältigung wie Reflexivität, Fähigkeit zur Perspektivenübernahme, Einfühlungsvermögen, Konfliktbewältigungsmuster von ausschlaggebender Bedeutung für Hinwendung zur, Aufarbeitungen und Abbautendenzen dieser Faktoren für Abwendungen von der rechtsextremen Szene sind.

Bedeutung der Ergebnisse für die Theorieentwicklung im Bereich Sozialer Arbeit
(a) Soziale Arbeit hat die primäre Funktion, bei ihrer Klientel so weit möglich individuelle Handlungsfähigkeit sicherzustellen und soziale Integration zu ermöglichen, nicht nur, aber vor allem dann, wenn diese defizitär sind. Das Forschungsprojekt fokussiert mit seiner (des)integrationstheoretischen Ausrichtung zentral auf dieses Grundproblem Sozialer Arbeit. Indem es sich einer Thematik widmet, die ein wichtiges und aktuell bedeutsames Arbeitsfeld Sozialer Arbeit darstellt, ist es in der Lage, Grundlagen für eine thematisch entsprechend ausgelegte Praxis zu entwickeln.

(b) Insofern ein relevanter Fokus auf den Distanzierungsbedingungen von rechtsextremen Orientierungen liegt, reicht es über eine Ursachenanalyse von Problemverhalten hinaus und versetzt sich in Stand, Weichenstellungen für Abwendungen von Diskriminierungshaltungen und antidemokratischen Auffassungen zu markieren.

(c) Seine theoretisch-inhaltlichen Bezüge sind in Ergänzung seiner (des)integrationstheoretischen Einbindung – indem sie indiviualisierungstheoretische, extremismustheoretische, identitätstheoretische (jugend)kulturtheoretische und geschlechtertheoretische Perspektiven integrieren – so weit gesteckt, dass auch für Grundkonzeptionen und professionelle Praktiken, die sich auf andere Arbeitsfelder Sozialer Arbeit beziehen (zum Beispiel geschlechtsreflektierende Arbeit, Jugendkulturarbeit, Maßnahmen zur Verbesserung der politischen Partizipation, Projekte sozialen Lernens) interessante Erkenntnisse geliefert werden können.

(d) Nicht nur weil thematisch ein Problem der politischen Orientierung im Mittelpunkt steht, kann das Projekt Handlungsempfehlungen für einen politischen Umgang mit Rechtsextremismus und Bestandteilen dieser Orientierung (vor allem Ungleichheitsvorstellungen und Gewalt) geben und die Verbindungslinien zwischen Sozialer Arbeit und politischer Gestaltung von Lebensbedingungen und sozialer Unterstützung aufarbeiten.

B 4.3 Jugendliche Genderinszenierungen als Bildungsgelegenheiten in der Offenen Jugendarbeit

Lotte Rose/Marc Schultz

Projektleitung
Prof. Dr. Lotte Rose, Diplom-Pädagogin, Professorin, Fachhochschule Frankfurt, E-mail: rose@fb4.frankfurt.de

Weitere beteiligte Personen
Marc Schulz, Diplom-Pädagoge, Wissenschaftlicher Mitarbeiter, 50 %, 15 Monate
Susanne Schmidt, Diplom-Pädagogin, Wissenschaftliche Hilfskraft/Werkvertrag 8 Monate
Mareike Fischer, Studentin Sozialpädagogik (FH), studentische Hilfskraft, 7 Monate
Kirsten Kullmann, Studentin Sozialarbeit (FH), Diplomarbeit, 3 Monate

Projektdauer
09/2005–01/2007

Finanzvolumen
52.000 Euro

Durch wen wurde das Forschungsprojekt ggf. gefördert?
Hessisches Ministerium für Wissenschaft und Kunst, FH Frankfurt am Main, Eigenmittel

Angewandte Forschungsmethoden
Ethnografische Feldforschung

Forschungstyp
Grundlagenforschung

Projektveröffentlichungen
Rose, Lotte/Schulz, Marc: Jugendliche Genderinszenierungen im Jugendhaus. Herausforderungen für die Geschlechterpädagogik. In: Deutsche Jugend (im Druck).
Rose, Lotte/Schulz, Marc: Jugendliche Genderinszenierungen im Jugendhaus. Königstein (wird derzeit verfasst).

Inhaltliche Projektdarstellung
Entstehungshintergrund
(a) Die Genderfachdebatte in der Jugendarbeit, wie im Prinzip auch in der Sozialen Arbeit, ist bislang auf die Frage der geschlechtshomogenen Praxis fokussiert. Genderqualität wird gedacht als ein durch Fachkräfte initiiertes und methodisch-didaktisch spezifisch gesteuertes Praxisangebot mit seminaristischen Anklängen, das emanzipatorische Bildungsziele zum Anliegen hat: Mädchen und Jungen sollen sich von Geschlechtsrollenvorgaben befreien können. Übergangen wird dabei Gender als situatives Thema der alltäglichen beruflichen Interaktionen und als jugendliches Inszenierungs- und Interaktionsthema.
(b) Jugendarbeit ist als eine soziale Bühne zu begreifen, auf der Gender als soziale Differenz von Jugendlichen inszeniert, das heißt erzeugt, genutzt und bearbeitet wird. Diese Prozesse sind als Selbstbildungsprozesse zu begreifen, bei denen Peers, aber auch Fachkräfte als „Publikum" bedeutungsvolle Co-Akteure darstellen. Vor diesem Hintergrund verweist genderbezogene Jugendarbeit auf ein bislang vernachlässigtes Qualitätsmerkmal: Die Fähigkeit des Personals, sich als anerkennend-kritischer „Resonanzkörper" für die Choreografien jugendlicher Genderkonstruktionen zur Verfügung zu stellen. Genderqualität wird damit auch zu einer Frage „responsiver" Qualität (gut reagieren statt gut initiieren): Wie, wann, warum thematisieren Jugendliche Gender? Was „machen" die Fachkräfte damit – mit welchen Folgen?

Fragestellungen
Die zentralen Forschungsfragen waren:
(a) Wie inszenieren Jugendliche Gender im Alltag der Offenen Jugendarbeit?
(b) Was wird in den Genderinszenierungen sozial erzeugt?
(c) Was „macht" die Profession aus den Genderinszenierungen?

Projektverlauf
In drei ausgewählten Jugendhäusern wurden mehrtätige ethnografische Feldforschungen von jeweils zwei BeobachterInnen durchgeführt. Die Textprotokolle wurden vollständig im Projektteam und mit interessierten FachkollegInnen verschiedener Hochschulen im Hinblick auf die formulierten Fragestellungen ausgewertet.

Zentrale Ergebnisse
Forschungsergebnisse:
(a) Genderinszenierungen sind nicht gebunden an geschlechtsheterogene Konstellationen.
(b) Genderinszenierungen enthalten vielfach sexuelle Anspielungen, sind aber keineswegs identisch mit Sexualitätsthematisierungen.
(c) Genderinszenierungen werden durch soziale Orte „präjustiert", das heißt in den Orten sind Inszenierungsthemen und -choreografien bereits angelegt und nahegelegt. Ähnliches gilt im Prinzip für spezifische Gegenstände.
(d) Soziale Situationen enthalten sowohl Gender-Thematisierungen wie Gender-Dethematisierungen.
(e) Die Genderinszenierungen stellen oftmals nur eine Bühne neben anderen dar zwischen denen hin- und hergependelt wird (soziales „Switchen").
(f) Genderinszenierungen bearbeiten immer andere soziale Themen mit, beispielsweise Inszenierung von „Ereignissen", körperliche Expressivität, Vergemeinschaftung und Abgrenzung, Integrationsbemühungen, Initiationsakte, Belastungsprobe für Beziehungen, normativer Grenztest, Begehren initiieren, biografische Selbsttransformationen oder, narzisstische Selbstbesetzungen.
(g) Es lassen sich nach der ethnografischen Bestandsaufnahme Ansätze zu einer Typologie der „pädagogischen Antworten" ausmachen:

– Jugendschützerische Mahnungen
– De-Thematisierung
– Unterschiedsloses „Mitspielen": Fachkräfte spielen in der jugendlichen Inszenierung als „Gleiche" mit.
– Normierungen
– Eröffnen von Rahmenwechseln
– Keine Antwort

Bedeutung der Ergebnisse für die Theorieentwicklung
im Bereich Sozialer Arbeit
Sie liefern wichtige Anregungen für die Praxisdebatte:
(a) Eine gelungene pädagogische Interaktion hängt davon ab, inwieweit das, was von den Jugendlichen verbal und habituell mitgeteilt, auch im Sinne der „Sender" von den Fachkräften dechiffriert und beantwortet wird.
(b) Genderkompetenz würde demnach bedeuten, auch von genderbezogenen Situationsdeutungen Abstand nehmen zu können (Paradoxie: De-Gendering von Situationsdeutungen).
(c) Die Deutungsleistungen der Fachkräfte zu sozialen Botschaften müssen multiperspektivisch sein, um die Wahrscheinlichkeit zu vergrößern, dass sie richtig verstanden und richtig beantwortet werden.
(d) Je stärker die Deutungen von Genderinszenierungen auf Gender fixiert sind, desto größer ist das Risiko des Missverständnisses und desto enger sind die Handlungsspielräume.

C 1 Workshop „Klinische Sozialarbeit"

C 1.1 Wissen und Expertise in der Sozialen Arbeit

Brigitte Geißler-Piltz/Susanne Gerull

Projektleitung
Prof. Dr. Brigitte Geißler-Piltz, Hochschullehrerin an der ASFH Berlin, M.A. Soziologie, Pädagogik und Psychologie, Postgraduate Studium: University of California, Santa Barbara, USA, E-mail: geissler-piltz@asfh-berlin.de

Weitere beteiligte Personen
Dr. phil Susanne Gerull, Dipl. Sozialarbeiterin/Sozialpädagogin, selbstständig, Wissenschaftliche Mitarbeiterin auf Honorarbasis, E-mail@susannegerull.de

Projektdauer
02/2005–voraussichtlich 12/2007

Finanzvolumen
15.000 Euro

Durch wen wurde das Forschungsprojekt ggf. gefördert?
DVSG und ASFH Berlin

Angewandte Forschungsmethoden
Fragebogen und Leitfadeninterviews

Forschungstyp
Grundlagenforschung
Selbstreferentielle Untersuchungen

Projektveröffentlichungen
Geissler-Piltz, Brigitte/Gerull, Susanne 2006: Wissen und Expertise in der Sozialen Arbeit im Gesundheitsbereich. Eine komparative Studie der ASFH Berlin in Kooperation mit der DVSG – erste Ergebnisse. In: Deutsche Vereinigung für Sozialarbeit im Gesundheitswesen e.V. (Hrsg.): Bundeskongress 2005. Sozialarbeit im Gesundheitswesen. Kontinuität und Wandel. Mainz, S. 61–70
Geissler-Piltz, Brigitte/Gerull, Susanne 2006: Wissen und Expertise in der Sozialen Arbeit im Gesundheitsbereich. Eine komparative Studie der ASFH Berlin in Kooperation mit der DVSG – erste Ergebnisse. In: Alice, ASFH Berlin, Nr. 12/2006, S. 22–25

Inhaltliche Projektdarstellung
Entstehungshintergrund
(a) Beim 4. internationalen Kongress „Social Work in Health and Mental Health" 2004 in Quebec stellte Johanna Björkenheim von der Universität Helsinki 2004 die Vorarbeiten der so genannten „Finnlandstudie" mit dem Fokus auf SozialarbeiterInnen im Gesundheitsbereich vor. Im Jahr 2005 erfolgte die Vernetzung mit der Forschungsgruppe der Universität Helsinki (Abt. Soziale Arbeit), der Alice Salomon Fachhochschule und der DVSG.
(b) Sozial- und gesundheitspolitische Umstrukturierungen und Einsparungen führen insbesondere im Gesundheitsbereich zu tief greifenden Veränderungen, die auch Auswirkungen für die Soziale Arbeit mit sich bringen. Vermehrt müssen SozialarbeiterInnen ihre Kompetenz sowohl in Kooperation als auch im Wettbewerb mit den pflegenden, therapeutischen und medizinischen Berufsgruppen demonstrieren, gleichzeitig verfügen sie jedoch im Gegensatz zu diesen über keine geregelte Weiterbildung und keine ausreichende berufliche Identität. Sie fühlen sich daher den Berufsgruppen, mit denen sie ständig zusammenarbeiten müssen, unterlegen.

Fragestellungen
In unserer komparativen Studie fragen wir, wie Wissen und professionelle Kompetenz in der Sozialen Arbeit akquiriert und aufrechterhalten wird, was diese Prozesse hemmt oder fördert und was notwendig ist, um in der Sozialen Arbeit im Gesundheitsbereich eine eigenständige berufliche Identität entwickeln zu können. Aufgrund unserer bisherigen Forschungsergebnisse stellt sich uns außerdem die Frage, ob der „Wissens- und ExpertInnenbegriff" in diesem Zusammenhang überhaupt noch passt. Interessant erscheint uns der Vergleich mit einen Land wie Finnland, das nicht nur in Forschung und Bildung, sondern auch in die Entwicklung der Sozialen Arbeit investiert hat.

Projektverlauf
Hierfür haben wir in einem ersten Schritt 2005 den finnischen Fragebogen an deutsche Verhältnisse angepasst und mithilfe der DVSG 645 SozialarbeiterInnen im Gesundheitsbereich angeschrieben. Der Fragebogenrücklauf betrug 47,6 %, daneben befragten wir eine Kontrollgruppe von ASFH-Alumni. Seit Juni 2006 führen wir vertiefende Leitfadeninterviews, die inhaltsanalytisch ausgewertet werden.

Zentrale Ergebnisse
(a) 78,5 % unserer Befragten sind weiblich (F: 94,4 %, Im Folgenden stehen in Klammern die jeweiligen Ergebnisse aus Finnland), das Durchschnittsalter betrug 46 Jahre (F: 48,6). 93,4 % von ihnen verfügten über eine staatliche Anerkennung als SozialarbeiterIn (F: 84,4 %). 94,2 % sind fest angestellt (F: 80,5 %) und 24,8 % schon länger als 16 Jahre im aktuellen Job (F: 28,2 %). Fast alle

arbeiten mit KlientInnen: 96,9 % (F: 97 %), aber nur knapp 1/4 übt eine leitende Tätigkeit aus, nämlich 23,1 % (F: 14,5 %).
(b) Besonders interessiert haben uns die Vorgesetzten. So waren die direkten Vorgesetzten selten SozialarbeiterInnen, nämlich nur ein Viertel mit 25,1 %. In Finnland dagegen ist dies mit 61,1 % die Mehrheit. Auch die verantwortliche Leitung für die Soziale Arbeit insgesamt ist nur zur Hälfte mit SozialarbeiterInnen besetzt. Dies könnte ein Grund dafür sein, dass die Unterstützung durch Vorgesetzte und Leitung kritisch eingeschätzt wird. So finden Personalgespräche mehrheitlich nicht statt und ein Großteil der Befragten billigt den Vorgesetzten keine gute Sachkenntnis zu (57,1 %). In unseren bisher geführten Interviews wird ein ExpertInnenstatus den Vorgesetzten grundsätzlich abgesprochen oder zuerkannt, obwohl diese berufsfremd sind (Bsp.: Garten- und Landschaftsplaner!). Anerkennung und Wertschätzung wird durch die Vorgesetzten häufig nicht erfahren bzw. auch gar nicht erwartet.
(c) Das eigene Team dagegen wird überwiegend positiv erlebt, so werden Gemeinsamkeit und Wertschätzung überwiegend betont. Der fachliche Austausch – oft informeller Art – wird überwiegend positiv erlebt und es wird von wenig Konkurrenz berichtet. So wird auch die Arbeitsqualität der eigenen Einrichtung von 90,8 % aller Befragten als „relativ gut" oder „sehr gut" bewertet (F: 70,6 %). Als wichtigste Faktoren beim Kompetenzerwerb werden Arbeitserfahrungen mit 85,8 % genannt (F: 93,5 %), gefolgt von Lebenserfahrung mit 56,9 % (F: 72,4 %) und Unterstützung durch KollegInnen mit 50,8 % (F: 34,6 %). Erst dann kommen die klassischen Instanzen des Wissenserwerbs, nämlich Weiterbildung mit 37,5 % (F: 52,1 %) und Fachliteratur mit 21,9 % (F: 29,7 %). ExpertInnen konsultieren nur 16,0 % (F: 40,8 %). Auch in den Interviews wird der informelle Austausch mit KollegInnen besonders betont. Forschungsergebnisse dagegen spielen für den Wissenszuwachs eine eher untergeordnete Rolle.
(d) Dabei ist die Neugier auf Neues hoch, aber es ist für die Befragten oft schwer auf dem Laufenden zu bleiben. Als Begründungen wird vor allem Zeitstress angegeben, aber neue Entwicklungen werden auch nicht immer von der eigenen Einrichtung gefördert: Die Bandbreite der Unterstützung der Wissenserweiterung durch Vorgesetzte geht von Blockade bis hin zu gezielter Förderung. Trotzdem befanden sich 44,6 % zum Zeitpunkt der Befragung in einer Fortbildung (F: 34,8 %).
(e) Eine erstaunlich kleine Gruppe von 31,4 % aller Befragten hatten in den letzten zwölf Monaten an einer Supervision teilgenommen (F: 63,7 %), in beiden Ländern überwiegen dabei Gruppen- und Team-Supervisionen. Bei etwas mehr als der Hälfte findet die Supervision gemeinsam mit anderen Berufsgruppen statt: 55,4 % (F: 50,3 %). Etwa ein Drittel beantragt die Supervision auf Eigeninitiative, bei einem weiteren Drittel geht die Initiative vom Arbeitsteam aus. Fast ein Viertel, nämlich 23 % der Befragten zahlen ihre Supervision selbst (F: 0,3 %). In 57 % der Fälle sind die SupervisorInnen keine ausgebildeten SozialarbeiterInnen (F: 59,9 %), aber in 93 % der Fälle sind es ausgebildete SupervisorInnen (F: 81,5 %).

(f) In den Interviews wird die Supervision sehr unterschiedlich beschrieben als:
- unnütz laut Hörensagen von KollegInnen
- für Leitungspersonen nicht erwünscht, damit keine Interna „nach außen" dringen
- äußerst hilfreich als Instrument der fachlichen Reflexion

(g) In den Interviews haben wir auch nach den Begriffen Wissen und Expertise gefragt. Fast alle Befragten weisen den ExpertInnenbegriff für sich selbst weit von sich. Wissen wird fast durchgängig überwiegend als kognitive Leistung im Sinne einer Anhäufung von Informationen definiert. Gleichzeitig wurde häufig geäußert, die berufliche Identität sei so wenig ausgeprägt, „weil man so ein breites Wissen benötigt und deshalb auf nichts richtig spezialisiert ist".

Bedeutung der Ergebnisse für die Theorieentwicklung im Bereich Sozialer Arbeit
Unser vorläufiges Fazit ist, dass Soziale Arbeit unter massivem Druck steht sich zu legitimieren und dass hierfür eine weitere Professionalisierung und die Ausbildung einer eigenständigen Identität erforderlich sind. Hierfür benötigen wir eine vielfältige Praxisreflexion und -evaluation und ein vernetztes Wissen – auch im Sinne von Fähigkeiten wie Handlungs- und Kommunikationskompetenz. Der Erwerb einer „research-mindedness" durch Überwindung von Theorieblindheit der Praxis und Praxisignoranz der ForscherInnen ist damit überfällig.

C 1.2 Lebensqualität und Krankheitsbewältigung bei Tumorpatienten in der MKG-Chirurgie – Beitrag des Kliniksozialdienstes zur psychosozialen Versorgung

Silke Birgitta Gahleitner/Kirsten Becker-Bikowski

Projektleitung
Prof. Dr. Silke Birgitta Gahleitner, Alice-Salomon-Hochschule Berlin – University of Applied Sciences, Professur für Klinische Psychologie und Sozialarbeit, E-mail: sb@gahleitner.net
Kirsten Becker-Bikowski, Dipl. Soz.Päd., Universität Heidelberg/Klinik und Poliklinik für Mund-Kiefer- und Gesichtschirurgie, E-mail: kirsten.becker@med.uni-heidelberg.de

Weitere beteiligte Personen
Robin Schiel, Dipl. Soz.Arb. (FH), Universität Heidelberg/Klinik und Poliklinik für Mund-, Kiefer- und Gesichtschirurgie, zehn Stunden pro Woche

Workshop „Klinische Sozialarbeit"

Projektdauer
01/2006–01/2007

Finanzvolumen
10.000 Euro

Durch wen wurde das Forschungsprojekt ggf. gefördert?
Eigenmittel der EFH Ludwigshafen und der ASFH Berlin sowie des Universitätsklinikums Heidelberg

Angewandte Forschungsmethoden
Qualitativ (Erhebung über Problemzentrierte Interviews nach Witzel und Soziogramme, Auswertung über Inhaltsanalyse nach Mayring), quantitativ (Erhebung selbst erstellter Fragebogen des Kliniksozialdienstes, Trierer Skalen der Krankheitsbewältigung, EORTC QLQ und SOC), Auswertung inferenzstatistisch

Forschungstyp
Evaluationsforschung
Wissenschaftliche Begleitung sozialer Projekte
Entwicklung von Konzepten/Verfahren (integrierte Praxisforschung)

Projektveröffentlichungen
Bisher noch keine: Projekt in der Phase der Antragsstellung

Inhaltliche Projektdarstellung

Entstehungshintergrund
(a) In der Onkologie sind schwere Beeinträchtigungen der Lebensqualität durch Tumorerkrankungen allgegenwärtig. Dennoch fehlt es im Klinikalltag häufig an einer psychosozialen Betrachtung der Problematik und ausreichenden Angeboten zur Einbettung der PatientInnen in ihrem stark veränderten Lebensalltag. In der Regel wenden sich die PatientInnen mit diesen Thematiken an die MitarbeiterInnen des Krankenhaussozialdienstes.
(b) Qualitätssicherung bei der psychosozialen Begleitung und Bewältigungsunterstützung in Kliniken ist zunehmend im Kommen, jedoch insbesondere für „komplexere Bereiche" wie psychosoziale Versorgung und Bewältigungsunterstützung ein vielschichtigeres Unterfangen als in der medizinischen oder pharmakologischen Versorgung. Harte, leicht operationalisierbare, Kriterien sind eher die Ausnahme, und so bieten sich Kombinationsuntersuchungen aus qualitativen und quantitativen Herangehensweisen an, um sich dem Gegenstand von verschiedenen Seiten und unter Einbezug sozialtruktureller Faktoren zu nähern.
(c) In einem Kooperationsprojekt zwischen dem Krankenhaussozialdienst der Mund-, Kiefer- und Gesichtschirurgie des Universitätsklinikums Heidelberg und der Alice-Salomon-Hochschule Berlin wird mit einer explorativen Längs-

schnittuntersuchung mit mehreren Messzeitpunkten mit halbstrukturierten Interviews auf der einen und Testverfahren für den Symptombereich auf der anderen Seite diesem Anliegen näher auf den Grund gegangen.

Fragestellungen
(a) Nimmt man den momentanen Forschungsstand zur Grundlage, gibt es inzwischen zahlreiche Hinweise auf die Bedeutung psychosozialer Aspekte in der Onkologie, jedoch noch einen Reihe ungeklärter Fragen (vgl. unter anderem Larbig/ Tschuschke, 2000; Spiegel/ Kato, 2000; Weis, 2002). Wie lässt sich beispielsweise unter diesen Bedingungen möglichst optimal Lebensqualität erhalten, wie können Copingstrategien unterstützt sowie soziale Unterstützungsnetze einbezogen werden? Wie kann eine kognitive wie emotionale Verarbeitung krankheits- und behandlungsbedingter Beeinträchtigungen positiv beeinflusst werden? Welche Rolle spielen dabei machttheoretische Aspekte (vgl. etwa Schlag, 2006)?
(b) Der Sozialdienst ermöglicht vielfältige Ansatzpunkte zur Untersuchung der oben genannten Fragestellungen. Der Schwerpunkt der Studie soll sich daher weniger mit der besser erforschten Dimension der psychosozialen Ätiologie von Krebs befassen, sondern auf die Aspekte der Unterstützung eines menschenwürdigen Copings in angemessenen psychosozialen Verhältnissen bemühen. Die Fragestellung lautet daher zunächst sehr offen:
Wie kann der Kliniksozialdienst möglichst optimal dazu beitragen, die psychosoziale Lebensrealität und Lebensqualität von Tumorpatienten nach Operation und abgeschlossener Rekonstruktion aufrechtzuerhalten und zu sichern?

Projektverlauf
(a) Zunächst wurde sich der Fragestellung in explorativen Vorinterviews qualitativ genähert. Mit Hilfe problemzentrierter Interviews mit offener Eingangsfrage (Witzel, 1982) wurde zunächst ein Zugang zur Lebenswirklichkeit betroffener Männer und Frauen in der Palliativphase geschaffen, der auf das Ineinander objektiver Belastungsfaktoren und individueller Verarbeitung der Erfahrungen abzielte.
(b) Zur Auswertung der Vorinterviews wurde die qualitative Inhaltsanalyse nach Mayring (1993, 2000) eingesetzt, um in einem deduktiv-induktiven Wechselspiel Raum zu öffnen. Die Ergebnisse der Vorinterviews dienten der ersten Hypothesenbildung und der Überarbeitung des Leitfadens für die weitere Erhebung.
(c) Die begleitenden Skalen (selbst erstellter Fragebogen des Kliniksozialdienstes, Trierer Skalen der Krankheitsbewältigung, EORTC QLQ und SOC) laufen inzwischen im Rahmen einer groß angelegten Untersuchung am Universitätsklinikum Heidelberg durch die Aufnahmestation und werden im Anschluss einer deskriptiven sowie inferenzstatistischen Auswertung unterzogen und mit den qualitativen Ergebnissen und ähnlichen Studien in einen Vergleich gestellt.

Zentrale Ergebnisse
Aus den Vorinterviews wurden folgende Hypothesen abgeleitet:

(a) Die Krankheit stellt einen zentralen Wendepunkt im Leben der Betroffenen dar, der viele Veränderungen einleitet.

(b) Die Bewältigung der Krankheit erfolgt unter Rückgriff auf bewährte Bewältigungsstrategien, bei denen das eigene Selbstbild, Selbstverständnis und subjektive Krankheitsverständnisse eine wichtige Rolle spielen.

(c) Die Ambivalenz zwischen Realitätseinsicht (Abfinden) auf der einen und Vermeidung auf der anderen Seite bilden charakteristische Dreh- und Angelpunkte, zwischen denen sich die Krankheitsbewältigung aufspannt.

(d) In der professionellen Begleitung polarisiert sich das medizinische und soziale Feld, dem bereit gestellten machtträchtigen medizinischen Bereich wird dabei ein Bedarf an psychosozialer Beratung und Begleitung gegenüber gestellt.

(e) Der Sozialdienst spielt eine wichtige Rolle bei der lebenspraktischen Veränderungs- und Bewältigungsunterstützung, Bildung konstruktiver subjektiver Konzepte der veränderten Lebenssituation und der Todesbedrohung sowie der Umfeldarbeit.

Bedeutung der Ergebnisse für die Theorieentwicklung
im Bereich Sozialer Arbeit
(a) In den Ergebnissen zeichnet sich ab, dass der Erfolg der professionellen Begleitung im palliativen Tumorbereich sowie in der Sterbephase mit der Qualität der helfenden Beziehung und der Berücksichtigung sozialer Unterstützung durch das Umfeld steht und fällt. Bisherige Theoriebildungen in der Klinischen Psychologie und Medizin zielen stärker auf individuelle Details als auf Kontextfaktoren und eine umfassende Form der Beziehungsgestaltung ab.

(b) Für die Soziale Arbeit bedarf es der Herausbildung indikationsspezifischer und situationsadäquater methodischer Konzepte in der palliativen Onkologie. Im Rahmen der auf der Tumorstation geführten Interviews und Fragebögen wird die Fragestellung dahingehend verfolgt werden, inwiefern ein professionelles Selbstverständnis in Bezug auf die Beziehungsgestaltung, administrative Aspekte und Umfeldarbeit in diesem Bereich zu neuen Theoriebildungen beitragen kann.

(c) Dazu werden die Forschungsergebnisse induktiv aus den folgenden Interviews entwickelt, an Interviewbeispielen belegt und in kommunikativer Validierung mit der Praxis auf ihre Tragfähigkeit hin überprüft. Die quantitativen Ergebnisse bieten die Chance, die entwickelten Hypothesen an gezielten Stellen über statistische Verfahren auf größere Grundgesamtheiten generalisieren zu können. Die Ergebnisse sind daher sowohl relevant für die Theoriebildung als auch für die Praxis Sozialer Arbeit.

Literatur

Larbig, Wolfgang/ Tschuschke, Volker 2000: Psychologische Interventionseffekte bei Krebs – eine Einführung. In: Larbig, Wolfgang/ Tschuschke, Volker (Hrsg.): Psychoonkologische Interventionen. Therapeutisches Vorgehen und Ergebnisse. München, S. 12–20.

Mayring, Philipp 1993: Qualitative Inhaltsanalyse. Grundlagen und Techniken. Weinheim, 4. Auflage.

Mayring, Philipp 2000: Qualitative Inhaltsanalyse. In: Forum Qualitative Sozialforschung, 2(1). Verfügbar unter: http://qualitative-research.net/fqs/fqs.htm, Zugriff vom 18.07.2002.

Schlag, C. 2006: „Der Arzt macht sowieso was er will". Unterstützungsbedarf beim Erstellen einer Patientenverfügung – eine Aufgabe für die Soziale Arbeit? Unveröffentlichte Diplomarbeit. Evangelische Fachhochschule Ludwigshafen.

Spiegel, David/ Kato, Pamela. M. 2000: Psychosoziale Einflüsse auf Inzidenz und Progression von Krebs. In: Larbig, Wolfgang/ Tschuschke, Volker (Hrsg.): Psychoonkologische Interventionen. Therapeutisches Vorgehen und Ergebnisse. München, S. 111–150.

Weis, Joachim 2002: Leben nach Krebs. Belastungen und Krankheitsverarbeitung im Verlauf einer Krebserkrankung. Bern.

Witzel, Andreas 1982: Verfahren der qualitativen Sozialforschung. Überblick und Alternativen. Frankfurt am Main.

C 2 Workshop „Soziale Arbeit mit (Schwer)Kranken"

C 2.1 Zur Berücksichtigung Sozialer Netzwerke bei chronischen Erkrankungen in der Klinischen Sozialarbeit am Beispiel Morbus Parkinson

Stephan Dettmers

Projektleitung
Stephan Dettmers, M.A. Klinische Sozialarbeit, Leitung Sozialdienst Universitätsklinikum Schleswig-Holstein, E-mail: stephan.dettmers@uk-sh.de

Weitere beteiligte Personen
Keine

Projektdauer
01/2006–11/2006

Finanzvolumen
Unter 1.000 Euro

Durch wen wurde das Forschungsprojekt ggf. gefördert?
Eigenfinanziert im Rahmen einer Masterthesis

Angewandte Forschungsmethoden
Empirisch qualitative Sozialforschung: Problemzentrierte Interviews, Experteninterviews und Ecomapping

Forschungstyp
Sozialberichterstattung
Entwicklung von Konzepten/Verfahren (integrierte Praxisforschung)

Projektveröffentlichungen
Keine

Inhaltliche Projektdarstellung

Entstehungshintergrund
In neurologischen und neurochirurgischen Kliniken wird Sozialarbeit oft auch mit dem Krankheitsbild Morbus Parkinson (MP) konfrontiert, wobei sich sehr unterschiedliche Stadien und Krankheitsentwicklungen präsentieren. Neben der Organisation von weiterführenden Maßnahmen, wie zum Beispiel medizinische Rehabilitationen, häuslicher Versorgung und Klärung sozialrechtlicher

Ansprüche für die Patienten, gibt es immer wieder Beratungen für Angehörige, die bedingt durch die permanente häusliche Belastung oft nicht konkret formulierte Unterstützung durch die Mitarbeiter der Klinik wünschen.

Fragestellungen
Die Situation familiärer Unterstützungspersonen von Parkinsonpatienten, insbesondere der Ehepartner, hinsichtlich der sozialen Unterstützung ist bisher kaum untersucht worden. So liegen wenige Erkenntnisse über ihre eigenen Unterstützungswünsche vor. Die sich entwickelnde Klinische Sozialarbeit in Deutschland hat ausgehend von einem sozialökologischen Paradigma mit einem bio-psycho-sozialen Krankheitsmodell die sozialen Folgen von Morbus Parkinson im Fokus (vgl. Pauls 2004). Hinsichtlich der gegenwärtigen Versorgungssituation stellten sich folgende Fragen:

(a) Fühlen sich Angehörige von ihrem eigenen sozialen Umfeld und von professionellen Helfern genügend unterstützt?
(b) Welche Formen von Unterstützung wünschen sich Angehörige konkret?
(c) Was kann Klinische Sozialarbeit zur Unterstützungsoptimierung beitragen?
(d) Wie denken behandelnde Ärzte über den Bedarf Sozialer Unterstützung für Angehörige von MP-Patienten?
(e) Welche Konsequenzen für Klinische Sozialarbeit in der Gestaltung multiprofessioneller Zusammenarbeit mit anderen Berufsgruppen im Krankenhaus lassen sich daraus folgern?

Projektverlauf
Um in einem ersten Schritt Zugang zu den subjektiven Bedeutungsmustern sozialer Unterstützung zu erhalten, vergleicht diese qualitative Pilotstudie die durch problemzentrierte Interviews erhobenen Aussagen von sechs Ehepartnern mit Aussagen durch Experteninterviews gewonnenen Daten von sechs Neurologen. Als Reflektionshintergrund für die Netzwerksituation der Angehörige dienen partizipativ konstruierte Ecomaps (Mattaini 1993). Diese Ergebnisse werden triangulativ in einen Kontext mit der bestehenden Versorgungsstruktur in der Bundesrepublik Deutschland verknüpft.

Zentrale Ergebnisse
(a) Die Ergebnisse zeigen, dass sich die Angehörigen überwiegend autonom ohne Inanspruchnahme von weiterer sozialer Unterstützung um Parkinsonpatienten kümmern.
(b) Sie erleben in unterschiedlicher Hinsicht Verluste. Dabei entsteht eine Diskrepanz zwischen der umfassenden Angabe von eigenem Belastungserleben und der Nichtinspruchnahme von Hilfen.
(c) Das aktuelle Gesundheitssystem bietet kaum konkrete Unterstützungen direkt für die Angehörigen von Parkinsonpatienten an, obwohl sie überwiegend im ambulanten Bereich die pflegerischen und unterstützenden Leistungen übernehmen.

(d) Ein weiterer Aspekt ist, dass psychosoziale Hilfen bisher kaum mit Sozialdiensten in Krankenhäusern in Verbindung gebracht werden. Das gilt gleichermaßen für die Aussagen von Angehörigen und Ärzten. Sozialarbeit wird eher als Funktionseinheit zur Regelung administrativer und organisatorischer Aufgaben verstanden (Geißler-Piltz et al. 2005). Insofern werden Nutzen und mögliche fachliche Optionen Klinischer Sozialarbeit anhand Diagnose- und Interventionskompetenzen diskutiert.
(e) Weiterhin wird durch diese Arbeit mögliche Unterstützung für Angehörige von Parkinsonpatienten aus der Perspektive Klinischer Sozialarbeit beleuchtet und Anregungen für die Praxis abgeleitet.

Bedeutung der Ergebnisse für die Theorieentwicklung im Bereich Sozialer Arbeit
Dieses Forschungsprojekt zeigt die Erfordernisse eines transdisziplinären Zugangs (Wendt 2006) zu einem so komplexen Feld wie chronische Erkrankung auf. Die Schwerpunktsetzung auf die sozialen Aspekte der Erkrankung unter Berücksichtigung systemtheoretischer und ökosozialer Paradigmen ist ein wesentlicher Fokus Klinischer Sozialarbeit. Insofern ist die Plausibilisierung der genannten theoretischen Hintergründe in Bezug auf die praktische Beratung von Parkinsonpatienten und deren sozialen Unterstützungssystemen weiterentwickelt worden.

Literatur
Geißler-Piltz, Brigitte/Mühlum, Albert/Pauls, Helmut 2005: Klinische Sozialarbeit. München.
Mattaini, Mark A. 1993: More than Thousand Words: Graphics for Clinical Practice. Washington.
Pauls, Helmut 2004: Klinische Sozialarbeit. Grundlagen und Methoden psychosozialer Behandlung. Weinheim.
Wendt, Wolf Rainer 2006. Transdisziplinarität und ihre Bedeutung für die Wissenschaft der Sozialen Arbeit. In Internet unter: http://www.deutsche-gesellschaft-fuer-sozialarbeit.de/mit65.shtml. Zugriff vom 13.09.2006.

C 2.2 BODYGUARD – GESUNDHEITSFÖRDERUNG UND HIV/AIDS-PRÄVENTION BEI MÄNNERN

Sibylle Nideröst/Matthias Hüttemann/Daniel Gredig

Projektleitung
Dr. des. Sibylle Nideröst, lic. phil., Soziologie, Wissenschaftliche Mitarbeiterin, Institut Integration und Partizipation, Fachhochschule Nordwestschweiz, Hochschule für Soziale Arbeit, Olten, E-mail: sibylle.nideroest@fhnw.ch

Sibylle Nideröst/Matthias Hüttemann/Daniel Gredig

Weitere beteiligte Personen
Matthias Hüttemann, M.A., Pädagogik, Wissenschaftlicher Mitarbeiter, 20 % für zwölf Monate
Prof. Dr. Daniel Gredig, Leiter Institut Integration und Partzipation, Budgetverantwortung
Patrick Ambord, Sozialarbeiter, Leiter der Fachstelle AIDS-Hilfe Zug, Verantwortlicher Praxispartner und Auftraggeber
Christoph Hennig, Sozialarbeiter, AIDS-Hilfe Luzern, Praxispartner
Heidi Rast, Sozialarbeiterin, Fachstelle für Aidsfragen des Kantons Schwyz, Praxispartner
Viktor Tobler, Bereichsleiter Produktion/Geschäftsleitung, KOMAX AG, Praxispartner
André Moser, Leiter Qualitätsmanagement, KOMAX AG, Praxispartner

Projektdauer
01/2006–01/2007

Finanzvolumen
Keine Angaben

Durch wen wurde das Forschungsprojekt ggf. gefördert?
Aids-Hilfe Schweiz, Fachstelle AIDS-Hilfe Zug, Fachstelle für Aidsfragen des Kantons Schwyz, AIDS-Hilfe Luzern

Angewandte Forschungsmethoden
Konzeptentwicklung auf der Basis der Ergebnisse des Forschungsprojekts „HIV-Schutzstrategien von heterosexuellen Männern."

Forschungstyp
Entwicklung von Konzepten/Verfahren (integrierte Praxisforschung)

Projektveröffentlichungen
Keine

Inhaltliche Projektdarstellung

Entstehungshintergrund
(a) Da HIV in der Schweiz in den letzten Jahren am häufigsten in heterosexuellen Kontakten übertragen wurde, stellen heterosexuelle Männer weiterhin eine Zielgruppe der HIV-Prävention dar. Um adäquate Vorgehensweisen entwickeln zu können, sind die Professionellen der Sozialen Arbeit auf fundiertes Wissen über die Entstehungsbedingungen von HIV-bezogenem Risiko- und Schutzverhalten angewiesen. Das vom schweizerischen Nationalfonds finanzierte Forschungsprojekt „HIV-Schutzstrategien von heterosexuellen Männern" untersuchte die Erklärungskraft sozialkognitiver Modelle von Schutzverhalten. Die-

se prospektive, standardisierte Untersuchung mittels computerunterstützten Telefoninterviews (CATI) bei 982 Männern im Alter zwischen 25 und 65 Jahren zeigt auf, dass der Kondomgebrauch von heterosexuellen Männern wesentlich von deren Intention zum Kondomgebrauch und diese wiederum von der wahrgenommenen Verhaltenskontrolle, der Einstellung zum Kondomgebrauch und vom Wissen über die Ansteckungswege abhängt.
(b) Weitere Prädiktoren des HIV-Schutzverhaltens sind die Einschätzung der Bereitschaft der Partnerin zum Kondomgebrauch sowie – hemmend – stereotypisierte Gesundheitsüberzeugungen und Verliebtheit (Parpan et al. 2004). Gleichzeitig wird deutlich, dass soziokulturelle Variablen, wie etwa die somatische Kultur, das HIV-Schutzverhalten maßgeblich prägen (Gredig et al. 2002, 2006).
(c) Im Projekt „Bodyguard" wird in Kooperation mit den Aids-Hilfen der Kantone Zug, Luzern und Schwyz auf der Grundlage dieser Forschungsergebnisse ein Interventionskonzept entwickelt, das gezielt Männer ansprechen soll und in Betrieben eingesetzt werden kann. Betriebe wurden als Setting der Prävention gewählt, weil sich die Arbeitswelt als einer der wesentlichen Bereiche der Lebenswelt von erwachsenen Menschen als Ort für die Prävention eignet, bisher aber noch zu wenig genutzt wurde.

Fragestellungen
Ziel des Projekts „Bodyguard" ist die Sensibilisierung für HIV-bezogene Risiken und die Stärkung der Intention zum Kondomgebrauch in Risikosituationen. Hierzu sollen jene Prädiktoren beeinflusst werden, die sich im skizzierten Forschungsprojekt für die Entstehung von Schutzverhalten als relevant erwiesen haben. Insbesondere sollen die Maßnahmen die somatische Kultur der Angestellten berücksichtigen und auf diese abgestimmt sein. In diesem Zusammenhang stellt sich erstens die Frage, wie eine Intervention entwickelt werden kann, und zweitens, wie die konkreten Maßnahmen gestaltet sein müssen, um die formulierten Ziele zu erreichen.

Projektverlauf
Die Entwicklung des Interventionskonzepts erfolgte in einem kooperativen Prozess, der in Anlehnung an das Modell der Wissensproduktion im Modus 2 als Praxis-Optimierungszyklus konzipiert wurde (Gibbons et al. 1994). Das heterarchisch organisierte Projektteam setzte sich aus je zwei Personen der Aids-Hilfen, der Fachhochschule Nordwestschweiz und des Betriebs KOMAX zusammen und wurde phasenweise noch erweitert. Die Konzeptentwicklung setzte bei einer Analyse des betrieblichen Settings an, basierte auf dem Forschungsstand zum HIV-Schutzverhalten und bezog bisherige Erfahrungen und Erkenntnisse der HIV-Prävention mit ein.

Zentrale Ergebnisse
(a) Die Intervention umfasst mehrere Maßnahmen, die auf die Verminderung stereotypisierter Gesundheitsüberzeugung, auf die Verbesserung des Wissens

und der Einstellung gegenüber dem Kondomgebrauch und auf die Verbesserung der Kompetenz im Umgang mit dem Kondom fokussieren. Aber auch der Einfluss von Verliebtheit auf das Schutzverhalten wird thematisiert.
(b) Um allen Typen somatischer Kultur gerecht zu werden, wurden mehrere Maßnahmen entwickelt: Nach einer Kick-Off Veranstaltung mit einem Improvisationstheater werden die Mitarbeiter des Betriebs während dreier Monate verschiedene Angebote nutzen können.
(c) Zu diesen Angeboten zählen Lunch-Boxes, die in regelmäßigen Abständen verteilt werden und eine schrittweise Annäherung an das Thema HIV ermöglichen. Die ersten beiden Boxes thematisieren zunächst Gesundheit im Allgemeinen und erst die dritte Box enthält gezielte Informationen zum Schutz vor HIV. Bestandteil der Lunch Boxes sind jeweils auch einige Fragen, die Teil eines Wettbewerbs sind, als dessen Preis ein Wellness-Weekend in den Bergen lockt.
(d) Ziel des Wettbewerbs ist die vertiefte Auseinandersetzung mit den Risikosituationen und den Schutzmöglichkeiten, sowie die Erweiterung des Wissens über HIV/Aids im Allgemeinen.
(e) Aber auch Wissen über das Leben als HIV-Positiver, das heißt über Behandlungsmöglichkeiten, Krankheitsverlauf und die Problematik von Stigmatisierung und Diskriminierung im Alltag, soll vermittelt werden. Dafür wird ein betroffener heterosexueller Mann im Betrieb über sein Leben mit HIV berichten.
(f) Ebenfalls wird während einer Woche eine Beratung angeboten, welche die Möglichkeit bietet, individuelle Fragen rund um die Themen Beziehung, Freundschaft, Sexualität und HIV/Aids zu klären. Ziel dabei ist die Überprüfung des eigenen Verhaltens und/oder die Erarbeitung neuer Strategien und Kompetenzen zum Schutz vor HIV.
(g) Als zusätzliches Angebot werden während drei bis vier Tagen zwei als Putzfrauen verkleidete Schauspieler unterwegs sein, die unter dem Vorwand von Reinigungsarbeiten die Angestellten in ein Gespräch verwickeln und dabei stereotypisierte Gesundheitsüberzeugungen in Bezug auf HIV/Aids und die Einstellung gegenüber dem Kondomgebrauch ansprechen. Dabei versorgen sie die Beteiligten mit Broschüren und weisen auf das Beratungsangebot hin.

Bedeutung der Ergebnisse für die Theorieentwicklung im Bereich Sozialer Arbeit
(a) Dieses Entwicklungsprojekt hat einerseits Bedeutung für das Arbeitsfeld der HIV-Prävention und stellt andererseits ein Modell für die Wissenschafts-Praxis-Kooperation in der Sozialen Arbeit dar. In der Schweiz wurde im Projekt „Bodyguard"erstmals ein Konzept für HIV-Prävention in Betrieben entwickelt, das Risiko- und Schutzverhalten generell thematisiert.
(b) Die Bedeutung für die Theorieentwicklung besteht in dem dabei angewandten Verfahren der Praxis-Optimierung, das die Problemlösungskapazität von Forschung nutzt, dabei die praktischen Zuständigkeiten der beteiligten Akteure aber unverändert lässt (Gredig 2005). In der zeitlich befristeten Projektarbeit wird durch die Kooperation verschiedener Stakeholder die Entwicklung eines innovativen Interventionskonzeptes ermöglicht. Diese Neuordnung von Wissen

und Erfahrung erfolgt im Kontext der Anwendung und muss auf die jeweils gegebenen Praxisbedingungen angepasst werden.

Literatur
Boltanski, Luc 1976: Die soziale Verwendung des Körpers. In: Kamper, Dietmar/Rittner Volker (Hrsg.): Zur Geschichte des Körpers. München, S. 138–177.
Gibbons, Michael/Limoges, Camille/Nowotny, Helga/Schwartzman, Simon/Scott, Peter/Trow, Martin 1994: The new production of knowledge. The dynamics of science and research in contemporary societies. London.
Gredig, Daniel 2005: The Co-Evolution of Knowledge Production and Transfer. Evidence-based Intervention Development as an approach to improve the impact of evidence on social work practice. In: Sommerfeld, Peter (Hrsg.) Evidence-based Social Work – Towards a New Professionalism? Bern, S. 175–200.
Gredig, Daniel/Nideröst, Sibylle/Parpan-Blaser, Anne/Ambord, Patrick/ Brandstetter, Stefan 2002: HIV-Prävention mit Männern. Ein Entwicklungsprojekt der Fachhochschule Aargau Nordwestschweiz mit den Aids-Hilfen Zug und Luzern. Im Internet unter: http://www.fhnw.ch/sozialearbeit/iip/forschung-und-entwicklung/abgeschlossene-projekte-1, Zugriff vom 15.01.2007.
Gredig, Daniel/Nideröst, Sibylle/Parpan-Blaser, Anne 2006: HIV-protection through condom use: Testing the theory of planned behaviour in a community sample of heterosexual men in a high-income country. In: Psychology and Health 2006 (21), S. 541–555.
Parpan, Anne/Nideröst, Sibylle/Deringer, Sabine/Gredig, Daniel: HIV/Aids: (k)ein Thema für heterosexuelle Männer! In: SozialAktuell, 3/2004, S. 22–28.

C 2.3 Soziale Arbeit in Einrichtungen stationärer Palliativmedizin – Eine qualitative Studie

Lisa Brandl-Thür

Projektleitung
Lisa Brandl-Thür M.S.W., Leitung Abteilung Patientenservice Krankenhaus Agatharied, E-mail: lisa.brandl-thuer@khagatharied.de

Weitere beteiligte Personen
Keine

Projektdauer
10/2004–11/2005

Finanzvolumen
Eigenmittel

Durch wen wurde das Forschungsprojekt ggf. gefördert?
Keine Förderung

Angewandte Forschungsmethoden
Qualitative Studie, Erhebung mit problemzentrierten Interviews nach Witzel, Leitfaden als Strukturierungsinstrument, ergänzt durch einen demografischen Fragebogen (zur Beschreibung der Stichprobe) und das Postskriptum, Querschnittstudie in Form einer punktuellen Erhebung. Auswertung: Kombination aus dem Verfahren der strukturierenden qualitativen Inhaltsanalyse nach Mayring und der Auswertung am Material nach Schmidt

Forschungstyp
Entwicklung von Konzepten/Verfahren (integrierte Praxisforschung)
Grundlagenforschung

Projektveröffentlichungen
Unveröffentlichte Masterarbeit im Weiterbildungsstudiengang Soziale Arbeit „Master of Social Work" an der KSFH München, einzusehen in der Bibliothek der KSFH München/Abteilung Benediktbeuern

Inhaltliche Projektdarstellung

Entstehungshintergrund
(a) Beteiligung der Autorin an der Implementierung eines interdisziplinären, palliativmedizinischen Konsiliardienstes in einem Akutkrankenhaus. Im Rahmen der Suche nach fachspezifischer Literatur zur theoretischen Fundierung der Aufgabenbeschreibung Sozialer Arbeit im Konsiliarteam entwickeln sich vorläufige Fragestellungen.
2004/2005 wird im Rahmen einer Independent Study eine Medienrecherche im deutschen Sprachraum durchgeführt.
(b) Zusammenfassung und Fazit dieser Suche: In fast allen deutschsprachigen Veröffentlichungen zu stationärer Palliative Care spielt der Aspekt der psychosozialen Dimension in der Begleitung Schwerstkranker und deren Angehörigen eine wichtige Rolle.
In einer Reihe von Publikationen ist im Zusammenhang mit psychosozialer Begleitung die Rede von Ärztinnen, Pflegekräften, Psychologinnen und Seelsorgerinnen. Soziale Arbeit wird entweder gar nicht oder nur am Rande und unspezifisch erwähnt.
(c) Abgeschlossene Forschungsarbeiten zur Sozialen Arbeit in stationärer Palliativmedizin in Deutschland liegen der Autorin nicht vor. Zum Aufgabenfeld und Wirksamkeit Sozialer Arbeit im Feld existieren einige theoretische Arbei-

ten. Diese beschränken sich meist auf die Darstellung der organisatorischen und sozialrechtlichen Hilfen, gewährt durch Soziale Arbeit.
Auch in der „palliativen Öffentlichkeit" erfährt Soziale Arbeit Vernachlässigung und bleibt randständig.
(d) Es gibt erste sehr gelungene Ansätze der Professionalisierung. Das Aufgabenfeld palliativer Begleitung der Autorin findet diese unzureichend abgebildet.

Fragestellungen
Folgende zentrale Fragestellungen werden mit dem Forschungsprojekt verfolgt:
(a) Wie gestaltet sich das Aufgabenfeld Sozialer Arbeit in Einrichtungen der stationären Palliativmedizin konkret?
(b) Beschränkt sich Soziale Arbeit auf die Beratung in sozialrechtlichen Fragen und die Erfüllung organisatorischer Aufgaben?
(c) Was verstehen Sozialarbeiterinnen unter psychosozialer Begleitung von Patientinnen und Zugehörigen?
(d) Sind Mitarbeiterinnen der Sozialen Arbeit mit ihrem Tätigkeitsprofil im Feld zufrieden?
(e) Wird Soziale Arbeit in Palliative Care durch andere Berufsgruppen bestimmt?
(f) Wo gibt es in der deutschen Palliativmedizin Veränderungs- oder Entwicklungsbedarf für die Soziale Arbeit?

Projektverlauf
(a) Auswahl des Forschungsdesigns und Durchführung der Untersuchung (Querschnittstudie in Form einer punktuellen Erhebung).
(b) Entscheidung für ein qualitatives Verfahren, Problemzentriertes Interview nach Witzel mit einem Leitfaden mit fünf Fragenkomplexen als Strukturierungsinstrument.
(c) Durchführung des Pretests, Überarbeitung des Leitfadens
(d) Durchführung der Interviews in drei Bundesländern, Erstellung der demografischen Fragebögen und der Postskripten.
(e) Auswertung und Beschreibung der Stichprobe (N=93, N=7). Die Auswertung erfolgte nach einem kombinierten Verfahren der strukturierenden qualitativen Inhaltsanalyse nach Mayring und der Auswertung am Material nach Schmidt.

Zentrale Ergebnisse
Die Zusammenfassung der Ergebnisse der 38 Kategorien erfolgt in fünf Themenkomplexen. Die Darstellung im Einzelnen sprengt den vorgegebenen Rahmen, deshalb werden die Ergebnisse im Rahmen der kritischen Würdigung zu Thesen zusammengefasst:
(a) Soziale Arbeit hat im Feld eine Fülle verschiedener Aufgaben. Manche beinhalten Komponenten aus Beratung und Begleitung, sie sind schwerlich nur einer Kategorie zuzuordnen.

(b) Sozialarbeiterinnen benötigen hohe Kompetenzen zur Bewältigung ihrer Aufgaben.
Sozialrechtliche und organisatorische Aufgaben können hilfreiche Elemente der Betreuung sein.
(c) Sozialrechtliche und organisatorische Aspekte stehen meist im Vordergrund.
Keine andere Profession hat einen derart weiten und umfassenden Blickwinkel in Bezug auf psychosoziale Begleitung wie Soziale Arbeit.
(d) Mitarbeiterinnen Sozialer Arbeit sind mit ihrem Tätigkeitsprofil im Feld größtenteils sehr zufrieden. Dennoch besteht Entwicklungsbedarf, was die Rolle Sozialer Arbeit in stationärer Palliativmedizin in Deutschland, aber ebenso in den einzelnen Einrichtungen, betrifft.

Bedeutung der Ergebnisse für die Theorieentwicklung
im Bereich Sozialer Arbeit
(a) Für die Professionalisierung Sozialer Arbeit im Feld wird in Zukunft wichtig sein, „das Kompetenzprofil zu schärfen" (Student et al. 2004, S. 156) und dieses genau zu benennen.
(b) Dazu gehört eine Rückbesinnung auf sozialarbeitsrelevante Theorien, Ansätze und Methoden, die passgenau in der palliativen Begleitung Anwendung finden können. Dies sind Systemtheorien, Empowerment und lebensweltorientierte Ansätze, die klassischen Methoden der Einzelfallhilfe, Gruppen- und Gemeinwesenarbeit, besonders das Case Management und die Methoden der Gesprächsführung.
(c) Für die Tätigkeit in komplexen Organisationen und interdisziplinär arbeitenden Institutionen wird das Wissen um Projekt- und Organisationsentwicklung für Soziale Arbeit immer dringlicher. Denn Sozialarbeiterinnen sind gefragt auf strukturellen Ebenen tätig zu werden um damit Entwicklungs- und Veränderungsprozesse in Organisationen anzustoßen. Schwerpunkte liegen im Bereich von Palliative Care auf der Gestaltung von Team- und Organisationskultur, der Gestaltung von Projekten sowie der Integration von neuen Aufgabengebieten.
(d) Professionalisierung Sozialer Arbeit in stationärer Palliativmedizin bedeutet:
– das Konkretisieren von bereits vorhandenem Wissen und Kompetenzen
– die Erweiterung desselben durch praxisbezogene Weiterbildungen und Forschung.
– die Verknüpfung des Genannten mit engagierter Tätigkeit im Feld, selbstbewusster Außendarstellung, Vernetzung, verbandlicher und politischer Aktivität

Literatur
Student, Johann-Cristoph/Mühlum, Albert/Student, Ute 2004: Soziale Arbeit in Hospiz und Palliative Care. München.

C 3 Workshop „Sozialpsychiatrie"

C 3.1 INTEGRATION UND AUSSCHLUSS – THEORIE UND PRAXIS DER SOZIALEN ARBEIT IN RE-INTEGRATIONSPROZESSEN

Peter Sommerfeld/Lea Hollenstein/Raphael Calzaferri

Projektleitung
Prof. Dr. rer. soc. Peter Sommerfeld, Leiter Institut Professionsforschung und kooperative Wissensbildung, Hochschule für Soziale Arbeit, Fachhochschule Nordwestschweiz, CH-Olten. E-mail: peter.sommerfeld@fhnw.ch

Weitere beteiligte Personen
Lea Hollenstein, M.A., Wissenschaftliche Mitarbeiterin, Institut Professionsforschung und kooperative Wissensbildung, Hochschule für Soziale Arbeit, Fachhochschule Nordwestschweiz, CH-Olten. Anstellung 60 %, für 30 Monate.
Raphael Calzaferri, M.A., Wissenschaftlicher Mitarbeiter, Institut Professionsforschung und kooperative Wissensbildung, Hochschule für Soziale Arbeit, Fachhochschule Nordwestschweiz, CH-Olten. Anstellung: 60 %, für 30 Monate.

Projektdauer
02/2004–09/2006

Finanzvolumen
230.500 Euro

Durch wen wurde das Forschungsprojekt ggf. gefördert?
Schweizerischer Nationalfonds zur Förderung der wissenschaftlichen Forschung, Nationales Forschungsprogramm 51 „Integration und Auschluss" (www.nfp51.ch)
Fachhochschule Nordwestschweiz
Seraphisches Liebeswerk, CH-Solothurn

Angewandte Forschungsmethoden
Biographische Interviews, Ressourcenassessmentverfahren, „Real Time Monitoring", reflexive Interviews, ExpertInneninterviews

Forschungstyp
Grundlagenforschung

Projektveröffentlichungen

Sommerfeld, Peter/Calzaferri, Raphael/Hollenstein, Lea (2007) Die Dynamiken von Integration und Ausschluss. Studie zum Zusammenspiel von individuellen Aktivitäten und sozialen Systemen nach Entlassung aus stationären Einrichtungen http://www.nfp51.ch/files/SchlussberichtProjektSommerfeld.pdf

Sommerfeld, Peter/Hollenstein, Lea/Calzaferri, Raphael/Schiepek, Günter 2005: Real-time Monitoring – New Methods for Evidence-based Social Work. In: Sommerfeld, Peter (Ed.): Evidence-based Social Work – Towards a new Professionalism? Bern, S. 199–232.

Inhaltliche Projektdarstellung

Entstehungshintergrund

Soziale Integration ist ein Prozess, der durch das dynamische Zusammenspiel zwischen Individuen und sozialen Systemen gekennzeichnet ist. Bislang fehlten Analysen, welche die komplexe Dynamik gelingender und misslingender Integrationsprozesse nach stationären Aufenthalten so abbilden, dass sie eine hinreichend präzise Grundlage für die Entwicklung, Gestaltung und Evaluation unterstützender Maßnahmen darstellen. Die im Rahmen des Schweizerischen Nationalen Forschungsprogramms „Integration und Ausschluss" lancierte qualitative Studie versuchte mittels 16 intensiver Fallstudien diese Lücke zu schließen und damit Wissensgrundlagen für die professionelle Begleitung von Menschen nach Austritt aus Gefängnissen oder psychiatrischen Kliniken oder Mädchen-/Frauenhäusern zu schaffen.

Fragestellungen

Im Projekt wurde eine doppelte Fragestellung bearbeitet: Einerseits ging es darum, ein vertieftes Verständnis der Integrations- und Ausschlussprozesse im Zusammenspiel von individuellen Aktivitäten/Musterbildungen und ihren sozialen Strukturierungen, insbesondere dem sozialen Hilfesystem, zu erhalten. Andererseits sollte das auf der Theorie der Synergetik basierende Verfahren des Real Time Monitoring (vgl. Haken/Schiepek 2006) im Hinblick auf seine Eignung für die Begleitung, Dokumentation und Evaluation komplexer (Re-)Integrationsprozesse überprüft werden.

Projektverlauf

Die methodische Herausforderung bestand darin, einerseits die Komplexität der sozialen und psychischen Verschränkungen, andererseits die Dynamik von (Re-)Integrationsprozessen in ihrem zeitlichen Verlauf zu erfassen. Diese Aufgabe wurde mit einem qualitativen Längsschnitt verfolgt, bei dem die Befragten über circa ein Jahr mittels verschiedener Datenerhebungsinstrumente beobachtet wurden: biographische Interviews, Ressourcenassessmentverfahren, Real Time Monitoring, reflexive Interviews sowie ExpertInneninterviews. Das Real Time Monitoring ist ein Zeitreihenverfahren, das die Erfassung von Daten in Echtzeit ermöglicht. Die Untersuchungspersonen füllen jeden Tag einen kurzen Fragebogen auf einem Palm-PDA aus. Die über das Internet auf einen zentralen Server übermittelten Daten werden automatisch ausgewertet und die Verläufe grafisch dargestellt. Die Analyseverfahren ermöglichen die Identifikation von kritischen Fluktuationen und dynamischen Phasen, die in den reflektierenden Gesprächen bestimmten Lebensereignissen oder Interventionen zugeordnet werden können. Das Projekt konnte weitgehend gemäß Plan durchgeführt werden.

Zentrale Ergebnisse
(a) Die Fallrekonstruktionen zeigen eine hohe Komplexität der Fälle in Bezug auf die zeitliche Verlaufsstruktur und das dynamische Zusammenspiel zwischen individuellen Prozessen, sozialen Faktoren und gesellschaftlichen Strukturen. Das erste Hauptergebnis besteht denn auch in einer Grounded Theory von Re-Integrationsprozessen, die unter anderem ein Mehrebenenmodell des Zusammenspiels von Individuen und sozialen Systemen mit der Makrostruktur der Gesellschaft umfasst. Integration findet aus dieser Perspektive in verschiedenen konkreten Handlungssystemen parallel statt und wird als zweiseitiger Prozess gefasst: Wir definieren Integration erstens als Integration des sozialen Systems. Damit ist gemeint, dass konkrete Handlungssysteme durch die Einbindung von Akteuren und Sinn kohärente Ordnungsstrukturen in selbstorganisierenden Prozessen herausbilden. Integration wird zweitens als Integration der Akteure in das soziale System verstanden. Im Prozess der zirkulär verlaufenden Integration des Systems und der damit unmittelbar gekoppelten Integration in das System entstehen in den jeweiligen Positionen korrespondierende Kognitions-Emotions-Verhaltensmuster (KEV) in der Psyche der Akteure.
(b) Zweitens konnte gezeigt werden, dass Struktur und Dynamik von Re-Integrationsprozessen nicht von der Problemgenese und den Prozessen während des stationären Aufenthaltes getrennt werden kann. Beides geht als wesentliche Strukturierung in die individuellen Verläufe nach Entlassung ein. So zeigte sich in den Daten, dass individuelle Krisen und auch die Bewältigung dieser Krisen wesentlich damit zusammenhängen, in welcher Form Personen in Handlungssysteme eingebunden sind und welche innerpsychischen Elemente (KEV) von den Prozessen in den sozialen Systemen aktiviert werden.
(c) Der Re-Integrationsprozess nach Austritt impliziert für die Betroffenen eine Rückkehr in die ehemals Probleme verursachenden sozialen Systeme. Damit verbunden ist die Auseinandersetzung mit einer Reihe gleichzeitiger Bewältigungsaufgaben. Dies führte, wie die Daten des Real Time Monitoring eindrücklich zeigen, bei allen Proband/innen zu einer neuen Phase kritischer Instabilität.
(d) Für die Praxis der Sozialen Arbeit bedeuten diese Erkenntnisse zweierlei: Einerseits ist zur Unterstützung der Re-Integration in die unterschiedlichen sozialen Systeme nach Austritt eine sorgfältige professionelle Begleitung notwendig. Dabei genügt es nicht, nur die Seite des Akteurs zu betrachten, sondern es muss zwingend auch an den Bedingungen der Integration in die einzelnen

Systeme gearbeitet werden. Andererseits sollte professionelle Soziale Arbeit den ganzen Prozessbogen in den Blick nehmen, das heißt, die gesamte Zeitspanne, während der eine Person in Hilfesysteme integriert ist und in der Soziale Arbeit gestaltend tätig sein kann. Dabei muss sie die Wirkfaktoren auf Re-Integrationsprozesse beachten. Wie haben in Übereinstimmung mit internationalen Forschungsarbeiten zu „Resilienz" und „Recovery" eine Reihe solcher Faktoren identifizieren können, die hier nicht weiter ausgeführt werden können.

(e) Hinsichtlich der Rolle der Hilfesysteme liegen gravierende Ergebnisse vor: Die Hilfesysteme erfassen sowohl auf der zeitlichen Dimension (Dauer und Dynamik), als auch auf der sachlichen Dimension (Komplexität) die Fälle nicht adäquat und tragen deshalb in den meisten Fällen wenig zur Problemlösung bei. Die Unterstützungsleistungen orientieren sich primär an der Rationalität der einzelnen Hilfesysteme statt an der zugrunde liegenden Problemdynamik. Aufgrund der Segmentierung der Hilfesysteme bestehen strukturelle Probleme der Kontinuität und Koordination der Hilfeleistungen; es fehlt eine übergeordnete Struktur, die für einen koordinierten Prozessbogen zuständig wäre. Außerdem besteht ein Missverhältnis zwischen der großen Intensität, mit der Krisen im stationären Bereich bearbeitet werden im Vergleich zur eher geringen Intensität, mit der die Re-Integrationsprozesse unterstützt werden.

(f) Schließlich konnte gezeigt werden, dass sich das Real Time Monitoring als Bestandteil eines Instrumentariums für Begleitung, Dokumentation und Evaluation von Re-Integrationsprozessen eignet.

Bedeutung der Ergebnisse für die Theorieentwicklung im Bereich Sozialer Arbeit

(a) Die Ergebnisse sind für die Theorieentwicklung im Bereich Sozialer Arbeit einerseits bedeutsam, weil sie es möglich machen, eine im empirischen Material begründete Theorie, das heißt eine Grounded Theory, von Re-Integrationsprozessen zu entwickeln. Die Resultate des Forschungsprojektes eignen sich sowohl zu einem kritischen Hinterfragen bestehender Theorieangebote als auch für eine eigenständige gegenstandsbezogene Theoriebildung.

(b) Darüber hinaus sind wir einen großen Schritt weiter gekommen in der wertvollen Erschließung der Theorie der Synergetik für eine Theorie der Sozialen Arbeit. Als Ansatz aus der allgemeinen Systemtheorie konnte in diesem Zusammenhang der Begriff der „Integration" präzisiert und damit für eine Verwendung als zentrale theoretische Kategorie der Sozialen Arbeit revitalisiert werden.

Literatur

Haken, Hermann/Schiepek, Günter 2006: Synergetik in der Psychologie: Selbstorganisation verstehen und gestalten. Göttingen.

Workshop „Sozialpsychiatrie"

C 3.2 Was bewirkt betreutes Wohnen? Ergebnisse einer empirischen Untersuchung über ambulant betreutes Wohnen für chronisch psychisch kranke Menschen

Michael Leupold/Christoph Walther

Projektleitung
Michael Leupold, M.A. Philosophie, Sozialpädagoge im betreuten Wohnen im Agnes-Sapper-Haus, E-mail: m.leupold.ash@diakonie-wuerzburg.de
Christoph Walther, Dipl.-Soz.päd. (FH), Sozialpädagoge am Sozialpsychiatrischen Dienst Kitzingen, E-mail: spdi.brk-kitzingen@t-online.de

Weitere beteiligte Personen
Mathias Müller, ehrenamtlicher Mitarbeiter bei Michael Leupold, EDV-Aufgaben bei der Datenerhebung

Projektdauer
08/2004–01/2007

Finanzvolumen
Eigenfinanzierung, kollegiale Unterstützung

Durch wen wurde das Forschungsprojekt ggf. gefördert?
Keine Förderung

Angewandte Forschungsmethoden
Interne Selbstevaluation, Dokumentationsbogen, Aktenrecherche;

Forschungstyp
Evaluationsuntersuchungen

Projektveröffentlichungen
Leupold, Michael/Walther, Christoph 2007: Krankheitsverlauf, Selbstbestimmung, Kosten: Aspekte des betreuten Wohnens. In: Sozialmagazin, 3/2007, S. 21–25.

Inhaltliche Projektdarstellung
Entstehungshintergrund
(a) Personenzentriertes Arbeiten – unter diesem Schlagwort begann in den 90er Jahren eine neue Diskussion in der Sozialpsychiatrie. Im Mittelpunkt der Hilfeplanung sollte nicht mehr die Institution, sondern der Hilfesuchende mit seinen Bedürfnissen und vor allem seinen Selbstbestimmungsrechten stehen.
(b) Parallel zu diesem Paradigmenwechsel entstanden aufgrund des Drucks der knapper werdenden öffentlichen Kassen zunehmend intensivere Verteilungsfra-

gen im Sozialwesen. In Folge dieser beiden Veränderungen erhöhte sich der Nachweis- und Legitimationsdruck für die Anbieter von Sozialer Arbeit nicht nur in der Sozialpsychiatrie.
(c) Zudem entwickelte sich parallel zu diesen Sachverhalten die Theorie und Forschung innerhalb der Profession der Sozialen Arbeit sukzessive weiter. Alle diese Strömungen erklären das Interesse an und Bedürfnis nach Evaluationsforschung in der Sozialpsychiatrie.

Fragestellungen
Die vorgenommene interne Selbstevaluation bei einem Anbieter von betreutem Wohnen (beWo) für chronisch psychisch kranke Menschen fokussierte folgende zwei Fragen:
(a) Welche Wirkungen des beWo lassen sich auf den Krankheitsverlauf und auf die selbstbestimmte Lebensführung nachweisen?
(b) Wie sieht ein Kostenvergleich verschiedener Betreuungsangebote für psychisch kranke Menschen in Würzburg aus?

Projektverlauf
Bei dem Evaluationsprojekt handelt es sich um eine langfristig angelegte interne Selbstevaluation einer Übergangseinrichtung mit einem angegliederten beWo in Würzburg. Mit Hilfe einer systematischen Datenerhebung von KlientInnenakten wurden zum Stichtag 31.12.05 von insgesamt 19 NutzerInnen drei Parameter untersucht:
(a) Der Parameter zum Krankheitsverlauf wurde von einer umfassenden Studie aus dem Rheinland aus dem Jahre 1995 gewonnen und vergleicht den allgemein anerkannten Aspekt der stationären Behandlungen vor und während des beWo.
(b) Die Indikatoren zur Selbstbestimmtheit beruhen hingegen auf eigenen Überlegungen und haben dementsprechend einen experimentellen Charakter im Hinblick auf deren Plausibilität bzw. Validität. Untersucht wurden hierbei das Ausmaß von Unabhängigkeit zu Fachkräften sowie das Vorhandensein von Wahlmöglichkeiten für die NutzerInnen des beWo.
(c) Beim Kostenvergleich wurden die Kosten pro Tag für ambulante und stationäre Maßnahmen für chronisch psychisch kranke Menschen in Würzburg erhoben und verglichen.

Zentrale Ergebnisse
(a) Das beWo hat einen nachweislichen positiven Effekt auf den Krankheitsverlauf: Anzahl und Dauer stationärer Unterstützungsformen nehmen ab. Während vor dem Eintritt in das beWo keine Person ohne und fast die Hälfte (47,37 %) mehr als fünf stationäre Aufnahmen hatten, zeigt sich zum Erhebungszeitpunkt bei einer durchschnittlichen Aufenthaltsdauer im beWo von 4,34 Jahren, dass 73,68 % während des beWo keine stationären Aufnahmen mehr benötigten. Diese signifikante Veränderung bestätigt die Ergebnisse aus dem Rheinland aus dem Jahre 1995 mit einer Stichprobe von 1525 Personen. Betrachtet man die

Dauer der stationären Aufnahmen, so bestätigt sich diese Signifikanz. 57,89 % lebten vor dem beWo mehr als fünf Jahre und niemand lebte kürzer als zwei Jahre in stationären Einrichtungen.

(b) Es gibt Indizien für eine Förderung der Selbstbestimmtheit im betreuten Wohnen: Aufgrund der Abnahme der Betreuungsdichte – 94,74 % lebten vor dem beWo in einem Heim und 66,67 % lebten nach dem beWo in einer eigenen Wohnung – erreichen die Betroffenen mehr Unabhängigkeit von den Professionellen. Zudem haben sie Wahlmöglichkeiten in der Gestaltung der Wohnform: 10,53 % lebten im betreuten Einzelwohnen, 68,42 % in einer WG (2–3 Personen) und 21,06 % in einer WG (mehr als drei Personen); aufgrund der Richtlinien des Bezirks Unterfranken ist die Wahlmöglichkeit bzgl. der Trennung von Miet- und Betreuungsvertrag allerdings nur sehr eingeschränkt, lediglich 5,26 % der NutzerInnen verfügen über diese Trennung! Immerhin gelingt es 66,67 %, nach dem beWo einen eigenen Mietvertrag zu besitzen. Aufgrund der Verteilung der zusätzlich zum beWo in Anspruch genommenen Unterstützungsleistungen bestehen Hinweise auf eine personenzentrierte und individuelle Hilfeplanung: 68,42 % haben einen gesetzlichen Betreuer, 5,26 % einen Psychotherapeuten, 5,26 % gehen in das Berufsfortbildungszentrum, 42,11 % in eine Tagesstätte und 31,58 % in eine Werkstatt für behinderte Menschen; aufgrund der Psychopharmakotherapie befinden sich alle in ambulanter psychiatrischer Behandlung. Betrachtet man noch die Verteilung der Bereiche der gesetzlichen Betreuung, so stellt man fest, dass bezogen auf alle untersuchten Klienten im Querschnitt kein Lebensbereich zu 100 % von einem gesetzlichen Betreuer übernommen worden ist.

(c) Unter dem Gesichtspunkt des Kostenvergleiches ergibt sich für die Region Würzburg 2006 folgende Situation: Betrachtet man das beWo alleine, entstehen bei einem Betreuungsschlüssel von 1: 8 Kosten in Höhe von 18,48 Euro, bei einer Betreuungsintensität von 1:10 hingegen von 14,80 Euro pro Tag. Beziehen die KlientInnen gleichzeitig noch Grundsicherung, dann erhöht sich der Betrag bei 1:8 auf insgesamt 40,54 Euro, bei 1:10 auf 36,86 Euro. Vergleicht man hierzu das Wohnen in einem Langzeitwohnheim ohne Tagesstruktur, dann entstehen dort tägliche Kosten in Höhe von 56,74 Euro. Analysiert man die Kosten für Wohnen inklusive tagesstrukturierender Maßnahmen, dann ergibt sich für das beWo folgendes Bild: In einem Tageszentrum entstünden zusätzliche Kosten in Höhe von 23,73 Euro pro Kalendertag (gerechnet wird mit 38,50 Euro pro Anwesenheitstag und mit 225 Tagen im Jahr), in einer Werkstatt (WfbM) müssten zusätzlich 27,28 Euro aufgebracht werden (gerechnet wird hier mit 39,51 Euro pro Anwesenheitstag und mit 21 Tagen im Monat). Kombiniert man nun die teuerste ambulante Variante, also beWo inklusive Grundsicherung und einem Betreuungsschlüssel von 1:8 mit einer WfbM, belaufen sich die täglichen Kosten auf 67,82 Euro. Alternatives stationäres Wohnen inklusive Tagesstruktur sieht Kosten in einem Langzeitwohnheim in Höhe von 77,39 Euro, in einer Übergangseinrichtung in Höhe von 92,80 Euro vor. Ein Bett in einem psychiatrischen Bezirkskrankenhaus kostet hingegen 174,83 Euro pro Tag. Damit geht ein Kostenvergleich eindeutig zu Gunsten ambulanter Strukturen aus.

*Bedeutung der Ergebnisse für die Theorieentwicklung
im Bereich Sozialer Arbeit*
Bedenkt man die aktuell geltende Definition Sozialer Arbeit von IASSW und IFSW, so zeigen die Ergebnisse im beWo, dass im Geiste dieser Definition psychisch kranke Menschen durch eine spezielle sozialpädagogische Hilfe gestärkt werden. Aufgrund der Einflüsse auf den Krankheitsverlauf verbessert sich von einer objektivierbaren Außensicht das persönliche Wohlergehen der NutzerInnen. Im Hinblick auf den Aspekt des selbstbestimmten Lebens gibt es ebenfalls von außen betrachtet objektivierbare Indizien, dass die NutzerInnen aufgrund der Wahlmöglichkeiten in verschiedenen Bereichen des beWo ihr Leben in möglichst freier Entscheidung gestalten können. Inwieweit in beiden Bereichen das subjektive Erleben der Klienten damit korreliert, müsste bspw. mittels einer qualitativen Befragung gezeigt werden. Weitere Studien hierzu könnten zeigen, wie aussagekräftig die angelegten Indizien sind. Da im beWo neben SozialpädagogInnen nur noch von diesen angeleitete Ehrenamtliche tätig sind, zeigen die Ergebnisse, dass diese Einflüsse auch der Profession der Sozialen Arbeit zugerechnet werden müssen. Die durchgeführte interne Selbstevaluation kann exemplarisch für eine prinzipienorientierte Wirksamkeitsforschung stehen, der sowohl professionsinterne wie auch sozialrechtliche Normen zugrunde liegen.

C 3.3 SUBJEKTWISSENSCHAFTLICH BEGRÜNDETES KONZEPT VON QUALITÄTSENTWICKLUNG

Kurt Bader

Projektleitung
Prof. Dr. Kurt Bader, Professor am Fachbereich Sozialwesen der Universität Lüneburg, E-mail: bader@uni-lueneburg.de

Weitere beteiligte Personen
Rainer Kreuzer, Dipl. Soz., Dipl.Soz.Päd./Soz.Arb,
Markus Lauenroth, Student

Projektdauer
Seit 10/2006, Projekt dauert noch an und soll auf andere Bereiche erweitert werden

Finanzvolumen
20.000 Euro

Durch wen wurde das Forschungsprojekt ggf. gefördert?
Pestalozzi-Stiftung Hamburg

Angewandte Forschungsmethoden
Methoden subjektwissenschaftlich begründeter Handlungsforschung

Forschungstyp
Wissenschaftliche Begleitung sozialer Projekte
Entwicklung von Konzepten/Verfahren (integrierte Praxisforschung)

Projektveröffentlichungen
bislang keine

Inhaltliche Projektdarstellung

Entstehungshintergrund
Der Träger bat um eine wissenschaftliche Begleitung eines aktuellen Ambulantisierungsprozesses in der sozialen Arbeit mit Menschen mit Behinderung.

Fragestellungen
Im Unterschied zu den üblichen Konzepten des Qualitätsmanagements ist es Ziel, die Evaluation der konkreten Arbeit in der Institution mit Hilfe evaluierender Dialoge unter größtmöglicher Teilhabe aller Beteiligten als kontinuierlichen Prozess der Qualitätsentwicklung durchzuführen.

Projektverlauf
In enger Kooperation mit den Beteiligten werden schrittweise Instrumente der Qualitätsbewertung und -entwicklung erarbeitet, die in die alltägliche Arbeit integriert werden. Dabei ist vor allem der Focus auf die Unerstützung selbstständiger Lebensführung der betreuten Menschen zu richten, um so einen Beitrag zur Erhöhung ihrer Lebensqualität zu leisten. Dieser Prozess ist eng gekoppelt mit dem von ihnen angestrebten Wechsel der konkreten Wohnumwelt.

Zentrale Ergebnisse
Bisherige Ergebnisse sind zunächst Vorschläge für die Entwicklung alternativer Individueller Hilfepläne, die Durchführung von Projekten im Rahmen der Einrichtung und die laufende Evaluierung der Arbeit. Im Mittelpunkt steht dabei das Konzept „evaluierender Dialoge", die charakterisiert sind durch ein enges Verhältnis von Sprache und Handlungssequenzen.

Bedeutung der Ergebnisse für die Theorieentwicklung im Bereich Sozialer Arbeit
Die wissenschaftliche Begleitung mündet neben der direkten Arbeit mit der Institution kurzfristig in der Abfassung einer Diplomarbeit zur Entwicklung von Hilfeplänen und mittelfristig in einer Dissertation, die darüber hinaus ein allgemein gültiges Konzept von Qualitätsentwicklung für Soziale Arbeit entwickeln wird, das eine Alternative zum eher quantitativ angelegten Mainstream von Qualitätsmanagement darstellen soll, indem von der üblichen Fragestruktur Abstand genommen wird zu Gunsten dialogförmiger Interaktion.

C 4 Workshop „Sucht und Prävention"

C 4.2 Suchtprobleme bei Studierenden an deutschen Hochschulen

Michael Klein/Anne Pauly

Projektleitung
Prof. Dr. Michael Klein, Dipl.-Psychologe, Professor für Klinische und Sozialpsychologie an der KFH NW, Abteilung Köln, E-mail: mikle@kfhnw.de

Weitere beteiligte Personen
Dr. Anne Pauly, Dipl.-Sozialpädagogin, Wissenschaftliche Mitarbeiterin 100 % für 18 Monate

Projektdauer
09/2002–02/2004

Finanzvolumen
107.624 Euro

Durch wen wurde das Forschungsprojekt ggf. gefördert?
BMBF

Angewandte Forschungsmethoden
Epidemiologische Querschnittserhebung, teilstrukturierte Interviews zu individueller Problemausprägung, Experteninterviews

Forschungstyp
Entwicklung von Konzepten/Verfahren (integrierte Praxisforschung)
Grundlagenforschung

Projektveröffentlichungen
Pauly, Anne 2003: Lustig ist das Studentenleben – Suchtprävention an Hochschulen. In: Landschaftsverband Rheinland (Hrsg.). Suchtfalle Familie?! Forschung und Praxis zu Lebenswelten zwischen Kindheit und Erwachsenenalter, Köln.
Klein, Michael/ Pauly, Anne 2004: Suchtprobleme bei Studierenden an deutschen Hochschulen. Abschlussbericht zum Forschungsprojekt im Auftrag des BMBF, Köln.
Pauly, Anne 2005: Lustig ist das Studentenleben – Suchtverhalten im Studium. Dissertation der Heilpädagogischen Fakultät der Universität zu Köln. Elektronische Fassung, Universitätsbibliothek Köln.

Inhaltliche Projektdarstellung

Entstehungshintergrund
(a) Die 15. Sozialerhebung des Deutschen Studentenwerks im Jahr 1998 zeigt, dass die Lebensphase Studium oft durch schwierige psychische Konflikte gezeichnet ist. Diese nicht zu lösen, kann die Leistungsfähigkeit im Studium beeinträchtigen und die gesamte Lebenssituation des betroffenen Studierenden nachhaltig verschlechtern.
(b) Die Lebenssituation der Studierenden ist durch eine Vielzahl von Umbrüchen und Veränderungen charakterisiert: Der Statuswechsel vom Schüler zum Studierenden sowie vom Jugendlichen zum Erwachsenen findet im Rahmen einer umfassenden Neuorientierung statt, wobei eine große Zahl neuer Entwicklungsaufgaben (wie etwa selbstständiges Lernen, alleine wohnen) in der Studiensituation wie auch in der persönlichen Situation zu lösen ist. Die Lebenssituation der Studierenden ist durch Ambivalenz und Konflikte gekennzeichnet: So gilt beispielsweise der Studierende altersgemäß als mündiger Bürger, ist aber in vielfacher Hinsicht existenziell noch von den Eltern abhängig. Man kann in diesem Zusammenhang von Krisencharakter dieser Lebensphase sprechen, speziell die damit verbundene erhöhte Anfälligkeit für gesundheitliche Beeinträchtigungen ist inzwischen wissenschaftlich gut belegt.

Fragestellungen
Die Studie verfolgte folgende zentrale Fragestellungen:
(a) Wie ist die Situation von Studierenden in Deutschland bezüglich des problematischen Konsums von Suchtmitteln und weiterer, nicht stoffgebundener Suchtformen zu beschreiben?
(b) Wie hoch ist die Komorbiditätsrate psychischer Störungen mit substanzbezogenen Abhängigkeitserkrankungen?
(c) Welche Suchthilfemöglichkeiten sowie Präventionsansätze gibt es für die speziell gefährdete Altersgruppe der Studierenden?
(d) Wie hoch ist der (Sucht-) Beratungsbedarf bei Studierenden unter Berücksichtigung geschlechtsspezifischer Aspekte?
(e) Sind Studierende mit Beratungserfahrungen von Substanzstörungen weniger betroffen als Studierende ohne Beratungserfahrung?
(f) Welche innovativen Beratungs- und Hilfeprogramme können abgeleitet und entwickelt werden?

Projektverlauf
(a) Zeitgleich mit der Auswertung vorhandener Daten von nicht studierenden jungen Erwachsenen begann die Entwicklung des Fragebogeninstruments für die epidemiologische Querschnittsuntersuchung in Anlehnung an die Instrumente der Datensätze für Nicht-Studierende.
(b) Die Fragebögen wurden zwischen Mai und September 2003 sukzessive ausgewertet, um Probanden für die zweite Datenerhebung zu bestimmen. Die

endgültige Auswertung der Ergebnisse dieser ersten Datenerhebung fand im November 2003 statt. Es wurden nur die Studierenden, die ein Erststudium durchführten, ausgewählt, so dass eine Gesamtstichprobe von N=2.330 entstand.
(c) Die Interviews zur individuellen Problemausprägung (N=100) wurden im Zeitraum von Mai bis August 2003 geführt. Die endgültige Auswertung der Ergebnisse der zweiten Datenerhebung fand im November 2003 statt.
(d) Alle Experteninterviews wurden im Oktober und November 2003 durchgeführt. Die Durchführung erfolgte per Telefon und wurde mittels eines Tonbands aufgenommen, wovon im Anschluss an die Interviews zur Auswertung mit der qualitativen Inhaltsanalyse ein Transkript erstellt wurde.

Zentrale Ergebnisse
Nach ausführlicher Datenanalyse kann postuliert werden, dass sich die studentischen Konsummuster von denen Nicht-Studierender unterscheiden:
(a) Studierende neigen eher zu Rauschtrinken und zu missbräuchlichem Substanzkonsum, während Nicht-Studierende häufiger rauchen und häufiger als alkoholabhängig zu bezeichnen sind.
(b) Suchtprobleme sind bei Studierenden im Bereich des Substanzmissbrauchs häufiger zu finden als bei der vergleichbaren Altersgruppe der Nicht-Studierenden.
(c) Komorbide Studierende weisen einen stärker ausgeprägten Substanzmissbrauch auf als Studierende mit einer ausschließlich substanzbezogenen Diagnose, komorbide Frauen zeigen eine ausgeprägtere Alkoholabhängigkeit als Frauen mit einer ausschließlich alkoholbezogenen Diagnose.
(d) Die allgemeine Tendenz zum Substanzmissbrauch, die unabhängig von psychischen Störungen bei der Gruppe der Studierenden in höherem Maße entdeckt wird als bei der Gruppe der gleichaltrigen Nicht-Studierenden, spiegelt sich demnach auch bei den zusätzlich psychisch kranken Studierenden wider.
(e) Psychische Probleme und Suchtprobleme, auch eine Kombination dieser beiden, wirken sich negativ auf den Studienverlauf und auch das Studierverhalten aus. Der gesamte Lebenskontext des betroffenen Studierenden ist beeinträchtigt, was oft auch zu Leistungseinbußen führt.

Bedeutung der Ergebnisse für die Theorieentwicklung im Bereich Sozialer Arbeit
(a) Voraussetzung für eine interventive Präventionsstrategie bei Studierenden ist die Einsicht der eigenen Problemlage. Allerdings besteht ein Hauptproblem der betroffenen Studierenden darin, dass sie eigene substanzbezogene Verhaltensprobleme (noch) nicht reflektiert genug wahrgenommen haben und sie meist selbst verleugnen.
(b) Personen mit schädlichem Substanzkonsum werden vom Hilfesystem in der Regel erst sehr spät erreicht, professionelle Hilfe nehmen sie häufig erst nach Jahren des Suchtmittelmissbrauchs in Anspruch.

(c) In Kürze werden wir ein Nachfolgeprojekt durchführen, welches sich Versorgungslücken annimmt und mit Beteiligung von Projektpartnern eine internetbasierte Suchtprävention und Frühintervention bei substanzmissbrauchenden Studierenden entwickeln. Über das Medium Internet, welches im geplanten Vorhaben zentrales Ausführungsorgan sein soll, gibt es nicht nur die Möglichkeit zur selbstständigen Recherche gesundheitsrelevanter Informationsangebote, sondern es können leicht Kontakte hergestellt werden und Maßnahmen der Frühintervention stattfinden.

D 1 Workshop „Migration und Integration"

D 1.1 SOZIALRAUMORIENTIERTE INTERKULTURELLE ARBEIT – FAKTOREN DES GELINGENS

Sarah Häseler/ Gaby Straßburger

Projektleitung
Prof. Dr. Gaby Straßburger, Dipl. Soz. Päd., Dipl. Orientalistin, Katholische Hochschule für Sozialwesen Berlin, E-Mail: strassburger@khsb-berlin.de

Weitere beteiligte Personen
Bestmann, Stefan, Dipl. Päd., Projektrealisierung
Häseler, Sarah, cand. Dipl. Soz. Päd., studentische Mitarbeiterin
Ucan, Meryem, cand. Dipl. Soz. Päd., studentische Mitarbeiterin
Witt, Tabea, Dipl. Soz. Päd., Mitarbeiterin

Projektdauer
01/2006–01/2007

Finanzvolumen
Keine Angabe

Durch wen wurde das Forschungsprojekt ggf. gefördert?
Senatsverwaltung Bildung, Jugend und Sport des Landes Berlin (Auftraggeberin)

Angewandte Forschungsmethoden
Qualitative Experteninterviews, ero-epische Gespräche nach Girtler, teilnehmende Beobachtungen

Forschungstyp
Entwicklung von Konzepten/Verfahren (integrierte Praxisforschung)

Projektveröffentlichungen
Praxishandbuch für sozialraumorientierte interkulturelle Arbeit (bislang unveröffentlichter Abschlussbericht); aktualisierte Angaben unter www.fai-bene.net

Inhaltliche Projektdarstellung

Entstehungshintergrund
Neukölln steht derzeit bundesweit für einen Stadtteil, in dem sich gesellschaftliche Probleme häufen. Genau diesen Berliner Stadtbezirk hat das fai-bene Forschungsteam gewählt, um nach Ansätzen Sozialer Arbeit zu suchen, denen es

beispielhaft gelingt, Zugänge zu Familien mit Migrationshintergrund zu finden. Diese Angebote wurden hinsichtlich der Geheimnisse ihres Erfolgs unter die Lupe genommen. Das Ergebnis ist in einem Praxishandbuch anschaulich aufbereitet. Dieses Handbuch soll dazu beitragen, den aktuellen Herausforderungen einer zeitgemäßen Sozialen Arbeit in benachteiligten Stadtquartieren gerecht zu werden. Es will den dort tätigen Praktiker(inne)n kompetente und handlungsbezogene Unterstützung bieten. Der Kurztitel „fai bene" steht für „Familien im Bezirk Neukölln" und heißt auf italienisch so viel wie „Du tust gut daran!": ein zugleich wertschätzendes und ressourcenorientiertes Motto!

Fragestellungen
(a) Ausgangspunkt war ein 2004 vom Jugendamt in Berlin-Neukölln veröffentlichtes Papier mit der Überschrift „Mehr Vorsorge – weniger Nachsorge". Darin werden etliche Maßnahmen benannt, die nötig sind, um die Jugendhilfelandschaft im Bezirk zu reformieren. Betont wird, dass es lebenswelt- und sozialraumorientierter, präventiver Familienunterstützung bedürfe, um so genannte bildungsferne Milieus zu erreichen, insbesondere solche mit Migrationshintergrund. Denn gerade diese Milieus begegnen nach Einschätzung des Jugendamtes Präventivangeboten wie Schwangerschaftsberatung, Erziehungs- und Familienberatung, Gesundheitsuntersuchungen etc. bislang meist skeptisch bis gleichgültig.
(b) Auch der aktuelle 12. Kinder- und Jugendbericht der Bundesregierung zeigt die Bedeutung dieses Themas. Er kritisiert, dass bislang viel zu wenig getan wird, um benachteiligte Eltern, und zwar insbesondere Familien mit Migrationshintergrund, frühzeitig anzusprechen und zu unterstützen. So erreicht etwa das gegenwärtige Angebot der Familienbildungsstätten nur 5 % der Eltern, darunter fast nur Eltern aus der Mittelschicht. Um das zu ändern und – wie es im Bericht heißt – „Familienbildung in Deutschland als Selbstverständlichkeit zu etablieren", sind gelingende niedrigschwellige Angebote notwendig.
(c) Entsprechend lautet die zentrale Fragestellung der fai-bene Studie: Wie müssen familienunterstützende Angebote strukturell und methodisch gestaltet sein, damit Migrantenfamilien sie als attraktiv und hilfreich erachten und auch nutzen? (vgl. www.fai-bene.net)

Projektverlauf
(a) Das Praxisforschungsprojekt wurde von der Berliner Senatsverwaltung für Bildung, Jugend und Sport im Rahmen der „Einführung der Sozialraumorientierung" in Auftrag gegeben und läuft bis Ende 2006. Angesiedelt an der Katholischen Hochschule für Sozialwesen Berlin (KHSB) verantwortet Prof. Dr. Gaby Straßburger die Projektleitung. Kooperationspartner in der praktischen Umsetzung ist die SB Praxisberatung, Training & Forschung Berlin, vertreten durch Stefan Bestmann.
(b) Das Forschungsprojekt zeichnet praxisbezogen zentrale Faktoren für gelingende Zugänge zu Migrantenfamilien nach. In der Studie werden einerseits Pro-

jekte untersucht, die bereits gelingende Ansätze praktizieren, andererseits dient ein strukturierter Austausch mit verschiedenen Akteuren dazu, weitere unterstützende Faktoren diskursiv zu entwickeln. Etwa 40 Interviews mit Praktiker(innen) sowie direkte Praxisbeobachtungen bilden die breite empirische Basis. Die Perspektive der professionell tätigen Akteure wird durch die der Nutzer(innen) ergänzt. Teilnehmende Beobachtung und ero-epische Gespräche mit Familien tragen dazu bei, auch diese zentrale Perspektive einzubeziehen.

Zentrale Ergebnisse
(a) Ein Praxishandbuch für die berufliche Weiterbildung und für die grundständige Hochschulausbildung im Feld der Sozialen Arbeit ist das Ergebnis dieser Untersuchung. Primäre Zielgruppe sind die in der Praxis Tätigen oder sich in der Ausbildung befindlichen Erzieher(innen) und Sozialarbeiter(innen) aus den maßgeblichen Handlungsfeldern der Tagesbetreuung (KiTa/Hort) und der Hilfen zur Erziehung (HzE), sowie angrenzender Kooperationsfelder wie Schule, Quartiersmanagement oder Stadtteilarbeit. Daneben werden aber auch konzeptionell Tätige und steuernde Verantwortliche in Verbänden, Vereinen und Kommunen angesprochen.
(b) In dem stark handlungsorientiert-methodisch ausgerichteten Hauptteil werden zentrale Faktoren nachgezeichnet, wie beispielsweise:

– Die eigene professionelle Haltung (etwa Wertschätzung oder Ressourcenorientierung),
– die Gestaltung des Erstzugangs,
– den Zugang halten und pflegen,
– die notwendigen strukturellen Faktoren einer gelingenden Praxis.

(c) Es wird gezeigt, welche Faktoren in der Konzeptionsentwicklung und im methodischen Handeln für den Erfolg verantwortlich sind und welche strukturellen Rahmenbedingungen dafür gegeben sein müssen (Personal, Örtlichkeit und Räume, Kooperation und Vernetzung, Finanzierung). Diese Darstellung ist idealtypisch projektübergreifend und folgt den verschiedenen Handlungsschritten des Arbeitsprozesses der Praktiker(innen).
(d) Anschließend werden einzelne Projekte aus verschiedenen Handlungsfeldern porträtiert. An diesen Beispielen lässt sich verdeutlichen, wie unterschiedliche Aspekte ineinander greifen und gemeinsam zum Gelingen beitragen. Ausführlichere Texte, die einzelne thematische Aspekte stärker vertiefen und zu weiterer fachlicher und fachtheoretischer Auseinandersetzung anregen, bilden den zweiten Teil des Praxishandbuches.
Ein umfassendes und aktuelles Literaturverzeichnis rundet das Buch ab.

Bedeutung der Ergebnisse für die Theorieentwicklung im Bereich Sozialer Arbeit
(a) Aus gelingenden Ansätzen bestehender Praxis handlungsbezogen lernen und sich so den aktuellen Herausforderungen einer modernen Sozialen Arbeit kompetent stellen, ist das zentrale Anliegen des Praxishandbuches.

(b) Zugleich bietet die Untersuchung auf einer recht breiten empirischen Basis einen Beitrag zur Fundierung einer Theorie des sozialräumlichen und lösungsfokussierten Prinzips und der damit verbundenen handlungsmethodischen Ableitungen.

D 1.2 Evaluierung des Xenos-Projektes „Ausbildung für Integration" – Integratives Beschäftigungsprojekt der Zittauer Bildungsgesellschaft

Erika Steinert/Sylvia Wünsche

Projektleitung
Prof. Dr. Erika Steinert, Hochschule Zittau/Görlitz, E-mail: e.steinert@hs-zigr.de

Weitere beteiligte Personen
Sylvia Wünsche, Dipl. Kommunikationspsychologin (FH), Honorartätigkeit für 12 Monate und wissenschaftliche Mitarbeit 50 % für vier Monate
Nicolle Mehnert, Dipl. Kommunikationspsychologin (FH), Honorartätigkeit für 12 Monate
Studentische Forschungsgruppen

Projektdauer
10/2003–08/2006

Finanzvolumen
Keine Angabe

Durch wen wurde das Forschungsprojekt ggf. gefördert?
Zittauer Bildungsgesellschaft gGmbH

Angewandte Forschungsmethoden
Methodentriangulation aus schriftlicher Teilnehmerbefragung, qualitativer Expertenbefragung und Gruppendiskussion teilnehmender Beobachtung

Forschungstyp
Evaluationsuntersuchung
Wissenschaftliche Begleitung sozialer Projekte
Entwicklung von Konzepten/Verfahren (integrierte Praxisforschung)

Projektveröffentlichungen
Abschlussbereichte zu den Evaluationsphasen I–III: 2004, 2005 und 2006

Inhaltliche Projektdarstellung
Entstehungshintergrund
(a) Seit den neunziger Jahren bilden Spätaussiedler aus der ehemaligen Sowjetunion die größte Einwanderergruppe in Deutschland (vgl. Dietz/Roll 1998, S. 18). Einige Aspekte und Problematiken der Integration junger Aussiedler in einer von hoher Arbeitslosigkeit und Fremdenfeindlichkeit geprägten Umwelt sind Gegenstand der hier vorgestellten Studie.
(b) Wahlergebnisse zeigen auf, dass die Region um Zittau ein besonders hohes Potenzial rechtsextremer Tendenzen aufweist. Projekte wie das Xenos-Bildungsprojekt „Ausbildung für Integration" verfolgen das Ziel, gerade in der jugendlichen Generation eine Annäherung zu bewirken und Vorurteile abzubauen. Durch die gemeinsame Ausbildung von einheimischen Jugendlichen und AussiedlerInnen sollte ein Beitrag zum Abbau von Fremdenfeindlichkeit und Rechtsextremismus geleistet werden.
Bei der Evaluation des Xenos-Projektes „Ausbildung für Integration" vom Dezember 2003 bis August 2006 handelte es sich um die wissenschaftliche Begleitung dieses Beschäftigungsprojektes der Zittauer Bildungsgesellschaft gGmbH in Kooperation mit der Hochschule Zittau/Görlitz unter Leitung von Prof. Dr. Erika Steinert.

Fragestellungen
Erfasst wurden folgende Fragestellungen:

– Akzeptanz und Zufriedenheit der Auszubildenden im XENOS-Projekt
– TeilnehmerInnenmotivation
– Auftreten rechtsradikaler Tendenzen in der Ausbildungsgruppe
– Annäherung der jugendlichen AussiedlerInnen und in Deutschland geborenen TeilnehmerInnen
– Einschätzung der deutschen Sprachkompetenz der AussiedlerInnen
– Verwirklichung des Integrationsgedankens

Projektverlauf
(a) Die Evaluation wurde in drei Phasen durchgeführt, welchen eine Voruntersuchung im Rahmen einer Diplomarbeit vorausging.
(b) Eine Methodentriangulation aus schriftlicher Teilnehmerbefragung, qualitativer Expertenbefragung und Beobachtung wurde als sinnvoll erachtet, um verschiedene Perspektiven einzubeziehen. Ergänzt wurde dieser Ansatz durch Dokumentenanalysen (unter anderem Fehlzeiten, Noten, Statistiken auf Bundes- und Landesebene) sowie durch eine Gruppendiskussion mit Projektverantwortlichen zur Kommunikativen Validierung.
(c) In jeder Phase wurden Daten mit den beschriebenen Methoden erhoben und ausgewertet.

Zentrale Ergebnisse
(a) Bezüglich der Akzeptanz und der Zufriedenheit der Auszubildenden im XENOS-Projekt: Das Xenos-Projekt „Ausbildung für Integration" wurde sehr gut angenommen, die TeilnehmerInnen waren überwiegend zufrieden mit Lerninhalten und Ausbildungsbedingungen.
(b) Bezüglich der TeilnehmerInnenmotivation: Die Motivation zur Ausbildung wies starke Schwankungen abhängig von Gruppensituation (Konfliktauswirkungen), persönlichen Krisen (Krankheit, Verlust) und Ausbildungsetappe (Prüfungszeit, Praktikumszeit) auf.
(c) Bezüglich des Auftretens rechtsradikaler Tendenzen in der Ausbildungsgruppe: Es traten keine diskriminierenden oder rechtsradikalen Tendenzen in den vier untersuchten Gruppen auf.
(d) Bezüglich der Annäherung der jugendlichen AussiedlerInnen und in Deutschland geborenen TeilnehmerInnen: In allen Ausbildungsgruppen war eine deutliche Kleingruppenbildung zu beobachten. Sprachbarrieren bewirkten eine kulturelle Gruppenbildung und Verständnisprobleme, die den Unterricht betrafen und in den Freizeitbereich hinein wirkten.
(e) Bezüglich der Einschätzung der deutschen Sprachkompetenz der AussiedlerInnen: Motivation, Qualität und Häufigkeit, deutsch zu sprechen, waren bei der überwiegenden Mehrheit der jugendlichen AussiedlerInnen gering. Eine Verbesserung der Sprachkompetenz im Laufe der Zeit war nur geringfügig zu verzeichnen. Einige TeilnehmerInnen schafften aufgrund der Sprachdefizite die Abschlussprüfungen nicht. Alle Versuche zur Sprachförderung müssen als gescheitert betrachtet werden.
(f) Bezüglich der Verwirklichung des Integrationsgedankens: Die fachlichen Leistungen im Ausbildungsberuf befähigen die meisten TeilnehmerInnen, eine Arbeit zu finden, sofern die Bereitschaft für einen Ortswechsel besteht. Somit könnte die wirtschaftliche Integration gelingen. Eine soziokulturelle Integration der AussiedlerInnen des Xenos-Projektes ist, da die Sprachkompetenzen nicht verbessert werden konnte und eine Annäherung zwischen einheimischen und Migrantenjugendlichen nur in Ansätzen gelang, als wenig erfolgreich zu bezeichnen.

Bedeutung der Ergebnisse für die Theorieentwicklung im Bereich Sozialer Arbeit
(a) Die jungen Einwanderer aus den GUS-Staaten fühlen sich als Deutsche und haben den Anspruch, als solche in die deutsche Gesellschaft integriert zu werden.
(b) Integration ist „ein sich im Interaktionsgefüge vollziehender Prozess zwischen gesellschaftlichen Gruppen (...), der die Aufnahmebereitschaft des Sozialsystems voraussetzt" (Baaden 1992, S. 32).
(c) Sprache wird nach Ingenhorst „stets als der wichtigste Indikator für gelingende oder misslingende Integration nach der Aussiedlung betrachtet" (Ingenhorst 1997, S. 147). Persönlicher Austausch ist an Kommunikation gebunden und basiert im Wesentlichen auf sprachlichen Interaktionen des gegenseitigen

Kennen- und Verstehenlernens. „Das hierbei entstehende Bild vom Anderen wird in entscheidendem Maße von der Beherrschung der deutschen Sprache geprägt" (Dietz/ Hilkes 1994). Die Akzeptanz der Aussiedler steigt mit ihrer Kompetenz, sich deutsch auszudrücken.

(d) Auch Ködderitzsch betont, dass „ohne die Fähigkeit, die Sprache im Berufs- und Alltagsleben anzuwenden eine Eingliederung praktisch nicht durchführbar ist" (Ködderitzsch 1997, S. 63).

(e) Das Beispiel der jugendlichen AussiedlerInnen zeigt, wie wichtig ein umfangreicher Deutschunterricht für die Integration ist. Aktuell angebotene Kurse reichen bei weitem nicht aus, um den Austausch von Einheimischen und AussiedlerInnen zu ermöglichen und damit die Integration zu erleichtern, so die Evaluationsbefunde. Verallgemeinerbar für Integrationsmaßnahmen dieser Art ist, dass ein bloßer Deutschunterricht keineswegs ausreicht, Integration zu ermöglichen. Aktivierende Formen der Sprachaneignung wie Sprachanimation, Sprachtandems u.ä. sind unverzichtbar.

Literatur

Baaden, Andreas 1992: Kulturarbeit mit Aussiedlern: Projekte, Erfahrungen, Handlungsbedarf. Ein Handbuch für die soziokulturelle Integrationsarbeit mit Migrantenminoritäten. Bonn.

Dietz, Barbara/ Roll, Heike 1998: Jugendliche Aussiedler – Porträt einer Zuwanderergeneration. Frankfurt am Main.

Dietz, Barbara/ Hilkes, Peter 1994: Integriert oder isoliert? Zur Situation russlanddeutscher Aussiedler in der Bundesrepublik Deutschland. München.

Ingenhorst, Heinz 1997: Die Russlanddeutschen. Aussiedler zwischen Tradition und Moderne. Frankfurt am Main.

Ködderitzsch, Peter 1997: Zur Lage, Lebenssituation, Befindlichkeit und Integration der russlanddeutschen Aussiedler in Berlin. Frankfurt am Main.

Wahlergebnisse unter: http://www.statistik.sachsen.de/wahlen/allg/Seite_1.htm bzw. http://www.bundestag.de/wahl2005/

D 1.3 FÖRDERUNG DER SPRACHKOMPETENZ ALS SCHLÜSSEL ZUR INTEGRATION VON KINDERN UND ERWACHSENEN MIT MIGRATIONSHINTERGRUND – EVALUATION DER DEUTSCH-OFFENSIVE ERLANGEN

Roswitha Sommer-Himmel

Projektleitung
Dr. Roswitha Sommer-Himmel, wissenschaftliche Mitarbeiterin der Ev. Fachhochschule Nürnberg, E-mail: roswitha.sommer-himmel@evfh-nuernberg.de

Weitere beteiligte Personen
Aura Axente, M.A., wissenschaftliche Mitarbeiterin, 25 % für sechs Monate
Stefanie Woidich, M.A., wissenschaftliche Mitarbeiterin, 25 % für sechs Monate

Projektdauer
12/2003–06/2004

Finanzvolumen
5.000 Euro

Durch wen wurde das Forschungsprojekt ggf. gefördert?
Bayerisches Staatsministerium für Arbeit und Soziales

Angewandte Forschungsmethoden
Evaluationsmethoden: Fragebogen, Expertendiskussion, teilnehmende Beobachtung, Auswertungsgespräche

Forschungstyp
Evaluationsuntersuchung

Projektveröffentlichungen
Sommer-Himmel, Renate/ Axente, Aura/ Woidich, Stefanie 2003: Deutsch-Offensive Erlangen. Förderung der Sprachkompetenz. Erfahrungen des 1. Projektjahres – Evaluationsbericht. Bezug über: Stadt Erlangen, Ausländerbeirat.

Inhaltliche Projektdarstellung

Entstehungshintergrund
(a) Von den etwa 117.000 Einwohnern Erlangens haben 14 % einen Migrationshintergrund. Viele dieser Menschen kamen als so genannte Gastarbeiter schon vor 50 Jahren nach Deutschland, später kamen Aussiedler und Flüchtlinge hinzu. Dadurch leben jetzt Menschen aus 138 verschiedenen Nationen in Erlangen. Die unbefriedigende Lage, dass Menschen, die bis zu 20 Jahren schon in Erlangen lebten und noch nicht – oder nur mangelhaft – Deutsch sprachen, war für den Ausländer/innenbeirat ausschlaggebend, im Jahr 2000 alle Einrichtungen, Initiativen und Vereine, die an den Themen Sprachförderung und Integration arbeiteten, zu einem „Runden Tisch" einzuladen. Gemeinsam wurde das Konzept „Deutsch-Offensive Erlangen" entwickelt. Im Jahr 2002 stellte der Stadtrat erstmals Gelder zur Durchführung von Deutschkursen zur Verfügung.
(b) Die verschiedenen Träger bieten Deutschkurse im gesamten Stadtgebiet für Menschen an, die aus verschiedenen Gründen sonst keinen Kurs aufsuchen

würden. Das Angebot ist niederschwellig konzipiert, die Kurse finden in Stadtteilen statt, an denen die meisten ausländischen Mitbürger wohnen und dort in ihnen vertrauten Einrichtungen, etwa dem Kindergarten. Die Unterrichtsinhalte sind alltagsnah und entsprechen den individuellen Bedürfnissen der Teilnehmer. Ziel ist, dass sich jeder mit den Nachbarn, im Kindergarten, in der Schule, beim Arzt oder im Behördenkontakt verständlich machen kann. Bei Bedarf wird Kinderbetreuung angeboten. Die Träger der Kurse arbeiten zusammen, tauschen sich aus und unterstützen sich gegenseitig. Für die Koordination und Weiterentwicklung des Projekts ist der Ausländer/innenbeirat verantwortlich. Kurse werden für unterschiedliche Zielgruppen angeboten: Kindergarten-, Grundschulkinder mit geringen sprachpraktischen und/oder schriftlichen Deutschkenntnissen, ausländische Mütter von Schulkindern, Frauen und Männer ohne Deutschkenntnisse, ältere Zuwanderer, Asylbewerber und Spätaussiedler.

Fragestellungen
(a) Ist im ersten Projektjahr das Ziel der Deutsch-Offensive, ein differenziertes niederschwellig angesiedeltes Kursangebot zu entwickeln, das auch rege genutzt wird, erreicht worden? Hieraus ergeben sich folgende Detailfragen:
b) Greift das differenzierte Kursangebot ineinander? Wichtig ist die Passgenauigkeit von Kursinhalten, damit eine Anschlussfähigkeit gewährleistet ist. Finden Interessierte für sich das passende Angebot? Wird die definierte Zielgruppe erreicht? Welche sprachlichen Fortschritte sind erkennbar? Sind die vorgegebenen strukturellen Rahmenbedingungen für Sprachkurse praktikabel?

Projektverlauf
Im Rahmen des Evaluationsprojekts von Dezember 2002 bis Mai 2003 fanden zwei Expertinnendiskussionen mit allen Dozentinnen statt. Alle Zwischen- und Abschlussberichte der Kursleiterinnen lagen dem Evaluationsteam vor. Diese Informationen wurden mittels teilnehmender Beobachtung in Erwachsenenkursen und Befragung von erwachsenen Kursteilnehmern ergänzt. Hinzu kamen Einzelinterviews mit Dozentinnen, insbesondere mit allen Kursleiterinnen der Kinderkurse. Aufgrund der geringen sprachlichen Kompetenzen und großer Unsicherheit der Kinder wurde auf eine teilnehmende Beobachtung in diesen Gruppen verzichtet. Gespräche mit den Erzieherinnen, in deren Einrichtung Kinder Sprachkurse besuchen und die die Fortschritte der Kinder beobachten und die Kursinhalte im Alltag weiterführen, rundeten das Bild ab.

Zentrale Ergebnisse
(a) Bezüglich der sprachlichen Fortschritte: Bei den insgesamt 120 Kursteilnehmern zeigen sich nach Ablauf des ersten Projektjahrs sehr gute individuelle sprachliche Fortschritte in der alltäglichen Sprachpraxis. Kurztests der Kursleiterinnen belegen die erheblichen Lernfortschritte. Von einer regen Beteiligung

am Unterricht in herzlicher Atmosphäre wird berichtet. Häufig waren vorher Kurse anderer Bildungsträger abgebrochen worden. Die Teilnehmer wenden Erlerntes im Alltag an, sie wünschen Aufbaukurse. Einzelne Frauen gehen aktiv die Suche nach einer Arbeitsstelle an. Ebenso wird aus den Kinderkursen von sprachlichen Erfolgen und sich steigerndem Selbstvertrauen berichtet. Die Kinder schließen sprachliche Lücken und gewinnen Selbstbewusstsein im aktiven Sprechen, der wichtigste Baustein für schulischen Erfolg.
(b) Bezüglich der Praktikabilität der vorgegebenen Strukturen: Die große Heterogenität der Sprachkompetenz führte in vielen Kursen zu einer Teilung in Anfänger und Fortgeschrittene. Ein effektiver Unterricht der Kinder erforderte Einzel- oder Kleinstgruppen. Die dadurch verkürzte Unterrichtszeit (zwei Mal etwa 15-20 Minuten pro Woche) erwies sich aber für die Kinder als lernfördernd. Die Teilung der Kurse birgt jedoch die Gefahr der Nichtweiterführung. Die strukturellen Rahmenbedingungen zur Finanzierung der Kurse sind vor diesem Hintergrund noch einmal zu überdenken.
(c) Bezüglich der Passgenauigkeit von Kursinhalten: Der zielgruppenorientierte Unterricht hat eine große Heterogenität zur Folge. Einerseits werden Lernbedürfnisse gedeckt, es zeigen sich große Erfolge im aktiven Sprechen. Andererseits wird dadurch ein Kurswechsel und die Anschlussfähigkeit stark eingeschränkt. Richtlinien für Kursinhalte sind festzulegen und abzustimmen sowie ein enger Austausch zwischen den Dozentinnen zu pflegen.
(d) Ein weiteres Evaluationsergebnis war die Erstellung eines Handlungskatalogs und Empfehlungen für die langfristige Sicherung des Angebots.

Bedeutung der Ergebnisse für die Theorieentwicklung im Bereich Sozialer Arbeit
(a) Die Sozialraumorientierung zeigt sich als wichtigster Ansatzpunkt für erfolgreiche Sprachförderung. Niederschwellige Angebote finden vor Ort Anklang. Als weiteres Stichwort ist die Notwendigkeit frühkindlicher Sprachförderung und damit frühkindlicher Bildung zu nennen, um Integration und schulischen Erfolg zu ermöglichen. Hinzu kommt auch der systemische Ansatz, in dem Kurse wie „Mama lernt Deutsch" theoretisch anzusiedeln sind. Die Beherrschung der Migrationssprache vermittelt den Frauen die Möglichkeit zur gesellschaftlichen Teilhabe sowie selbstbewussterem Auftreten und schließlich sind sie die Schlüsselfiguren zur Sprachentwicklung ihrer Kinder.
(b) Abschließend ist darauf hinzuweisen, dass die Deutsch-Offensive als Erfolgsmodell anderen Kommunen zum Vorbild geworden ist. Mit minimalem Einsatz wurde eine große Zielgruppe erreicht.

D 2 Workshop „Schulsozialarbeit"

D 2.1 SCHULSOZIALARBEIT AUS LEHRERSICHT

Franz J. Schermer

Projektleitung
Prof. Dr.phil. Franz J. Schermer. Dipl.-Psych., Professor für Psychologie an der Fakultät für Sozialwesen und Pflegemanagement der Fachhochschule Würzburg-Schweinfurt, Leiter des Studienschwerpunktes Schulsozialarbeit, E-mail: schermer@mail.fh-wuerzburg.de

Weitere beteiligte Personen
Die Projektdurchführung erfolgt bisher ausschliesslich über Diplomarbeiten (bislang N=15) im Studienschwerpunkt Schulsozialarbeit an der Fakultät

Projektdauer
03/2000–unbegrenzt

Finanzvolumen
Eigenfinanzierung

Durch wen wurde das Forschungsprojekt ggf. gefördert?
Keine Förderung

Angewandte Forschungsmethoden
Deskriptive und inferenzstatistische Verfahren der empirischen Sozialforschung

Forschungstyp
Entwicklung von Konzepten und Verfahren (integrierte Praxisforschung)
Grundlagenforschung
Selbstreferentielle Untersuchung

Projektveröffentlichungen
Schermer, Franz J./Weber, Angelika 2002: Schulsozialarbeit aus Lehrersicht: Problemlagen und Veränderungserwartung. In: Archiv für Wissenschaft und Praxis der sozialen Arbeit, Heft 2, S. 43–70.

Workshop „Schulsozialarbeit"

Inhaltliche Projektdarstellung
Entstehungshintergrund
Das Projekt „Schulsozialarbeit aus Lehrersicht" entstand mit der Einrichtung des Studienschwerpunktes „Schulsozialarbeit" an der Fakultät für Soziale Arbeit und Pflegemanagement der Fachhochschule Würzburg-Schweinfurt im Jahre 2000. Bei der Konzipierung des Schwerpunktes fiel auf, dass trotz fast dreißigjährigen Bestehens von Schulsozialarbeit empirische Forschungsbemühungen bislang ausschließlich der Überprüfung der bestehenden Praxis galten und soviel wie keine den Standards der empirischen Sozialforschung genügenden Daten zu konzeptuellen Fragen dieses Bereichs vorlagen. Da Gelingen oder Misslingen von Angeboten der Schulsozialarbeit nachweislich in nicht unbedeutendem Ausmaß von der Haltung der Lehrkräfte als den wesentlichen Kooperationspartnern der Schulsozialarbeiter mitbestimmt wird, erschien es notwendig, durch eigene Untersuchungen diese Forschungslücke zu schließen.

Fragestellungen
Das Forschungsprojekt ermittelt die Erwartungen von Lehrkräften verschiedener Schularten (Grund-, Haupt-, Real-, Förder-, Berufsschule sowie Gymnasium) gegenüber unterschiedlichen Facetten der Schulsozialarbeit. Die Erhebungen finden dabei sowohl an Schulen statt, die bislang noch keine Schulsozialarbeit implementiert haben als auch an solchen mit bereits implementierter Schulsozialarbeit.
Die erhobenen Daten werden in dreierlei Hinsicht ausgewertet:

– Bestimmung der Erwartungen bezogen auf einen bestimmten Schultyp (z.B. Hauptschule)
– Vergleich der Erwartungen von Lehrkräften unterschiedlicher Schularten (z.B. Hauptschule versus Realschule)
– Vergleich von Lehrkräften mit und ohne Erfahrungen bezüglich Angeboten der Schulsozialarbeit an der gleichen Schulart

Projektverlauf
(a) Als Erhebungsverfahren wurde ein standardisierter Fragebogen entwickelt, der folgende Facetten der Schulsozialarbeit berücksichtigt:

– Problemlagen und Korrekturerwartung (je 31 Items)
– Angebote (27 Items)
– Kooperationsformen und -inhalte (11 Items)
– Adressaten (8 Items)
– Rahmenbedingungen und Grundsätze (10 Items)
– Betreuungs- und Beratungsarten (16 Items)
– Zusammenarbeit mit Personen/Institutionen (17 Items)

(b) Die Beantwortung erfolgt auf einer fünf-stufigen numerischen Skala, wobei die Problemlagen hinsichtlich ihrer Häufigkeit, alle anderen Items hinsichtlich

ihrer Wichtigkeit einzuschätzen sind. Zur Ermittlung differentieller Effekte innerhalb der Stichproben wurden zusätzlich Alter, Geschlecht und Beschäftigungsdauer erfragt.
(c) Die Auswertung der Daten erfolgt über deskriptive und inferenzstatistische Verfahren. Stichprobenbezogen werden die Dimensionen der Fragebogenbereiche durch Hauptkomponentenanalysen (PCA) ermittelt und für die gewonnenen Komponenten Skalenkennwerte entsprechend der klassischen Testtheorie berechnet. Prüfverfahren zum Vergleich der zentralen Tendenz dienen der Feststellung von Unterschieden bezüglich verschiedener Schularten, unterschiedlicher Erfahrungen mit Schulsozialarbeit, Alter, Geschlecht oder Beschäftigungsdauer.

Zentrale Ergebnisse
Ein Ergebnisbeispiel: Vergleich von Hauptschullehrern an Schulen mit und ohne Schulsozialarbeit hinsichtlich Problemlagen, Korrekturerwartung, Angeboten und Kooperationsformen und -inhalten anhand folgender Stichprobe:
– Gesamtstichprobe: N=178 (88 weiblich, 90 männlich), Mittelwerte: Alter 44 Jahre, Dienstzeit 18 Jahre.
– Teilstichprobe ohne Schulsozialarbeit: N=95 (48 weiblich, 47 männlich), Mittelwerte: Alter 43 J.; Dienstzeit 18 Jahre.
– Teilstichprobe mit Schulsozialarbeit: N=83 (41 weiblich, 42 männlich), Mittelwerte: Alter 44 J., Dienstzeit 18 Jahre.

Die Auswertung dieser Stichprobe ergab folgende Ergebnisse (Auszug):
(a) Die Hauptkomponentenanalyse der Problemlagen führte zu folgenden sechs Dimensionen:
– Delinquenz/Abhängigkeiten
– expansive Verhaltensweisen
– generalisierte leistungsbezogene Schwierigkeiten
– schul-/unterrichtsbezogene Motivationsprobleme
– spezifische Einschränkungen des Leistungsverhaltens
– Probleme der sozialen Integration.

An Schulen mit implementierter Schulsozialarbeit werden die Dimensionen 1, 4 und 6 signifikant häufiger wahrgenommen.
(b) Werden die Items zu den Problemlagen danach beurteilt wie wichtig für sie eine Intervention durch den Schulsozialarbeiter erscheint (Korrekturerwartung), ergeben sich ebenfalls sechs Komponenten, nämlich:
– Delinquente Verhaltensweisen
– motivationale und behaviorale Störungen des Lernens
– expansiv-aggressive Verhaltensweisen
– Abhängigkeiten
– Leistungsprobleme
– Probleme der sozialen Integration.

Lehrer ohne Erfahrung mit Schulsozialarbeit halten den Einsatz schulsozialarbeiterischer Intervention in drei Bereichen (Komponenten 1, 4, 6) für wichtiger als Lehrer mit Erfahrung.
(c) Die 27 Items zu den Angeboten gruppieren sich folgendermaßen:
– Bewältigungsorientierung
– Betreuungsorientierung
– schulbezogene Sozialaktivität
– außerschulische Sozialaktivität
– Gender Angebote.
Lehrer ohne Erfahrung mit Schulsozialarbeit unterscheiden sich von Lehrern mit Erfahrung durch eine höhere Einschätzung der Bewältigungsorientierung, wohingegen letztere schulbezogene Sozialaktivität für wichtiger halten.
(d) Keine Unterschiede beider Lehrergruppen finden sich bezüglich der Kooperationsformen und -inhalte.

Bedeutung der Ergebnisse für die Theorieentwicklung
im Bereich Sozialer Arbeit
Aus den Ergebnissen werden notwendig erscheinende Inhalte in der Ausbildung von Schulsozialarbeitern sowie Aspekte der konzeptionellen Gestaltung von Schulsozialarbeit – insbesondere bezüglich der Kooperation von Schulsozialarbeitern und Lehrkräften – bgeleitet.

D 2.2 KINDER PSYCHISCH ERKRANKTER ELTERN – ANSPRECHPARTNER IM KONTEXT DER SCHULE. EINE EMPIRISCHE STUDIE

Schirin Homeier/Angelika Weber

Projektleitung
Prof. Dr. Angelika Weber, Dipl. Psych., Professorin für Psychologie, E-mail: aweber@fh-wuerzburg.de
Schirin Homeier, Dipl. Soz.-Päd. (FH), E-mail: Schirin007@gmx.de

Weitere beteiligte Personen
Keine

Projektdauer
10/2005–06/2006

Finanzvolumen
Keine Angabe

Durch wen wurde das Forschungsprojekt ggf. gefördert?
Keine Förderung

Angewandte Forschungsmethoden
Fragebogen (Eigenentwicklung)

Forschungstyp
Sozialberichterstattung
Wissenschaftliche Begleitung sozialer Projekte
Entwicklung Konzepten und Verfahren (integrierte Praxisforschung)

Projektveröffentlichungen
Diplomarbeit an der FH Würzburg-Schweinfurt 2006

Inhaltliche Projektdarstellung

Entstehungshintergrund
Schätzungen zufolge leben in Deutschland etwa 500.000 Kinder psychisch erkrankter Eltern und 2.65 Millionen Kinder bei denen ein Elternteil alkoholabhängig ist. Trotz dieser hohen Fallzahlen gestaltet es sich für die Soziale Arbeit aufgrund der Tabuisierung der elterlichen psychischen Erkrankung als schwierig, betroffene Kinder mit einem Hilfsangebot zu erreichen. Beratungslehrer und Schulpsychologen könnten als Bezugspersonen der betroffenen Kinder im Kontext der Schule eine Vermittlerrolle zwischen den belasteten Familien und sozialen Institutionen einnehmen, da diese beiden Berufsgruppen Schülern und Eltern als Ansprechpartner bezüglich der verschiedensten Problematiken zur Verfügung stehen.

Fragestellungen
(a) In welchem Umfang haben Schulpsychologen und Beratungslehrer Kontakt zu betroffenen Kindern und deren Familien?
(b) Sind diese Berufsgruppen für diese Kinder tatsächlich Ansprechpartner?
(c) In welchem Rahmen kooperieren Schulpsychologen und Beratungslehrer bezüglich der betroffenen Kinder mit anderen Fachkräften?

Projektverlauf
(a) Befragt wurden 59 Personen aus Schulen Unterfrankens: 30 Schulpsychologen (12 m./18 w.) sowie 29 Beratungslehrer (12 m./17 w.).
(b) Die Untersuchungsteilnehmer sollten sich zu folgenden Aspekten äußern:

- Erfahrungen der Probanden mit Kindern psychisch erkrankter Eltern
- Kontakt zwischen Probanden und betroffenen Personen
- Die betroffenen Kinder in der Klassengemeinschaft
- Kooperation mit sozialen Organisationen, Kollegen, Vorgesetzten bezüglich der Kinder mit einem psychisch erkrankten Elternteil

– Die typische Situation von Kindern mit einem psychisch erkrankten Elternteil
– Ausbildung und Fortbildung der Probanden
– Persönliche Anmerkungen der Teilnehmer

(c) Insgesamt wurden 88 Fragebögen ausgeteilt, 59 wurden davon zurück erhalten (Rücklaufquote: 67,0 %). Zur Überprüfung von Zusammenhängen zwischen verschiedenen Variablen wurden bivariate Korrelationen nach Spearman berechnet (α=0.05). Der Fisher-Yates-Test sowie der Chi-Quadrat-Test nach Pearson sind zur Überprüfung von Unterschieden bei Kreuztabellen eingesetzt worden.

Zentrale Ergebnisse
(a) Von den Untersuchungsteilnehmern haben 78,0 % in ihrer Beratungstätigkeit Kontakt zu Kindern psychisch erkrankter Eltern. Die Auswirkungen einer elterlichen Erkrankung auf die Kinder stellen somit ein Thema in der Beratung der Befragten dar. Als häufigste Informationsquellen bezüglich der elterlichen Erkrankung wurden gesunder Elternteil (60,0 %), erkrankter Elternteil (57,7 %), betroffenes Kind (51,1 %) und Lehrer (46,7 %) genannt (Mehrfachantworten möglich; n=45). Dies bedeutet, dass Schulpsychologen und Beratungslehrer von Eltern, jedoch weniger von den Kindern als Ansprechpartner genutzt werden.
(b) Festzuhalten ist, dass die meisten derjenigen Befragten, welche Kontakt zu Kindern psychisch Erkrankter haben, mit diesen (79,5 %; n=44), aber noch häufiger mit deren Bezugspersonen (88,4 %; n=44), ein Gespräch bezüglich der elterlichen Erkrankung führen. Wenn die Fachkräfte den Kindern ein Gespräch bezüglich der elterlichen Erkrankung anbieten, vertrauen diese sich sofort an (67,9 %), sind nicht (57,1 %) oder sind zu einem späteren Zeitpunkt dazu bereit (53,6 %; Mehrfachantworten möglich; n=28). Tendenziell sind die Bezugspersonen noch eher als die betroffenen Kinder zu einem Gespräch bereit: sofortige (83,3 %), spätere (50,0 %), keine Bereitschaft (20,8 %; Mehrfachantworten möglich; n=24).
(c) Folgende drei Gründe könnten diese Umstände erklären:
– Es ist möglich, dass betroffene Kinder aufgrund der Tabuisierung psychischer Erkrankungen innerhalb der Familie nicht die Erlaubnis haben, über die häusliche Situation zu sprechen.
– verschiedene Emotionen der Kinder könnten ein Verschweigen konkreter Angaben über die elterliche Erkrankung bedingen (sie könnten sich zum Beispiel für den erkrankten Elternteil schämen).
– es ist möglich, dass die Kinder zu wenig Kontakt zu den Schulpsychologen beziehungsweise Beratungslehrer haben. Ihnen könnte deshalb das Vertrauen zu diesen Fachkräften fehlen.
(d) 60,0 % der Befragten haben mit einer sozialen Organisation kooperiert. Hier fand vor allem eine Zusammenarbeit mit dem Jugendamt (70,4 %) und der

Kinder- und Jugendpsychiatrie statt (63,0 %) (Mehrfachantworten möglich; n=27). Mit Personen aus dem Schulbereich haben bisher 95,6 % bezüglich der betroffenen Kinder kooperiert. Hier wurde vor allem mit (anderen) Schulpsychologen (65,1 %) und Lehrkräften (53,5 %) zusammengearbeitet (Mehrfachantworten möglich; n=44). Festgehalten werden kann, dass die Befragten sich in der Regel mit mindestens einer anderen Fachkraft austauschen, wenn sie mit betroffenen Kindern Kontakt haben.

(e) Fast alle Befragten erachten eine Aufklärung der betroffenen Kinder über die elterliche psychische Erkrankung für sinnvoll (92,3 %; n=39). Hieraus kann geschlossen werden, dass die Befragten im Kontakt mit betroffenen Kindern und deren Familien auf eine Enttabuisierung der psychischen Erkrankung hinarbeiten.

(f) Als die fünf am häufigsten genannten Gesprächsmöglichkeiten für Kinder werden „Beratungssprechstunden"(57,9%), „Pausen" (31,6%), „die Zeit vor oder nach dem Unterricht" (28,1%), „Unterricht" (26,1%) sowie „Klassenausflüge, Exkursionen und Schullandheimaufenthalte" (24,6 %) genannt (Mehrfachantworten möglich; n=57). Insgesamt schätzen jedoch 64,3 % der Befragten die derzeitigen Gesprächsgelegenheiten im Schulalltag für Kinder als unzureichend ein.

(g) Die Untersuchungsteilnehmer sehen zahlreiche Verbesserungsmöglichkeiten, damit sie von betroffenen Kindern eher als Ansprechpartner genutzt werden können. Hier wird neben den Veränderungen der Rahmenbedingungen die Aufklärung betroffener Kinder bezüglich der elterlichen Erkrankung betont. Eine solche Aufklärung kann einerseits durch die Behandlung der Themen „psychische Erkrankungen" und „Kinder psychisch erkrankter Eltern" direkt durch den Unterricht erfolgen; andererseits betonen die Befragten eine Aufklärung der Lehrkräfte, welche enge Bezugspersonen für betroffene Kinder darstellen.

(h) 30,4 % der Befragten geben an, dass psychische Erkrankungen in ihrer Ausbildung nicht behandelt wurden. 55,4 % erklären, dass diese zwar thematisiert wurden, ihr Informationsbedarf jedoch nicht gedeckt sei. 69,2 % erklären, dass das Thema „Kinder psychisch Erkrankter" nicht in der Ausbildung behandelt wurde. 25,6 % geben an, dass dieses unzureichend bearbeitet wurde (n=39). Dies zeigt, dass in der Ausbildung zum Schulpsychologen bzw. Beratungslehrer die Behandlung der oben genannten Themen bisher versäumt wurde.

Bedeutung der Ergebnisse für die Theorieentwicklung im Bereich Sozialer Arbeit
Das Forschungsprojekt belegt deutlich, wie wichtig eine empirische Erhebung der Ausgangslage und eine daraus abgeleitete Bedarfsanalyse als Basis für professionelles Handeln und die Entwicklung theoretischer Konzepte in der Sozialen Arbeit sind. Im vorliegenden Fall konnte ein bisher vernachlässigtes aber brisantes Thema mit hohem Handlungsbedarf differenziert erfasst und Empfehlungen daraus abgeleitet werden.

Workshop „Schulsozialarbeit"

D 2.3 Ausgrenzung in Schulklassen – Eine qualitative Fallstudie zur Schüler- und Lehrerperspektive

Thomas Markert

Projektleitung
Thomas Markert, Dipl. Soz.Arb/Soz.Päd (FH), Doktorand, E-mail: thomasmarkert@gmx.net

Weitere beteiligte Personen
Wissenschaftliche Betreuung:
Prof. Dr. rer. soc. Heide Funk
Prof. Dr. phil. habil. Wolfgang Melzer

Projektdauer
11/2002–12/2006

Finanzvolumen
37.000 Euro

Durch wen wurde das Forschungsprojekt ggf. gefördert?
Hans-Böckler-Stiftung

Angewandte Forschungsmethoden
Problemzentriertes Interview, Gruppendiskussion, dokumentarische Methode

Forschungstyp
Grundlagenforschung

Projektveröffentlichungen
Markert, Thomas 2007: Ausgrenzung in Schulklassen. Eine qualitative Fallstudie zur Schüler- und Lehrerperspektive. Bad Heilbrunn (im Druck).
Markert, Thomas 2007: „Fettsack" – Zur Praxis verbaler Gewalt unter Schüler/innen. In: Hermann, Steffen K./ Krämer, Sybille/ Kuch, Hannes (Hrsg.): Verletzende Worte. Bielefeld (im Druck).
Markert, Thomas 2007: „Oh, du bist nicht in unserer Klasse, du gehörst hier nicht her!" – Eine Fallanalyse zu den sozialen Auswirkungen des sächsischen DaZ-Konzeptes. In: Figatowski, Bartholomäus/ Gabriel, Kokebe H./ Meyer, Malte (Hrsg.): Making of Migration. Münster (im Druck).

Inhaltliche Projektdarstellung
Entstehungshintergrund
Den Ausgangspunkt der Untersuchung bilden Praxiserfahrungen aus dem Arbeitsfeld der Schulsozialarbeit. Deren Beratungsangebot wird von Kindern und Jugend-

lichen genutzt, die von ihren Mitschüler/inne/n abgelehnt, schikaniert, letztendlich ausgeschlossen werden. Sie suchen nach Hilfe, um die Ausgrenzung bewältigen und aufheben zu können. Auftrag der Sozialpädagog/inn/en ist dann, einer psychosozialen Beeinträchtigung zu begegnen, die zugleich den Schulbesuch negativ beeinflusst und so auch auf dieser Ebene biografisch äußerst folgenreich sein kann. Daneben sind die ausgrenzenden Schüler/innen Adressat/inn/en der Angebote der Schulsozialarbeit, da ihr diskriminierendes, oft gewaltsames Verhalten auch auf unzureichende soziale Kompetenzen verweist. Diese fallbezogene Problemsicht wird allerdings von Erkenntnissen der Schulforschung gerahmt, laut derer Ausgrenzung in Schulklassen ein „alltägliches" Problem innerhalb der Schule zu sein scheint. So geben beispielsweise durchschnittlich ein bis zwei Schüler/innen pro Klasse an, selbst Ziel ausgrenzender Handlungen zu sein (Tillmann et al. 2000, S. 257).

Fragestellungen
Diese Allgegenwärtigkeit der Ausgrenzung verweist darauf, dass für eine wirksame Intervention und Prävention zunächst die übergeordnete Frage geklärt werden muss, welche Bedeutung die Ausgrenzungshandlungen für die Beteiligten haben. Was motiviert eigentlich Kinder und Jugendliche in den Klassen dazu, einzelne Jungen und Mädchen auszuschließen?
Dieser Frage wurde mittels einer qualitativen Fallstudie nachgegangen, deren Ansatz folgendermaßen umrissen werden kann: Ausgrenzung wird nicht als ein Problem der Gewalt untersucht und so ein von der Mobbingforschung abweichender Weg gewählt. Der interaktionelle Kontext und somit die Prozesse, in deren Verlauf auch die ausgrenzende Gewalt entsteht und angewendet wird, stehen im Mittelpunkt des Interesses. Mit dieser Perspektive verbunden ist, dass einerseits alle Jungen und Mädchen einer Klasse als Beteiligte verstanden werden. Unabhängig davon, ob sie die Ausgrenzung aktiv unterstützen oder diese ignorieren, positionieren sie sich zu den Handlungen, beeinflussen diese so und gestalten sie mit. Andererseits verhalten sich auch die Lehrkräfte zur Ausgrenzung und gestalten diese ebenso mit. Schüler/innen und Lehrer/innen sind an der Konstruktion von Ausgrenzung beteiligt.

Projektverlauf
In der Fallstudie wurden dementsprechend nicht nur die Jugendlichen einer achten Realschulklasse, sondern auch deren Lehrer/innen interviewt. Zur Befragung der Schüler/innen wurde eine im Projekt neu entwickelte Variante des problemzentrierten Interviews – das „narrative Soziogramm" – eingesetzt. Dabei erstellten die Interviewten auf einem Pappkreis mit Hilfe von Klebeetiketten, die die Namen ihrer Mitschüler/innen trugen, ein Soziogramm ihrer Klasse. Diese Grafik bildete dann den Leitfaden des Interviews, anhand dessen die Befragten ihre individuelle Perspektive auf die Beziehungen und Geschehnisse in der Klasse erläuterten. Die Daten sieben ausgewählter Schülerinterviews, vier Lehrerinterviews und einer Gruppendiskussion mit Jugendlichen wurden per dokumentarischer Methode (vgl. Bohnsack 2003) ausgewertet.

Zentrale Ergebnisse
(a) Die Analyse ergab, dass die Schüler/innen die ausgrenzenden Handlungen als Ritual nutzen, über das sie ihre eigene Zugehörigkeit zur Gemeinschaft der akzeptierten Jugendlichen herstellen und fortwährend erneuern. Über die Ausgrenzungen gestalten sie zudem „ihre Klasse" und handeln aus, was in dieser anerkannt ist. Ausgegrenzte bilden dabei die Projektionsfläche für abgelehnte Orientierungspunkte und sind in dieser wichtigen Funktion als „anerkannte Missachtete" in das Ritual integriert.
(b) Markant für die Lehrkräfte ist, dass sie die Ausgrenzung vorrangig als eine Störung des Unterrichts verstehen: Die konflikthaften Ausgrenzungspraxen der Jugendlichen behindern die Umsetzung des fachlichen Lehrauftrages. Vor diesem Hintergrund konzentriert sich das Handeln der Lehrer/innen auf die Ausgegrenzten. An sie sind aus Sicht der Lehrkräfte die Unterrichtsstörungen gebunden. Entsprechend dieser Ursachenzuschreibung zielen die Interventionen der Lehrkräfte darauf ab, Ausgegrenzte ruhig zu stellen, sie zur Anpassung an die Klasse zu bewegen oder sie aus der Klasse zu entfernen. Das ausschließende Handeln der Jugendlichen und die psychosoziale Belastung der Ausgegrenzten werden im Zuge dessen ausgeblendet. Die Handlungen von Lehrer/inne/n und Schüler/inne/n folgen differenten Orientierungen und sind aber zugleich miteinander verwoben. So tragen und gestalten Lehrkräfte und Schüler/innen den Ausgrenzungsprozess mit.

Bedeutung der Ergebnisse für die Theorieentwicklung im Bereich Sozialer Arbeit
(a) Ergebnis der Fallstudie ist eine neue Perspektive auf das Phänomen der Ausgrenzung. Indem sie für Schüler/innen ein gemeinschaftsbildendes Ritual bedeutet, ist Ausgrenzung nicht mehr nur die Diskriminierung und Benachteiligung Einzelner und ein Hinweis auf unzureichende soziale Kompetenzen. Neu hinzu kommt, das Ausgrenzung auf das Problem ungeklärter beziehungsweise unsicherer Zugehörigkeit verweist. Schule und Schulsozialarbeit müssen eine Antwort darauf geben, wie die Jugendlichen ihre Gemeinschaftsbildung und Anerkennung innerhalb der Klasse abseits der Ausgrenzung aushandeln können.
(b) Zudem zeigt die Studie nachdrücklich, dass der Ausgrenzung nur dann wirkungsvoll begegnet werden kann, wenn Schüler/innen und Lehrkräfte als Adressat/inn/en von Intervention und Veränderung verstanden werden.

Literatur
Bohnsack, Ralf 2003: Rekonstruktive Sozialforschung. Opladen.
Tillmann, Klaus-Jürgen/Holler-Nowitzki, Birgit/Holtappels, Heinz Günter/ Meier, Ulrich/Popp, Ulrike 2000: Schülergewalt als Schulproblem. Weinheim, 2. Auflage.

D 3 Workshop „Soziale Arbeit mit älteren Menschen"

D 3.1 SENIOR 2030

Michael Klassen

Projektleitung
Prof. Dr. Michael Klasen, Studiengangsleiter am FH-Studiengang für Soziale Arbeit am MCI – Management Center Innsbruck, E-mail: michael.klassen@mci.edu

Weitere beteiligte Personen
Keine

Projektdauer
11/2005–12/2007

Finanzvolumen
50.000 Euro

Durch wen wurde das Forschungsprojekt ggf. gefördert?
Tiroler Wissenschaftsfonds, Innsbrucker Soziale Dienste, Caritas der Diözese Innsbruck

Angewandte Forschungsmethoden
Quantitative Forschungsmethoden: Befragung mittels standardisierter Fragebögen, Desk Research, Interviews

Forschungstyp
Evaluationsuntersuchung
Sozialplanung
Entwicklung von Konzepten/Verfahren (integrierte Praxisforschung)

Projektveröffentlichungen
Geplant

Inhaltliche Projektdarstellung

Entstehungshintergrund
(a) Der sozio-demographische und kulturelle Trend unserer Gesellschaft sowie die sich daraus resultierenden sozialen und wirtschaftlichen Herausforderungen in der öffentlichen und privaten Altenhilfe werden in einschlägiger Forschung

oft einerseits unter der Perspektive der Finanzierbarkeit der vertretbaren Lebensabendmodelle und andererseits unter der expliziten Bezugnahme auf den Aspekt der Pflege älterer Menschen betrachtet.
(b) Das Projekt entstand in Folge der Erkenntnis in Tirol, dass diese Auseinandersetzung nicht weit genug greift, so dass alle Kooperationspartner (MCI, Caritas, ISD, Tiroler Wissenschaftsfonds) sich auf ein Projekt zur Wissenschaftsbasierung dieser Auseinandersetzung geeinigt haben.
(c) Im Rahmen des Projektes „Senior 2030" werden hingegen die gesellschaftlichen Veränderungen der alternden österreichischen und europäischen Gesellschaft theoretisch-methodisch vor dem Hintergrund der Auseinandersetzung:

- zum einem mit Bedürfnissen und legitimen Wünschen von KlientInnen und (Sozial)KundInnen der Altenhilfe,
- zum anderen auch mit der tatsächlichen Bedürfnis- und Wünschebefriedigung im Rahmen der vorhandenen oder noch zu entwickelnden Leistungsansätze der öffentlichen und privaten Altenhilfe in stationärer und ambulanter Form verfolgt.

Die im Projekt zu entwickelnden und/oder zu operationalisierenden Instrumente zur Bedürfniserfassung und Zufriedenheitsmessung im Bereich der Altenhilfe werden als verlässliche Instrumente für die bedarfsbasierte Hilfeplanung in Arbeit mit älteren Menschen projektübergreifend ihre Anwendungen finden können.

Fragestellungen
(a) Basierend auf der Systemtheorie von Mario Bunge (1996, 1998) und deren sozialarbeiterischer Anwendung durch Werner Obrecht (2000, 2002) und Silvia Staub-Bernasconi (1995, 1999, 2000), insbesondere der Bungeschen Bedürfnistheorie, die durch Werner Obrecht (1996, 2002) weiterentwickelt wurde, werden folgende Erkenntnisse hervorgehoben:

- KlientInnen der stationären und ambulanten Einrichtungen der Sozialen Arbeit mit älteren Menschen verfügen nicht nur über biologische Bedürfnisse (etwa nach physischer Integrität oder nach Regenerierung), sondern auch über biopsychische (etwa nach Abwechslung und Stimulation oder nach subjektivem „Sinn"), wie auch über biopsychosoziale Bedürfnisse (etwa nach emotionaler Zuwendung, nach Autonomie oder nach sozial(kulturell)er Zugehörigkeit).
- Dabei zeichnen sich die Bedürfnisse durch unterschiedliche Elastizität aus, das heißt, ihre Befriedigung kann über unterschiedlich lange Zeiträume hinweg aufgeschoben werden: Man kann zum Beispiel nur über einen bestimmten Zeitraum hinweg ohne Wasser oder ohne Nahrungsmittel auskommen, fehlende soziale Kontakte hingegen vermögen Menschen weitaus länger auszuhalten.
- Bestimmte Formen der Altenhilfe konzentrieren sich überwiegend auf die Befriedigung der biologischen Bedürfnisse (wie etwa Pflege), während an-

dere Bedürfnisse (insbesondere biopsychischer und biopsychosozialer Natur) überwiegend in ambulanten Settings, das heißt bei der Beibehaltung der Mitgliedschaft in natürlichen sozialen Systemen zu befriedigen sind.
- Hinzu kommt, dass im Rahmen der Sozialen Arbeit mit älteren Menschen nicht nur die Konzentration auf Befriedigung der Bedürfnisse erfolgen sollte, sondern auch legitime Wünsche zu erfüllen sind. Nach Bunge (1989, 35, Definition 1.13) ist ein legitimer Wunsch dann gegeben, wenn die Befriedigung der Grundbedürfnisse anderer Mitglieder der Gesellschaft durch seine Erfüllung nicht beeinträchtigt wird.

(b) Vor dem Hintergrund dieser theoretischen Orientierung (zusammenfassend siehe dazu auch Klassen 2004) gilt es in diesem Projektvorhaben folgende Forschungsfragen zu beantworten:

- Wie kann das Bedürfnismodell von Mario Bunge und Werner Obrecht für die Ziele der empirischen Befragung operationalisiert werden?
- Welche Bedürfnisse und legitime Wünsche lassen sich bei den KlientInnen/KundInnen der stationären und ambulanten Einrichtungen der Altenhilfe identifizieren?
- Werden diese zu identifizierenden Bedürfnisse und legitimen Wünsche durch die Leistungen der zu befragenden Einrichtungen befriedigt und erfüllt? Wenn ja, in welchem Ausmaß und durch welche Leistungen?
- Wie zufrieden sind die KlientInnen und Kundinnen der Altenhilfe in den Leistungen der zu befragenden Einrichtungen und in welchem Zusammenhang steht der Zufriedenheitsgrad mit dem Ausmaß der Bedürfnisbefriedigung?

Projektverlauf
Im weiteren Projektverlauf sollen folgende Fragestellung erforschend behandelt werden: Welche Gemeinsamkeiten und Unterschiede lassen sich bei den Leistungen und Bedürfnisbefriedigung einrichtungsübergreifend feststellen und welche Benchmarks können identifiziert werden? Hierzu wird die Bildung zweier Benchmarkuntergruppen verfolgt, die sich in stationäre und ambulante Einrichtungen der Altenhilfe unterscheiden lassen.

Zentrale Ergebnisse / Bedeutung der Ergebnisse für die Theorieentwicklung im Bereich Sozialer Arbeit
Da das Projekt momentan noch andauert, liegen noch keine Ergebnisse vor. Es lassen sich jedoch Klärungen für folgende Fragestellungen erwarten:

(a) Welche Best-Practice-Leistungen in der Altenhilfe können identifiziert werden, die dazu führen, dass die Bedürfnisse von Klientinnen im zufrieden stellenden Ausmaß erfüllt werden?
(b) Welche unmittelbaren Verbesserungsmaßnahmen bei den beteiligten Einrichtungen können identifiziert werden und wie können diese geplant und implementiert werden?

(c) Wie kann man aus den bestehenden und identifizierten Best-Practice-Leistungen ein Best-Practice Modells der stationären und ambulanten Altenhilfe entwickeln und auf andere Regionen Österreichs und Europas übertragbar machen?

Literatur
Bunge, Mario 1989: The Good and the Right. Dordrecht.
Bunge, Mario 1996: Finding philosophy in social science. New Haven.
Bunge, Mario 1998: Philosophy of science. From Explanation to Justification. New Brunswick.
Klassen, Michael 2004: Was leisten Systemtheorien in der Sozialen Arbeit? Ein Vergleich der systemtheoretischen Zugänge von Niklas Luhmann und Mario Bunge. Bern.
Obrecht, Werner 1996: Sozialarbeitswissenschaft als integrative Handlungswissenschaft. In: Merten, Roland/Sommerfeld, Peter/Koditek, Thomas (Hrsg.): Sozialarbeitswissenschaft – Kontroversen und Perspektiven. Neuwied, Kriftel, Berlin, S.121–160.
Obrecht, Werner 2000: Soziale Systeme, Individuen, soziale Probleme und Soziale Arbeit. In: Merten, Roland (Hrsg.): Systemtheorie Sozialer Arbeit. Neue Ansätze und veränderte Perspektiven. Opladen, S. 207–223
Obrecht, Werner 2002. Umrisse einer biopsychosozialen Theorie sozialer Probleme. In: Hochschule für Soziale Arbeit Zürich (Hrsg.): Themen der Sozialarbeitswissenschaft und ihre transdisziplinäre Verknüpfung. Zürich, S. 26–40. (Text unter http://www.sozialinfo.ch/saw/material/obrecht.pdf)
Staub-Bernasconi, Silvia 1995: Systemtheorie, soziale Probleme und Soziale Arbeit: lokal, national, international. Oder: Vom Ende der Bescheidenheit. Bern.
Staub-Bernasconi, Silvia. 1999: Ein fachlich begründetes Qualitätssicherungsinstrument. In: Blätter der Wohlfahrtspflege, 1/1999, S. 28–31.
Staub-Bernasconi, Silvia 2000. Seitenwechsel – Chancen und Risiken von Grenzüberschreitungen zwischen Wirtschaft und Sozialer Arbeit. In: Elsen, Susanne/Lange, Dietrich/Wallimann, Isidor (Hrsg.): Soziale Arbeit und Ökonomie. Neuwied, S. 136–156.

D 3.3 EHEMALIGE DEUTSCHE KRIEGSGEFANGENE IN LAGERN IN DEN USA – PRISONERS OF WAR

Dorothea Geuthner/Roswitha Sommer-Himmel

Projektleitung
Prof. Dorothea Geuthner, M.S.W., Professorin im Fachbereich Soziale Arbeit an der Ev. Fachhochschule Nürnberg, E-mail: dorothea.geuthner@efh-nuernberg.de

Dr. Roswitha Sommer-Himmel, Wissenschaftliche Mitarbeiterin, E-mail: roswitha.sommer-himmel@efh-nuernberg.de

Weitere beteiligte Personen
16 Studierende des Studienschwerpunkts Soziale Gerontologie

Projektdauer
10/2005–06/2006

Finanzvolumen
Eigenmittel

Durch wen wurde das Forschungsprojekt ggf. gefördert?
Keine Förderung

Angewandte Forschungsmethoden
Qualitative Interviews

Forschungstyp
Grundlagenforschung

Projektveröffentlichungen
Geplant

Inhaltliche Projektdarstellung

Entstehungshintergrund
Im Jahr des Erinnerns, 60 Jahre nach Kriegsende, lehrte im Rahmen einer Gastprofessur Dr. Richard Rouse, an der Evangelischen Fachhochschule Nürnberg. Zu seinem öffentlichen Vortrag: „Liebe Deine Feinde – German Prisoners of War – Images of a Little Known Chapter in German-American History", wurden ehemalige Kriegsgefangene in Lagern in den USA, über einen Zeitungsaufruf eingeladen. Es meldeten sich 110 Zeitzeugen und auch Angehörige. Aufgrund der hohen Resonanz und dem offensichtlich werdenden Bedürfnis, über die Erfahrungen zu berichten, entstand das Forschungsprojekt diese Zeitzeugen zu befragen.

Fragestellungen
(a) Wie bewerten ehemalige POWs ihre Erfahrungen im Rückblick. Wie wurde die Gefangenschaft auch unter dem Vorzeichen des verlorenen Krieges und dem Holocaust erlebt? Welchen Einfluss dieser einschneidenden Erfahrungen messen die Befragten ihrem weiteren Leben bei?
(b) Biographisches Arbeiten wurde in der Praxis angewendet durch Einzelinterviews mit Zeitzeugen auf der Basis von Oral History. Ein im Gegensatz zu russischer Kriegsgefangenschaft relativ unbekannter Abschnitt des 2. Weltkrieges, nämlich Kriegsgefangenschaft in Lagern in den USA, sollte erforscht wer-

den. Im Zentrum sollte die Frage nach der Behandlung der deutschen Kriegsgefangenen durch die Amerikaner stehen.

Projektverlauf
(a) Auf Grundlage eines Leitfadens wurden 85 qualitative fokussierte Interviews im Zeitraum von Februar bis April 2006 mit den interessierten Männern geführt. Die Interviews dauerten in der Regel zwischen 60 und 120 Minuten und wurden zu Hause geführt. Die Auswertung erfolgt in Anlehnung an die qualitative Inhaltsanalyse nach Mayring (2002).
(b) Zusätzlich wurden die interessierten Angehörigen (Enkel, verwitwete Ehefrauen, Kinder) im Juni 2006 zu einer Gruppendiskussion eingeladen. Die zwölf Teilnehmer berichteten zu den Fragestellungen nach Kenntnissen über den Aufenthalt des Vaters/ Ehemannes in den USA, über dessen Heimkehr und über die Form der Kommunikation über dessen Erfahrungen als Kriegsgefangener in amerikanischen Lagern.

Zentrale Ergebnisse
(a) Da die Auswertung noch nicht abgeschlossen ist, können zum jetzigen Zeitpunkt nur einige vorläufige Ergebnisse genannt werden. Alle Befragten berichten von der Einhaltung der Genfer Konvention in den Gefangenenlagern. Die Behandlung durch Wachsoldaten und die Unterbringung war gut mit zum Teil Rundum-Versorgung. Dies änderte sich nach Öffnung der Konzentrationslager in Deutschland beziehungsweise nach der Kapitulation. Viele äußern Dankbarkeit, nicht in russischer Kriegsgefangenschaft gewesen zu sein. Hervorgehoben wird die sehr gute Versorgungslage und hygienischen Bedingungen sowie die Bildungsmöglichkeiten. Viele holten einen Schul- oder Berufsabschluss nach, andere berichten von Fernstudienmöglichkeiten oder einer Lageruniversität, teilweise war die Tätigkeit im erlernten Beruf möglich. Die vergebenen Abschlusszertifikate erleichterten für viele Männer den Berufseinstieg nach dem Krieg. Die von Amerikanern durchgeführten „Kurse zur Demokratie" sind in lebhafter Erinnerung.
(b) Die Jüngeren erzählen zum Teil begeistert vom großen Abenteuer „Verschiffung" mit der Queen Mary nach USA: „Am 08. Mai 1945 liefen wir in New York ein. An diesem Tag habe ich Amerika erobert". Transporte zu den Lagern und auch bei Verlegung in andere Lager erfolgen mittels Personenzüge oder Lastwagen.
(c) In Abhängigkeit vom militärischen Rang gab es unterschiedliche Arbeitspflichten in und außerhalb der Lager. Die körperliche Arbeit im oft ungewohnten Klima wurde als anstrengend empfunden aber unter menschenwürdigen Bedingungen. Kulturelle Angebote wurden überwiegend vom YMCA unterstützt. Der Nationalsozialismus spielte in Abhängigkeit von den Lagern unterschiedlich starke Rollen. Es gab Drohkommandos und Fememorde.
(d) Den Gefangenen standen verschiedene Informationskanäle zur Verfügung. Von Radioübertragungen, Zeitungen und der regelmäßigen Übertragung der

Wochenschau wird berichtet. Zusätzlich wurden die POWs durch die Lagerkommandanten über aktuelle Ereignisse informiert.
(e) Starke Emotionen und große Ängste um die Heimat riefen Nachrichten über die Bombardierung deutscher Städte, Konzentrationslager und das Kriegsende hervor. Die Reaktionen schwankten zwischen Freude und Erleichterung über das Kriegsende bis hin zu ungläubiger Verleugnung. Der Erwartung, nach Kriegsende endlich nach Hause zu kommen, folgte häufig die Ernüchterung, zunächst nach England oder Frankreich verschifft zu werden. Eine sehr große Anzahl der ehemaligen Kriegsgefangenen fühlte sich bei Kriegende von Präsident Truman „verkauft", da sie, ohne informiert worden zu sein, statt nach Deutschland zurückzukehren, noch zwei bis drei Jahre in englischen und französischen Arbeitslagern verbringen mussten.
(f) Rückwirkend werden die Erfahrungen in den Gefangenenlagern als sehr prägend beschrieben. Es entstanden viele langjährige Freundschaften, die wenigsten Befragten berichten von durchweg schlechten Erinnerungen, traumatischen Ereignissen, schlechter Behandlung, Gewalterfahrungen, Fluchtversuchen, Verhören und Schikanen. Einige Interviewpartner sind im späteren Leben noch einmal in die USA gereist, um die Stätten der Erinnerung mit ihrer Ehefrau aufzusuchen.

Bedeutung der Ergebnisse für die Theorieentwicklung
im Bereich Sozialer Arbeit
Biographisches Arbeiten im Umfang wie hier geschehen, dient einerseits der individuellen Aufarbeitung der eigenen Biographie, andererseits dient sie dem Verständnis von Generationen. Das Projekt war als Praxisforschung im Rahmen des Hauptstudiums angelegt. Nebeneffekt der Aneignung von Forschungsmethoden ist die Auseinandersetzung der Studentinnen mit den Kriegsgenerationen.

D 4 Workshop „Bewältigung schwieriger Biographien"

D 4.1 SEXUELLE GEWALT IM KONTEXT DER FAMILIEN- UND GESELLSCHAFTSGESCHICHTE

Ulrike Loch

Projektleitung
Dr. Ulrike Loch, Dipl. Sozialarbeiterin/Dipl. Sozialpädagogin, Projektmitarbeiterin, Fachbereich Sozialwesen, Universität Kassel, E-mail: uloch@uni-kassel.de

Weitere beteiligte Personen
Keine

Projektdauer
04/1998–07/2004

Finanzvolumen
Keine Angabe

Durch wen wurde das Forschungsprojekt ggf. gefördert?
Heinrich-Böll-Stiftung (Ein Jahr Promotionsstipendium)
Köhler-Stiftung (Druckkostenzuschuss)

Angewandte Forschungsmethoden
Narrative Interviews, Biographie- und Aktenanalyse (Fallrekonstruktionen)

Forschungstyp
Grundlagenforschung

Projektveröffentlichungen
Loch, Ulrike 2005: Grenzen und Chancen der narrativen Gesprächsführung bei Menschen mit traumatischen Erfahrungen. In: Thole, Werner/Cloos, Peter/ Ortmann, Friedrich/Strutwolf, Volkhardt (Hrsg.): Soziale Arbeit im öffentlichen Raum. Soziale Gerechtigkeit in der Gestaltung des Sozialen. Wiesbaden, Beitrag 4.3. auf CD, aktualisierte Zweitveröffentlichung.
Loch, Ulrike 2006: Geschichte(n) (de)konstruieren – Geschichte rekonstruieren. Zur Historizität von Biographien. In: Cloos, Peter/ Thole, Werner (Hrsg.): Ethnographische Zugänge. Professions- und adressatInnenbezoge-

ne Forschung im Kontext von Schule und Sozialer Arbeit. Wiesbaden, S. 219–230.

Loch, Ulrike 2006: Repitative Gewalterfahrungen im Kontext der nationalsozialistischen Familienvergangenheit. In: Bukow, Wolf-Dietrich/ Ottersbach, Markus/Tuider, Elisabeth/Yildiz, Erol (Hrsg.): Biographische Konstruktionen im multikulturellen Bildungsprozess. Individuelle Standortsicherung im globalisierten Alltag. Wiesbaden, S. 189–198.

Loch, Ulrike 2006: Sexualisierte Gewalt in Kriegs- und Nachkriegskindheiten. Lebens- und familiengeschichtliche Verläufe. Opladen.

Loch, Ulrike (2007): Jugendliche Delinquenz als intergenerationeller Problemlösungsversuch. Ergebnisse einer Mehrgenerationenstudie. In: Klinische Sozialarbeit. Zeitschrift für Psychosoziale Praxis und Forschung, 2/2007, S. 8–9.

Inhaltliche Projektdarstellung

Entstehungshintergrund
Das Thema des Forschungsprojektes entwickelte sich aus der Praxis Sozialer Arbeit, insbesondere aus der Beratung von traumatisierten Frauen im Frauenhaus und im Gesundheitsamt. Hier zeigten Adressatinnen Sozialer Arbeit – zum Teil trotz Therapieerfahrungen – Bindungen an ihre Herkunftsfamilien, die sie in ihrer Autonomie stark einschränkten und die sie als selbstzerstörerisch wahrnahmen. Die Beratungsergebnisse wiesen auf Loyalitätskonflikte hin, die sowohl im Zusammenhang mit der innerfamilial erlittenen Gewalt als auch mit der tradierten Familiengeschichte standen. Das Eingehen auf die Familiengeschichte bedeutet in der Bundesrepublik Deutschland immer auch eine Auseinandersetzung mit der der Zeit des Nationalsozialismus.

Fragestellungen
(a) Welche Bedeutung haben der Nationalsozialismus bzw. die Vergangenheit vor 1945 in der Lebensgeschichte von Familien, die als Kinder sexualisierte Gewalt in der Familie erlitten?
(b) Wie überlebten die Frauen die sexualisierte Gewalt in ihrer Kindheit? Welche Auswirkungen haben diese Erfahrungen auf ihr weiteres Leben?
(c) Wie erleb(t)en sie den familialen Umgang mit der nationalsozialistischen Vergangenheit? Und wie den mit der innerfamilialen Gewalt?
(d) Wie sprechen in der Familie traumatisierte Frauen über die erlittene Gewalt? Und wie sprechen sie über das familiale Gewaltpotential im Kontext der nationalsozialistischen Familienvergangenheit?
(e) Welche Auswirkungen haben diese Erfahrungen auf die familialen Beziehungen?

Workshop „Bewältigung schwieriger Biographien"

Projektverlauf
(a) Für diese Studie wurden Frauen interviewt, die durch sexualisierte Gewalt innerhalb der Familie traumatisiert wurden und deren Eltern als Täter, Mitläufer/innen und Zuschauer/innen in den Nationalsozialismus involviert waren. Die interviewten Frauen und ihre Geschwister wurden vorwiegend in den Kriegs- und Nachkriegsjahren geboren. Alle interviewten Angehörigen dieser Geburtsjahre verfügen über Erinnerungsfragmente und Wissen aus transgenerationellen Tradierungen, anhand derer die Familiengeschichte für die Studie rekonstruiert werden konnte, auch wenn die Interviewten dies zu Beginn der Erhebung oftmals bezweifelten. Als Erhebungsmethoden wurden biographisch-narrative Interviews und Archivanfragen gewählt.
(b) Ausgewertet wurden die Interviews mit Methoden der biographischen Fallrekonstruktion; auch die Archivdokumente wurden hermeneutisch ausgewertet.

Zentrale Ergebnisse
(a) Gemeinsame Sozialisationsfaktoren der interviewten Frauen und ihrer Geschwister waren die verschwiegene Kollektiv- und Familiengeschichte beziehungsweise die Begegnung mit den Mythen der Eltern und/oder Großeltern. Gleichzeitig wuchsen sie mit den Auswirkungen der nationalsozialistischen Terrorherrschaft und des Krieges auf die Gesellschaft, insbesondere auf die Familie auf. Dies führte zur widersprüchlichen Situation, einerseits anzunehmen, kein oder kaum Wissen über die Familiengeschichte vor 1945 zu haben und andererseits dennoch in den narrativen Interviews so detailliert über die Vergangenheit ihrer Eltern sprechen zu können, dass eine Rekonstruktion der Familiengeschichte möglich war.
(b) In von Gewalt strukturierten Familien entwickelt sich gerade vor dem Hintergrund der verbrecherischen Kollektivgeschichte und deren Tradierung in der nachfolgenden Generation eine spezifische Bindung, die Müller-Hohagen (2001) als „gewaltinduzierte Loyalität" bezeichnet. In den von mir interviewten Familien lässt sich bei den Frauen eine Dominanz der Loyalität mit den Vätern beobachten: Viele der interviewten Frauen idealisieren ihren Vater, der sie traumatisierte. Sie finden verharmlosende Erklärungen für dessen Involvierung in den Nationalsozialismus, obwohl ihre konkreten Lebenserfahrungen mit den Vätern von den nach 1945 gebildeten Mythen abweichen. Somit führte die Mythenbildung über die Zeit vor 1945 auch zu Reparaturmechanismen, die das Leiden der Opfer von sexualisierter Gewalt unsichtbar mach(t)en.
(c) Andererseits zeigen die Ergebnisse der Studie, dass diejenigen interviewten Frauen, die sich in der Gegenwart offen mit der familialen Beteiligung an nationalsozialistischen Verbrechen und mit der erlittenen Traumatisierung auseinandersetzen und darüber auch mit ihren Kindern in den Dialog gehen, sich und ihren Kindern neue Handlungspotentiale und ein autonomeres Leben ermöglichen. Hier zeigt sich, dass durch Auseinandersetzungen mit Involvierungen in Gewaltsysteme, mit Traumatisierung sowie deren transgenerationelle Weitergabe, Gewaltspiralen durchbrochen werden können.

(d) Im Unterschied dazu zeigen Kinder in Familien, in denen die Auseinandersetzung mit der erlittenen Traumatisierung und der Gewalt vermieden wird, hochgradig aggressive Verhaltensweisen, die sie gegen sich und zum Teil auch gegen andere richten. Ferner besteht für diese als Jugendliche und junge Erwachsene ein erhöhtes Risiko, psychiatrisiert zu werden. Bei einigen der Jugendlichen sind Tendenzen zu rechtsextremen Einstellungen und Kontakten zu Angehörigen rechter Szenen zu beobachten. In diesen Szenen finden die Jugendlichen den Raum, Themen auszuagieren, die sie zuvor als Aggressionen und über Symptome dargeboten haben und die von der Familie, in der Schule wie auch von Agent/innen Sozialer Arbeit und (psycho)sozialer Einrichtungen nicht entsprechend der Familien-und Gesellschaftsgeschichte dechiffriert wurden.

Bedeutung der Ergebnisse für die Theorieentwicklung
im Bereich Sozialer Arbeit
In Bezug auf Soziale Arbeit zeigen die Ergebnisse, dass verkürzte Problemfokussierungen die Gefahr bergen, sich an familialen Delegationen zu orientieren und so gewaltinduzierte Familiensysteme zu stützen, mit der Folge von Verlaufskurven insbesondere für die Kinder der Familien. Umgekehrt entfaltet sich unter Einbeziehung von transgenerationellen Zusammenhängen und dem Dechiffrieren von an (tradierte) Gewalt und Traumatisierung gebundenen Symptomen das Potential des mehrgenerationellen Fallverstehens, etwa im Erkennen von gewaltinduzierten Loyalitäten und deren Auswirkungen wie autoaggressive Symbolisierungen und/oder Aggressionen gegen andere. Damit verschiebt sich der Problemfokus „von der Auffälligkeit einer Person" hin zu den lebens- und familiengeschichtlichen Themen, die verschleiert über die Auffälligkeiten transportiert werden. Soweit Soziale Arbeit sich diesen Themenstellungen verweigert, trägt sie mit dazu bei, dass Jugendliche und junge Erwachsene gewaltbereite Jugendcliquen aufsuchen, um dort (tradierte) Familienthemen aus dem Kontext sexualisierter Gewalt und Nationalsozialismus und deren lebensgeschichtlichen Auswirkungen auszuagieren, für die ihnen keine anderen gesellschaftlichen Räume zur Verfügung stehen.

Literatur
Müller-Hohagen, Jürgen 2001: Seelische Weiterwirkungen aus der Zeit des Nationalsozialismus – zum Widerstreit der Loyalitäten. In: Grünberg, Kurt/ Straub, Jürgen (Hrsg.): Unverlierbare Zeit. Psychosoziale Spätfolgen des Nationalsozialismus bei Nachkommen von Opfern und Tätern. Tübingen, S. 83–118.

Workshop „Bewältigung schwieriger Biographien"

D 4.2 Aneignung von Lebenswelt und Bewältigungsstrategien von Kindern in benachteiligten Lebenslagen

Karl August Chassé/Peter Rahn

Projektleitung
Prof. Dr. phil. habil. Karl August Chassé, Professor an der Fachhochschule Jena, Fachbereich Sozialwesen, E-mail: karl-august.chasse@fh-jena.de

Weitere beteiligte Personen
Dr. Konstanze Rasch, wissenschaftliche Mitarbeiterin 50 %
Dr. Peter Rahn, wissenschaftlicher Mitarbeiter 50 %

Projektdauer
12/2000–07/2002

Finanzvolumen
76.000 Euro

Durch wen wurde das Forschungsprojekt ggf. gefördert?
BMBF (FKZ 1704300), Programm „Anwendungsorientierte Forschung und Entwicklung an Fachhochschulen"

Angewandte Forschungsmethoden
Leitfadeninterviews mit Eltern und Kindern, kategoriale und sequenzanalytische Auswertung

Forschungstyp
Sozialberichterstattung (Beschreibung/Analyse sozialer Verhältnisse/sozialer Probleme)
Grundlagenforschung

Projektveröffentlichungen
Chassé, Karl August/ Rahn, Peter 2005: Bewältigung durch Peerintegration beim Übergang zu weiterführenden Schulen – Eine Perspektive moralischer Ökonomie benachteiligter Kinder. In: Zander, Margherita (Hrsg.): Kinderarmut – Einführendes Handbuch für Forschung und Soziale Praxis. Wiesbaden. S. 142–160.

Inhaltliche Projektdarstellung

Entstehungshintergrund und Fragestellungen
(a) Die Auswirkungen von familiärer Armut auf die Lebenslagen von 10- bis 13-jährigen Kindern und Kinderarmut als konstitutive Bedingung des Aufwachsens wurde in unserer Studie nicht umfassend in Bezug auf die Komplexität aller

Lebenslagebereiche im Kinderleben untersucht, sondern gleichsam im Ausschnitt der Gleichaltrigenbeziehungen.
(b) Neben forschungsökonomischen Erwägungen war das zum einen dadurch begründet, dass Kinder dieser Altersgruppe vor dem Abschied aus der Kindheit stehen und zu ihrer Entwicklung eine stärkere Orientierung an Gleichaltrigen gehört. Die hierarchische Eltern-Kind-Beziehung wird ergänzt durch Erfahrungen in symmetrisch strukturierten Peerbeziehungen.
(c) Zum anderen war dieser Prozess in der Armutsforschung über Kinder bisher kaum Gegenstand. Die für die Kinder darin möglichen Erfahrungen sowohl der Kompensation der familialen Situation als auch eventueller Ausschlusserfahrungen bezüglich des Peer-Kontextes sollten in dieser Untersuchung fokussiert werden.

Projektverlauf
(a) Methodisch wurde dies mit Leitfadeninterviews, die sich an der Methode des problemzentrierten Interviews orientierten, umgesetzt. Sowohl Eltern – in der Regel Mütter – als auch Kinder wurden interviewt. Die Eltern wurden einmal, die Kinder im Anschluss daran zweimal – mit einem methodisch sehr vielfältigen Instrument – befragt. Zwischen den beiden Kinderinterviews lagen Pausen von zwei bis drei Monaten. Die transkribierten Interviews wurden sowohl nach einem Kategoriensystem als auch sequenzanalytisch ausgewertet.
(b) Der Zugang zu den Familien, die an der Studie teilgenommen haben, wurde über ein Sozialamt in Thüringen hergestellt. Die neun Fälle von Kindern in familiärer Armut, die in unserer Auswertung berücksichtigt wurden, kommen aus unteren bis mittleren Schichten. Die Eltern haben meist berufliche Abstiegsprozesse hinter sich. Sie gehören zum Segment unsicherer und prekärer ArbeitnehmerInnengruppen.

Zentrale Ergebnisse
(a) Armut hat deutliche Auswirkungen auf die Gleichaltrigenbeziehungen von Mädchen und Jungen, deren Eltern Armutslebenslagen angehören. Allerdings ergibt die Analyse ein deutliches Spektrum unterschiedlicher Strukturen und Qualitäten von Gleichaltrigenbeziehungen, das von Integration – auch durch Brücken in andere soziale Schichten – bis hin zu Ausschlussstrukturen reicht. So spiegeln sich materielle und soziale Benachteiligungen der Familie und der Kinder innerhalb der Gleichaltrigenkultur auf sehr unterschiedlichen Ebenen von Integration wieder.
(b) Materielle Armut wirkt zunächst beeinträchtigend auf elterliche Unterstützungs-, Ermöglichungs- und Vermittlungsfunktionen der Familien hinsichtlich der Interessen- und Begabungsförderung der Kinder sowie hinsichtlich des Umfangs und der Qualitäten der sozialen Kontakte der Kinder zu Gleichaltrigen – aber auch zu Verwandten und anderen Erwachsenen.
(c) Daneben zeigt sich die elterliche Vermittlung und Bewältigung der Armutssituation auf der Kommunikations- und Interaktionsebene zwischen Eltern und Kindern als zentraler Faktor für das kindliche Gelingen oder Misslingen von

Bewältigungsanforderungen. Aufgrund der Belastungen der Eltern überwiegen bei den befragten Kindern eher Bewältigungsformen, die als problematisch oder zumindest als riskant angesehen werden müssen. Einerseits werden die Kinder durch die Verengung der elterlichen, beziehungsweise familiären Spielräume eher auf die Schule und die Nachbarschaft als Stiftungsorte für Gleichaltrigenbeziehungen verwiesen. Ihr Kinderleben bleibt einer Struktur von traditionaler Kindheit – mit niedrigem Aktivitätsspektrum und eher situativer Gelegenheitsstruktur – verhaftet. Elterliche und kindliche Brücken in andere Schichten und Milieus gehen zunehmend verloren, was durch die Schulformdifferenzierung am Ende des vierten Schuljahres forciert wird, so dass die Kinder auf eine sozial eher homogen strukturierte Gleichaltrigenkultur verwiesen werden. Ihre Möglichkeiten der kinderkulturellen Teilhabe werden zudem durch Einschränkungen in den symbolischen Aktivitäten und der Freizeitgestaltung vermindert, womit sich der Zugang zu und die Verfügbarkeit von anderen Kindern einschränken. Teilweise werden Notgemeinschaften eingegangen, die deutlichen Kompensationscharakter tragen. Neben veränderten objektiven Zugangschancen zur Gleichaltrigenkultur zeigen sich problematische Verhaltens- und Bewältigungsformen der Kinder selbst öfter als Integrationshindernis. Diese sind in der Regel auf Schwierigkeiten im innerfamiliär-intergenerationalen Umgang mit der Armutssituation und der Vermittlung an das Kind zurückzuführen.

(d) Beide Ebenen wirken manchmal fast gegenläufig, manchmal aber auch sich kumulativ verstärkend. Diese Strukturen im Kinderleben wirken sich auch oft auf die Möglichkeiten und die Qualitäten von freundschaftlichen Beziehungen aus. Oft vermissen Kinder enge FreundInnen, gehen Freundschaftsbeziehungen verloren oder sind schwer erreichbar. Doch können in einigen Fällen freundschaftliche Gleichaltrigenbeziehungen in Bezug auf familiale Benachteiligung kompensatorische Funktionen erlangen.

Bedeutung der Ergebnisse für die Theorieentwicklung im Bereich Sozialer Arbeit
Theoretisch geht es um die Klärung der Frage, wie sich Ungleichheiten verstärkende gesellschaftliche Entwicklungstendenzen und Strukturen umsetzen und auswirken in Krisen und Problemen in den Lebenswelten, hier also vor allem in problematische Sozialisationsverläufe bzw. eine schichtspezifische Peerintegration. Viele gesellschaftliche Entwicklungstendenzen in den Sozialisationsmilieus behindern die Entwicklungsmöglichkeiten der Individuen, führen zur Herabsetzung ihrer Lebensbewältigungskompetenzen und wirken sich identitätsgefährdend aus. Besonders problematisch wirken sich dabei unter anderem. mangelnde oder fehlende Anerkennung (etwa durch Arbeitslosigkeit) und damit verbundene Sinnkrisen – neben den materiellen Aspekten – aus.

D 4.3 Bewältigung von Patchwork-Biographien – Eine empirische Überprüfung des Konzepts der biographischen Lebensbewältigung anhand diskontinuierlicher Erwerbsverläufe

Christine Schmidt

Projektleitung
Christine Schmidt, Diplom-Sozialarbeiterin/Diplom-Sozialpädagogin (FH); wissenschaftliche Mitarbeiterin an der Ev. Fachhochschule Freiburg, E-mail: schmidt@efh-freiburg.de

Weitere beteiligte Personen
Keine

Projektdauer
02/2006–07/2006

Finanzvolumen
Eigenfinanzierung

Durch wen wurde das Forschungsprojekt ggf. gefördert?
Keine Förderung

Angewandte Forschungsmethoden
Qualitative Sozialforschung, Erhebungsmethode: Leitfadengestützte autobiographisch-narrative Interviews, Auswertung mit integrativem texthermeneutischen Verfahren

Forschungstyp
Grundlagenforschung

Projektveröffentlichungen
Christine Schmidt 2006: Bewältigung von Patchwork-Biographien. Eine empirische Überprüfung des Konzepts der biographischen Lebensbewältigung anhand diskontinuierlicher Erwerbsverläufe. Diplomarbeit im Fachbereich Soziale Arbeit an der Ev. Fachhochschule Freiburg, Freiburg.

Inhaltliche Projektdarstellung
Entstehungshintergrund
Hintergrund dieser Studie ist die Krise des Erwerbssystems. Neben der Arbeitslosigkeit als solcher nehmen prekäre Beschäftigungsverhältnisse zu und reichen inzwischen bis in die Mitte unserer Gesellschaft. Zunehmend stehen Menschen vor der Herausforderung, Brüche und Patchwork-Biographien zu bewältigen. Aufgrund dieser Entwicklungen wird das in unserer Gesellschaft vorherrschende Erwerbssystem grundlegend in Frage gestellt. Zeitgleich wurden von der

Psychologie, der Soziologie und der Sozialen Arbeit Deutungen der psychosozialen Folgen von Arbeitslosigkeit vorgenommen.

Fragestellungen
Auf der Basis modernisierungstheoretischer Überlegungen hat Lothar Böhnisch die gesellschaftliche Situation anhand der Anomietheorie (Durkheim) gedeutet und das Konzept der biographischen Lebensbewältigung entwickelt. Er hat vier Grunddimensionen herausgearbeitet, mit denen Bewältigungshandeln analysiert werden kann: Das Bemühen, wieder Selbstwert zu erlangen, die Suche nach sozialem Rückhalt, das Bedürfnis nach Orientierung und das Streben nach Normalisierung und Handlungsfähigkeit.

Da in der Sozialen Arbeit fortlaufend neue Diskurse über Handlungstheorien inszeniert werden, ohne „sie auf ihre theoretische, empirische und praktische Tauglichkeit zu überprüfen" (Staub-Bernasconi 1996, S. 87), verfolgte dieses Projekt eine empirische Überprüfung des Konzepts der biographischen Lebensbewältigung anhand von Patchwork-Biographien.

Projektverlauf
Mit diesem Ziel wurden mit Männern fortgeschrittenen Erwerbsalters (40-60 Jahre) und mit diskontinuierlichen Erwerbsverläufen leitfadengestützte biographisch-narrative Interviews durchgeführt. Die rekonstruktive Interviewanalyse erfolgte mit einem integrativen texthermeneutischen Ansatz. Die aus den einzelnen Interviews generierten subjektiven Sinnstrukturen und Deutungen wurden anschließend auf Anomien und Bewältigungshandeln überprüft. Nach einer kategorialen Queranalyse konnte abschließend ein Urteil formuliert werden, inwiefern die untersuchte Theorie im Hinblick auf Patchwork-Biographien als Erklärungsmodell für Bewältigungshandeln dient.

Zentrale Ergebnisse
Auf dieses letztgenannte Forschungsinteresse beziehen sich folgende thesenartig zusammengestellten zentralen Ergebnisse:

(a) Die Probanden thematisierten durchgehend anomische Tendenzen des Erwerbssystems, von denen sie angesichts ihrer Patchwork-Biographien in besonderem Maße betroffen sind. Hierbei stellt die Dynamik der vorgezogenen Entberuflichung im Übergang vom Erwachsenenalter ins Alter eine besondere Bewältigungsaufgabe dar.

(b) Es wurde eine Unterscheidung deutlich zwischen systemkonformem Bewältigungshandeln und Normalisierungshandeln, das von den unmittelbar sozialintegrativen Normen der Gesellschaft, also der Integration in ein Normalarbeitsverhältnis abweicht.

(c) Das Konzept des Normalisierungshandelns muss meines Erachtens ergänzt werden um eine offene Haltung in der Sehnsucht nach Normalisierung. In den Interviews wird Handlungsfähigkeit zum Teil mit der Freiheit gleichgesetzt, in Musse Impulse aufnehmen zu können, welche die personale Autonomie befördern.

(d) Die Suche nach Handlungsfähigkeit verfolgt immer auch einen Sinn, der über familiäre Verbindlichkeiten und schlüssige Karriereplanung hinausgeht. Besonders Patchworker müssen jeweils neu ausloten, ob die neue Aufgabe – trotz angepasster Ansprüche – für sie sinnvoll ist. Während Böhnisch vorwiegend altersbedingte Integritätskrisen und reflexive Sinnkonstruktion im Alter thematisiert, findet das situative Streben nach sinnvollem Alltag und das Sinnbedürfnis im Bewältigungshandeln zu wenig Berücksichtigung im Modell der Lebensbewältigung.
(e) Nach dem biographischen Konzept definiert das Individuum nach subjektivem Erleben selbst, wann seine Handlungsfähigkeit gefährdet ist und mit welchem Normalisierungshandeln die Krise bewältigt wird. Hier lässt das Konzept einige Fragen der Untersuchung unbeantwortet: Wie ist mit der Tatsache umzugehen, dass Menschen aus Krisen heraus ihren Begriff von Handlungsfähigkeit umdeuten und entsprechend ihr Normalisierungshandeln individuell neu ausrichten? Was, wenn subjektbestimmtes biographisches Normalisierungshandeln eine Krise stützen oder gar hervorrufen kann? Was ist im Gegenzug davon zu halten, wenn Menschen jenes sozialintegrative Normalisierungshandeln übernommen haben, ihre Ansprüche immer weiter anpassen und dabei – unbemerkt? – ihre Werte und ihre Identität einbüssen? Wie kann ein/e SozialarbeiterIn beurteilen, ob das aktuelle Normalisierungsverhalten ihres Klienten kontraproduktiv für die Bewältigung seiner Krise ist? Hier bezieht Böhnisch zu wenig Stellung dazu, welches biographische Normalisierungshandeln aus professioneller Sicht zu akzeptieren ist und welches nicht. Er legt den Akteuren der Sozialen Arbeit kein adäquates Instrument vor, Normalisierungshandeln ethisch zu bewerten.

Bedeutung der Ergebnisse für die Theorieentwicklung im Bereich Sozialer Arbeit
Böhnischs Konzept der biographischen Lebensbewältigung bietet also einerseits eine umfassende Erklärung für die sozialpädagogische Analyse individuellen Bewältigungshandelns. Prinzipiell scheint die biographische Perspektive eine richtungsweisende Neukonzeptionierung professionellen sozialarbeiterischen Handelns. Soziale Arbeit muss jedoch neben der selbstbestimmten Biographiegestaltung der Individuen und neben politischen sowie wirtschaftlichen Zielen eigenständig über das „Gute und Gesollte" nachdenken. Dies ist meines Erachtens eine Lücke, die es für das Konzept der biographischen Lebensbewältigung noch zu schließen gilt.
Mit der vorliegenden empirischen Überprüfung und kritischen Reflexion konnte das Bewältigungskonzept erhärtet und im Sinne eines „zirkulär oder spiralförmig verlaufenden" Prozesses (Engelke 2003, S. 375) auf Vorhandenes aufgebaut und die Handlungstheorie weiterentwickelt werden.

Literaturhinweise:
Engelke, Ernst (2003): Die Wissenschaft Soziale Arbeit. Werdegang und Grundlagen. Freiburg.
Staub-Bernasconi, Silvia (1996): Gegenstandsbestimmung Sozialer Arbeit als Voraussetzung für die Förderung der Sozialen Arbeit als Disziplin und Profession. In: Verein zur Förderung der Sozialen Arbeit als akademische Disziplin (Hrsg.): Symposium Soziale Arbeit. Köniz, S. 33–108.

E 1 Workshop „Analyse und Planung Sozialer Arbeit"

E 1.1 DAS WYNENTAL – SOZIALRAUMANALYSE ODER ZUR SOZIALEN LAGE IN URBANISIERTEN LÄNDLICHEN REGIONEN MIT HETEROGENER KULTURELLER UND ÖKONOMISCHER BEVÖLKERUNGSSTRUKTUR

Bernhard Haupert/Sigrid Schilling

Projektleitung
Prof. Dr. Bernhard Haupert, Katholische Hochschule für Soziale Arbeit Saarbrücken, E-mail: bhaupert@schlau.com
Prof. Sigrid Schilling, lic.phil., Fachhochschule Nordwestschweiz, Hochschule für Soziale Arbeit, Institut Integration und Partizipation, Olten, E-mail: sigrid.schilling@fhnw.ch

Weitere beteiligte Personen
Dr. Wim Nieuwenboom, Wissenschaftlicher Mitarbeiter (80%), Fachhochschule Nordwestschweiz, Hochschule für Soziale Arbeit
Projektgruppe Studierende Fachhochschule Nordwestschweiz, Hochschule für Soziale Arbeit sowie Katholische Hochschule für Soziale Arbeit Saarbrücken: Tina Bausch, Carolin Blatt, Gariele Bay, Lukas Böhler, Andrea Bucher, Martin Büttner, Sebastiano Curcurutu, Steffi Dincher-Puhl, Marianne Dulla, Katja Durrang, Annemarie Füllemann, Dorothea Grob, Heidrun Hau, Dirk Heising, Rachel Hubacher Manuel Klein, Melanie Kratz, Madeleine Laffer, Daniel Lüscher, Saranda Maliqi, Sandra Meyer, Melanie Monzel, Sascha Niehoff, Astrid Pagel, Alexander Ruff, Oliver Singh.

Projektdauer
01/2006–11/2005

Finanzvolumen
16.000 Euro

Durch wen wurde das Forschungsprojekt ggf. gefördert?
Regionalplanungsverband Wynental (Kanton Aargau) mit seinen 13 Gemeinden

Angewandte Forschungsmethoden
Beobachtung, narrative Interviews, quantitative Längsschnittanalysen, qualitative Befragungen, Experteninterviews

Forschungstyp
Sozialberichterstattung (Beschreibung/Analyse sozialer Verhältnisse/sozialer Probleme)
Sozialplanung
Entwicklung von Konzepten und Verfahren (integrierte Praxisforschung)

Projektveröffentlichungen
Haupert, Bernhard/ Schilling, Sigrid 2005: Das Wynental aus sozialraumanalytischer Sicht. Vorstellung Schlussbericht. Jahresversammlung Regionalplanungsverband Wynental am 03. November 2005, Menziken (AG).
Haupert, Bernhard/ Schilling, Sigrid 2005: Sozialraumanalyse Wynental. Vortrag Praxisforum der Fachhochschule Nordwestschweiz, Hochschule für Soziale Arbeit am 23. September 2005, Brugg (AG).
Haupert, Bernhard/ Schilling, Sigrid 2006: Entwicklung Grobkonzept offene Kinder- und Jugendarbeit oberes und mittleres Wynental. Workshop. Regionalplanungsverband Wynental, 21. April und 07. September 2006, Unterkulm (AG).

Inhaltliche Projektdarstellung

Entstehungshintergrund
Die Gemeinden des Regionalplanungsverbandes Wynental (Repla) haben sich zum Ziel gesetzt, die (soziale) Zukunft der Region neu zu gestalten und in einem kommunikativen Prozess mit verschiedenen gesellschaftlichen Gruppen zu diskutieren.
Es stellte sich aktuell die Frage, welche Zukunftsperspektiven die Region als Ganzes entwickeln kann. Wachsende soziale Probleme, wie etwa die Integration von Migranten und Migrantinnen, die Übergangsproblematik vieler Jugendlicher von der Schule in den Beruf, oder die zunehmende Vereinsamung älterer Menschen, veranlasste die Repla-Gemeinden die Fachhochschule Nordwestschweiz (Hochschule für Soziale Arbeit) anzufragen, neue Handlungsstrategien für die genannten Themenbereiche zu entwickeln.

Fragestellungen
Das Projekt zielte darauf ab, folgende Fragen zu klären:

(a) Welche Situation sozialer Infrastruktur liegt vor (Ist-Analyse)?
(b) Welcher Bedarf an sozialer Infrastruktur in den genannten Themenfeldern besteht für die Repla-Gemeinden?
(c) Wo liegen Stärken und wo gibt es Entwicklungsbedarfe?
(d) Welche Merkmale lassen sich für spezifische Zielgruppen (Kinder, Jugendliche, Familien und alte Menschen) benennen?
(e) Wo besteht Handlungsbedarf für kommunale und regionale Politiken?

Projektverlauf
Das Projekt wurde als Lehrforschungsprojekt durchgeführt, d.h. Studierende der Sozialen Arbeit beider Hochschule (Schweiz und Deutschland) wurden in den gesamten Projektprozess einbezogen. Studierende erhoben die Daten und waren auch selbstständig an der Datenauswertung beteiligt.

Zentrale Ergebnisse
(a) In den vergangenen drei Jahrzehnten haben sich europäische Gesellschaften stark verändert. Mit soziokulturellen und sozioökonomischen Wandlungsprozessen gehen zunehmend räumliche Veränderungen einher. Diese wirken sich zum Beispiel auf die Funktion von Räumen, die soziodemografische Struktur, das Verhältnis von Raum und Milieu und die Lebenschancen der Bevölkerung aus. Daraus ergeben sich Konfliktebenen der Generationen, der Konflikt der Kulturen, der Konflikt der brüchigen Familien(-bilder) und das Fehlen von generativen Leitbildern (etwa Familienbilder, Arbeit, Konfliktlösungen). Im sozialen Raum werden Segregation und Desintegration sichtbar und können dementsprechend nur dort bearbeitet werden. Segregations- und Desintegrationsprozesse sind mit zunehmender Normlosigkeit verbunden, bisherige Milieu- und Quartiersbindungen lösen sich auf. Es stellen sich daraus Herausforderungen für Bildung und Arbeit, für Familien und für die Jugendarbeit.
(b) Der Ausschluss von der Teilhabe an den wichtigsten Funktionssystemen moderner Gesellschaften nimmt ihren Ausgangspunkt zum größten Teil im Ausschluss aus dem Beschäftigungssystem und führt weiter hin zum Ausschluss von Bildung oder kultureller und politischer Teilhabe. Insbesondere für Kinder und Jugendliche wird der Zugang zu gesellschaftlich notwendigen Ressourcen wie Bildung immer wichtiger.
(c) Die Konsequenzen der oben kurz skizzierten Strukturproblematiken müssen bildungs-, sozial- und wirtschaftspolitisch im kommunalen Raum bearbeitet werden. Es bestehen aus unserer Sicht Herausforderungen für die folgenden Bereiche:

– Bildung und Arbeit
– Familie, insbesondere junge Familien
– Jugendarbeit und Integration der nachwachsenden Generation in die „Gesellschaft" und Anbindung an die regionale Identität: Heimat
– Schaffung geeigneter Räume und Plätze für Kinder und Jugendliche
– Diskussion eines bildungspolitischen Programms zur Förderung der Kinder und Jugendlichen
– Diskussion im politischen Raum, um der zunehmenden Zentralisierung und damit der Peripherisierung des Wynentals entgegenzuwirken

(d) Notwendig ist es jedoch in der Region zunächst eine politisch tragfähige Vorstellung über das Verhältnis von Einheimischen und Zugewanderten zu entwickeln und diese den Menschen zu kommunizieren. Deshalb liegen zukünftige Aufgaben im Finden neuer Wege in der kommunalen Bildungs- und Sozialpoli-

tik, in der konstruktiven Entwicklung von Modellen für die Integration von Migranten und Transnationalen sowie in der Ermöglichung positiver Bildungsbiographien für alle Kinder
(e) Zentrale Ergebnisse der Analyse zeigen Handlungsbedarf für die Bereiche Bildung und Arbeit, Familie, insbesondere junge Familien, Jugendarbeit und Integration. Die Strategie für die Zukunft des Wynentals müsste dann also in einer gemeinsamen Kultur-, Sozial- und Bildungspolitik bestehen

Bedeutung der Ergebnisse für die Theorieentwicklung im Bereich Sozialer Arbeit
Lehrforschungsprojekt, Kombination unterschiedlicher Erhebungsmethoden, Sozialraumanalyse, Politikberatung, Entwicklung eines sozial- und jugendpolitischen Konzepts.

E 1.2 Nachhaltige Stadtentwicklung – Zur Wahrnehmung des Bund-Länder-Programms „Soziale Stadt" durch Bewohnerinnen und Bewohner

Ina Zimmermann

Projektleitung
Ina Zimmermann, Diplom Sozialpädagogin (FH), Doktorandin an der Universität Konstanz, E-mail: ina.zimmermann@online.de

Weitere beteiligte Personen
PD Dr. Hans Hoch, Universität Konstanz, Prof. Dr. Sylvia Greiffenhagen, Evangelische Fachhochschule Nürnberg

Projektdauer
09/2006–09/2008

Finanzvolumen
Promotionsstipendium vom 01.09.2006–31.08.2007

Durch wen wurde das Forschungsprojekt ggf. gefördert?
HWP Stipendium: Gemeinsames Programm von Bund und Ländern zur Förderung der Weiterentwicklung von Hochschule und Wissenschaft sowie zur Realisierung der Chancengleichheit für Frauen in Forschung und Lehre (HWP)

Angewandte Forschungsmethoden
Qualitative und quantitative Methoden, insbesondere Interviews

Forschungstyp
Evaluationsuntersuchung

Projektveröffentlichungen
Zimmermann, Ina 2007: Was sagen denn die Bewohner zum Programm Soziale Stadt? Evaluation eines Programmgebiets aus Sicht der Bewohner. In: Sozialmagazin, 3/2007, S. 26–33.

Inhaltliche Projektdarstellung

Entstehungshintergrund
Ausgangspunkt ist das seit 1999 existierende Bund-Länder-Programm für Stadtteile mit besonderem Erneuerungsbedarf „Die Soziale Stadt". Im vorliegenden Beitrag werden die Programmfortschritte eines Stadtteils in Nordbayern nach drei Jahren Laufzeit erstmalig evaluiert. Der Fokus des Evaluierungsvorhabens liegt dabei auf den Wahrnehmungen und Sichtweisen der Bewohnerinnen und Bewohner dieses Stadtteils.
Die ersten Zwischenbilanzen beurteilen das Programm primär aus Expertensicht (IFS 2004, S. 2). Wie das Programm von den Adressaten der vielfältigen Bemühungen wahrgenommen und beurteilt wird, bleibt jedoch weitgehend unklar.

Fragestellungen
Ziel des vorliegenden Beitrags ist es, die Evaluationsdefizite bezogen auf die Wahrnehmungen der Adressaten und hinsichtlich der Evaluation sozialer Maßnahmen zu analysieren. Wahrnehmungen lassen sich unter anderem mithilfe qualitativer Befragungen erheben. Es wird folgende Fragestellung beleuchtet: Welche Veränderungen stellen die Bewohnerinnen und Bewohner in ihrem Stadtteil fest?

Projektverlauf
(a) Vorwiegend qualitative Methoden, zunächst eine Befragung der Bewohnerschaft, werden als Instrument eingesetzt. Ein erster Evaluierungsansatz mit Fokus auf Einbeziehung der Bewohnerschaft wird daher auf der Grundlage der sog. Vorbereitenden Untersuchungen skizziert. Die naheliegendste Form der bewohnerzentrierten Evaluierung liegt in der Wiederholung der Bewohnerbefragung der Vorbereitenden Untersuchung. Diese Bewohnerbefragung integriert zusätzlich weitere Indikatoren, die im Verlauf des Projekts identifiziert wurden.
(b) Die Ergebnisse lassen sich direkt mit denen der Vorbereitenden Untersuchung vergleichen. Diese zwei zeitpunktbezogenen Situationsbeschreibungen dienen zur Beschreibung von Entwicklungstendenzen. Eine Veränderung wird im Vergleich beider Datensätze ermittelt
(c) Daneben wird aber auch eine direkte Einschätzung der Bewohnerschaft zu den Veränderungen erhoben, beispielsweise durch Fragen zur eigenen Einschätzung der Veränderungen in den letzten Jahren. Direkte Ergebnisse über die Veränderungen der Wahrnehmungen der Bewohnerschaft können somit den „berechneten" Veränderungen zur Verifikation gegenübergestellt werden.

Zentrale Ergebnisse
Der beschriebene Lösungsansatz wird anhand eines Stadtteils im Nordbayerischen Raum beispielhaft angewendet. Im ausgewählten Untersuchungsgebiet wurde vorher kein Evaluierungsverfahren umgesetzt. Aus der ersten Untersuchung lassen sich bereits bestehende Indikatoren zur Messung der Bewohnersicht dem Handlungsfeld Wohnumfeld zuordnen.
(a) So wurde zum Thema Wohnumfeld die Zielsetzung: „Stärkung der Identifikation mit dem Stadtteil" festgelegt. Indikatoren, die dieses Ziel messen sollen, sind die „Zufriedenheit mit dem Wohngebiet" und die „Verwurzelung mit dem Stadtteil".
(b) Die Verwurzelung mit dem Gebiet ist schon in der ersten und auch nach der zweiten Untersuchung sehr stark ausgeprägt. Ein Faktor, der dazu beiträgt, ist das soziale Netzwerk und die Wohndauer. Im Widerspruch dazu fallen die Antworten zur Zufriedenheit mit dem Stadtteil negativer aus. Im Vergleich zur ersten Untersuchung ist die Zufriedenheit der Befragten in den letzten Jahren zurückgegangen Dieses Ergebnis hängt möglicherweise damit zusammen, dass die Befragten mit den Veränderungen im Stadtteil nicht zufrieden sind. Anhand der offenen Fragen der jüngsten Untersuchung wird deutlich, dass die Befragten mit der Grün- und Freiflächengestaltung nicht einverstanden sind. Spielplätze, Bänke und Grünflächen wurden in den letzten Jahren abgebaut, sichtbar sind primär Verschlechterungen.
(c) Im Vergleich beider Untersuchungen beurteilen die Befragten die Veränderungen im Gebiet tendenziell negativ. Anhand der offenen Fragestellungen hinsichtlich der Stärken und Schwächen des Gebiets werden diese Beurteilungen auch in Bezug auf andere Felder bestätigt. In beiden Untersuchungen werden ähnliche Themen diskutiert. Nach Ansicht der Befragten sind insbesondere die Themen „Sanierung von Grün- und Freiflächen" und „mangelnder nachbarschaftlicher Zusammenhalt" relevant.
(d) Die bislang aufgezeigten Veränderungen werden als Differenzwerte der zwei Befragungen berechnet. Es stellt sich nun die Frage, wie die Befragten die Veränderungen selber nach den drei Jahren beurteilen. Die Ergebnisse stehen im Einklang mit den Berechnungen. Die Befragten sind der Ansicht, dass Schwierigkeiten und Probleme nicht bearbeitet wurden bzw. sie sind mit den Veränderungen nicht zufrieden.
(e) Hervorzuheben ist jedoch, dass diejenigen, die das Programm „Soziale Stadt" bzw. das Quartiermanagement in ihrem Gebiet kennen, die Veränderungen deutlich positiver bewerten als jene Befragte, die sich mit dem Programm noch nicht näher befasst haben. Die Arbeit des Quartiermanagements mit den Angeboten im Stadtteilladen trägt demnach zu einer positiveren Einschätzung des Stadtteils bei. Die Stadtteilarbeit ist notwendig und wichtig, gerade im Hinblick darauf, dass zukünftig vermehrt mit Öffentlichkeitsarbeit auf die Veränderungen hingewiesen werden muss, damit ein größerer Teil der Bevölkerung informiert und eingebunden wird.

Bedeutung der Ergebnisse für die Theorieentwicklung im Bereich Sozialer Arbeit
(a) Die Wahrnehmungen und Sichtweisen der Bewohnerschaft in den Prozess

der Stadtteilentwicklung einzubeziehen, ist ein wichtiger Teil des neuen integrativen Politikansatzes.
(b) Für ein Evaluierungsverfahren scheint jedoch die Anwendung nur einer Methode nicht ausreichend. Die Methode der Bewohnerbefragung zur Bewertung des Programms aus Bewohnersicht muss um weitere qualitative Methoden ergänzt werden.
(c) Die Analyse der Anforderungen, die an ein erweitertes Evaluierungsverfahren gestellt werden, steht erst am Anfang. Aus den bisherigen Erkenntnissen lassen sich jedoch weiterführende Fragestellungen formulieren:
– Welche konkreten Methoden der Aktivierung eignen sich, um die Bewohner am Evaluierungsprozess zu beteiligen?
– Wie können qualitative Methoden in einen kontinuierlichen Evaluierungsprozess integriert werden?
– Wie kann eine bewohnerzentrierte Evaluation in das gesamte Evaluierungsvorhaben eines Stadtteils einbezogen werden?

E 1.3 Quantitative Personalbedarfsplanung in den Sozialen Diensten der kommunalen Kinder- und Jugendhilfe

Benjamin Landes

Projektleitung
Benjamin Landes, Diplom-Sozialarbeiter, Diplom-Sozialpädagoge, Diplom-Betriebswirt, Wissenschaftlicher Mitarbeiter am Institut für Sozialarbeit und Sozialpädagogik Frankfurt e.V., E-mail: benjamin.landes@iss-ffm.de

Weitere beteiligte Personen
Keine

Projektdauer
09/2005–12/2005

Finanzvolumen
Das Projekt war nicht mit Finanzmitteln ausgestattet

Durch wen wurde das Forschungsprojekt ggf. gefördert?
ISS Frankfurt a.M.

Angewandte Forschungsmethoden
Theoriebildung, Regressionsanalysen

Forschungstyp
Entwicklung von Konzepten und Verfahren (integrierte Praxisforschung)

Projektveröffentlichungen
Landes, Benjamin 2005: Quantitative Personalbedarfsplanung in den Sozialen Diensten der kommunalen Kinder- und Jugendhilfe, Diplomarbeit zur Erlangung des Grades eines Betriebswirts, Giessen.
Landes, Benjamin 2006: Quantitative Personalbedarfsplanung in den Sozialen Diensten der kommunalen Kinder- und Jugendhilfe. In: Nachrichtendienst des Deutschen Vereins 10/2006, S.465–468.

Inhaltliche Projektdarstellung
Entstehungshintergrund
Angesichts der prekären Situation der kommunalen Haushalte gerät auch die Jugendhilfe unter Druck und die Frage nach dem „richtigen" Personalbestand, die aus fachlichen Gründen schon seit Bestehen des ASD gestellt wurde, wird zum Diskussionsgegenstand in den Ämtern und Fachbereichen.

Fragestellungen
Anhaltspunkte für die Ableitung angemessener Werte waren bisher lediglich durch eine Empfehlung der Kommunalen Gemeinschaftsstelle für Verwaltungsvereinfachung (KGSt) aus dem Jahr 1985 und einem Praxisbeispiel des Instituts für Soziale Arbeit (ISA) vorhanden. Die KGSt widerrief ihre Empfehlung dann im Rahmen der Einführung des neuen Steuerungsmodells und legte keine neuen Verfahrensempfehlungen vor. Das ISA-Modell basiert auf einem Aushandlungsprozess, der sehr auf die konkre-te Praxis des beschriebenen Standortes zugeschnitten war. Insgesamt ist der Bereich Personalbedarfsplanung für Soziale Dienste noch nicht angemessen aufgearbeitet.

Projektverlauf
Das ISS Frankfurt a. M. ist in zahlreichen Projekten tätig, die eine Organisationsentwicklung in Jugendämtern betreffen. Um zu einem tragfähigen Konzept zu kommen, wurde der Bereich Personalbedarfsplanung in einer Diplomarbeit aufgearbeitet. Die Ergebnisse werden mittlerweile an mehreren Standorten in die Praxis umgesetzt und weiterentwickelt.

Zentrale Ergebnisse
(a) Die Definition eines Arbeitszeitmodells für Soziale Dienste. Die Studie beschreibt personalwirtschaftlich-analytisch die Arbeitszeitbestandteile einer Fachkraft im Sozialen Dienst. Bezogen auf eine Stelle ergeben sich Zeiten, die nicht vom Fallaufkommen abhängig sind (stellenfixe Anteile, wie Dienstbesprechungen) und Zeiten, die sich nach Menge, Art und Schwere der zu bearbeitenden Fälle richten (stellenvariable Anteile). Die Arbeitszeit für einen einzelnen Fall lässt sich wiederum in Zeiten, die sich zwingend für eine Fallgruppe er-

geben (fallfixe Zeiten, bspw. zur Durchführung des Verwaltungsverfahrens) und Zeiten, welche die Fachkraft auf Grund ihrer Kompetenz dem Fall zumisst (fallvariable Zeiten). Die kumulierten Fallzeiten plus die nötigen stellenfixen Anteile ergeben die benötigte Arbeitszeit im Sozialen Dienst.
(b) Die Ableitung von Einflussfaktoren auf das Volumen der benötigten Gesamtarbeitszeit. Die einzelnen Arbeitszeitanteile unterliegen in Ihrem Ausmaß unterschiedlichen Einflussfaktoren. Das Niveau der Organisation bestimmt den Zeitaufwand, der für organisationale Tätigkeiten gebunden wird (stellen- und fallfixe Zeiten). Das Ausmaß der stellenvariablen Zeiten wird im Wesentlichen durch den Fallmix erzeugt, den die Fachkraft zu bearbeiten hat und die Zeit, die sie per fachlicher Entscheidung darauf verwendet.
(c) Die Erarbeitung von Methoden zur Quantifizierung der Einflussfaktoren. Das Niveau der Organisation resultiert aus den Entscheidungen der Leitungskräfte, die – bewusst oder unbewusst – durch Vorgaben diese Zeiten steuern. Der Fallmix entsteht aus der sozialen Belastung einer Region, was durch zahlreiche regressionsanalytische Studien mittlerweile ausgeführt wird. Das Entscheidungsverhalten der Fachkräfte ist sicher der schwierigste Einflussfaktor, der durch Amts- und Teamkulturen, Wertorientierungen und Professionalität gekennzeichnet ist. Für diesen Bereich ist die Aushandlung gemeinsamer Standards notwendig.
(d) Die Empfehlung praktischer Handlungsoptionen. Auf der Basis des vorgestellten Modells lässt sich sowohl in eine nachvollziehbare Gesamtplanung des Personalbedarfs einsteigen, wie auch einzelne Handlungsoptionen ableiten.
(e) Eine beispielhafte Sekundäranalyse der Daten der Integrierten Berichterstattung des KVJS. Im Wesentlichen wurden die Daten im Hinblick auf Korrelationen zwischen Personalbedarf, soziodemographischen Daten und Fallaufkommen analysiert. Die Hypothesen der Theoriebildung wurden dabei weitgehend gestützt. Aus Platzgründen wird hier auf eine nähere Darstellung verzichtet.

Bedeutung der Ergebnisse für die Theorieentwicklung
im Bereich Sozialer Arbeit
(a) Soziale Arbeit wird per se als organisierte Leistung erbracht (im Gegensatz zu Nachbarschaftshilfe oder ähnlichem), bei deren Erbringung professionalisierte Fachkräfte eine zentrale Rolle spielen. Forschungsfragen, die sich mit dem Einsatz, Qualifizierung und Arbeitsweise dieser Fachkräfte beschäftigen sind also immanenter Bestandteil einer Theorieentwicklung für diesen Bereich.
(b) Die vorliegende Untersuchung stellt für einen Teilbereich der Sozialen Arbeit in der Schnittmenge mit den Wirtschaftswissenschaften die theoretischen Grundlagen für eine spezifische, quantitative Personalplanung zur Verfügung. Daneben wird eine Abgrenzung und Ergänzung zu personalwirtschaftlichen Erkenntnissen aus der freien Wirtschaft vorgenommen.

E 2 Workshop „Sekundäranalysen"

E 2.1 Zur Existenz sozialer Bedürfnisse und den Folgen ihrer Versagung. Ein Beitrag zur biopsychosoziokulturellen Theorie menschlicher Bedürfnisse und sozialer Probleme

Werner Obrecht

Projektleitung
Prof. Werner Obrecht, lic. phil. I, Prof., pensioniert, Aussendozent der Hochschule für Soziale Arbeit Zürich, E-mail: w.obrecht@dplanet.ch

Weitere beteiligte Personen
Keine

Projektdauer
Seit 1971 fortlaufend

Finanzvolumen
Projekt im Rahmen der Anstellung; gegenwärtig eigenfinanziert

Durch wen wurde das Forschungsprojekt ggf. gefördert?
Soziologisches Institut der Universität Zürich, Hochschule für Soziale Arbeit Zürich

Angewandte Forschungsmethoden
Theoretische Analyse und Synthese bestehender Forschung in Bereichen der Biologie, Psychologie, Sozialwissenschaften und der Philosophie

Forschungstyp
Grundlagenforschung

Projektveröffentlichungen
Obrecht, Werner 1973: Eine Metatheorie der Theorie von Kultur und Sozialstruktur. Lizentiatsarbeit. Zürich: Soziologisches Institut der Universität Zürich.
Obrecht, Werner 1994: Umrisse einer biopsychosozialen Theorie menschlicher Bedürfnisse. Geschichte, Probleme, Struktur, Funktion. Erscheint in: Werner Obrecht: Soziale Arbeit als Handlungswissenschaft – Das Systemtheoretische Paradigma der Sozialen Arbeit. Herausgegeben von Beat Schmocker. In Vorbereitung.

Obrecht, Werner 2002: Umrisse einer biopsychosozialen Theorie sozialer Probleme. Ein Beispiel einer transdisziplinär integrativen Theorie. Erscheint in: Werner Obrecht: Soziale Arbeit als Handlungswissenschaft – Das Systemtheoretische Paradigma der Sozialen Arbeit. Herausgegeben von Beat Schmocker. In Vorbereitung.

Obrecht, Werner 2005: Ontologischer, sozialwissenschaftlicher und sozialarbeits-wissenschaftlicher Systemismus. Ein integratives Paradigma der Sozialen Arbeit. In: Hollstein-Brinkmann, Heino/ Staub-Bernasconi, Silvia (Hrsg.): Systemtheorien im Vergleich. Versuch eines Dialogs. Leverkusen, S. 93–172.

Obrecht, Werner 2006: Interprofessionelle Kooperation als professionelle Methode. In: Schmocker, Beat (Hrsg.): Liebe, Macht und Erkenntnis. Silvia Staub-Bernasconi und das Spannungsfeld Sozialer Arbeit. Freiburg, S. 408–445.

Inhaltliche Projektdarstellung

Entstehungshintergrund
Das Projekt geht zurück auf die handlungstheoretisch konzipierte Makrosoziologie der Weltgesellschaft von P. Heintz (1920–1983), deren Rekonstruktion als systemistische Theorie sozialer Systeme in Termini der Ontologie des Emergentistischen Systemismus (M. Bunge) sowie auf eine Theorie des sozialen Akteurs als durch Bedürfnisse motiviert und in seinen Handlungen durch codevermittelte Bilder gesteuert.

Fragestellungen
Übergeordnete Frage der Theorie menschlicher Bedürfnisse und sozialer Probleme (TMB/TSP) ist die klassische und gegenwärtig wieder die Sozialtheorie bestimmende Frage nach der Beziehung zwischen Individuum und Gesellschaft, deren Antwort eine Theorie sozialer Systeme und ein Modell sozialer Akteure involviert. Im Besonderen ist es die Frage nach der Existenz und Rolle von (universellen) Bedürfnissen als Mechanismen der Vergesellschaftung und der sozialen Integration sowie der damit verbundenen Gefühle des Wohlbefindens und Glücks einerseits und verschiedenen Formen der strukturellen Marginalität und Exklusion und der mit diesen verbunden psychologischen, neuronalen und allgemein biologischen Folgen.

Projektverlauf
Das Projekt mit einer Laufzeit von drei bis vier Jahrzehnten bestand zunächst in der Sichtung und Systematisierung oder Entwicklung aller für die Konstruktion einer erklärenden TSP erforderlichen metatheoretischen und basiswissenschaftlichen Ressourcen, das heisst von ontologischen, erkenntnis- und wissenschaftstheoretischen, semantischen, axiologischen und praxeologischen Begriffen und Doktrinen resp. biotheoretischen (Organismusbegriff, Evolution des

ZNS), biopsychologischen (Gehirnfunktionen), psychologischen (Motivations-, Kognitions-, Problem- und Handlungstheorie) sowie soziologischen Hypothesen und Theorien.

Zentrale Ergebnisse
(a) Nach der systemistischen Theorie sozialer Systeme sind soziale Systeme konkrete Systeme einer besonderen Art, nämlich solche mit menschlichen Individuen als Komponenten, die ihrerseits aufgefasst werden als sozial lebende Lebewesen einer besonderen Art, nämlich neugierige, aktive, beziehungs- und mitgliedschaftsorientierte, lern-, sprach- und selbstwissensfähige Biosysteme, die hineingeboren werden und lebenslang eingebunden sind in teils durch verwandtschaftliche Verhältnisse gegebene, teils frei gewählte soziale Systeme. Ihre Existenz verdanken soziale Systeme der spezifischen Bindungsfähigkeit menschlicher Individuen, die auf deren biologische, (bio)psychische und nicht zuletzt (biopsycho)soziale Bedürfnisse und aus ihnen abgeleitete Kooperationsinteressen zurückgeht. Die Struktur solcher Systeme ist das Gesamt der interaktiven und positionalen Beziehungen (Bindungen) zwischen ihren Komponenten und die soziale Situation eines Akteurs ist entsprechend charakterisiert durch seine Position innerhalb der Positions-und der mit dieser verknüpften Interaktionsstruktur (s)einer Gesellschaft.

(b) Bedürfnisse sind innerhalb menschlicher Organismen registrierte Spannungszustände zwischen aktuellen Ist- und universellen Sollwerten (=Bedürfnisspannung), die den Organismus zu Aktivitäten motivieren, die – die in Termini seiner biografisch erworbenen „Deutungsmuster" gedeutete – Bedürfnisspannung mit Hilfe seines erworbenen Handlungsrepertoires (Verfahren) innerhalb einer geeigneten Frist (Elastizität) reduzieren. Primäre Werte sind dabei jene Zustände, in denen Biosysteme einer bestimmten Art zu sein bevorzugen, während die sekundären Werte eines Individuums jene Klassen äusserer Zustände sind, von denen es glaubt, dass sie zur Erhaltung oder Erzeugung seiner primären Werte beitragen und die es deshalb herbeisehnt und, sei es durch spirituelle (Gebet) oder auf immanente Ziele gerichtete instrumentelle Handlungen herbeizuführen versucht (subjektive Rationalität).

(c) Praktische Probleme, die physikalischer, biologischer, psychischer oder sozialer Art sein können, sind eine Folge davon, dass Individuen durch Bedürfnisse motivierte Ziele haben. Sie treten auf, wenn ein bedürfnisrelevantes Ziel nicht durch eine Routinehandlung erreicht werden kann. Entsprechend der Unterscheidung von Interaktions- und Positionsstruktur sozialer Systeme können soziale Probleme mit Bezug auf die Interaktions- und solche mit Bezug auf die Positionsstruktur unterschieden werden.

(d) Die vorliegende Studie reanalysiert Befunde aus sozialepidemiologischen Studien und Studien über das Sozialverhalten von höheren Primaten im Lichte der TMB/TSP und weist anhand von theoretisch postulierten Folgen der Versagung von Bedürfnissen nach sozialer Anerkennung und Austauschgerechtigkeit (unter anderem Lebenserwartung, neurophysiologisch objektivierter Stress,

Gefühle der Versagung) die Existenz solcher Bedürfnisse nach. Dabei beschränkt sie sich auf Aspekte der Position innerhalb der Positionsstruktur als Anlässe der Versagung (Stressoren) vitaler sozialer Bedürfnisse.

Bedeutung der Ergebnisse für die Theorieentwicklung im Bereich Sozialer Arbeit
Die TMB/TSP betrifft den Kern der praktischen Problematik der Profession der Sozialen Arbeit und damit der basiswissenschaftlichen Grundlagen der Sozialarbeitswissenschaft, nämlich Probleme der befriedigenden Einbindung von Individuen in ihre sozialen Umwelten (vgl. die Montreal-Definition Sozialer Arbeit von 2001). Indem sie eine bisher erst am Rande untersuchte Klasse von Mechanismen der Vergesellschaftung und gelingender (Wohlbefinden und Glück) und nicht gelingender sozialer Integration von Individuen und von sozialen Spannungen betont, leistet sie einen Beitrag zur Entwicklung einer „handlungstheoretisch", beziehungsweise akteurtheoretisch angelegten Systemtheorie, die gegenwärtig die holistischen Varianten von Systemlehren sensu Parsons et Luhmann ablösen.

E 2.3 Lebenslage und Lebensbewältigung von Menschen mit Behinderungen in der Schweiz

Daniel Gredig/Heinrich Zwicky

Projektleitung
Prof. Dr. Daniel Gredig, Fachhochschule Nordwestschweiz, Institut Integration und Partizipation, E-mail: daniel.gredig@fhnw.ch
Prof. Dr. Heinrich Zwicky, Hochschule für Soziale Arbeit Zürich, E-mail: hzwicky@hssaz.ch

Weitere beteiligte Personen
Sabine Deringer, Wissenschaftliche Mitarbeiterin (60 % für 27 Monate)
Melanie Hirtz, Wissenschaftliche Mitarbeiterin (50 % für 12 Monate)
Roman Page, Wissenschaftlicher Mitarbeiter (50 % für 6 Monate)

Projektdauer
01/2001–05/2003

Finanzvolumen
220.000 Euro

Durch wen wurde das Forschungsprojekt ggf. gefördert?
Schweizerischer Nationalfonds zur Förderung der wissenschaftlichen Forschung

Angewandte Forschungsmethoden
Sekundärstatistische Analysen, problemzentrierte Tiefeninterviews, Standardisierte schriftliche Befragung

Forschungstyp
Sozialberichterstattung (Beschreibung/Analyse sozialer Verhältnisse/sozialer Probleme)
Grundlagenforschung

Projektveröffentlichungen
Gredig, Daniel et al. 2005: Menschen mit Behinderungen in der Schweiz. Zürich/Chur.
Zwicky, Heinrich 2003: Zur Sozialen Lage von Menschen mit Behinderungen in der Schweiz. In: Schweizerische Zeitschrift für Soziologie, 29,1.

Inhaltliche Projektdarstellung

Entstehungshintergrund
(a) Das Nationale Forschungsprogramm des Schweizerischen Nationalfonds mit dem Titel „Probleme des Sozialstaates" wurde mit zehn Millionen Franken dotiert und zwischen 2000 und 2003 durchgeführt. Insgesamt 35 Projekte wurden im Rahmen dieses Programms finanziert, aufgeteilt auf die vier Forschungsmodule „Arbeitsmarkt/Arbeitslosigkeit", „Gesundheitswesen", „Sozialpolitik/Soziale Sicherheit" und „Behinderung". Ein abschliessender und zusammenfassender Schlussbericht des Gesamtprogramms (Gärtner/ Flückiger 2005) ist in der Zwischenzeit publiziert worden.
(b) Ein Ziel des Programms im Forschungsmodul Behinderung bestand explizit darin, die Kenntnisdefizite über Menschen mit Behinderungen in der Schweiz abzubauen, implizit war auch die Frage damit verknüpft, ob man dies längerfristig mit Hilfe von Sekundärstatistiken erreichen könne oder ob eine eigenständige Sozialberichterstattung über Menschen mit Behinderungen unabdingbar sei.
(c) „Der Kenntnisstand über die Entwicklung und die Situation behinderter Menschen in der Schweiz ist ungenügend. Zwar ist bekannt, dass die Zahl der InvalidenrentnerInnen in den letzten Jahren stark zugenommen hat. Die Ursachen und Auswirkungen liegen jedoch weitgehend im Dunkeln. Gleichzeitig entstanden in den letzten Jahren neue Barrieren zur Integration behinderter Frauen und Männer. Forschungsprojekte sollen hier Grundlagen für eine wirksame Behindertenpolitik – bei welcher Integration vorrangig ist – bereitstellen. Im Unterschied zu anderen Ländern wurden in der Schweiz bisher keine koordinierten Bestrebungen für eine Berichterstattung zur Lage behinderter Menschen unternommen." (Schweizerischer Nationalfonds (2006, erstmals veröffentlicht etwa 1998)
(d) Entsprechend haben im Themenbereich Behinderung auch zwei Projekte mit Sekundärstatistiken gearbeitet. Widmer (2004) führte eine Sekundäranalyse des Schweizerischen Haushaltspanels durch, im Projekt von Gredig et al. (2005)

wurde versucht, in einem ersten Teil zwei andere schweizerische Primärdatensätze (Arbeitskräfteerhebung und Gesundheitsbefragung) einer Sekundäranalyse zu unterziehen und daran eine Primärerhebung anzuschliessen, die die Erkenntnisse aus der Sekundäranalyse gezielt ergänzen sollte.

Fragestellungen
Die Grundfragestellung des Projektes galt den für die Lebenslage und die Lebensbewältigung von Menschen mit Behinderung relevanten Dimensionen und der Lage verschiedener Gruppen von Menschen mit Behinderungen auf diesen Dimensionen.

Projektverlauf
In einer ersten Phase des Projektes wurden einerseits qualitative Interviews mit ausgewählten Menschen mit Behinderungen sowie mit Expertinnen und Experten durchgeführt, um die relevanten Dimensionen der Lebenlage zu bestimmen. Parallel dazu wurden im Rahmen von Sekundäranalysen regelmässige Datenerhebungen (Schweizerische Gesundheitsbefragungen, Schweizerische Arbeitskräfteerhebungen) in Bezug auf Informationen über die Soziale Lage von Menschen mit Behinderungen ausgewertet. In der zweiten Phase wurde dann eine repräsentative Stichprobe von LeistungsbezügerInnen der Schweizerischen Invalidenversicherung (IV) mit einem umfangreichen, weitgehend standardisierten Fragebogen schriftlich befragt. Insgesamt konnten damit rund 1200 Bezügerinnen und Bezüger von IV-Renten und rund 800 Bezügerinnen und Bezüger von anderern IV-Leistungen erfasst werden.

Zentrale Ergebnisse
(a) Als wichtige Dimensionen der Lebenslage von Menschen mit Behinderungen wurden bestimmt und analysiert: Formaler Bildungsabschluss, Arbeitsintegration, Persönliches Einkommen, Haushaltseinkommen, Wohnraum pro Person, Gesundheitszustand, Soziale Kontakte, Teilnahme an Freizeitaktivitäten, Mobilität, Unabhängigkeit von Hilfeleistungen, Selbstbestimmung und (Absenz von) Stigmatisierungserfahrungen.
(b) Für die Rentenbezügerinnen und Rentenbezüger der Invalidenversicherung konnten im Rahmen einer Clusteranalyse fünf unterschiedliche Lebenslagen von Menschen mit Behinderungen bestimmt werden. Eine ersten Lage ist geprägt durch einen schlechten Gesundheitszustand, aber vergleichsweise grosser Mobilität und einer hohen sozialen Integration. Eine zweite Lage weist überdurchschnittliche materielle Ressourcen auf. Eine dritte Lage ist gekennzeichnet durch einen schlechten Gesundheitssituation bei gleichzeitig starker sozialer Isolation. Bei einer vierten Lage ist der Gesundheitszustand ähnlich schlecht, die Mobilität stark eingeschränkt, die sozialen Kontakte sind aber stark überdurchschnittlich. Die fünfte soziale Lage ist im Unterschied zu allen anderen Gruppe durch eine gute Arbeitsintegration (bei vergleichsweise tiefen materiellen Ressourcen) gekennzeichnet.

*Bedeutung der Ergebnisse für die Theorieentwicklung
im Bereich Sozialer Arbeit*
Das Projekt hat Grundimensionen der Lebenslage von Menschen mit Behinderungen herausgearbeitet und die Unterschiedlichkeit der Lebenslagen von Menschen mit Behinderungen aufgezeigt. Es weist darauf hin, dass auch die Lebenslage von Menschen mit Behinderungen nicht eindimensional zu beschreiben ist, sondern mit Hilfe einer Vielzahl von objektiven und subjektiven Dimensionen, die untereinander unterschiedlich stark verknüpft sind.

Literatur
Gärtner, Ludwig/Flückiger, Yves 2005: Probleme des Sozialstaats: Ursachen, Hintergründe, Perspektiven. Chur.
Gredig, Daniel et al. 2005: Menschen mit Behinderungen in der Schweiz. Zürich/Chur.
Schweizerischer Nationalfonds 2006: NFP 45, Sozialstaat. Im Internet unter: http://www.sozialstaat.ch, Download vom 02.11.2006.
Widmer, Rolf 2004: Behinderung und ihre vielfältigen Facetten. In: Suter, Christian et al. (Hrsg.): Sozialbericht 2004. Zürich, S.175–195.

E 3 Workshop „Handlungsmethoden"

E 3.1 Problem- und Ressourcenanalyse in der Kinder- und Jugendhilfe

Manuel Arnegger/ Ursula Korf

Projektleitung
Manuel Arnegger, Master of Social Work, Koordinator beim Berliner Rechtshilfefonds Jugendhilfe e.V., E-mail: arnegger@gmx.de
Ursula Korf, Diplom Sozialarbeiterin und Familientherapeutin, Leiterin des Bereiches Kinder- und Jugendhilfe, Die Wille gGmbH, Berlin, E-mail: ursula.korf@diewille.de

Weitere beteiligte Personen
Keine

Projektdauer
07/2004–08/2006

Finanzvolumen
Eigenmittel

Durch wen wurde das Forschungsprojekt ggf. gefördert?
Keine Förderung

Angewandte Forschungsmethoden
Keine explizite Anwendung von Forschungsmethoden

Forschungstyp
Entwicklung von Konzepten und Verfahren (integrierte Praxisforschung)

Projektveröffentlichungen
Arnegger, Manuel 2005: Problem- und Ressourcenanalyse in der Kinder- und Jugendhilfe: Entwicklung, Anwendung und Institutionalisierung eines Verfahrens zur sozialarbeiterischen Situationsanalyse. In: Neue Praxis, 6/2005, S. 682–694.
Arnegger, Manuel/Korf, Ursula 2006: Entscheidend ist, was am Ende dabei heraus kommt: Situationsanalyse als wissenschaftlich begründete Praxis. In Sozial Extra, 6/2006, S. 36–39.

Inhaltliche Projektdarstellung
Entstehungshintergrund
(a) Das Projekt „Problem- und Ressourcenanalyse in der Kinder- und Jugendhilfe" entstand aus der Motivation, eine praktische Anwendung der Systemischen

Denkfigur nach Silvia Staub-Bernasconi und Kaspar Geiser unter besonderer Berücksichtigung bedürfnistheoretischer und menschenrechtlicher Aspekte zu entwickeln. Konzipiert war es zunächst als Praxisprojekt im Rahmen des Masterstudienganges „Soziale Arbeit als Menschenrechtsprofession" in Berlin.
(b) In einem ersten Schritt wurde hierzu in der alltäglichen Berufspraxis der Einzelfall- und Familienhilfe (§§ 30 und 31 SGB VIII) ein diagnostisches Verfahren entwickelt, das in den ersten drei Monaten der Hilfen gemeinsam mit den entsprechenden Kindern, Jugendlichen und Familien durchgeführt werden kann.
(c) Erste erfolgreiche Anwendungen und der Wunsch nach einem einheitlichen sozialarbeiterischen Diagnoseverfahren seitens der Einrichtungsleitung führten zu einer Ausweitung des Projektes innerhalb des Freien Trägers.

Fragestellungen
Das Ziel des Projektes war die Implementierung eines wissenschaftlich begründeten und gleichzeitig praktikablen Diagnoseverfahrens.

Projektverlauf
(a) Entwicklung eines Diagnosebogens, basierend auf der Systemischen Denkfigur, der die Durchführung einer sozialarbeiterischen Situationsdiagnose ermöglicht.
(b) Bildung einer Arbeitsgruppe mit interessierten Mitarbeiterinnen und Mitarbeitern aus unterschiedlichen Arbeitsbereichen zur ersten Überprüfung der Vermittelbarkeit und Praxistauglichkeit der Unterlagen. In dieser Phase wurden die bestehenden Unterlagen durch die Mitglieder der Arbeitsgruppe in konkreten Hilfen angewandt und aufgrund der daraus gewonnenen Erfahrungen angepasst.
(c) Zweiter Testlauf der Unterlagen in zwei ausgewählten Teams im Bereich der Tagesgruppen (§ 32 SBG VIII). Das Diagnoseverfahren wurde den Mitarbeiterinnen und Mitarbeitern vorgestellt, mit der Bitte ihre Erfahrungen aus der Anwendung in die Weiterentwicklung des Verfahrens einzubringen. Die Mitglieder der Arbeitsgruppe fungierten hierbei als Mentorinnen. Die auf diese Weise gesammelten Informationen hinsichtlich der Praxistauglichkeit des Instrumentes führten zu einer erneuten Überarbeitung der Unterlagen.
(d) Verbindliche Anwendung im Bereich der Tagesgruppen. In den vier Tagesgruppen der Einrichtung wird das Diagnoseverfahren bei jeder Neuaufnahme durchgeführt.

Zentrale Ergebnisse
(a) Die von Silvia Staub-Bernasconi entwickelte Systemische Denkfigur eignet sich als Wirklichkeit strukturierendes und Erkenntnis leitendes Kernelement eines diagnostischen Verfahrens. Im Projektverlauf wurden die Arbeitsmaterialien mehrfach verändert, die Grund-struktur der Systemischen Denkfigur blieb dabei jedoch erhalten. Verändert wurden vor allem die Darstellung und Begrifflichkeiten.
(b) Mit Hilfe der im Projektverlauf entstandenen Materialien können komplexe Situationen gemeinsam mit den Kindern, Jugendlichen und Erwachsenen be-

schrieben und bewertet werden. Die so abgebildete Komplexität wird den Anforderungen einer sozialarbeiterischen Praxis gerecht und berücksichtigt in Abgrenzung zu psychologischen oder hermeneutischen Verfahren auch gesellschaftspolitisch relevante und materielle Aspekte.
(c) Eine große Herausforderung ist die Implementierung eines solches Verfahrens ohne dass es von denjenigen, die damit arbeiten sollen, als Belastung oder lästige Zusatzarbeit betrachtet wird. Erreicht werden kann eine wirkliche Verankerung in der Einrichtung nur, wenn die Mitarbeiterinnen und Mitarbeiter das Verfahren nach einer Zeit der Einarbeitung als sinnvoll und nützlich erfahren können. Dazu erscheint es notwendig, gemeinsam und beständig an der Verfahrensentwicklung zu arbeiten, um das Wissen und die Erfahrungen der Mitarbeiterinnen und Mitarbeiter aufnehmen zu können und die Akzeptanz zu steigern. Hier gilt es die richtige Mischung aus Bottom-Up und Top-Down-Strategie zu finden.
(d) Schwierigkeiten ergaben sich dadurch, dass die in der Jugendhilfe Tätigen mit teils sehr unterschiedlichen professionellen Hintergründen arbeiten. Neben Sozialarbeiterinnen und Sozialpädagogen finden sich hier zum Beispiel auch Psychologinnen und Erzieher. Unterschiedliche Ausbildungen und individuelle Präferenzen bedeuteten auch unterschiedliche Aneignungs- und Abstraktionskompetenzen der Mitarbeiterinnen und Mitarbeiter, so dass im Projektverlauf deutlich wurde, dass eine begleitende Schulung der Professionellen notwendig ist und nicht – wie ursprünglich angedacht – mit weitestgehend selbsterklärenden und möglichst einfachen Materialien gearbeitet werden kann.

Bedeutung der Ergebnisse für die Theorieentwicklung
im Bereich Sozialer Arbeit
Das Projekt liefert Erfahrungen hinsichtlich der Anwendung und Institutionalisierung eines wissenschaftlich begründeten diagnostischen Verfahrens im sozialarbeiterischen Alltag. Als Praxisprojekt fungiert es an der Schnittstelle von Theorie und Praxis und behandelt exemplarisch die Frage, wie wissenschaftliche Inhalte unter realen Bedingungen umgesetzt werden können.

E 3.2 Biographietheoretische Zugänge als Grundlage interkultureller Kompetenz in der Klinischen Sozialarbeit und Psychosozialen Beratung

Heidrun Schulze

Projektleitung
Dr. phil. Heidrun Schulze, Dipl. Sozialpädagogin (FH), Dipl. Sozialtherapeutin (Universität), Psychotherapeutin und Dozentin, Universität Kassel, E-mail: HeidSchul@aol.com

Weitere beteiligte Personen
Keine

Projektdauer
11/1998–02/2004

Finanzvolumen
Keine Angabe

Durch wen wurde das Forschungsprojekt ggf. gefördert?
Durchführung im Rahmen einer Qualifizierungsstelle als Wissenschaftliche Mitarbeiterin an der Universität Kassel, Fachgebiet „Grundlagen von Fallanalysen", FB Sozialwesen

Angewandte Forschungsmethoden
Biographisch narrative Interviews, hermeneutische Biographieanalyse, Diskursanalyse

Forschungstyp
Grundlagenforschung

Projektveröffentlichungen
Schulze, Heidrun 2005: Biographietheoretische Kompetenz in der klinischen Praxis. In: Sozial Extra, 11/2005, S. 21–25.
Schulze, Heidrun 2005: Krank- und Gesundwerden als Wechselwirkung von Lebensgeschichte und Gegenwartserfahrung. Biographische Fallstudien in der klinischen Praxis Sozialer Arbeit. In: Thole, Werner u.a. (2005) (Hrsg.): Soziale Arbeit im öffentlichen Raum. Soziale Gerechtigkeit in der Gestaltung des Sozialen. Begleit-CD, Wiesbaden.
Schulze, Heidrun 2006: Biographietheoretische Konzeptualisierung als soziale und geschichtliche Dimensionierung des Psychischen. In: Klinische Sozialarbeit. Zeitschrift für Psychosoziale Praxis und Forschung. Heft 2/2006, S. 10–12.
Schulze, Heidrun 2006: Biographie und Sprache. Erzähltes (Er-)Leben von MigrantInnen – Übersetzen oder Verstehen? In: Thole, Werner/ Cloos, Peter: Ethnographische Zugänge. Wiesbaden, S. 203–218.
Schulze, Heidrun 2006: Erinnern und Erzählen als Aneignung und Distanzierung von persönlicher und sozialer Geschichte. In: Bukow, Wolf-Dietrich/ Ottersbach, Markus/ Tuider, Elisabeth/ Yildiz, Erol: Biographische Konstruktionen im interkulturellen Bildungsprozess. Interkulturelle Studien. Wiesbaden, S. 201–215.
Schulze, Heidrun 2006: Migrieren – Arbeiten – Krankwerden. Eine biographietheoretische Untersuchung. Bielefeld.

Inhaltliche Projektdarstellung

Entstehungshintergrund
Das Forschungsprojekt entstand aus einer langjährigen klinischen Praxis auf einer interkulturell ausgerichteten Station zur stationären Behandlung psychiatrisch und psychosomatisch erkrankter türkischer MigrantInnen. Analysiert wurden alltagssprachliche Stegreiferzählungen türkischer ArbeitsmigrantInnen, die über lange Zeit erkrankt waren, in vielen stationären und ambulanten medizinischen und psychosozialen Einrichtungen behandelt und beraten wurden.

Fragestellungen
(a) In welche lebensgeschichtliche und gesellschaftliche Konstellation sind die Erfahrungen von Krankheit, aber auch Prozesse des Gesundwerdens eingebettet?
(b) Welche sozialen und individuell lebengeschichtlichen Verflechtungen führen zu Erkrankungen und Krisen am Arbeitsplatz?
(c) Wie sprechen MigrantInnen über ihr eigenes Leben, über ihre Vergangenheits- und Gegenwartserfahrung? Inwieweit wird dieses Sprechen durch die Einflüsse und Schweigegebote im Herkunftsland und durch expertokratische Interaktionsvorgaben in professionellen Handlungsfeldern beeinflusst oder erst hervorgebracht?

Projektverlauf
(a) Die Autorin führte biographisch narrative Interviews mit erkrankten und zum Teil wieder stabilisierten türkischen MigrantInnen. Die Interviews dauerten zwischen zwei und fünf Stunden, sie wurden auf Tonband aufgenommen, nach genau festgelegten Transkriptionsregeln Wort für Wort transkribiert.
(b) Datengrundlage waren transkribierte Interviews, ethnographische Protokolle und medizinischen Unterlagen. Die Auswertungsmethode basiert auf der methodologischen und methodischen Grundlage der hermeneutischen sozialwissenschaftlichen Biographieanalyse.

Zentrale Ergebnisse
(a) In den Fallanalysen zeigte sich, wie sich das Gegenwartserleben im Migrationsland Deutschland mit dem Vergangenheitserleben, dem Leben in der Türkei wechselseitig in einem dynamisierenden Prozess aufeinander bezieht. Ein zentrales Forschungsergebnis der vorliegenden Studie ist, dass der Arbeitsplatz eine Art Kristallisationspunkt für biographische Krisen darstellt. In Kontext Arbeitswelt aktivieren sich leidvolle Erfahrungen aus dem Herkunftsland mit destruktiven und depotenzierenden Abhängigkeitskonstellationen im betrieblichen Alltag. Die MigrantInnen trafen mit den eingeforderten und verinnerlichten familialen Loyalitätsverpflichtungen auf paternalistisch strukturierte Betriebskulturen, in denen die biographischen Orientierungsmuster im betrieblichen Alltag sowohl vonseiten des Betriebes instrumentalisiert, wie auch individuell bedeutsam wurden. Nicht die Migration „an sich" war Auslöser für einen Erkrankungspro-

zess, sondern das Zusammenkommen von konflikthaften Erfahrungen in Deutschland und den problematischen biographischen Erfahrungen vor der Migration. Diese biographische Interdependenz führte in den analysierten Biographien zu einem krisenhaften Verlauf. Gleichzeitig wurde deutlich, welche Bewältigungspotentiale durch unterschiedliche Kultur- und Gesellschaftserfahrung entwickelt und realisiert werden können, wenn professionelle Unterstützungsleistungen an den individuellen Lebensgeschichten ansetzten, indem sie den Betroffenen einen nicht vorstrukturierten Artikulationsraum eröffnen.

(b) Die Analyse der Interviews verwies auf die Bedeutung der generationsübergreifenden – vertikalen – Familiengeschichte für die gegenwärtige Lebenssituation im Migrationsland. Die problematischen Anteile familialer Erfahrungen waren weitestgehend tabu oder nur schwer thematisierbar, sie strukturieren in ihrer Latenz die biographischen Konstruktionen in Bezug auf die Krankheit und die Realisierung von Bewältigungsstrategien.

(c) Die soziale Positionierung im Herkunftsland, ob Minderheits- oder Mehrheitsangehöriger, ob Zugehörigkeits- und Ausgrenzungserfahrung, wirken als soziales Erbe in die Gegenwart und werden im Migrationsland entweder tradiert oder transformiert.

(d) Die Ergebnisse unterstreichen die Notwendigkeit, dass unterschiedlicher Kultur- und Gesellschaftserfahrung sowie die Erfahrung von Migration immer am Einzelfall und immer im Prozess der psychodynamischen und soziodynamischen Verflechtung als eine komplexe Interaktionsgeschichten zu rekonstruieren ist.

Bedeutung der Ergebnisse für die Theorieentwicklung im Bereich Sozialer Arbeit
Von Bedeutung sind die Ergebnisse insbesondere für die Interkulturelle Sozialer Arbeit und für die Klinische Sozialarbeit:

(a) Zur Perspektivenerweiterung auf Phänomene im Kontext von Migration: Transkulturelle Migrationserfahrung ist immer subjektiv erlebte und interpretierte Lebenserfahrung. Die Erfahrung von Krankheit und Migration ist immer aus dem gesamten Lebensprozess und aus der konkreten sozialhistorischen Gesellschaftserfahrung heraus zu verstehen. Eine biographische Fallrekonstruktion führt zu einem Perspektivenwechsel: weg von der Außenperspektive auf „die" Migration hin zur Innenperspektive, zur Rekonstruktionen der Selbstauslegungen des eigenen Lebens durch die AdressatInnen selbst. Biographie fungiert damit als ein sensibilisierendes Konzept zur Herausarbeitung interaktiver Aspekte von Lebens- und Sozialwelten, von Krisenverläufen und Aneignungshandlungen. Diese Doppelperspektive von Krise und Ressource ist als Grundlage von Empowermentprozessen zu verstehen.

(b) Die biographisch narrative Gesprächsführung kann als eine methodische Erweiterung in der Exploration und Anamneseerhebung in der klinischen Praxis angewandt werden. Sie ist eng verbunden mit der diagnostischen Kompetenz, benannt als „Biographische Diagnostik".

E 4 Workshop „Wirkung und Qualität Sozialer Arbeit"

E 4.1 EFFEKTE UND NUTZEN DER BERUFSBEZOGENEN JUGENDHILFE – ZUR MÖGLICHKEIT EINER EFFIZIENZ-ANALYSE

Christina Heydenreich

Projektleitung
Christina Heydenreich; Sozialarbeiterin M.S.W., Leiterin des Stadtwerkeprojekts, Berufsbezogene Jugendhilfe, München, E-Mail: christina.heydenreich@stadtwerkeprojekt.de

Weitere beteiligte Personen
Begleitung durch Prof. Dr. Sabine Pankofer, Kath. Stiftungsfachhochschule München und Prof. Dr. Joachim König, Evang. Fachhochschule Nürnberg
Beteiligung von diversen KollegInnen aus der Fachbasis der Berufsbezogenen Jugendhilfe (BBJH München) an der Erarbeitung des Messinstruments „Effektepapier"

Projektdauer
10/2003–fortlaufend

Finanzvolumen
2.000 Euro für die Entwicklung des „Effektepapiers"

Durch wen wurde das Forschungsprojekt ggf. gefördert?
Landeshauptstadt München zur Entwicklung von Qualitätsmanagement für die BBJH München
Freiwilliges Engagement der sozialarbeiterischen und sozialpädagogischen Fachkräfte der BBJH München

Angewandte Forschungsmethoden
Analysen zur Wirksamkeitsdiskussion in der Sozialen Arbeit, Darstellung von möglichen Verfahren und Instrumenten zur Messung von Effekten sozialpädagogische Arbeit unter Betrachtung systemtheoretisch unterschiedlicher Ebenen: Partizipatives Qualitätsmanagement, Selbstevaluation, quantitativ orientierte Beobachtung, Sekundäranalysen

Forschungstyp
Evaluationsuntersuchung
Entwicklung von Konzepten/Verfahren (integrierte Praxisforschung)
Grundlagenforschung

Projektveröffentlichungen
Veröffentlichung des Effektepapiers in: Berufsbezogene Jugendhilfe München (Hrsg.) 2005: Wie misst man die Effekte Sozialer Arbeit? München.

Inhaltliche Projektdarstellung
Entstehungshintergrund
(a) Berufsbezogene Jugendhilfe fungiert als Ergänzungsmaßnahme des beruflichen Bildungssystems. Im Berufsfeld der Jugendsozialarbeit (§ 13 SGB VIII) angesiedelt, handelt sie nach Arbeitsprinzipien der ganzheitlichen Qualifizierung, der Individualisierung, der integrativen Verknüpfung ihrer verschiedenen Angebotsteile, wie auch der anwaltschaftlichen Vertretung, der politischen Einmischung und Kooperation. Methodisch umgesetzt wird dies durch ein betriebliches Lernfeld, das Ausbildung, Beschäftigung und Qualifizierung mit Begleitung und Beratung verschränkt, sowie mit Bildung und Gruppenarbeit. Zu den Methoden auf der institutionellen Ebene zählen Initiativarbeit, konzeptionelle Innovation und Qualitätssicherung.

(b) Die Wirksamkeit Sozialer Arbeit wird in der BBJH bereits seit den 80er Jahren diskutiert. Dabei wurde der Nutzen von BBJH seit 20 Jahren vonseiten der öffentlichen Verwaltung hauptsächlich an der Vermittlungsquote gemessen, die die TeilnehmerInnen nach Abschluss der Angebote und Maßnahmen auf den ersten Arbeitsmarkt erreichen – ein Erfolgskriterium, das überwiegend von Faktoren außerhalb des Einflussbereichs von BBJH bestimmt wird (zum Beispiel durch aktuell verfügbare Instrumente der aktiven Arbeitsmarkpolitik, individuelle Voraussetzungen der TeilnehmerInnen oder Aufnahmefähigkeit des Arbeitsmarktes) und somit zu verzerrten Ergebnissen führen muss. Da Ziel und Auftrag von BBJH die berufliche und soziale Integration von jungen Menschen mit erhöhtem Förderbedarf im Rahmen der Jugendsozialarbeit ist, hat sich die BBJH im Zuge von Qualitätssicherungsprozessen zur Aufgabe gemacht, auch als Beitrag zur Professionalisierung Sozialer Arbeit eigene Instrumente zur Messung ihrer Wirksamkeit zu entwickeln.

Fragestellungen
In Bezug auf eine Effizienzanalyse der Berufsbezogenen Jugendhilfe (BBJH) wird untersucht, von welchen positiven Effekten im Sinne eines Gebrauchswerts von BBJH auszugehen sein könnte und wie diese zu messen wären. Hieraus ergeben sich weitere Fragen nach den unterschiedlichen Ebenen von Effekten, nach unterscheidbaren Dimensionen und schließlich nach überprüfbaren Indikatoren.

Projektverlauf
Während die Fachkräfte der BBJH München aus der sozialarbeiterischen Praxis ein Messinstrument in Form des so genannten Effektepapiers mit Hilfe von Prof. Joachim König, Evangelische Fachhochschule Nürnberg, entwickelten, hat Christina Heydenreich in ihrer Masterarbeit an der Katholischen Stiftungs-

fachhochschule München mit Begleitung von Prof. Sabine Pankofer dieses Thema aufgegriffen. Aus der Arbeitsgruppe heraus verknüpft sie theoretische Fragen zur Messung von Effekten und Nutzen von BBJH mit der Erforschung von Möglichkeiten einer Effizienzanalyse von BBJH. Diese Arbeit wurde im September 2005 abgeschlossen. Die Entwicklung des Effektepapiers stand Januar 2007 im Pretestverfahren, mit ersten Ergebnissen ist Mitte 2007 zu rechnen.

Zentrale Ergebnisse
(a) Ausgehend von den Zielen von BBJH und einer systemtheoretischen Perspektive lässt sich der positive Nutzen im Sinne eines Gebrauchswerts von BBJH auf unterschiedlichen Systemebenen betrachten: Effekte auf der Mikroebene, im direkten Kontakt zu den TeilnehmerInnen der Maßnahmen, Effekte auf der Mesoebene im örtlichen Bereich der Auftraggeber und Effekte auf der Makro- oder gesamtgesellschaftlichen Ebene.
(b) Die Messinstrumente zur Analyse eines Nutzens von BBJH müssen folglich den verschiedenen Ebenen angepasst sein. Auf der Mikroebene können die Effekte von BBJH mit dem so genannten Effektepapier gemessen werden. Dimensionen sind:

– Effekte im persönlichen Bereich
– Effekte im beruflichen Bereich
– Effekte im sozialen Bereich

(c) Diese wurden jeweils in Subdimensionen unterteilt, operationalisiert und über eine fünfstufige Skala bewertet. Kennzeichen dieser partizipativen Methode, die mit relativ geringem Arbeitsaufwand nach dem Pareto-Prinzip handelt, ist die Bewertung der Arbeit durch die Fachkräfte selbst. Vorauszusetzen ist hierbei der Auftrag Sozialer Arbeit zu Selbstevaluation und empirischer Forschung als Anspruch wie als Kennzeichen von Professionalität.
(d) Auf der Mesoebene können zur Messung von Effekten dienen:

– erbrachte Leistungen für die Auftraggeber
– der quantitative und qualitative Versorgungsgrad der Zielgruppe
– die Kooperation und erfolgte Vernetzung im beruflichen Bildungssystem und mit anderen Kooperationspartnern

Eine Reihe von bereits bekannten Untersuchungsmodellen könnten von der BBJH vor dem Hintergrund des örtlichen Arbeitsfelds (in einem partizipativen Verfahren) verarbeitet und ergänzt werden.

(e) Auf der Makroebene könnten folgende Dimensionen gemessen werden:

– Grad des Ausbaus eines quantitativ und qualitativ ausreichenden und akzeptierten Angebots innerhalb des Unterstützungssystems zur beruflichen und sozialen Integration der Zielgruppe

- Entwicklung des fachlichen Profils von BBJH
- Rückkoppelungen zu Forschung, Wissenschaft und Lehre

(f) Nach Auswertung verschiedener Untersuchungen und Sekundärliteratur kann von einem Nutzen von BBJH ausgegangen werden:
- auf der Mikroebene als persönlicher Nutzen für die Teilnehmer
- auf der Mesoebene im örtlichen Nutzen durch Beschäftigung und stellvertretender Inklusion
- auf der Makroebene in der Prävention von kumulativen Ausgrenzungsprozessen, als Integrationsfaktor und zur Stabilisierung von Demokratie

(g) Unterschiedliche Abgrenzung öffentlicher Statistiken und das Problem monetärer Bewertung von BBJH machen derzeit eine Effizienzanalyse nur beschränkt möglich, auf den quantitativen oder qualitativen Bereich ihrer Dienstleistung.

Bedeutung der Ergebnisse für die Theorieentwicklung
im Bereich Sozialer Arbeit
Das Referat trägt zu einer (auch professionspolitischen) Wirksamkeitsdiskussion in der Sozialen Arbeit bei und regt zu weiteren Untersuchungen sowohl in der Grundlagen- wie der Handlungsforschung an.

F 1 Workshop „Menschen mit Behinderungen"

F 1.2 Dämon-Opfer-Ware – Das Menschenbild in der Arbeit mit Menschen mit Behinderungen im gesellschaftlichen und historischen Kontext

Irmingard Fritsch

Projektleitung
Irmingard Fritsch, Dipl.-Päd. (univ.), Ambulante Beratung/Familienentlastungsdienst,
E-mail: fritsch.irmingard@rummelsberger.net

Weitere beteiligte Personen
Erstgutachter: Prof. Dr. Siegfried Scharrer
Zweitgutachterin: Dr. Roswitha Sommer-Himmel

Projektdauer
06/2005–02/2006

Finanzvolumen
Eigenmittel

Durch wen wurde das Forschungsprojekt ggf. gefördert?
Keine Förderung

Angewandte Forschungsmethoden
Problemzentrierte Interviews

Forschungstyp
Sozialberichterstattung
Entwicklung von Konzepten und Verfahren (integrierte Praxisforschung)

Projektveröffentlichungen
Fritsch, Irmingard 2007: Dämon – Opfer – Ware. Das Menschenbild in der Arbeit mit Menschen mit Behinderungen im gesellschaftlichen und historischen Kontext. Münster (im Erscheinen).

Inhaltliche Projektdarstellung
Entstehungshintergrund
(a) Das Alltagshandeln von Mitarbeitenden wird vielfach von eigenen Werten und Normen geleitet. Es entstehen Konflikte, wenn diese mit den Werten und Normen von KlientInnen oder deren Angehörigen nicht übereinstimmen. Auch

(fehlende) Entwicklungen in der Behindertenhilfe stellen die Frage nach dem Menschenbild in diesem Arbeitsfeld.
(b) Durch eine im Rahmen des Studiums Master of Social Management an der Evangelischen Fachhochschule Nürnberg geforderten Masterarbeit ergab sich die Möglichkeit, dieses Thema zu bearbeiten und durch ein eigenes Forschungsprojekt zu aktuellen praxisrelevanten Erkenntnissen zu gelangen. Allerdings musste die Fragestellung eingeschränkt werden. Der historische Blickwinkel war unverzichtbar. Fehlt doch in Deutschland eine ganze Generation von Menschen mit Behinderung, die allein ihrer Behinderung wegen ermordet worden sind. Und dennoch wird das Lebensrecht von Menschen mit Behinderungen auch heute wieder in Frage gestellt.
(c) Die Autorin fokussierte die Fragestellung auf das Menschenbild von MitarbeiterInnen in der Arbeit mit Menschen mit Behinderungen und beschränkte das eigene Forschungsprojekt auf eine bestimmte Einrichtung der Behindertenhilfe – das Wichernhaus Altdorf (WHA). Das Thema ist in einen historischen und gesellschaftlichen Gesamtzusammenhang gestellt, der die Relevanz des Alltagshandelns verdeutlicht und die Grundlage für eine ethisch reflektierte Handlungsanweisung darstellt.

Fragestellungen
Die Untersuchung sollte der Frage nachgehen, welche verborgenen Menschenbilder sich aus dem Alltagshandeln der MitarbeiterInnen des WHA rekonstruieren lassen. Diese sollten dann an den Postulaten nach Autonomie, Selbstbestimmung und Achtung der Menschenwürde gemessen werden und somit handlungsweisend wirken.

Projektverlauf
(a) Das Forschungsdesign entsprach im Wesentlichen der Einzelfallanalyse nach Mayring. Es wurden einzelne MitarbeiterInnen des WHA entlang eines Interviewleitfadens zu ihren Einstellungen und Motivationen in Bezug auf ihre Arbeit befragt. Bei der Auswahl der Befragten ging es nicht um Repräsentativität, sondern um die Bandbreite der tatsächlich existierenden Handlungsmuster. Zwei Menschen mit Behinderung wurden zum Vergleich ebenfalls interviewt. Erweitert wurden die Interviews durch einen so genannten „Kreativen Part" in Anlehnung an eine psychodramatische Erwärmungstechnik nach Moreno. Die Interviews wurden mit Hilfe eines Aufnahmegeräts dokumentiert, transskribiert, mittels Einzelanalyse analysiert und interpretiert. Dann fand durch vergleichende Analyse eine Falleinordnung statt. Das gesamte Vorgehen wurde an den wissenschaftlich üblichen Gütekriterien gemessen.
(b) Aus den in den Interviews beschriebenen Handlungen der Befragten (so genannte konkrete Handlungsnormen) wurden mittels Induktion Normen mittlerer Stufe rekonstruiert und aus diesen dann die dahinter liegenden Grundnormen. Ein Beispiel:
– Konkrete Handlungsnorm: „Ich klopfe an der Türe an, bevor ich eintrete".

– Norm mittlerer Stufe: Mitarbeiter respektieren die Persönlichkeit von Menschen mit Behinderungen.
– Grundnorm: Mitarbeiterinnen und Mitarbeiter achten die Würde eines jeden Menschen mit Behinderung.

(c) Im nächsten Schritt wurden die rekonstruierten Menschenbilder in Bezug zu zwei ethisch-moralischen Normen gebracht, die als Grundlage für die Arbeit mit Menschen mit Behinderungen postuliert worden waren:
– Die Würde des Menschen mit Behinderung soll unter allen Umständen geachtet werden
– Autonomie und Selbstbestimmung von Menschen mit Behinderungen sollen unter allen Umständen unterstützt und gewährleistet werden.

(d) Aus diesen beiden Grundnormen waren Normen mittlerer Stufe und konkrete Handlungsnormen deduziert worden, so dass ein Vergleich auf allen Ebenen möglich war.

Zentrale Ergebnisse
(a) Die Mehrzahl der MitarbeiterInnen des WHA handeln vorwiegend nach den Maximen eines Menschenbildes, das getragen ist von der Achtung der Würde des Menschen mit Behinderung und dem Bemühen, Autonomie und Selbstbestimmung von Menschen mit Behinderung zu unterstützen und zu gewährleisten.
(b) Alltagssituationen, in denen eine Haltung bei Mitarbeitenden zu erkennen ist, die den eigenen persönlichen Vorteil oder das Interesse der Organisation in den Vordergrund stellen und mittels ihrer Machtposition durchsetzen, sind aber nicht selten und werden aus allen Bereichen in bestimmten Situationen genannt.
(c) Auf Seiten der Geschäftsführung wird das Handeln klar vom ökonomischen Interesse geleitet.

Bedeutung der Ergebnisse für die Theorieentwicklung im Bereich Sozialer Arbeit
(a) Ethik ist eine Wissenschaft, die methodisch-reflektierte Handlungsanweisungen aus sittlich-moralischen Gründen gibt. In diesem Forschungsprojekt konnte verdeutlicht werden, dass ethisch-moralisches Handeln nicht ein Privileg religiös motivierter Menschen ist, sondern eine Aufgabe des Sozialen Managements auf allen gesellschaftlichen Ebenen darstellt – von der Sozialpolitik bis zum Alltagshandeln der MitarbeiterInnen in den Organisationen der Sozialen Arbeit.
(b) Die systematische Rekonstruktion des Menschenbildes, das einer Theorie, einer Strategie oder einer einzelnen Handlung zugrunde liegt, ermöglicht eine eindeutige Positionierung.
(c) Es muss jeweils neu entschieden werden: Soll eine Theorie, eine Reform oder eine Maßnahme der Achtung der Würde des Menschen mit Behinderung, seiner Autonomie und Selbstbestimmung dienen oder dem persönlichen/ökonomischen Interesse der WissenschaftlerInnen, der PolitikerInnen, der jeweiligen Träger der Sozialen Arbeit?

F 2 Workshop „Ethische Spannungsfelder"

F 2.1 Fürsorge im Netz der Eugenik – Städtische Fürsorge im Kräftefeld von Eugenik, Geschlecht und medizinisch-psychiatrischen Normalisierungsdiskursen in Bern und St. Gallen vom Ende des ersten Weltkrieges bis in die 50er Jahre

Gisela Hauss/Béatrice Ziegler

Projektleitung
Prof. Dr. phil. Béatrice Ziegler, Historikerin, PD Privatdozentin Universität Zürich, Professorin Pädagogische Hochschule, Fachhochschule Nordwestschweiz, Leiterin des Forschungsschwerpunktes „Individuum und Gesellschaft"
Prof. Dr. phil. Gisela Hauss, Sozialpädagogin, Professorin Hochschule für Soziale Arbeit, Fachhochschule Nordwestschweiz, Institut „Integration und Partizipation", E-mail: gisela.hauss@fhnw.ch

Weitere beteiligte Personen
Karin Cagnazzo, lic.phil. Doktorandin 25 % (33 Monate)
Mischa Gallati, lic.phil. Doktorand 25 % (33 Monate)
Patricia Guggenheim, B.A. Projektmitarbeiterin 20 % (1. und 2. Jahr), 10 % (3. Jahr)

Projektdauer
07/2003–05/2006

Finanzvolumen
143.000 Euro

Durch wen wurde das Forschungsprojekt ggf. gefördert?
Schweizerische Nationalfonds, 87.000 Euro
Kanton St. Gallen, 50.000 Euro
Stadt St. Gallen, 6.000 Euro

Angewandte Forschungsmethoden
Das Projekt beruht auf der Analyse verschiedener historischer Quellenbestände: Geschäftsberichte der Vormundschaftsbehörde, Vormundschaftsakten und Vormundschafts-Protokolle in Bern und St. Gallen. Zusätzlich wurden Akten der Psychiatrischen Klinik Waldau bei Bern und Obergutachten zu Abtreibungsanträgen der Sanitätsdirektion Bern untersucht (auf diese Quellenanalyse im medizinisch-psychiatrischen Bereich wird hier nicht explizit eingegangen, vgl.

hierzu die Publikationen zum Projekt). Forschungsmethodisch orientiert sich das Projekt am Konzept der Diskursanalyse und an der qualitativen Datenauswertung (Grounded Theory nach Glaser/Strauss).

Forschungstyp
Grundlagenforschung

Projektveröffentlichungen
Hauss, Gisela 2007: Indikationen im Kontext ihrer Zeit. Ein Blick zurück auf die Praxis der Jugendfürsorge von 1920 bis zur Heimkampagne. In: Integras (Hrsg.): Soziale Indikation. Plädoyer für einen klaren Auftrag bei der Platzierung von Kindern und Jugendlichen. In: Extra – Bulletin Nr. 24, Zürich, S. 31–38.
Hauss, Gisela 2007: Professionelles Engagement gegen Gewalt an Kindern. Eine Untersuchung in einer Schweizer Stadt der Zeit von 1890–1950. In: Hering, Sabine/Schröer, Wolfgang (Hrsg.): Kinder in Not. Zur Geschichte von Kindheit, Kindergarten und Kinderfürsorge. Weinheim, München (im Erscheinen).
Hauss, Gisela/Ziegler, Béatrice 2007: Norm und Ausschluss in Vormundschaft und Psychiatrie: zum institutionellen Umgang mit jungen Frauen. In: Mottier, Veronique (Hrsg.) Integration und Ausschluss in der Schweizer Medizin, Psychiatrie und Sozialpolitik: zwischen Pflege, Stigmatisierung und Eugenik. Zürich (im Erscheinen).
Hauss, Gisela/Ziegler, Béatrice 2007: Sterilisationen bei Armen und Unmündigen. Eine Untersuchung der Vormundschaftspraxis in den Städten St. Gallen und Bern. In: Wecker, Regina (Hrsg.): Wie nationalsozialistisch ist die Eugenik? Köln (im Erscheinen).
Hauss, Gisela/Ziegler Béatrice/Cagnazzo, Karin/Gallati Mischa/Guggenheim, Patricia: Eugenische Praxis in städtischen und kantonalen Institutionen. Die Vormundschaftsbehörden von Bern und St. Gallen und die psychiatrische Klinik Waldau Bern, 1919–1955. (in Vorbereitung).
Ziegler, Béatrice 2005: „Der Mensch gilt, was sein Erbgut wert ist." Eugenik und nationale Solidargemeinschaft. In: Egli, Werner/ Schärer, Kurt (Hrsg.): Erbe, Erbschaft, Vererbung. Zürich, S. 111–127.
Ziegler, Béatrice 2005: Fürsorge, Sozialstaat und Eugenik. In: Forschung und Wissenschaft. Soziale Arbeit, 1/2005. S. 4–19.

Inhaltliche Projektdarstellung

Entstehungshintergrund
(a) Seit den 90er Jahren gewinnen vor dem Hintergrund zunehmender Polarisierungsprozesse in den europäischen Gesellschaften Ausschlussdiskurse an Bedeutung und die Soziale Arbeit ist herausgefordert, ihre Rolle und Funktion in Bezug auf gesellschaftliche und politische Integrations- und Ausschlussprozesse neu zu überdenken. Eine historische Untersuchung kann in dieser Situati-

on gegenwartsrelevante Ergebnisse zu Tage fördern und Perspektiven für die Zukunft entwerfen.
(b) Die Eugenik-Bewegung im Europa des 20. Jahrhunderts brachte das Thema von Ausschluss und Integration auf eine neue Ebene. Menschen mit sogenanntem „minderwertigen Erbgut" wurde an der Fortpflanzung gehindert. Die Unterstützung der Schwachen trat in den Hintergrund zu Gunsten einer Totalität, etwa der nationalen Bevölkerung, bis hin zum „gesunden Volkskörper". Als heterogenes Denkmodell mit Anhängern in linken und rechten Parteien, in NS Deutschland sowie in demokratischen Staaten wie Großbritannien, den Skandinavischen Ländern und der Schweiz wurde die Eugenik für die europäische Soziale Arbeit in verschiedenen Kontexten anschlussfähig.
(c) In der europäischen Forschung ist das Verhältnis von Sozialer Arbeit und Eugenik bisher vor allem mit Blick auf die nationalsozialistischen Verfolgungs- und Vernichtungsprogramme untersucht worden. Forschungen, die das Verhältnis von Eugenik und Sozialer Arbeit vermehrt in einen europäischen Forschungskontext einbetten und der Frage nachgehen, wie sich die Soziale Arbeit in demokratischen Staaten zu eugenischem Denken und eugenischer Praxis verhielt, versprechen neue Erkenntnisse hervorzubringen.

Fragestellungen
Die der Eugenik zugrundeliegende biologistische Deutung gesellschaftlicher Verhältnisse wurde in der Sozialen Arbeit vor allem in der Zwischenkriegszeit verstärkt aufgenommen. Dabei war die städtische Fürsorge (hier Vormundschaft und die dieser angegliederte Jugendfürsorge) Teil eines Netzwerkes administrativer, medizinischer und psychiatrischer Institutionen. Das Projekt zeigt die Vielfältigkeit der Bezüge fürsorgerischer Praxis zu Psychiatrie und Medizin, stellt die Argumentation zwischen Eugenik, Sozialdisziplinierung und Hilfe dar und erschliesst diese in ihrer Bedeutung für den historischen Zeitraum sowie für aktuelle Entwicklungen in der Sozialen Arbeit.

Projektverlauf
Nach der Sichtung des Quellenkorpus und einer ersten Systematisierung folgte das Projekt den Schritten der Fallrekonstruktion (vgl. Kraimer 2000, Hildebrand 2003). In der letzten Projekt-Phase wurde die Auswertung der Fälle durch den Vergleich Berns mit St. Gallen vertieft und kontextualisiert.

Zentrale Ergebnisse
(a) Die hier vorgestellte Untersuchung zeigt, dass auch in einem demokratischen Land wie der Schweiz eine Totalität, hier die gesunde Nation, auf Kosten der Integration und Unversehrtheit Einzelner zum Orientierungspunkt der Fürsorge wurde.
(b) Der Ausschluss Einzelner aus sozialen Kontexten setzte die Entstehung argumentativer Muster voraus, mit denen Diagnosen und Ursachen aus dem sozialen Milieu in das Individuum selbst, in seinen Charakter, seine Moral, in seine Erbanlagen hineinverlegt wurden. In den 30er und 40er Jahren zeigte sich

diese Tendenz in einer zunehmende Psychiatriesierung und Biologisierung in Jugendfürsorge und Vormundschaft. Das Individuum, seine Körperlichkeit und sein Erbgut gerieten in den wertenden Blick der Behörde. Die Eingliederung psychiatrischer Denkmodelle in die Jugendfürsorge – etwa durch psychiatrische Gutachten und diagnostische Konzepte wie „Psychopathie" – führte dazu, dass sich Paradigmen vermischten. Sozialdisziplinierende, finanzielle, eugenische und psychiatrische Argumentationsmuster führten im konkreten Fall zu für die Betroffenen wenig transparenten Beurteilungsbildern und Klassifikationen, die jedoch effizient dazu eingesetzt werden konnten, die vermeintliche Notwendigkeit gesellschaftlichen Ausschlusses klar zu markieren.

(c) Die Argumentationsmuster stellten einen Rahmen dar, in dem auch Sterilisationen möglich wurden und Anstaltseinweisungen Anknüpfungspunkte für eugenische Orientierungen boten. In den 30er und 40er Jahren nahmen „harte" Maßnahmen zu, mit denen die Behörde Betroffene aus ihren sozialen Kontexten, sozialen Rollen und Entfaltungsmöglichkeiten ausschloss. So wurden etwa bereits minderjährige junge Frauen, um Schwangerschaften zu verhindern, ohne richterlichen Beschluss für mehrere Jahre in geschlossene Zwangsarbeitsanstalten eingewiesen. Die Vormundschaft beteiligte sich in unterschiedlichen aufgetragenen oder selbst ernannten Rollen an Sterilisationsverfahren. In einem Netz von Institutionen und Experten stand sie im Hinblick auf die Häufigkeit der Sterilisationsfälle jedoch eher am Rande. Unsere Untersuchung zeigt dann aber, dass sich im Kontext des Vormundschaftswesens, geprägt von amtlicher Macht und intransparenten administrativen Verfahren, die formal geforderte Freiwilligkeit dieser Maßnahme immer wieder in einen diffusen Zwang verkehrte, der den Handlungsspielraum der Betroffenen massiv einengte.

Bedeutung der Ergebnisse für die Theorieentwicklung im Bereich Sozialer Arbeit
(a) Der historische Rückbezug stellt ein kritisches Potential dar für die theoretische Klärung und Durchleuchtung des vielschichtigen, oft paradoxen Zusammenhangs von Integration und Ausschluss in den Feldern der Sozialen Arbeit.
(b) Unsere Ergebnisse zeigen zudem die Abhängigkeit der Leitvorstellung „Integration" von politischen Programmen. Dieses Wissen stellt die Soziale Arbeit heute, in Zeiten neuer gesellschaftlicher Ungleichheiten, vor die dringliche Aufgabe, das ihr eigene Integrationsparadigma theoretisch zu klären und ihre Funktion im Kontext gesellschaftlicher Ausschließung kritisch zur Diskussion zu stellen. Unsere Forschung versteht sich als Beitrag dazu.

Literatur
Kraimer, Klaus (Hrsg.) 2000: Die Fallrekonstruktion. Sinnverstehen in der sozialwissenschaftlichen Forschung. Frankfurt am Main.
Hildenbrand, Bruno 2003: Sinnverstehen in der sozialwissenschaftlichen Forschung. Rezension über: Klaus Kraimer (Hrsg.) 2000: Die Fallrekonstruktion. Sinnverstehen in der sozialwissenschaftlichen Forschung. Frankfurt am Main. In: Sozialwissenschaftliche Literatur Rundschau, 2/2003, S. 49–58.

F 2.2 Das Selbstverständnis der Professionellen in der Sozialpsychiatrie – Zwischen Empowerment und sozialer Kontrolle

Ralf Quindel

Projektleitung
Prof. Dr. phil. Ralf Quindel, Dipl.-Psychologe, Professor für psychologische Grundlagen der Sozialen Arbeit und Heilpädagogik an der Katholischen Hochschule für Sozialwesen Berlin, E-mail: quindel@khsb-berlin.de

Weitere beteiligte Personen
Dissertation in Psychologie an der Ludwig-Maximilians-Universität München bei Prof. Dr. Heiner Keupp

Projektdauer
04/2000–09/2003

Finanzvolumen
5.000 Euro

Durch wen wurde das Forschungsprojekt ggf. gefördert?
Keine Förderung

Angewandte Forschungsmethoden
Qualitative Interviews, Diskursanalyse, tiefenhermeneutische Analyse

Forschungstyp
Entwicklung von Konzepten und Verfahren (integrierte Praxisforschung)
Grundlagenforschung

Projektveröffentlichungen
Quindel, Ralf 2001: Aus der Klinik in die Freiheit? Soziale Kontrolle in der Gemeindepsychiatrie. In: Sozialpsychiatrische Informationen, Heft 4/2001, S. 28–34.
Quindel, Ralf 2002: Professionelle Widerstände gegen Partizipation und Empowerment – Über die Schwierigkeiten KlientInnen als Subjekte anzuerkennen. In: Gemeindepsychologie Rundbrief, Heft 1/2002, S. 14–22.
Quindel, Ralf 2002: Psychosoziale Arbeit im Spannungsfeld zwischen Hilfe und Kontrolle. In: Lenz, Albert/ Stark, Wolfgang (Hrsg.): Empowerment. Neue Perspektiven für psychosoziale Praxis und Organisation. Tübingen, S. 129–138.
Quindel, Ralf 2004: Zwischen Empowerment und sozialer Kontrolle. Das Selbstverständnis der Professionellen in der Sozialpsychiatrie. Bonn.
Quindel, Ralf 2005: Die Verortung der Subjekte im Diskurs – Verbindungen der Theorie Michel Foucaults mit psychologischen Fragestellungen. In: Mattes,

Peter/ Musfeld, Tamara (Hrsg.): Psychologische Konstruktionen. Göttingen. S. 71–89.

Inhaltliche Projektdarstellung

Entstehungshintergrund
Seit der Veränderung der Psychiatrie durch die Psychiatrie-Enquete und der Entwicklung von sozialpsychiatrischen und gemeindenahen Angeboten hat eine Umwälzung innerhalb psychiatrischen Denkens stattgefunden. Das Thema Kontrolle, dass die Psychiatrie zentral bestimmte, wurde scheinbar in einige wenige Felder, beispielsweise die Diskussion über die Zwangseinweisung zurückgedrängt. Die meisten Angebote sind, im Selbstverständnis der Professionellen, Hilfe zur Selbsthilfe, bedürfnisorientiertes Arbeiten oder Empowerment.
Dennoch ist bei genauerem Hinsehen deutlich, dass die Dialektik von Hilfe und Kontrolle auch die fortschrittliche Sozialpsychiatrie durchzieht. Zwang und Gewalt machen dabei nur noch einen Teil der Kontrollaspekte aus. Statt Fixierung und Haldolkuren findet heute eine fürsorgliche Belagerung in Form eines sich immer stärker differenzierenden Netzes von sozialpsychiatrischen Institutionen statt. Kontrolle wandelt sich hier von der Unterwerfung allzu auffälliger Verrücktheit zur Betreuung, die auch unscheinbarere Anzeichen von Störung erkennt und behandelt.

Fragestellungen
Der Dialektik von Hilfe und Kontrolle kann man nicht entrinnen, es stellt sich aber die Frage, ob innerhalb des sozialpsychiatrischen Diskurses Formen von Anerkennung der KlientInnen als Subjekte zu finden sind. Gibt es Wege, die Strukturen und Verstrickungen des Feldes so transparent zu machen, dass ein befreiter Blick entsteht, der zu einem veränderten professionellen Umgang befähigt? Diese Frage ist das zentrale Anliegen dieser Untersuchung.

Projektverlauf
Als methodisch-empirischen Zugang diente die Form des qualitativen Interviews. Zwölf SozialpädagogInnen, PsychologInnen und Ärzte, die in Sozialpsychiatrischen Diensten (SpDi) in Berlin und Bayern arbeiten, wurden nach ihren Sichtweisen auf die sozialpsychiatrische Praxis befragt. Die Erzählungen der InterviewpartnerInnen werden als Konstruktion professioneller Identitäten betrachtet. In der Auswertung interessierte vor allem, wie die InterviewpartnerInnen ihre professionelle Position als PsychologInnen, SozialpädagogInnen und Ärzte entwerfen, inwiefern medizinisches oder psychotherapeutisches Fachwissen dabei eine Rolle spielt, welche ethischen oder politischen Utopien sie in ihrem Handeln verfolgen.
Die Interviews sind darüber hinaus auch eine Sammlung von Äußerungen der ExpertInnen „vor Ort", die sich täglich in der Praxis mit den Hilfe- und Kontrollaspekten ihrer Arbeit auseinandersetzen. Indem Professionelle über ihre Arbeit berichten, veröffentlichen sie Erfahrungswissen, Beobachtungen, Refle-

xionen und Fragen, die sie in ihrer langjährigen Berufspraxis gesammelt haben. In den Interviews ließen sich eine Fülle verschiedener Perspektiven und kreativer Lösungsversuche für Probleme in der sozialpsychiatrischen Arbeit finden. Die Erzählungen unterliegen jedoch nicht vollständig der Steuerung und Kontrolle der Subjekte. Ein großer Teil der durch sie vollzogenen Positionierungen und Entscheidungen sind Reproduktionen kultureller Muster, die sich mit Michel Foucault als Diskurs oder mit der Psychoanalyse als Unbewusstes theoretisch beschreiben lassen.

Mit Hilfe der Arbeiten von Foucault werden die Erzählungen in den Interviews diskursanalytisch betrachtet: Welche Diskurse (zum Beispiel medizinische, juristische, psychotherapeutische) finden sich im sozialpsychiatrischen Feld? In welcher Form spiegeln sie sich in den Erzählungen der InterviewpartnerInnen? Welche Handlungsoptionen eröffnen, welche verschließen sie?

Für eine sozialpsychologische Untersuchung bedarf es darüber hinaus einer theoretischen Basis, welche die Emotionalität und das Begehren der Subjekte einschließt. Mit Hilfe der Psychoanalyse werden die Umgangsweisen der Professionellen mit dem Phänomen des „Wahnsinns" beleuchtet: Mit welchen Abwehrformen wehren sie sich gegen die Bedrohung und die Verlockung des „Verrücktseins"? Anhand der individuellen psychischen Bewältigung lässt sich zeigen, wie sich gesellschaftliche soziale Kontrolle über die Ängste und das Begehren von Individuen fortpflanzt.

Neben der diskursanalytischen und tiefenhermeneutischen Auswertung der Interviews, werden auch der strukturelle und organisatorische Kontext der Sozialpsychiatrischen Dienste in Bayern und Berlin bezüglich der Möglichkeiten und Grenzen von Empowerment-Prozessen in der Sozialpsychiatrie untersucht.

Zentrale Ergebnisse
Versteht man Empowerment als Befähigung der KlientInnen, Subjekt des eigenen Handelns zu sein, dann sind, so zeigt diese Untersuchung, folgende personale und institutionelle Bedingungen notwendig:
(a) Integration der Kontrollaspekte in das Selbstbild der Professionellen
(b) Politisches Bewusstsein (Auseinandersetzung mit dem gesellschaftlichen und institutionellen Kontext, in dem die aktuellen Beziehungen mit den KlientInnen eingebettet sind. Bewusstsein für Interessenskonflikte. Engagierte Beteiligung an der Gestaltung des Kontextes)
(c) Offenheit für alternative Lebensentwürfe (Neugier auf die Weltsicht der KlientInnen. Eintreten für die Vielfalt von Lebensformen)
(d) Aufbau institutioneller Alternativen zur biologisch-medizinischen Psychiatrie (etwa Krisen-WG, Soteriaprojekt, Weglaufhaus)
(e) Demokratisierung der sozialpsychiatrischen Insitutionen (Beteiligung der Fachbasis und der KlientInnen an der Konzeptentwicklung)

Bedeutung der Ergebnisse für die Theorieentwicklung im Bereich Sozialer Arbeit
(a) Soziale Arbeit ist immer auch politische Arbeit. Gerade wenn sie sich als unpolitisch versteht, bleiben die gesellschaftlichen Implikationen der Theoriebildung im Dunkeln. Mit Hilfe der diskursanalytischen Methode, angewandt auf Konzepte der Sozialen Arbeit, ist es möglich diese Implikationen herauszuarbeiten und zum Gegenstand politischer Diskussion zu machen.
(b) Soziale Arbeit befasst sich mit von der Norm abweichendem Verhalten. In der Auseinandersetzung mit Abweichung begegnen sich Faszination und Angst. Mit den ethnopsychoanalytischen Erkenntnissen zum Umgang mit dem „Fremden" ist es möglich, die emotionalen Reaktionen zu verstehen, die nicht nur die praktische, sondern auch die theoretische Auseinandersetzung mit abweichendem Verhalten begleiten und mitunter auch bestimmen. Durch die Auseinandersetzung mit diesen Reaktionen wird es möglich, Konzepte Sozialer Arbeit zu entwickeln, die Andersartigkeit und Abweichung als Chance und nicht nur als Risiko verstehen.

F 2.3 ETHISCHE DILEMMATA IN DER SOZIALEN ARBEIT – ERSCHEINUNGSFORMEN UND UMGANGSWEISEN IM INTERNATIONALEN VERGLEICH

Stefan Borrmann

Projektleitung
Dr. Stefan Borrmann, Dipl.-Päd., Persönlicher Referent des Direktors und Vorstandsvorsitzenden des Deutschen Jugendinstituts e.V. (DJI), E-mail: borrmann@dji.de

Weitere beteiligte Personen
Keine

Projektdauer
10/2004–02/2005

Finanzvolumen
5.000 Euro

Durch wen wurde das Forschungsprojekt ggf. gefördert?
Hans-Böckler-Stiftung, Auslandsaufenthalt finanziert im Rahmen eines Promotionsstipendiums

Angewandte Forschungsmethoden
Online-Fragebogen, leitfadengestützte Interviews

Forschungstyp
Grundlagenforschung

Projektveröffentlichungen
Geplant

Inhaltliche Projektdarstellung
Entstehungshintergrund
(a) Das Projekt wurde im Rahmen eines Aufenthaltes als Gastwissenschaftler an der School of Social Welfare der University of California at Berkeley durchgeführt und ist Teil eines umfangreicheren Projektes, das Fragestellungen über den Stellenwert von Ethik in Forschung und Lehre beinhaltete.
(b) Hintergrund war die Beobachtung, dass ethische Fragestellungen in den USA und Deutschland einen unterschiedlichen Stellenwert genießen und Unterschiede im Umgang von SozialarbeiterInnen mit ethischen Dilemmata zu vermuten sind.

Fragestellungen
(a) Sind die ethischen Grundhaltungen von SozialarbeiterInnen im selben Arbeitsgebiet in den USA und Deutschland vergleichbar?
(b) Waren diese in ihrem Berufsalltag mit ähnlichen ethischen Dilemmata konfrontiert?
(c) Unterscheidet sich der Umgang mit ethischen Dilemmata zwischen den SozialarbeiterInnen in den USA und Deutschland?

Projektverlauf
(a) Das Forschungsprojekt ist als eine Pilotstudie mit dem Ziel weitere Forschungsfragen zu erhalten, zu betrachten. Aufgrund beschränkter Ressourcen und eines knappen Zeitplanes war es von Beginn an nicht darauf angelegt, repräsentativ zu sein.
(b) Um die Vergleichbarkeit der beiden Länder zu erhöhen, wurde das untersuchte Handlungsfeld auf Soziale Arbeit im Bereich HIV/Aids in San Francisco und Berlin eingegrenzt. Dieser Bereich wurde gewählt, weil sich das zugrunde liegende soziale Probleme (HIV/Aids) und die auf diesem basierenden anderen sozialen Probleme (etwa Diskriminierung) in ähnlicher Weise entwickelt haben. Zudem waren die sozialstrukturellen Daten der beiden Städte ansatzweise vergleichbar (homosexuelle Szene, intravenöse Drogennutzer). Der Hauptgrund war jedoch, dass es ein Arbeitsfeld der Sozialen Arbeit ist, dass durch das Zusammenfallen von den oft tabuisierten Themen „Tod" und „Sexualität" eine Vielzahl ethisch schwieriger Entscheidungen zu erwarten lässt.
(c) Als Hauptforschungsmethode wurde ein Online-Fragebogen entworfen, der von den Befragten in Internet ausgefüllt und anonym an einen Server gesendet wurde. Der Fragebogen war in vier inhaltliche Abschnitte untergliedert:

– Einstellungen zu relevanten ethischen Dilemmata des Handlungsfeldes

- im bisherigen Berufsleben erfahrene ethische Dilemmata
- Umgangsweisen mit diesen
- Zusammenhänge zwischen der erhaltenen Ausbildung und dem Umgang.

(d) Die Stichprobe in den USA setze sich aus allen 126 in der Datenbank des CDC National Center for HIV, STD and TB Prevention für San Francisco verzeichneten Einrichtungen zusammen. Für Berlin wurden 43 Einrichtungen basierend auf den Angaben vom Landesverband der Berliner Aids Selbsthilfegruppen (LaBAS), dem Berliner Senat sowie einer eigenen Internetrecherche berücksichtigt. Diese Einrichtungen wurden angeschrieben und um Weiterleitung des Fragebogens an Ihre MitarbeiterInnen gebeten. Insgesamt haben 105 Personen teilgenommen, davon 70 aus Deutschland und 35 aus den USA.

(e) Zusätzlich wurden in den USA noch drei leitfadengestützte Interviews geführt, die Kontextinformationen zu den erhaltenen Angaben liefern sollten.

Zentrale Ergebnisse
(a) Bis auf wenige Ausnahmen gab es eine weitgehende Übereinstimmung bei der persönlichen Meinung zu ethischen Streitfragen in den USA und Deutschland. Lediglich bei Fragen, die um die Verschwiegenheitspflicht gingen, bestanden deutliche Unterschiede. Dies zeigte sich etwa dabei, ob SozialarbeiterInnen die Sexualpartner über die HIV-Infektion informieren sollten. Sozialarbeitende in den USA tendierten in sehr viel größerem Ausmaß dazu, wobei nicht deutlich wurde, ob dafür Haftungsfragen oder kulturelle Unterschiede verantwortlich sind.

(b) Die Meinung zu den ausgewählten ethischen Streitfragen scheint maßgeblich durch die bislang erfahrenen Dilemmata geprägt zu sein. Zumindest zeigt sich, dass der Umgang mit Datenschutzbestimmungen in den USA in einem sehr viel höherem Maße zu Interessenskonflikten führt als dies in Deutschland der Fall ist.

(c) Bezüglich des Umgangs mit ethischen Dilemmata werden in den USA verstärkt professionsinterne Vorgehensweisen gewählt. Auffällig war auch, dass in Deutschland der Austausch mit der eigenen Familie und Freunden – und damit professionsfremden Personen – als häufiger Weg zur Lösung von ethischen Streitfragen genannt wurde. Hier scheint ein Professionalisierungsdefizit zu bestehen.

Bedeutung der Ergebnisse für die Theorieentwicklung im Bereich Sozialer Arbeit
Soziale Arbeit ist eine normative Profession. Leider zeigt sich, dass sowohl bei der Konzeptentwicklung wie auch in der Handlungspraxis die normativen Grundpositionen oft unausgesprochen vorausgesetzt werden und somit ein Wertekonsens unterstellt wird, der nicht zwangsläufig der Realität entspricht. Die Ergebnisse der Untersuchung deuten (bei aller Vorsicht) darauf hin, dass es tatsächlich bestimmte gleiche ethische Grundhaltungen gibt, die das Handeln bestimmen – und dies länderübergreifend im gleichen Arbeitsfeld. Der Umgang mit ethischen Streitfragen unterscheidet sich jedoch zum Teil deutlich, was Fragen der Ausbildung, Vermittlung und Fortbildung in das Blickfeld rückt.

F 3 Workshop
„Soziale Arbeit mit/in Industrieunternehmen"

F 3.2 GESUNDHEITSFÖRDERUNG IN EINEM INDUSTRIEUNTERNEHMEN – EINE SALUTOGENETISCHE PERSPEKTIVE

Myriam Fröschle-Mess

Projektleitung
Dr. phil. Myriam Fröschle-Mess, Diplom-Sozialpädagogin (FH), Dozentin und selbstständig tätig in Forschung und Beratung, E-mail: mfm@IAGM.de

Weitere beteiligte Personen
Keine

Projektdauer
01/2001–11/2003

Finanzvolumen
Keine Angaben

Durch wen wurde das Forschungsprojekt ggf. gefördert?
MTU Aero Engines GmbH München

Angewandte Forschungsmethoden
Qualitative Sozialforschung: Qualitative, interpretative und subjektwissenschaftliche Gesundheitsforschung

Forschungstyp
Sozialberichterstattung (Beschreibung/Analyse sozialer Verhältnisse/sozialer Probleme)
Evaluationsuntersuchung
Entwicklung von Konzepten und Verfahren (integrierte Praxisforschung)

Projektveröffentlichungen
Fröschle-Mess, Myriam 2005: Gesundheitsförderung in einem Industrieunternehmen. Eine salutogenetische Perspektive. Wiesbaden.
Fröschle-Mess, Myriam 2006 Betriebliche Gesundheitsförderung in einem Industrieunternehmen. Eine salutogenetische Perspektive. In: DGSv aktuell 1/2006.

Fröschle-Mess, Myriam 2006: Gesundheitsförderung in einem Industrieunternehmen. Eine salutogenetische Perspektive, Tagungsband der International Federation of Social Workers IFSW, August 2006.
Fröschle-Mess, Myriam 2006: Tagungsband der Gesellschaft für Arbeitswissenschaft e.V. zum 52. Frühjahrskongress, März 2006.

Inhaltliche Projektdarstellung

Entstehungshintergrund
(a) Im Zuge der Globalisierung und des gesellschaftlichen Wertewandels, der sich in den kapitalistischen Industrienationen seit den Humanisierungsbewegungen des Arbeitslebens in den 70er Jahren und vermehrt seit den 90er Jahren vollzogen hat, gewinnt auch das Thema Gesundheit und dessen Förderung innerhalb der Rahmengestaltung der betrieblichen Organisation zunehmend an Bedeutung. Persönlichkeitsentwicklung, Selbstverwirklichung und Eigeninitiative sollen gefördert werden, damit Erwerbstätige über neue Entfaltungs- und Selbstverwirklichungsmöglichkeiten ihre Motivation zur Leistung und zur Weiterentwicklung ihrer Fähigkeiten erhöhen und dementsprechend das Unternehmen durch die Arbeitskraft eine größere Kapazität an Leistungsfähigkeit erhält. Ziel ist eine Gewinnmaximierung des wirtschaftlichen Erfolgs.
(b) Um Motivation, Leistungsfähigkeit und Engagement nachhaltig zu erhalten und zu fördern, betrachten Unternehmen es als eine Chance, teilweise über den im Rahmen des Arbeitsrechts verordneten Arbeitsschutz hinaus, ein betriebliches Gesundheitsmanagement zu implementieren. Leitbild gibt dazu die Ottawa-Charta der WHO mit ihren Empfehlungen zur Schaffung gesundheitsförderlicher Verhältnisse.
(c) Angesichts der gesellschaftlichen Diskurse über Werteverlust und Wertewandel, wie auch über unterschiedliche Zielausrichtungen hinsichtlich neoliberaler und kommunitaristischer Haltungen von Ökonomen und Sozialwissenschaftlern stellt sich die Frage, inwieweit die wirtschaftlich ausgerichteten Profitorganisationen ihre soziale und ökologische Verantwortung wahrnehmen und sich in Zusammenhang mit ihren Bestrebungen nach Profitmaximierung mit ethischen Fragen der Menschenwürde auseinander setzen.

Fragestellungen
(a) Die vorliegende empirische Untersuchung setzte sich zum Ziel, die Prozesse während einer Implementierung von Gesundheitsmanagement in einem Industrieunternehmen zu erforschen und zu hinterfragen. Dabei war von Interesse, inwieweit sich Sichtweisen von betriebsinternen Gesundheitsexperten und Laien, Führungskräften auf oberster und mittlerer Führungsebene und Erwerbstätigen der MitarbeiterInnenebene aufgrund ihrer verschiedenen Aufgaben, Rollen, Positionen und Funktionen unterscheiden würden.
(b) Die Untersuchung stützte sich bezüglich ihres methodischen Designs auf die Denkweisen der „Qualitativen Sozialforschung". In Einzelbefragungen

wurden Erwerbstätige verschiedener hierarchischer Positionen eines Unternehmens zu ihren subjektiven Vorstellungen von Gesundheit und gesundheitsbezogenen Handlungsstrategien, zur Relevanz von Gesundheit im Unternehmen sowie zu gesundheitsbezogenen Maßnahmen für eine effektive Gesundheitsförderung befragt.

Projektverlauf
Im Unternehmen wurden drei Piloten von Gesundheitszirkeln innerhalb des Projektes Gesundheitsmanagement durchgeführt. Entlang deren Verlauf wurden die Befragungen in Form von narrativen, leitfadengestützten Einzelinterviews durchgeführt, der Ablauf der Zirkel protokolliert sowie Beobachtungen in Memos erstellt.

Zentrale Ergebnisse
(a) Aus den Befunden ergab sich, dass eine hierarchisch arbeitsteilige Organisationsform ungleichwertige Beziehungen herstellt und begünstigt und darüber ungleiche Zugangsmöglichkeiten zu Ressourcen schafft. Salutogenetisch orientiertes Handlungspotenzial wird dementsprechend nicht gefördert und die Möglichkeiten für eine salutogenetisch ausgerichtete Gesundheitsförderung dadurch stark beeinträchtigt. Die Erweiterung von Handlungs- und Dispositionsspielräumen und deren Gestaltungsmöglichkeiten stellte sich daher als eine gesundheitsförderliche Maßnahme heraus.
(b) Darüber hinaus hat sich auch durch Vergleich mit der herangezogenen wissenschaftlichen Literatur bestätigt, dass soziale Ungleichheit eine gesundheitsbezogene Verhaltens- und Handlungsweise behindert und demzufolge die Schaffung geeigneter Rahmenbedingungen von großer Bedeutung für eine effektive salutogenetisch orientierte Gesundheitsförderung ist.
(c) In Befragungen von MitarbeiterInnen aus der Fertigung und Mitarbeitern, die sich als Gesundheitsexperten für die Gestaltung human sozialer Projekte betriebsintern einsetzen, stellten sich soziale Handlungskompetenzen als außerordentlich geeignet heraus, um den beruflichen Alltag erfolgreich zu bewältigen. Als in besonderer Weise unterstützend dafür, bewerteten die Interviewpartner dabei soziale Unterstützung innerhalb einer vernetzten, solidarischen Gemeinschaft sowie soziale Anerkennung durch KollegInnen und Führungskräfte wie auch die Möglichkeit zur Partizipation. Transparente, berechenbare Prozessabläufe, klare Kommunikationsstrukturen und eine gute Kooperation kristallisierten sich ebenfalls als wichtige Komponenten dafür heraus.
(d) Insgesamt ergab sich der Befund, dass über die Implementierung einer betrieblichen Gesundheitsförderung, die salutogenetisch ausgerichtet ist, das Human- und Sozialkapital nachhaltig verbessert und damit langfristig ein wertvoller Beitrag für den Geschäftserfolg des Unternehmens und seine Wettbewerbsfähigkeit auf dem globalen Markt geleistet werden kann.
(e) Des Weiteren hat sich gezeigt, dass ein Unternehmen als Teil dieses gesellschaftlichen Systems einerseits für die Gestaltung gesundheitsbezogener Ver-

hältnisse verantwortlich, aber andererseits auch von gesamtgesellschaftlichen Bewegungen abhängig ist. Daraus ergibt sich die Schlussfolgerung, dass insgesamt ein Umdenken in der Gesellschaft notwendig ist, um eine demokratische und gesundheitsförderliche Gesellschaftsform weiterhin aufrechterhalten und fördern zu können.

Bedeutung der Ergebnisse für die Theorieentwicklung im Bereich Sozialer Arbeit
(a) Wie sich aus den Ergebnissen zeigte, stellen hierarchische Systeme ungünstige kontextuale Bedingungen für ein salutogenetisch orientiertes Gesundheitsmanagement. Um die Lernprozesse, die im Empowermentkonzept angelegt sind, hier erfahrbar zu machen, müssten die strukturalen und kulturellen Bedingungen verändert werden.
(b) Für die Soziale Arbeit ergibt sich hieraus ein sehr interessantes Arbeitsfeld, wodurch die zukünftige Gestaltung der Verhältnisse und Kultur unserer Gesellschaft mitverantwortlich beeinflusst werden kann. Auf diese Art wird ermöglicht, sozialhuman relevante Aspekte in das unternehmerische Geschehen miteinfließen zu lassen, die für eine gesundheitsförderliche Rahmengestaltung unabdingbar sind. Salutogenetische Gesundheitsförderung stellt demnach mit seiner Konzeptbildung ein neues Beratungsfeld dar, das die Ganzheitlichkeit des Menschen stärker berücksichtigt.

F 3.3 FORSCHUNGSSCHWERPUNKT REHABILITATION – ENTWICKLUNG VON MODELLEN UND STANDARDS INTEGRATIVER VERSORGUNG IM BEREICH DER REHABILITATION VON PATIENTEN MIT MOTORISCHEN STÖRUNGEN

Silke Jakobs/Dieter Röh/Ruth Haas/Harro Ohlenburg/Bernd Glauninger/ Helmut Tiemann

Projektleitung
Prof. Dr. Ruth Haas, Fachhochschule Oldenburg/Ostfriesland/Wilhelmshaven (FH OOW), Fachbereich Soziale Arbeit und Gesundheit

Weitere beteiligte Personen
Silke Jakobs, Dipl. Pädagogin, wissenschaftliche Mitarbeiterin im Teilprojekt „Klinische Sozialarbeit", e-mail: jakobs@fho-emden.de, FHOOW
Prof. Dr. Harro Ohlenburg, Teilprojekt „Evaluation und Begleitforschung", FHOOW
Prof. Dr. Dieter Röh, Teilprojekt „Klinische Sozialarbeit" und „Evaluation und Begleitforschung", HAW Hamburg
Bernd Glauninger, Dipl.-Motologe, wissenschaftlicher Mitarbeiter im Teilprojekt „Phyiotherapie/Motologie", FH OOW

Helmut Tiemann, BA Physiotherapie, wissenschaftlicher Mitarbeiter im Teilprojekt „Phyiotherapie/Motologie"

Projektdauer
10/2002–12/2007

Finanzvolumen
800.000 Euro

Durch wen wurde das Forschungsprojekt ggf. gefördert?
Volkswagen Stiftung

Angewandte Forschungsmethoden
Im Bereich der Sozialen Arbeit (ohne spezifische Methoden der anderen beteiligten Disziplinen):
– Qualitative Methoden: Leitfadengestützte Interviews und retrospektive Einzelfallanalysen mit Genogrammen und Netzwerkkarten als Anamnese-Instrumente
– Quantitative Methoden: Standardisierte und selbst entwickelte Fragebögen (SF-36, Fragebögen zur Rehabilitationsmotivation und zur Arbeitszufriedenheit)
– Interdisziplinäre Fallanalysen und sozial- und arbeitsplatzstatistische Daten

Forschungstyp
Evaluationsuntersuchung
Interdisziplinäre Entwicklung von Konzepten und Verfahren (integrierte Praxisforschung)

Projektveröffentlichungen
Jakobs, Silke: Innerbetriebliche Rehabilitation – Klinische Sozialarbeit als verbindender Faktor. Angenommen zur Veröffentlichung in einem Buchprojekt zur Klinischen Sozialarbeit – Herausgeber Karl-Heinz Ortmann/ Dieter Röh.
Röh, Dieter/ Jakobs, Silke 2005: Soziale Diagnose und Dialog – Anforderungen an die Ausbildung der Sozialen Arbeit für die Herausbildung einer Diagnosekompetenz. In: Sozialmagazin, Heft 7+8/2005.
Röh, Dieter/ Jakobs, Silke 2005: Über die (Un-)Möglichkeit einer Sozialen Diagnose oder: Diagnostizieren in der Sozialen Arbeit ist ein Prozess, an dessen Ende keine Diagnose steht. In: Soziale Arbeit, 8/2005, S. 282–287.
Unveröffentlichter Zwischenbericht.

Inhaltliche Projektdarstellung
Entstehungshintergrund
(a) Der Forschungsschwerpunkt wurde gegründet, um Modelle und Standards für eine integrative Rehabilitation auf Basis eines biopsychosozialen Gesund-

heits- und Krankheitsmodells zu entwickeln. Dies wurde zunächst in Form von Pilotstudien im stationären Behandlungssetting vorbereitet und seit Mai 2005 in einem Automobilwerk im Sinne einer innerbetrieblichen Rehabilitation und als Teil des Gesundheitsmanagements durchgeführt.
(b) Der Forschungsschwerpunkt ist in vier eng miteinander vernetzte wissenschaftliche Teilbereiche aufgeteilt: Klinische Sozialarbeit, Physiotherapie und Motologie, rechtliche Aspekte sowie Evaluation und Qualitätssicherung. Das biopsychosoziale Gesundheitsverständnis zeigt, dass sich Krankheit und Gesundheit im Kontext von biologischen, psychologischen und sozialen Kausalfeldern bewegen. Daraus resultiert für das Handlungsfeld Rehabilitation und den daran beteiligten Berufsgruppen eine interdisziplinäre, prozessuale und jeweils individuelle Vorgehensweise, die in der Struktur und Arbeitsweise des Forschungsschwerpunktes Berücksichtigung fanden. Denn ein Behandlungsmodell, welches sich an einem bio-psychosozialen Gesundheitsverständnis orientiert, kann sich folglich nur interdisziplinär mit biologischen (somatischen), psychologischen und sozialen Fachkräf-ten umsetzen lassen.

Fragestellungen
Aus Sicht der Sozialen Arbeit besteht die Fragestellung in der Erforschung von Umsetzungschancen einer Klinischen Sozialen Arbeit in einem Rehabilitationskontext und im Kontext einer betrieblichen Gesundheitsförderung. Besondere Bedeutung soll dabei auf die im Professionalisierungsbemühen enthaltene Kompetenzvermittlung und Funktion der Sozialen Arbeit in einem interdisziplinären Team gelegt werden. Die Fähigkeit zur ganzheitlichen, die Person in ihrer Umwelt betrachtenden Sichtweise sollte neben der Case-Management-Funktion als spezifische Kompetenz der Sozialen Arbeit herausgestellt werden. Klinische Soziale Arbeit ist in diesem Zusammenhang, ohne auf die vielen verschiedenen Fachdiskussionen einzugehen, die um diesen Begriff geführt werden, als Soziale Arbeit unter konsequenter Anwendung des biopsychosozialen Modells zu verstehen.

Projektverlauf
Für das Automobilwerk wurde ein prozesshaftes innerbetriebliches interdisziplinäres individualisiertes biopsychosoziales Behandlungsmodell entwickelt, das sich in drei Maßnahmenprogrammen gliedert:
(a) Die erste Rehabilitationsmaßnahme ist vorgesehen für Mitarbeiter mit muscolos-skeletalen Erkrankungen, die entweder aufgrund einer längeren Erkrankung eine Wiedereingliederung durchführen oder aufgrund von akuten oder chronischen Beschwerden eine Rehabilitationsmaßnahme beginnen möchten.
(b) Für Mitarbeiter mit einem komplexeren Beschwerdebild oder einer psychosozialen Grunderkrankung ist das zweite Maßnahmenprogramm eingerichtet worden. Dieses Programm wird vom Forschungsschwerpunkt unter Beteiligung aller Professionen durchgeführt.

(c) An der dritten Maßnahme nehmen Mitarbeiter teil, die aus präventiver Sicht ein Fitnessprogramm durchführen wollen, ohne das akute Beschwerden vorliegen.

Zentrale Ergebnisse
(a) Der bisherige Projektverlauf zeigt die hohe Bedeutung psychosozialer Risiken im betrieblichen Geschehen beziehungsweise der damit einhergehenden Krankheitsfolgen und damit auch die Notwendigkeit, einer umfassenden sozialen Beratung und sozialen Therapie. Besonders die komplexeren Beschwerdebilder mit unklarer Genese verlangen eine umfangreiche, differenzierte und intensive multiprofessionelle Eingangsdiagnostik, die eine differenzierte Analyse der im Vordergrund stehenden Problematik möglich macht.
(b) Bei knapp 60 % der Rehabilitationsteilnehmer konnte eine psychosoziale Belastung festgestellt werden, die im Sinne der biopsychosozialen Behandlung als interdisziplinäre Aufgabe verstanden wird und an deren Bearbeitung die Klinische Soziale Arbeit einen großen Anteil besitzt. Der hohe Anteil der Rehabilitationsteilnehmer, die einen besonderen Therapiebedarf im Sinne eines komplexeren Krankheitsbildes haben, bei denen ein einfaches Ursache-Wirkungs-Modell nicht greift, bedeutet auch, sich mit der „sozialen Dimension von Gesundheit" auseinanderzusetzen.
(c) Dieses zeigt auch die unbedingte Notwendigkeit, die Soziale Arbeit im interdisziplinären Rehabilitationsprozess als „Behandlungsinstanz" zu beteiligen. Als besonders bedeutsam stellte sich die frühzeitige gleichberechtigte Beteiligung der Sozialen Arbeit dar. Dadurch, dass die Soziale Arbeit bereits am Erstgespräch mit dem Rehahabilitationsteilnehmer beteiligt ist und auch eine eigenständige Diagnostik durchführt, wird die soziale Sicht der Gesundheitsproblematik von Beginn an mit einbezogen. Eine Funktion als „soziale Feuerwehr", wenn alle anderen Professionen nicht mehr weiter wissen, wurde somit vermieden.
(d) Die Entwicklung eines umfassenden mehrdimensionalen Gesundheitsmanagements für Betriebe unter Berücksichtigung der biopsychosozialen Entstehungsfaktoren und mit Beteiligung der Sozialen Arbeit wird ein Ergebnis des Forschungsschwerpunktes darstellen.

Bedeutung der Ergebnisse für die Theorieentwicklung
im Bereich Sozialer Arbeit
(a) Für die Theorieentwicklung in der Sozialen Arbeit ist insbesondere die Umsetzung des Person-in-Environment-Ansatzes und der Sozialen Diagnose von großer Bedeutung, da damit gezeigt werden kann, dass Sozialer Arbeit eine zentrale Bedeutung im Rehabilitationsprozess chronischer Krankheiten zukommt.
(b) Ferner gelingt es durch die anwendungsbezogene Forschung die beschriebenen Theorien und Modelle auf ein neues Handlungsfeld der Sozialen Arbeit, nämlich die Gesundheitsförderung im Betrieb, hin anzuwenden und ihre theoretische Relevanz etwa zur Erklärung von Krankheitsfolgen zu bestätigen.

F 4 Workshop „Interdisziplinarität und Strukturwandel Sozialer Arbeit"

F 4.2 DER NEOLIBERALE STRUKTURWANDEL SOZIALER ARBEIT AUS DER PERSPEKTIVE DER BESCHÄFTIGTEN

Ulrike Eichinger

Projektleitung
Ulrike Eichinger, Dipl. Sozialarbeiterin (FH), Doktorandin im FB Psychologie an der FU Berlin, E-mail: ulrike.eichinger@gmx.com

Weitere beteiligte Personen
Wissenschaftlicher Betreuer des Promotionsvorhabens: Prof. Dr. phil. habil. Morus Markard, Dipl. Psychologe

Projektdauer
10/2004–11/2007

Finanzvolumen
39.000 Euro, Promotionsstipendium der Hans-Böckler-Stiftung

Durch wen wurde das Forschungsprojekt ggf. gefördert?
Hans-Böckler-Stiftung

Angewandte Forschungsmethoden
Subjektwissenschaftlicher Theorie- wie Methodenkanon der Kritischen Psychologie (Holzkamp 1989), Problemzentrierte Interviews (Witzel 1982), qualitative Inhaltsanalyse (Mayring 2005)

Forschungstyp
Grundlagenforschung
Selbstreferentielle Untersuchung

Projektveröffentlichungen
Eichinger, Ulrike (2007): Der neoliberale Wandel (psycho-) sozialer Praxis aus der Perspektive der Beschäftigten. Zwischenergebnisse einer qualitativen Befragung. In: Forum Kritische Psychologie 51. Hamburg.

Ulrike Eichinger

Inhaltliche Projektdarstellung

Entstehungshintergrund
Seit Anfang der 1990er Jahre findet eine Restrukturierung der Sozialstaatspolitik in Deutschland statt, die aus der Perspektive der im Feld Sozialer Arbeit tätigen PraktikerInnen einen tiefgreifenden ambivalenten wie heterogenen Prozess darstellt.

Fragestellungen
(a) Meine Fragestellung entwickelte sich während meiner praktischen Tätigkeit als Berufsanfängerin in der Sozialen Arbeit. Strategie meines Arbeitgebers war es, über Fachleistungsstunden nicht nur meine Stelle rezufinanzieren, sondern zusätzlich Rücklagen zu bilden, um das erhöhte wirtschaftliche Risiko durch den Strukturwandel auffangen zu können. Meine Versuche, die darin verwobenen Konflikte zu diskutieren, endeten damit, dass im Rahmen einer Supervision meine Anliegen als Ausdruck eines persönlichen Autoritätskonflikts interpretiert wurden, den ich in einer Psychotherapie und nicht mit dem Betriebsrat bearbeiten sollte. Auch fiel mir auf, dass in Fachzeitschriften naheliegende oder ideologisch nahegelegte Bewältigungsformen zwar benannt wurden, jedoch meines Erachtens nach nicht ausreichend begriffen wurde, warum diese angesichts der Arbeitsbedingungen jeweils sinnvoll sind.
(b) Vor diesem Hintergrund entschied ich mich, diesen blinden Fleck in der Sozialarbeitsforschung anhand folgender Fragestellung zu betrachten: Wie, beziehungsweise auf welchen Ebenen konkretisiert sich der neoliberalie Strukturwandel Sozialer Arbeit für die Beschäftigten? Und: Welche Denk- und Handlungsweisen werden von den Fachkräften diesbezüglich entwickelt? Ziel ist zum einen die neuen Anforderungen sowie Widersprüche und Konfliktlinien zu beleuchten. Zum anderen soll geklärt werden, welches Spektrum von Gestaltungsmöglichkeiten, von bewältigungszentriertem bis hin zu widerständigem Handeln und der Reflektion von Widersprüchen genutzt wird.

Projektverlauf
(a) Mein theoretischer Schwerpunkt ist die Kritische Psychologie, welche an der marxistischen Philosophie und Gesellschaftstheorie anknüpft. Hiermit begreife ich die Beschäftigten handlungstheoretisch als Subjekte, die in, beziehungsweise unter den aktuellen Kräfteverhältnissen, Konflikten, Widersprüchen handeln müssen und gleichzeitig diese Rahmenbedingungen mitgestalten. Die Dialektik zwischen Widersprüchlichem dient mir hierbei als eine Art Findungstechnik, um die innere Einheit von Widerstrebenden, zu entdecken.
(b) Zwischen November 2005 und August 2006 befragte ich Fachkräfte (vor allem SozialarbeiterInnen/SozialpädagogInnen) in einer Serie von problemzentrierten Interviews zu den veränderten Rahmenbedingungen ihrer Arbeit. Das Promotionsvorhaben wird voraussichtlich November 2007 abgeschlossen.

Workshop „Interdisziplinarität und Strukturwandel Sozialer Arbeit"

Zentrale Ergebnisse
(a) Bevor ich auf Zwischenergebnisse aus der qualitativen Inhaltsanalyse eingehe, zunächst kurze Anmerkungen zum allgemeineren (sozial)politischen Strukturwandel: Auf nationalstaatlicher Ebene lassen sich, orientiert an den einschlägigen Gesetzesnovellierungen, zwei Reformphasen/-prozesse aufzeigen. Einmal die Phase (1990–1998) der Ökonomisierung des Sozialstaats und (ab 1998) die Phase der programmatischen Neuausrichtung im Rahmen eines aktivierenden Staats. Obgleich nationale Liberalisierungsimpulse unabhängig von der europäischen Binnenmarktpolitik funktionieren können, sind sie nicht außerhalb transnationaler Bezüge zu untersuchen. Es lässt sich feststellen, dass sich die beiden Ebenen in der Praxis wechselseitig ergänzen und verstärken: was sich anhand von Binnenmarkt- und Wettbewerbsregelungen der EU und an Debatten der WTO (etwa im Kontext des GATS) aufzeigen lässt.
(b) Die Auswertung des Interviewmaterials zeigt, dass flexible bis prekäre Arbeitsbedingungen zunehmen und sich die Machtverhältnisse in den Arbeitsbeziehungen verschieben, was unter anderem dazu führt, dass das Zeigen politisch/sozial erwünschten Verhaltens an Relevanz gewinnt. Zudem nehmen unter anderem der Konkurrenzdruck unter KollegInnen und Entsolidarisierungstendenzen zu, obwohl Kooperation trägerintern wie -extern an Bedeutung gewinnt.
(c) Resümierend lassen sich bisher folgende Gemeinsamkeiten in den Handlungs- und Denkweisen der PraktikerInnen erkennen: Die Bewertung von Veränderungen hängt davon ab, ob diese den Bedürfnissen der Fachkräfte und/oder der NutzerInnen entsprechen, beziehungsweise wie gut sie sich in die Arbeitspraxis integrieren oder anpassen lassen. Abschleifungsprozesse oder das eigene Profitieren von hegemonialen Verhältnissen können eine Auseinandersetzung mit ihnen behindern.
(d) Ist es zudem nicht möglich trotz hohen Arbeitsengagements den neuen Anforderungen zu entsprechen, kann dies zu Unzufriedenheit führen, der unter anderem mit subversiven Handlungsweisen begegnet wird.

Bedeutung der Ergebnisse für die Theorieentwicklung im Bereich Sozialer Arbeit
(a) Die vorgefundenen Bewältigungformen machen Schwierigkeiten und Widersprüche eher unsichtbar als dass sie diese öffentlich thematisieren. Somit zeigt sich bereits an den Zwischenergebnissen, wie wichtig es ist, neben inhaltlich-fachlichen Fragen ebenso die Arbeitsbedingungen zu benennen und zu reflektieren, will man verhindern, dass Handlungsmöglichkeiten und institutionelle Zwänge aus dem Wahrnehmungshorizont in der Arbeitspraxis verschwinden und einer (Selbst-)Pathologisierung Vorschub geleistet wird.
(b) Durch ihre Reflexion könnten die bestehenden Dynamiken unterbrochen und alternative Handlungsweisen entwickelt werden. Darüber hinaus eignen sich derartige Studien dazu, Instrumente für vorgeschriebene psychosoziale Gefährdungsanalysen (vgl. § 5 und 6 Arbeitsschutzgesetz) zu entwickeln, die jedoch trotz hoher Mobbingquoten in diesem Beschäftigungsfeld kaum praktiziert werden.

Literatur
Holzkamp, Klaus 1985: Grundlegung der Psychologie. Frankfurt am Main.
Mayring, Philip/ Gläser-Zikuda, Michaela (Hrsg.) 2005: Die Praxis der Qualitativen Inhaltsanalyse. Weinheim.
Witzel, Andreas 1982: Verfahren der qualitativen Forschung. Überblick und Alternativen. Frankfurt am Main.

F 4.3 Inszenierung des Sozialen im Wohnquartier – Das Projekt Quartiersaufbau Rieselfeld

Konrad Maier

Projektleitung
Prof. Dr. phil. Konrad Maier, Professor für Politik- und Sozialarbeitswissenschaft an der Evangelischen Fachhochschule Freiburg, seit 2005 em., E-mail: maier@efh-freiburg.de

Weitere beteiligte Personen
Vier bis fünf SozialarbeiterInnen/SozialpädagogInnen in Teilzeit (70 %) mit je zwei PraktikantInnen, externe wissenschaftliche Begleitung durch Prof. Dr. Peter Sommerfeld und Prof. Dr. Paul-Stefan Roß, studentische Hilfskräfte, Projektseminare an der Hochschule, Diplomarbeiten

Projektdauer
04/1996–09/2003, zuzüglich 2,5 Jahre Vorbereitung und 18 Monate Auswertung

Finanzvolumen
1.986.000 Euro

Durch wen wurde das Forschungsprojekt ggf. gefördert?
Stadt Freiburg: Finanzierung der praktischen Sozialarbeit
Bundesministerium für Bildung und Forschung: wissenschaftliche Begleitung der Implementationsphase 1996–1998
Deutsche Bundesstiftung Umwelt: Vergleichsuntersuchung mit dem Modellstadtteil Hannover-Kronsberg

Angewandte Forschungsmethoden
Integrierte Praxisforschung mit quantitativer Fragebogenerhebung und verschiedenen qualitativen Untersuchungen.

Forschungstyp
Entwicklung von Konzepten/Verfahren (integrierte Praxisforschung)

Projektveröffentlichungen
Maier, Konrad (Hrsg.) 1995: Der Beitrag der Sozialarbeit zum Aufbau neuer Stadtteile. Materialien und Vorschläge zur Sozialplanung für den Freiburger Stadtteil Rieselfeld, Forschungs- und Projektbericht 9/1995. Freiburg.
Maier, Konrad 1998: Das Projekt „Quartiersaufbau Rieselfeld". Entwicklung und Erprobung eines „Verfahrens" zum Aufbau sozialer Strukturen in Neubaustadtteilen. In: Steinert, Erika u.a. (Hrsg.): Sozialarbeitsforschung. Was sie ist und was sie leistet. Freiburg, S. 51–66.
Maier, Konrad/Mauch, Daniela 2005: Rieselfelder Welten. Portraits von Migrantinnen und Migranten im Stadtteil. Freiburg.
Maier, Konrad/Sommerfeld, Peter 2001: Für einen konstruktiven Umgang mit professionellen Paradoxien. Entwicklung eines Modells konkurrierende Rollen der Sozialarbeit beim Aufbau einer tragfähigen Alltagskultur im Stadtteil. In: Sozialmagazin 9/2001, S. 32–41.
Maier, Konrad/Sommerfeld, Peter 2005: Inszenierung des Sozialen im Wohnquartier. Darstellung, Evaluation und Ertrag des Projektes „Quartiersaufbau Rieselfeld". Freiburg.
Maier, Konrad/Wagner, Janet 2004: K.I.O.S.K. auf dem Rieselfeld 1996-2003 oder: Wie ein Gemeinwesen entsteht. Freiburg.
Sommerfeld, Peter/Maier, Konrad 2003: Integrierte Praxisforschung als Theoriebildung und Praxisentwicklung. Reflexionen zur Kooperation von Wissenschaft und Praxis am Beispiel des Projekts „Quartiersaufbau Rieselfeld". In: Otto, Hans-Uwe/ Oelerich, Gertrud/Micheel, Heinz-Günter (Hrsg.): Empirische Forschung. Sozialarbeit – Sozialpädagogik – Soziale Probleme. Neuwied/Kriftel, S. 112–141.

Inhaltliche Projektdarstellung

Entstehungshintergrund
Die großen Neubaustadtteile der 60er und 70er Jahre sind vielfach zu sozialen Brennpunkten geworden, die man mit aufwändigen Programmen (zum Beispiel Soziale Stadt) wieder zu „sanieren" versucht. Anfang der 90er Jahre plante die Stadt Freiburg (200.000 Einwohner) erneut den Bau eines neuen Stadtteils auf der grünen Wiese mit etwa 12.000 Einwohnern, insbesondere für sozial schwächere Familien.

Fragestellungen
In Projektseminaren an der Evangelischen Fachhochschule Freiburg wurde seit dem Wintersemester 1992/93 nach den Voraussetzungen für ein gutes Gemeinwesen geforscht und auf dieser Grundlage in Anlehnung an die skandinavische Milieuarbeit ein Konzept entwickelt, wie durch professionelle Soziale Arbeit eine tragfähige soziale Alltagskultur im neuen Stadtteil aufgebaut werden kann. Die Stadt Freiburg hat – nach langem Zögern – für die Umsetzung dieses Projektes ein begrenztes Budget zur Verfügung gestellt und übertrug die Träger-

schaft dem Forschungsinstitut der Evangelischen Fachhochschule unter Leitung von Konrad Maier.

Projektverlauf
Siebeneinhalb Jahre lang waren unter seiner Leitung vier bis fünf SozialarbeiterInnen im Rahmen des Projekts Quartiersaufbau Rieselfeld tätig. Unter der Chiffre „K.I.O.S.K." (K = Kontakt, I = Information, O = Organisation, S = Selbsthilfe, K = Kultur) wurden vielfältige Initiativen von einem Ladencafé über Diskussionsveranstaltungen, einer Stadtteilzeitung, der Gründung von Freizeitgruppen und Aktivitäten für Kinder, der Organisation von Festen und organisierter Nachbarschaftshilfe bis zu einem „Laden für das, was es auf dem Rieselfeld noch nicht gibt" aufgebaut und versucht, diese Inszenierungen zu kulturalisieren und in die Verantwortung von Bewohnern zu übertragen.
Nach siebeneinhalbjähriger Aufbauarbeit übernahmen Bewohner die Verantwortung für K.I.O.S.K. auf dem Rieselfeld e.V. und damit die Trägerschaft für den Stadtteiltreff, die Jugendarbeit sowie das soziale und kulturelle Leben im Stadtteil.
Die Einbindung in das Forschungsinstitut und die Gewinnung zusätzlicher Forschungsmittel ermöglichte eine enge Verzahnung von sozialarbeiterischer Praxis und wissenschaftlicher Reflexion. Die Entwicklung des neuen Gemeinwesens wurde mit unterschiedlichen Methoden der empirischen Sozialforschung untersucht und der Erfolg dieser Sozialen Arbeit abschließend in einer Vergleichsuntersuchung mit dem gleichzeitig errichteten Modellstadtteil Hannover-Kronsberg evaluiert.

Zentrale Ergebnisse
Der Ertrag dieser sehr umfangreichen „integrierten Praxisforschung" lässt sich folgendermaßen zusammenfassen:
(a) Im Freiburger Stadtteil Rieselfeld wurde in einer intensiven Aufbauarbeit eine tragfähige Alltagskultur geschaffen, wie sie in vergleichbaren Neubaustadtteilen der 60er und 70er Jahre überhaupt nicht oder erst nach aufwändiger Gemeinwesenarbeit entstanden ist. Diese Alltagskultur hat sich etabliert und wird unterstützt durch eine verantwortliche Organisation der Bewohner, die für die sozialkulturelle Infrastruktur verantwortlich zeichnet.
(b) Durch die sorgfältige Dokumentation und Reflexion der Aufbauarbeit auf dem Rieselfeld wurde ein Verfahren entwickelt und beschrieben, das für den Aufbau neuer oder zur Sanierung bestehender Stadtteile übertragbar ist.
(c) Unter der Bezeichnung „Tragfähige soziale Alltagskultur" wurden die Vorstellungen von einem „guten" Gemeinwesen hinreichend präzisiert und operationalisiert, so dass sie als Zielvorgabe für Soziale Arbeit im Stadtteil unmittelbar eingesetzt werden und zugleich als differenziertes Indikatorensystem für ein „gutes" Gemeinwesen dienen können (hierfür wurden angemessene Instrumente entwickelt und erprobt).

(d) Als zentrale Methode wurde die auf Thiersch zurückgehende „Inszenierung des Sozialen" eingesetzt, beschrieben, erprobt und weiterentwickelt, so dass sie immer dort, wo es um die Gestaltung sozialer Räume geht, eingesetzt werden kann.
(e) Auf der Basis qualitativer Befragungen wurde eine „tendenzielle soziale Verarmung" beschrieben, die einerseits die These von der Kolonialisierung der Lebenswelt für das Wohnquartier präzisiert und andererseits die Hemmnisse für ein soziales Miteinander im Stadtteil erklärt und zugleich die Notwendigkeit einer dieser systemimmanenten Verarmung entgegenwirkende Soziale Arbeit begründet.
(f) Auf dieser Basis wurde ein stufenförmiges Entwicklungsmodell der Sozialität beschrieben, das eine wichtige Grundlage für eine systematische Theorie der Gemeinwesenarbeit bietet.
(g) Es wurde aufgezeigt, dass Soziale Arbeit in der Lage ist, soziales Kapital im Wohnquartier zu bilden. Dabei wird die Bedeutung von „bridging capital" herausgearbeitet und der Beitrag von Sozialarbeit für die Aktivierung von „bridging capital" beschrieben.
(h) Die Forderung nach sozialer und kultureller Integration wurde differenziert durch die „Dialektik von Integration und Segregation", die am Beispiel der Migranten und der Jugendlichen beschrieben und zugleich für die Soziale Arbeit produktiv verarbeitet wurde: Durch die Schaffung von Möglichkeiten der Segregation, der Pflege der je eigenen Kultur werden die Voraussetzungen geschaffen für eine soziale Integration.

Bedeutung der Ergebnisse für die Theorieentwicklung
im Bereich Sozialer Arbeit
Jenseits der konkreten Ergebnisse für die Theorie und Praxis der Sozialen Arbeit wurde in diesem Projekt das Konzept einer „integrierten Praxisforschung" konsequent umgesetzt, bei dem WissenschaftlerInnen und PraktikerInnen für eine begrenzte Zeit zur Entwicklung neuer Verfahren eng zusamenarbeiten. Dabei wurden vielfältige Schwierigkeiten sichtbar und auch reflektierend beschrieben. Diese Erfahrungen bilden eine wichtige Voraussetzung für die Weiterentwicklung des Konzepts einer integrierten Praxisforschung.

G 1 Workshop „Professionelles Selbstverständnis"

G 1.1 Der Blick von Schuldnerberaterinnen und Schuldnerberatern auf ihre eigene Arbeit – Typen verschiedener professioneller Selbstverständnisse in der Schuldnerberatung

Monika Thomsen

Projektleitung
Monika Thomsen, Dipl. Soz.Arb./Soz.Päd. (FH), arbeitssuchend,
E-mail: monika.thomsen@web.de

Weitere beteiligte Personen
Keine

Projektdauer
12/2002–11/2006

Finanzvolumen
Durchführung im Rahmen einer Anstellung an der Fachhochschule

Durch wen wurde das Forschungsprojekt ggf. gefördert?
Keine Förderung

Angewandte Forschungsmethoden
Qualitative Methoden: Analyse von Leitfadeninterviews in Anlehung an Meuser/Nagel, Typenbildung in Anlehung an Kluge und Barton/Lazarsfeld

Forschungstyp
Grundlagenforschung, Selbstreferentielle Untersuchung

Projektveröffentlichungen
Noch keine

Inhaltliche Projektdarstellung

Entstehungshintergrund
Das folgende Forschungsprojekt wurde im Rahmen einer Dissertation durchgeführt.

Workshop „Professionelles Selbstverständnis"

Fragestellungen
Ziel der Studie war die Rekonstruktion professioneller Selbstverständnisse von Schuldnerberatern, die in der Sozialen Arbeit tätig sind. Die dort tätigen Berater zeichnen sich durch sehr unterschiedliche Ausgangsqualifikationen aus – hauptsächlich Sozialarbeiter und Kaufleute. Eine vereinheitlichende Arbeitgrundlage gibt es nicht. Es existiert nur der Entwurf einer Funktions- und Tätigkeitsbeschreibung.

Projektverlauf
Zur Rekonstruktion des professionellen Selbstverständnisses von Schuldnerberatern in der Sozialen Arbeit wurden mit 20 Beratern Leitfadeninterviews durchgeführt (2002–2004). Die Ergebnisse wurden im Rahmen einer Dissertation ausgewertet (2005–2006).

Zentrale Ergebnisse
Es wurden drei Kategorien für eine Typenbildung professioneller Selbstverständnisse von Schuldnerberatern identifiziert: die Beratungsorientierung, die emotionale Haltung und die Positionierung zwischen Schuldner und Gläubiger. Die Beratungsorientierung variiert zwischen einer Fokussierung auf finanzielle Aspekte, rechtliche Aspekte und auf die Besonderheiten des Falls. Emotional zeigen sich die Berater entweder distanziert oder verwickelt. Sie halten eigene Gefühle und Werthaltungen zurück oder projizieren sie insbesondere auf die Schuldner beziehungsweise identifizieren sich mit ihnen. In Bezug auf Schuldner und Gläubiger schließlich positionieren sich die Berater entweder zwischen beiden oder auf der Seite der Schuldner (nie auf der Seite der Gläubiger). Von 18 möglichen Typen wurden anhand des empirischen Materials sechs Typen rekonstruiert.

(a) Typ I „Vermittler" (sechs Sozialpädagogen – davon einer zum Teil, vier doppelt Qualifizierte (ökon./soz.) – davon eine zum Teil, eine Kauffrau). Die „Vermittler" sind allparteilich und versuchen, im Sinne ihres öffentlichen Auftrags und die Rechte von Schuldnern und Gläubigern achtend, Arbeitsbündnisse mit beiden Parteien zu schließen. Sie folgen zudem weiteren universellen Arbeitsprinzipien. So suchen sie nach Ressourcen ihrer Klienten und ermutigen und leiten sie dazu an, diese zu nutzen. Sie leisten also „Hilfe zur Selbsthilfe". Sie respektieren zudem die Autonomie der Klienten und suchen mit ihnen nach Lösungen, die ihrer Lebenswelt gerecht werden. Sie pflegen dabei eine emotionale Distanz, indem sie ihre eigenen Gefühle und Werthaltungen immer wieder kommunikativ im Kollegenkreis und in der Supervision reflektieren.

(b) Typ II „Persönliche" (zwei sonstige Qualifizierte): „Persönliche" unterwerfen die Schuldner ihren eigenen Werten und Normen, die nicht universell sind. Klienten und Probleme werden nicht immer gleichwertig behandelt. Da die „Persönlichen" aber nach außen universelle Normen kommunizieren, können Klienten die Werte und Normen der Berater unbeabsichtigt verletzen.

Geschieht das, so formulieren die Berater Ärger oder Unverständnis über Schuldner.
(c) Typ III „kühler Rechner" (zwei Kaufleute, ein Sozialpädagoge zum Teil): Das universelle Leitziel „Entschuldung" dominiert die Arbeit dieser Berater. „Kühle Rechner" sind Fachautoritäten auf dem Gebiet der Entschuldung. Sie vermitteln das sowohl den Schuldnern als auch den Gläubigern und stehen unparteiisch zwischen ihnen. Zu beiden pflegen sie einen geschäftlich distanzierten Kontakt.
(d) Typ IV „Mütter" und „Väter" (eine Pädagogin, eine sonstig Qualifizierte, ein Kaufmann als Sonderfall als Berater in der Justiz). „Mütter" und „Väter" haben einen defizitorientierten Blick auf ihre Klienten und erleben sie als hilfsbedürftig. Deshalb zeigen sie sich fürsorglich und versuchen, auch wenn ihnen Ressourcen fehlen, deren vermeintlichen Bedarf zu befriedigen. In der Folge beschreiben sich die Berater als überfordert. Sie versuchen, sich die Situation durch die kommunikative Reflexion eigener Werthaltungen bewusst und diese damit veränderbar zu machen. Zudem zeigen sie sich versteckt parteilich für die Schuldner und argumentieren in Verhandlungen mit Gläubigern moralisierend.
(e) Typ V „Robin Hood" (eine Kauffrau, eine doppelt Qualifizierte zum Teil): „Robin Hoods" sind vermeintlich gerechtigkeitsorientiert. Gläubiger werden als betrügerisch dargestellt, Klienten als hilflose, unaufgeklärte Opfer. „Robin Hood" solidarisiert sich deshalb mit den Schuldnern und kämpft mit Hilfe des Rechts, das er dank seiner Fachkompetenz kennt, für die Schuldner. Gegenüber den Gläubigern zeigt er sich konfrontativ, gegenüber den Schuldnern bei gleichzeitig starker emotionaler Verbundenheit expertenhaft direktiv.
(f) Typ VI „Finanzdienstleister" (ein Sozialpädagoge): Die Arbeit des „Finanzdienstleisters" wird im Gegensatz zu den anderen Beratern von den Schuldnern selbst bezahlt. Damit besteht ein Dienstleister-Kunden-Verhältnis. Die Beratung ist auf finanzielle Fragen konzentriert. Da der „Finanzdienstleister" eine unternehmerische Verantwortung hat, bietet er einen Service bis an den Rand seiner Leistungsgrenzen. Er hat seine Beratung zudem effizient organisiert. Alle Arbeiten werden von speziell qualifiziertem Personal durchgeführt. Im Kontakt mit den Gläubigern vertritt er klar die Schuldner, zeigt sich aber dennoch kooperativ.

*Bedeutung der Ergebnisse für die Theorieentwicklung
im Bereich Sozialer Arbeit*
Die Ergebnisse zeigen, dass es kein einheitliches professionelles Selbstverständnis von Schuldnerberatern in der Sozialen Arbeit gibt. Damit ähneln sie Forschungsergebnissen aus anderen Bereichen der Sozialen Arbeit. Es bleibt zu klären, welche professionellen Haltungen gewünscht sind und, für den Versuch einer positiven Einflussnahme durch Aus-/Weiterbildung, welche Faktoren professionelle Selbstverständnisse besonders determinieren.

G 1.2 Die aktuelle Qualitätsdebatte in der stationären Kinder- und Jugendhilfe – Ein Element neoliberaler Steuerung?

Cora Herrmann

Projektleitung
Cora Herrmann, Diplom Sozialpädagogin (FH), Doktorandin, Lehrbeauftragte,
E-mail: cora.herrmann@web.de

Weitere beteiligte Personen
Keine

Projektdauer
07/2005–10/2008

Finanzvolumen
36.720 Euro, Promotionsstipendium

Durch wen wurde das Forschungsprojekt ggf. gefördert?
Studienförderung der Hans-Böckler-Stiftung

Angewandte Forschungsmethoden
Diskurstheorie, Dokumentenanalyse, Datenerhebung über leitfadengestützte ExpertInneninterviews, Datenauswertung mittels einer Verknüpfung einer diskursanalytischen Perspektive mit der Grounded Theory

Forschungstyp
Sozialberichterstattung (Beschreibung/Analyse sozialer Verhältnisse/sozialer Probleme)

Projektveröffentlichungen
Herrmann, Cora 2007: Was ist Qualität? Qualitätsdefinitionen in der stationären Kinder- und Jugendhilfe. In: Musfeld, Tamara/ Quindel, Ralf/ Schmitt, Andrea (Hrsg.): Einsprüche: Kritische Praxis sozialer Arbeit in der Kinder- und Jugendhilfe. Frankfurt am Main (im Erscheinen).
Herrmann, Cora 2007: Zur Transformation der Vorstellung von „guter Arbeit" – Aneignungsweisen der Qualitätsdebatte in der stationären Kinder- und Jugendhilfe. In: Anhorn, Roland/Bettinger, Frank/Stehr, Johannes (Hrsg.): Foucaults Machtanalytik und Soziale Arbeit. Eine kritische Einführung und Bestandsaufnahme. Wiesbaden (im Erscheinen).

Cora Herrmann

Inhaltliche Projektdarstellung

Entstehungshintergrund
Seit Anfang 1999 gilt mit den §§ 78a–g SGB VIII für die (teil)stationäre Kinder- und Jugendhilfe eine Finanzierungsregelung, die unter anderem den Abschluss von so genannten Qualitätsentwicklungsvereinbarungen zwischen freien oder privat-gewerblichen und öffentlichen Trägern der Kinder- und Jugendhilfe als Voraussetzung für die Kostenübernahme durch die öffentliche Hand festschreibt. Die Qualitätsentwicklungsvereinbarungen sollen Angaben zu verwendeten Bewertungsmaßstäben und zu Maßnahmen zur Qualitätsgewährleistung beinhalten. Nicht zuletzt seit der Verabschiedung der gesetzlichen Regelung ist eine Veränderung der Vorstellung von und der Diskussion um „gute" Arbeit in der stationären Kinder- und Jugendhilfe zu beobachten. In zahlreichen Publikationen wurden und werden die Chancen, Herausforderungen und problematischen Implikationen der Veränderung kontrovers diskutiert. Die Einrichtungen der Kinder- und Jugendhilfe stehen vor der Herausforderung sich in der Diskussion zu verorten und die gesetzlichen Anforderungen umzusetzen.

Fragestellungen
In dem vorliegenden Forschungsprojekt werden die heterogenen Effekte der Transformation der Vorstellung von „guter" Arbeit untersucht. Gefragt wird ob, wie und mit welchen Konsequenzen sich Veränderungen in der Praxis abbilden. Darüber hinaus wird der Fokus auf mögliche Schnittstellen mit dem Wandel des Wohlfahrtsstaates gerichtet.

Projektverlauf
Diese Fragen werden mittels der Analyse von Dokumenten, von ExpertInneninterviews mit SozialpädagogInnen, tätig in der so genannten „Heimerziehung" sowie anhand einer diskursanalytischen Rekonstruktion der aktuellen Sozialstaatsdiskussion bearbeitet.

Zentrale Ergebnisse
Da die Arbeit noch nicht abgeschlossen ist, liegen zum Stand der Drucklegung noch keine publizierbaren Endergebnisse vor.

Bedeutung der Ergebnisse für die Theorieentwicklung im Bereich Sozialer Arbeit
Mit der Arbeit soll ein empirisch fundierter Beitrag zur aktuellen Qualitätsdebatte in der Sozialen Arbeit – exemplarisch betrachtet am Feld der stationären Kinder- und Jugendhilfe – geleistet werden, der Fragen von der Bewertbarkeit von sozialpädagogischen Leistungen bis hin zu Fragen der Relevanz der diskursiven Umwelt für sozialpädagogische Transformationen aufgreift und diskutiert.

G 1.3 WISSENSCHAFTLICHE WEITERBILDUNG UND LEBENSLANGES LERNEN IN DER SOZIALEN ARBEIT

Friedhelm Höfener

Projektleitung
Dr. Friedhelm Höfener, stellv. Geschäftsführer der Outlaw gemeinnützige Gesellschaft für Kinder- und Jugendhilfe mbH, E-mail: hoefener@outlaw-jugendhilfe.de

Weitere beteiligte Personen
Silvia Klauk, studentische Hilfskraft, 18 Monate

Projektdauer
01/2001–12/2005

Finanzvolumen
Etwa 100.000 Euro

Durch wen wurde das Forschungsprojekt ggf. gefördert?
Ministerium für Wissenschaft und Forschung des Landes NRW
Fachhochschule Münster

Angewandte Forschungsmethoden
Schriftliche Befragung, Literaturanalysen, Sekundäranalysen

Forschungstyp
Sozialberichterstattung (Beschreibung/Analyse sozialer Verhältnisse/sozialer Probleme)
Grundlagenforschung

Projektveröffentlichungen
Grohall, Karl-Heinz/Höfener, Friedhelm 2003: Weiterbildung als Aufgabe der Hochschulen. In: Blatt, Horst/Grohall, Karl-Heinz/Höfener, Friedhelm (Hrsg.): Weiterbildung für Sozialberufe an Hochschulen. Münster, S. 9–92.
Höfener, Friedhelm 2003: Weiterbildung für Sozialberufe als Aufgabe der Hochschulen. In: Forum Sozial, 2/2003.
Höfener, Friedhelm 2005: Soziale Arbeit – Eine weiterbildungsintensive Profession. Eine empirisch-systematische Untersuchung zur wissenschaftlichen Weiterbildung von Fachkräften der Sozialen Arbeit. Aachen.

Inhaltliche Projektdarstellung
Entstehungshintergrund
Die Vielfalt der Sozialen Arbeit bzw. ihrer Arbeitsfelder führt unter anderem dazu, dass nach wie vor eine grundständig generalistische Ausbildung auf den Beruf vorbereitet. Diese kann aber nur grundlegende Qualifikationen vermitteln (exemplarisches Lernen). Bezieht man die berufliche und gesellschaftliche Entwicklung ein, so führen neue oder veränderte Problemlagen dazu, diesen mit neuen oder geänderten Handlungsstrategien zu begegnen. Insgesamt werden dadurch berufliche Anforderungen hervorgerufen, die sowohl zur Aufgabenerfüllung als auch zur beruflichen Statussicherung ein berufsbegleitendes (lebenslanges) Lernen erforderlich machen.
Dem entsprechend hat sich eine vielfältige Weiterbildungslandschaft entwickelt. Dennoch führt die Weiterbildung im wissenschaftlich-fachlichen Diskurs der Sozialen Arbeit ein Schattendasein. Für die Weiterbildungspraxis besteht die Schwierigkeit, dass so gut wie keine gesicherten Daten über das Weiterbildungsverhalten dieser Berufsgruppe vorliegen. Zudem gibt es keine Bezugstheorien, die den Zusammenhang von Sozialem Wandel, sozialen Problemen, Sozialer Arbeit und Weiterbildung aufgreifen und handlungsleitende Funktion übernehmen können.

Fragestellungen
(a) Welche Veränderungen ergeben sich für die Soziale Arbeit aus dem sozialen Wandel und führen diese zu einem neuen und steigenden Weiterbildungsbedarf?
(b) Wodurch ist die Notwendigkeit der Weiterbildung für Fachkräfte der Sozialen Arbeit genau begründet?
(c) Wie lässt sich die gegenwärtige Weiterbildungssituation in der Sozialen Arbeit beschreiben?
(d) Wie stellt sich die Rolle der Hochschule als Weiterbildungsträger dar und ist sie für diese Aufgabe geeignet?

Projektverlauf
Der Zusammenhang zwischen Sozialem Wandel, sozialen Problemen, Sozialer Arbeit und Weiterbildung ist zunächst exemplarisch erforscht und beschrieben worden. Im weiteren Verlauf richtete sich der Forschungsblick dabei zum einen auf die beruflichen Fachkräfte der Sozialen Arbeit, da sie von neuen Aufgaben „betroffen" und Rezipienten von Weiterbildung sind. Hierzu diente vor allem die Befragung von etwa 400 Fachkräften der Sozialen Arbeit und die Sekundäranalyse.
Zum anderen wurde die Rolle der Hochschulen als Weiterbildungsträger untersucht. Im Mittelpunkt standen die Ursachen für die „Zurückhaltung" der Hochschulen in der Weiterbildung und die Frage, wie es gelingen kann, Weiterbildung als dritte Aufgabe, neben Lehre und Forschung zu etablieren und konzeptionell zu gestalten.

Zentrale Ergebnisse
(a) Die Veränderungen der Sozialen Arbeit in Wissenschaft, Ausbildung und Praxis zeichnen ein Bild gegenwärtiger Sozialer Arbeit, als einer Profession, die sich in zweifacher Weise mit Sozialem Wandel konfrontiert sieht. Zum einen mittelbar hinsichtlich der Veränderungen sozialer Probleme in Folge gesellschaftlicher Prozesse und deren Auswirkungen auf die Klienten. Zum anderen unmittelbar, durch die veränderten Rahmenbedingungen Sozialer Arbeit, die zu neuen Finanzierungsbedingungen führen und die Organisation sozialer Einrichtungen und Dienste verändern. Um diesen Wandlungen gewachsen zu sein, muss die Soziale Arbeit einmal neue personale Kompetenzen entwickeln und zum anderen adäquate Rahmenbedingungen schaffen. Beide Anforderungen schaffen als persönliche Qualifikation und als Kompetenz zur Strukturveränderung einen Bedarf an Weiterbildung.
(b) Die Fachkräfte der Sozialen Arbeit reagieren darauf mit einer hohen Weiterbildungsbereitschaft, die in einer überdurchschnittlichen Beteiligung an Veranstaltungen der beruflichen Weiterbildung und der Wahrnehmung informeller beruflicher Lernangebote niederschlägt. Das kann als Indiz dafür gewertet werden, dass „Lebenslanges Lernen" in der Sozialen Arbeit mehr als in anderen wissenschaftlich ausgebildeten Berufen Realität zu werden beginnt. Die grundlegende These, dass Sozialer Wandel einen Bedarf an Weiterbildung hervorruft, wird durch das Verhalten der Berufsangehörigen bestätigt.
(c) Die Hochschule, als grundständige Ausbildungsstätten, ist die entsprechenden Angebote der wissenschaftlichen Weiterbildung, die zu ihren gesetzlichen Kernaufgaben gehört, prädestiniert. Sie bieten gute Wettbewerbsbedingungen und werden von den Nachfragern akzeptiert. Die Hochschulen verfügen hinsichtlich der Weiterbildung über ein beträchtliches Entwicklungspotential und können dadurch eine herausragende Rolle in der Wissensgesellschaft einnehmen.

*Bedeutung der Ergebnisse für die Theorieentwicklung
im Bereich Sozialer Arbeit*
Die Ergebnisse können als Eckpunkte für die Entwicklung eines integrativen Bildungskonzeptes dienen. Die Integration auf personeller Ebene (Wissenschaftler, Praktiker, Studierende), auf methodischer Ebene (forschendes Lernen) und der „Bildungsbereiche" Ausbildung und Weiterbildung kann einen Beitrag dazu leisten, schlüssige Antworten auf die Veränderungen der Sozialen Arbeit in Wissenschaft, Praxis, Aus- und Weiterbildung zu finden. Insgesamt besteht die Chance, soziale Probleme auf wissenschaftlicher Basis mit Blick auf und für die Praxis zu bearbeiten.

G 2 Workshop „Bildungseffekte und Kompetenzen"

G 2.2 Das Soziale Kompetenztraining für die Soziale Arbeit – SKSA. Der Bedarf an sozialer Kompetenz in Handlungsfeldern der Sozialen Arbeit – Ergebnisse einer ExpertInnenbefragung

Andreas Schiebel

Projektleitung
Andreas Schiebel, Dipl.-Sozialpädagoge (FH), Abteilungsleiter in einer Jugendhilfeeinrichtung in Nürnberg, E-mail: andreasschiebel@gmx.de
Prof. Arno Drinkmann, Psychologie, Sozialwissenschaftliche Methoden und Arbeitsweisen, Evang. Fachhochschule Nürnberg, E-mail: Arno.Drinkmann@evfh-nuernberg.de

Weitere beteiligte Personen
Keine

Projektdauer
10/2001–fortlaufend

Finanzvolumen
Eigenmittel

Durch wen wurde das Forschungsprojekt ggf. gefördert?
Keine Förderung

Angewandte Forschungsmethoden
ExpertInneninterviews zur Erkundung eines professionellen Kompetenzprofils für sozialpädagogisches Handeln, qualitative und quantitative Auswertung

Forschungstyp
Evaluationsuntersuchung
Entwicklung von Konzepten und Verfahren (integrierte Praxisforschung)
Grundlagenforschung

Projektveröffentlichungen
Drinkmann, Arno 2004: Der Aufbau sozialer Kompetenzen durch strukturiertes Training. In: Sozialmagazin, 2/2004.
Drinkmann, Arno/ Schiebel, Andreas 2004: Soziale Kompetenzen in Theorie und Praxis der Sozialen Arbeit. In: Sozialmagazin, 2/2004.

Schiebel, Andreas 2004: Der Bedarf an sozialer Kompetenz in Handlungsfeldern der Sozialen Arbeit – Ergebnisse einer ExpertInnenbefragung. In: Sozialmagazin, 2/2004.

Schiebel, Andreas/ Drinkmann, Arno 2004: Das Soziale Kompetenztraining für die Soziale Arbeit (SKSA). In: Sozialmagazin, 2/2004.

Inhaltliche Projektdarstellung

Entstehungshintergrund
(a) Soziale Kompetenz gilt als eine Schlüsselqualifikation für Sozialarbeiter und Sozialpädagogen. Ein Mindestmaß ist unverzichtbar, um im Berufsalltag bestehen und wirkungsvoll handeln zu können. Glücklicherweise bringt jeder je nach individueller Erfahrungs- und Lerngeschichte einen mehr oder weniger soliden Grundstock an sozialen Kompetenzen mit, erwirbt neue im Studium und baut diese im Berufsleben weiter aus. Dennoch zeigen Erfahrungswerte aus den Hochschulen und aus Praxisfeldern der beruflichen Tätigkeit, dass sozialpädagogisches Handeln keineswegs immer als sozial kompetent eingestuft werden kann.

(b) Im Rahmen eines Forschungs- und Entwicklungsprojekts an der Evangelischen Fachhochschule Nürnberg wurde daher auf der Basis eines bewährten lernpsychologischen Erklärungs- und Interventionsansatzes zur Sozialen Kompetenz (Hinsch/Pfingsten 2002; Kanning 2005) und einer Expertenbefragung zum spezifischen Bedarf an sozialen Kompetenzen in der Praxis der Sozialen Arbeit ein Trainingsprogramm entwickelt, das zur Steigerung und Förderung sozial kompetenter Verhaltensweisen von Sozialarbeitern und Sozialpädagogen in beruflichen Situationen beitragen soll.

Fragestellungen
Für die Erhebung und Analyse von Situationen, in welchen soziale Kompetenz im sozialpädagogischen Handeln typischerweise besonders gefragt ist, wurden im Rahmen des Teilprojekts auf die Erfahrungen und das Urteil von berufserfahrenen „ExpertInnen" zurückgegriffen. Diese ExpertInnen sollten beispielhaft Situationen in Form von Szenarien schildern, auf die sie im beruflichen Handeln wiederholt stoßen und in denen sie sozial kompetentes Verhalten als besonders wichtig erachten. Diese Szenarien sollten dann Grundlage für Übungen im Trainingsprogramm sein.

Projektverlauf
(a) Auswahl der Experten
(b) Durchführung der Expertenbefragung
(c) Auswertung der Befragungsergebnisse (Szenarien)
(d) Inhaltsanalytische Klassifikation der Szenarien nach Situationstypen
(e) Implementation in das Trainingsprogramm und Evaluation mit verschiedenen Zielgruppen.

Zentrale Ergebnisse
(a) Grundlage des Trainingsprogramms bilden 100 praxisrelevante Rollenspielszenarien, die durch Befragung von 33 Experten ermittelt wurden. Diese Situationsbeschreibungen decken in systematischer Form ein breites Spektrum berufsrelevanter sozialer Kompetenzen ab. Sie lassen sich sechs Situationstypen zuordnen:

– Beziehung gestalten (Typ B)
– Um Sympathie werben (Typ S)
– Aushandeln von Regelungen und Vereinbarungen (Typ A/R/V)
– Recht durchsetzen/Grenzen setzen/auf die Einhaltung von Regelungen und Vereinbarungen achten (Typ R/G/E)
– Umgang mit Kritik (Typ Kt)
– Umgang mit Krisen und schwierigen Lebenssituationen / Mut machen, stärken, unterstützen (Typ K/M)

(b) Für jeden Situationstyp wurden allgemeine Handlungsregeln in Form von „Instruktionen für sozial kompetentes Verhalten" entwickelt. Diese Instruktionen zeigen auf, welche Verhaltensweisen bei dem jeweiligen Situationstyp allgemein gezeigt werden könnten/sollten und die als sozial kompetent gelten würden. Sie beziehen sich nicht spezifisch auf eine bestimmte Situation, sondern liefern Hinweise, welche Verhaltensweisen allgemein bei Situationen eines bestimmten Typs angebracht sind. So soll beispielsweise in Kritiksituationen nicht vorschnell eine Rechtfertigungshaltung eingenommen werden.
(c) Darüber hinaus wird zu jedem einzelnen Rollenspielszenario eine Art „Lösungsmodell" gegeben, das den Grundsätzen sozial kompetenten Verhaltens entspricht.
(d) Ein Beispiel zum Typ „Aushandeln von Regelungen und Vereinbarungen" des SKSA anhand folgender *Situationsschilderung*: Sie sind LeiterIn einer Beratungsstelle. Die Beratungsstelle muss zwischen den Weihnachtsfeiertagen und Neujahr von einer Fachkraft besetzt sein. Keiner der zwei in Frage kommenden Mitarbeiter ist zunächst bereit, den Dienst zu übernehmen. Die anderen Mitarbeiter haben den Dienst in den Vorjahren übernommen. Die Mitarbeiter können sich untereinander nicht einigen. Sie sprechen mit den Beiden. *Ein möglicher Lösungsvorschlag*: Teilen Sie den Mitarbeitern mit, dass Einer auf jeden Fall den Dienst übernehmen muss. Der Andere muss den Dienst im kommenden Jahr übernehmen. Können sich die Beiden immer noch nicht einigen, hören Sie die Argumente der Mitarbeiter an. Treffen Sie eine Entscheidung, aber lassen Sie sich nicht auf ewige Diskussionen ein.

Bedeutung der Ergebnisse für die Theorieentwicklung im Bereich Sozialer Arbeit
(a) SKSA ermöglicht das gezielte Training von Basiskompetenzen des beruflichen Handelns in sozialpädagogischen Arbeitsfeldern.
(b) Das SKSA ist speziell für die Aus-, Fort- und Weiterbildung der Berufsgruppe der SozialpädagogInnen und SozialarbeiterInnen zugeschnitten worden.

Anwendungen sind sowohl in der Berufsvorbereitung und in der Hochschulausbildung sinnvoll, wie auch im Rahmen von PraktikerInnen-Fortbildungen, in Teamsitzungen, Supervisionsgruppen, in der Fallarbeit usw. Vor allem in der Hochschulausbildung ermöglicht es den Studierenden, sich auf Situationen vorzubereiten auf die sie mit großer Wahrscheinlichkeit im beruflichen Alltag stoßen werden.

Literatur
Hinsch, Rüdiger/Pfingsten, Ulrich 2002: Gruppentraining sozialer Kompetenzen (GSK). Weinheim.
Kanning, Uwe P. 2003: Diagnostik Sozialer Kompetenzen. Göttingen.

G 2.3 KOLUMBUS PROJEKT – PARTIZIPATIVE ORGANISATIONS- UND MITGLIEDERENTWICKLUNG FÜR NACHBARSCHAFTSHILFEN, SENIORENGENOSSENSCHAFTEN, BÜRGERHILFEN UND AUSGEWÄHLTE KOLPINGFAMILIEN IN HESSEN

Uwe J. Schacher

Projektleitung
Uwe J. Schacher, Diplom Pädagoge, Diplom Sozialpädagoge, Freiberufler und Firmeninhaber, E-mail: Uwe.Schacher@t-online.de

Weitere beteiligte Personen
Zentrum für regionale Strategien proregio Aktiengesellschaft, Offenbach

Projektdauer
09/2005–03/2007

Finanzvolumen
Keine Angabe

Durch wen wurde das Forschungsprojekt ggf. gefördert?
Hessische Staatskanzlei, Staatsministerin Silke Lautenschläger
Landesehrenamtsagentur Hessen
Gesellschaft für Konsum und Marktforschung Nürnberg
Sphinx-Survey
Institut für Demoskopie Allensbach

Angewandte Forschungsmethoden
Sequentielle Morphologie, Brainstorming, Mind Mapping, Sekundäranalysen, Fragebogenerhebungen

Forschungstyp
Entwicklung von Konzepten und Verfahren (integrierte Praxisforschung)

Projektveröffentlichungen
Bisher keine

Inhaltliche Projektdarstellung

Entstehungshintergrund
Der Entstehungshintergrund für die Entwicklung der Kolumbus Methode lässt sich kursorisch mit vier Kernüberlegungen beschreiben:

(a) In einer Welt wachsender Unsicherheiten durch Komplexitätszunahme, Vernetzung, Globalisierung, sind neue, wissensbasierte und lernfähige Verfahren und Verfahrenskombinationen notwendig zur adäquaten Problemlösung in der Sozialen Arbeit.
(b) Das freiwillige Engagement ist ein Metatrend innerhalb der gesellschaftlichen Entwicklung Deutschlands. Mit dem Freiwilligensurvey wird diese Entwicklung wissenschaftlich unterstützt. Dadurch steht eine Datengrundlage bereit, die durch innovative und zielführende Verwendung genutzt werden kann.
(c) Im Bereich des freiwilligen Engagements finden sich implizite Werte und Wertkonstellationen die auch dem Werteset (Empowerment, Partizipation, Solidarität) der Sozialen Arbeit entsprechen. Deshalb ist das freiwillige Engagement besonders geeignet für professionelle Begleitung durch die Soziale Arbeit. Der Zusatznutzen der Unterstützung auf dieser intermediären Systemebene ist die Multiplikations- und Hebelwirkung.
(d) Die Veränderungen wirken sich für die Menschen vor allem im lokalen Nahraum aus. Die Menschen sind Experten für ihre Lebenswelt und erwarten, gerade im Bereich des freiwilligen Engagements, dass sie zunehmend an den Definitionen und Lösungen der anstehenden Probleme gleichberechtigt beteiligt werden. Um also bestmögliche und akzeptierte Veränderungsstrategien zu entwickeln und zu implementieren ist dem Rechnung zu tragen.

Fragestellungen
(a) Im Bereich der Sozialen Arbeit finden sich eine Reihe kryptonormativer Absichtserklärungen (etwa Aktivierende Befragungen), statt professioneller Methoden. Dabei ist es gerade für eine „junge" Wissenschaft wie die Sozialarbeitswissenschaft zentral, sich methodeninnovativ zu positionieren.
(b) Der Prozess der Kolumbus Methode lässt sich holzschnittartig folgendermaßen beschreiben: In einer Organisation wird eine gemeinsame Problemdefinition und daran ausgerichtet spezifische Fragestellungen für eine schriftliche Mitgliederbefragung erarbeitet. Der zweite Teil der Befragung setzt sich aus ausgewählten Fragen des Freiwilligensurvey zusammen. Es werden Referenzgruppen bestimmt. Mit dieser Strategie wird es erstmals für eine Organisation möglich individuell als relevant angesehene Referenzgruppen auf bundesweiter

Repräsentativbasis in die eigenen Handlungsüberlegungen einzubeziehen. Der dritte Teil des Fragebogens besteht aus den Indikatorfragen zu den Euro-Sozio-Styles. Mit diesen lassen sich die Mitglieder soziokulturell verorten, Zielgruppenportfolios erstellen, Potenziale abschätzen und Handlungsstrategien entwickeln. Nach der Auswertung der schriftlichen Befragung der Mitglieder, der Ergebnispräsentation und Diskussion findet das Pilotprojekt seinen Abschluss in einem Kreativ-Workshop, in dem die Ergebnisse bearbeitet und von den Mitgliedern gemeinsam weitergehende Planungsschritte erarbeitet werden.

Projektverlauf
Die engagierte Teilnahme über alle Ebenen (von der Führung/Leitung bis zu den Mitgliedern) hat sowohl stark motivierend, als auch ermutigend für die notwendigen Veränderungen gewirkt.

Zentrale Ergebnisse
(a) Es ist zum jetzigen Zeitpunkt noch verfrüht, über zentrale inhaltliche Ergebnisse berichten zu können. Aktuell werden die Daten der Befragungen ausgewertet, interpretiert und für die Ergebnispräsentationen konzentriert. Es scheint sich ein Trend abzuzeichnen, der die soziokulturelle Verankerung der teilnehmenden Organisationen in primär drei Soziostyles (Engagementdreieck) nahe legt.
(b) Methodisch lässt sich als Ergebnis allerdings schon jetzt festhalten, dass sich das entwickelte methodische Vorgehen des Pilotprojektes gut bewährt hat.
(c) Für die Zukunft lässt sich aus den Erfahrungen dieses Projektes der Anspruch ableiten, mit einer einheitlichen und standardisierten Projektplattform den gesamten Prozess der Veränderungen in den Organisationen integriert zu moderieren. Dafür wurde bereits ein, auf den Erfahrungen des Pilotprojektes aufbauendes, modulares Konzept entwickelt.

Bedeutung der Ergebnisse für die Theorieentwicklung im Bereich Sozialer Arbeit
Da der Schwerpunkt dieses Pilotprojektes nicht primär im Bereich der Theorieentwicklung, sondern in der Überprüfung und Anwendung einer effektiven und effizienten Problemlösungsstrategie die den heutigen Anforderungen der Praxis Sozialer Arbeit genügt lag, lässt sich dazu zum jetzigen Zeitpunkt nicht allzu viel beitragen.
Der Autor vertritt allerdings die Position, dass die Entwicklung von Instrumenten und Forschungsmethoden für den Fortgang der Theorieentwicklung von substanzieller Bedeutung ist. Ansonsten besteht die Gefahr scholastischer Theoriediskussionen nach dem Motto „Wie viele Engel passen auf einen Stecknadelkopf?". Wie uns die Wissenschaftsgeschichte von Biologie und Physik beispielsweise zeigen können, waren die Erfindungen von Mikroskop und Teleskop entscheidend für die anschließende Entwicklung ambitionierter (empiriebasierter) Theoriemodelle.
Die Kolumbus Methode wird ihr Potenzial als Beitrag zur Theorieentwicklung im Bereich Sozialer Arbeit erst zukünftig unter Beweis stellen können.

G 3 Workshop „Ausbildung in Sozialer Arbeit"

G 3.1 Qualitätsmanagement im Studiengang Soziale Arbeit

Mathias Blanz

Projektleitung
Prof. Dr. rer.nat. Mathias Blanz, Diplom-Psychologe, Professor für Sozial- und Organisationspsychologie an der FH Würzburg, E-mail: blanz@fh-wuerzburg.de

Weitere beteiligte Personen
Lilibeth Adamer, Diplom-Sozialpädagogin (FH), Diplomarbeit für 6 Monate
Caroline Cerisier, Diplom-Sozialpädagogin (FH), Diplomarbeit für 6 Monate
Katrin Zöll, Diplom-Sozialpädagogin (FH), Diplomarbeit für 6 Monate
Prof. Dr. Angelika Weber, Diplom-Psychologin, Projektmitarbeit
Prof. Dr. Franz Schermer, Diplom-Psychologe, Projektmitarbeit
Prof. Gunter Adams, Diplom-Psychologe, Projektmitarbeit

Projektdauer
03/2005–fortlaufend

Finanzvolumen
Eigenmittel (Druckkosten für Fragebögen)

Durch wen wurde das Forschungsprojekt ggf. gefördert?
Keine Förderung

Angewandte Forschungsmethoden
Datenerhebung mittels Fragebögen, Datenanalyse durch deskriptive und inferenzstatistische Methoden (multiple Regressionsanalysen)

Forschungstyp
Evaluationsuntersuchung

Projektveröffentlichungen
Publikation wird derzeit vorbereitet

Inhaltliche Projektdarstellung

Entstehungshintergrund
Das Projekt wurde initiiert einerseits vor dem Hintergrund einer zunehmenden Akzeptanz des so genannten Hochschulrankings in akademischen und praxisbezogenen Bereichen (obwohl das Ranking aus methodischer Sicht sehr kritik-

würdig ist; zum Beispiel geringe Stichprobengrößen) und andererseits im Hinblick auf die bevorstehende Umstellung des Diplomstudienganges in Bachelor- und Masterstudiengänge Soziale Arbeit. Aus Sicht beider Prozesse wurde vom Fachbereich Sozialwesen der FH Würzburg die Frage nach einer aktuellen und möglichst umfassenden Evaluation des Diplomstudienganges aufgeworfen.

Fragestellungen
Ziel einer guten Hochschulausbildung sind Studienleistungen auf hohem Niveau bei gleichzeitig hoher Zufriedenheit der Studierenden. Wie aus einer Reihe veröffentlichter Evaluationen aus dem deutschen Hochschulbereich bekannt ist, fließen in die Studienleistungen und die allgemeine Bewertung von Studiengängen durch Studierende jedoch unterschiedliche Kriterien ein. Wenn das Ziel eine Verbesserung der Studienleistungen sowie der Studienbedingungen und damit der Zufriedenheit der Studierenden ist, müssen zunächst die Bedingungen identifiziert werden, die dazu beitragen.

Projektverlauf
Es wurde eine Untersuchung von Zufriedenheit und Leistung im Studium im Studiengang Soziale Arbeit (N=514) in den Jahren 2005/06 an der Fachhochschule Würzburg-Schweinfurt durchgeführt.
Der Fragebogen baute zum einen auf publizierten Evaluationsfragebögen anderer deutscher Hochschulen und zum anderen auf den Ergebnissen einer qualitativen Voruntersuchung an zehn Studierenden des Studienganges Soziale Arbeit auf.

In der Abschlussversion umfasste der Fragebogen 112 Items aus den Bereichen:
– Studieneinstieg (etwa Note/Art der Hochschulzugangsberechtigung, Berufsausbildung, Studienmotivation)
– Studien- und Lebensverhältnisse (etwa Bewertung des Studienortes, wöchentliche Zeit für Lernen, Erwerbstätigkeit, Vorlesungen, Haushalt/Kinder)
– Rahmenbedingungen des Studiums (etwa Räumlichkeiten, Verwaltung, Bibliothek, Fachschaft)
– Einschätzung des Studiums (etwa Teilnehmerzahl in Lehrveranstaltungen, Informierung, Lehrsituation, Studienerwartungen)
– Selbsteinschätzung der Studienleistungen (etwa Einhaltung der Regelstudienzeit
– Fragen zur Person (etwa Geschlecht, Alter)
– Fragen zum Hauptstudium (etwa Zufriedenheit mit dem Praktikum).

Die Studienzufriedenheit wurde mithilfe einer publizierten Skala (nach Westermann et al.) durch 17 Items erfasst. Erhoben wurden die Bereiche:
– Studieninhalte (etwa: Mein Studium gibt mir genügend Möglichkeiten, meine Fähigkeiten zu gebrauchen.)
– Soziale Anerkennung (etwa: Die mir wichtigen Personen finden es gut, dass ich gerade dieses Studium gewählt habe.)

– Soziale Kontakte (etwa: Die Kontakte zu anderen Studierenden sind so, wie ich sie mir wünsche.)
– Bewältigung (etwa: Ich kann mein Studium nur schwer mit anderen Verpflichtungen in Einklang bringen.)
– Globale Studienzufriedenheit (etwa: Ich sehe in meinem Studium einen Sinn.)

Die Studienleistung wurde durch die Vordiplomnoten in fünf relevanten Fächern erhoben.

Zentrale Ergebnisse
Die Ergebnisse zeigen, dass Studienzufriedenheit und Studienleistung durch unterschiedliche Aspekte beeinflusst werden:
(a) Die Zufriedenheit wird in erster Linie von so genannten nicht-kognitiven Faktoren bestimmt. Dazu zählen die Studienmotivation (Wunschstudium und Wunschstudienort, Erfüllung der Erwartungen an das Studium), die Studienorganisation (Informierung, Räume, PC-Pool) sowie die Studieninhalte (praktische Umsetzbarkeit der theoretischen Inhalte). Zufriedene Studenten sind stärker motiviert, später als Sozialpädagogen (insbesondere in ihrem gewählten Studienschwerpunkt) beruflich auch tätig zu werden.
(b) Insgesamt zeigte sich, dass die Zufriedenheit von den Studierenden im Grundstudium positiver eingeschätzt wird als von den Studierenden im Hauptstudium.
(c) Die Studienzufriedenheit steht dabei jedoch nicht in Beziehung zur Studienleistung, die anhand der Vordiplom-Durchschnittsnote erfasst worden war. Die Studienleistung wird vorrangig durch so genannte kognitive Faktoren bestimmt. Zu diesen zählen die Abitur-Durchschnittsnote, die Art der Hochschulzugangsberechtigung sowie das Arbeitsverhalten (Lernzeit, Besuch des Unterrichts) der Studierenden.
(d) Leistungsstarke Studenten halten (voraussichtlich) eher die Regelstudiendauer ein und sind dabei ebenfalls hoch berufsmotiviert.
(e) Eine Berufsausbildung vor dem Studium beeinflusst weder die Zufriedenheit noch die Leistung.

Bedeutung der Ergebnisse für die Theorieentwicklung
im Bereich Sozialer Arbeit
Die Befunde sind von Bedeutung in Bezug auf ein erfolgreiches Qualitätsmanagement im Studium der Sozialen Arbeit. Maßnahmen zur Verbesserung der Studienzufriedenheit müssen an anderen Variablen ansetzen als Maßnahmen zur Erhöhung der Studienleistung. In Bezug auf die Auswahl von Studierenden ist festzuhalten, dass die Studienleistung – als Indikator für den Selektionserfolg – nur durch kognitive Variablen beeinflusst wird, was die Durchschnittsnote der Hochschulzugangsberechtigung nach wie vor als beste Auswahlvariable erscheinen lässt.

Workshop „Ausbildung in Sozialer Arbeit"

G 3.2 STUDIEREN NEBEN DEM BERUF ALS PROFESSIONALISIERUNG SOZIALER ARBEIT

Stefan Busse/Gudrun Ehlert

Projektleitung
Prof. Dr. habil. Stefan Busse, Hochschule Mittweida (FH), E-mail: busse@htwm.de
Prof. Dr. Gudrun Ehlert, Hochschule Mittweida (FH), E-mail: ehlert@htwm.de

Weitere beteiligte Personen
Studierende des Fachbereichs Soziale Arbeit der Hochschule Mittweida (FH)

Projektdauer
2001–2004, seit 2005 fortlaufend

Finanzvolumen
15.000 Euro (bis 2004)

Durch wen wurde das Forschungsprojekt ggf. gefördert?
Stadtverwaltung Leipzig (für ein Teilprojekt)

Angewandte Forschungsmethoden
Fragebogen und leitfadengestützte Interviews

Forschungstyp
Evaluationsuntersuchung
Selbstreferentielle Untersuchung

Projektveröffentlichungen
Busse, Stefan/Ehlert, Gudrun 2006: Professionalisierung und Professionalität des Personals in der Sozialen Arbeit. In. Bütow, Birgit/Chassé, Karl August/ Maurer, Susanne (Hrsg.): Soziale Arbeit zwischen Aufbau und Abbau. Transformationsprozesse im Osten Deutschlands und die Kinder- und Jugendhilfe. Wiesbaden.

Inhaltliche Projektdarstellung
Entstehungshintergrund
Untersucht wird der Einfluss des berufsbegleitenden Studienganges für Soziale Arbeit auf das professionelle Handeln und das professionelle Selbstverständnis der Studierenden.

Fragestellungen
Seit 2001 beschäftigen sich zwei Teilprojekte in Längsschnittstudien mit dem Einfluss des berufsbegleitenden Studiums auf das professionelle Selbstverständnis der Studierenden.

Projektverlauf
(a) In einem ersten Teilprojekt geht es um die Frage, inwieweit biografische respektive berufsbiografische Prägungen der Studierenden durch das Studium bestätigt, irritiert oder. in Richtung auf einen professionellen Habitus hin verändert werden können. Dies knüpft an eine Reihe von Untersuchungen an (vgl. Thole/Küster-Schapfl 1997, Ackermann 1999, Ackermann/Seeck 1999, Schweppe 2006), die die habitusprägenden Faktoren biografischer Alltagserfahrungen vor dem Studium, die berufspraktischen Erfahrungen nach dem Studium mit denen während des Studiums in Relation setzen. Die Ergebnisse sind zum Teil sehr widersprüchlich, sie begründen zum einen eine generelle Skepsis gegenüber einer Habitus prägenden Wirkung des Studiums, zum anderen vermögen sie auch differenziert unterschiedliche Aneignungswege und -typen während des Studiums herauszuarbeiten.

(b) Aus unseren eigenen Daten lassen nach vorläufiger Auswertung des Materials (Leitfadeninterviews die zu Beginn, nach dem Vordiplom und nach Abschluss des Studiums geführt werden) drei verschiedene Typen von Studierenden/Absolventinnen mit strukturell ähnlichen Aussagen über den Einfluss des berufsbegleitenden Studiums auf das professionelle Selbstverständnis extrahieren:

– Das Primat der Praxis: berufsbiografische Abwehr – berufliche Lebenserfahrung bestimmt das professionelle Handeln („Abwehrer")
– Bestätigung und fortschreitende Professionalisierung („Bestätiger")
– Der widerständige Wandel zu einer anderen Professionalität („Integrierer")

(c) Gegenstand eines zweiten Teilprojektes ist eine Längsschnittstudie, in der den Effekten und Wirkungen des Studiums Soziale Arbeit für die sozialarbeiterische Praxis nachgegangen wird. Ein kompletter berufsbegleitender Studiengang einer ostdeutschen Stadtverwaltung (30 Studierende) wurde über vier Jahre nach dem Ende des Studiums begleitet. In Zentrum des Interesse stand die Frage, wie die Absolventen ihren eigenen Professionalisierungszuwachs beurteilen, aber auch wie die durch das Studium zugenommen Kompetenzen vom Team und der Organisation wahrgenommen und aufgegriffen werden. Eine in der Professionalisierungsdiskussion bislang kaum beachtete Frage ist die Assimilationsfähigkeit von professioneller Kompetenz der Mitarbeiterinnen durch die Einrichtungen (das Team, die Mitarbeiterinnen, die Leitung, die Organisation).

(d) In Leitfadeninterviews (fünf Interviews bezogen auf sechs Absolventinnen) wurden die verschiedenen Perspektiven erhoben und kontrastierend auch mit der Selbstwahrnehmung der Absolventin verglichen.

Zentrale Ergebnisse
Wovon hängt es ab, wie und ob eine Organisation die professionelle Kompetenz der Absolventinnen assimilieren kann?
(a) Wenn Veränderungen im professionellen Handeln durch die Absolventinnen selbst, die Kolleginnen und die Leitung wahrgenommen werden, dann ist dies vor allem die Zunahme an Selbstreflexivität, an Handlungs-, Argumentations- und Verfahrenssicherheit, Vertretung der Einrichtung nach Außen, das Einbringen von Wissen und aktueller Diskurse).
(b) Wenn keine Veränderungen wahrgenommen werden – dann geschieht dies häufiger durch die Leitung als durch die befragten Mitarbeiterinnen.
(c) Die Aufnahme von veränderter Professionalität durch die Organisation ist von einer Reihe von strukturellen Mikrobedingungen der Subeinrichtungen abhängig.
(d) Die positive Aufnahme einer gewachsenen Professionalität hängt vom professionellen Niveau des Teams und dem professionellen Selbstverständnis der Leitung ab (positive „Mitnahmeeffekte" oder „gruppendynamisches Ausbremsen").
(e) Die Verantwortungszunahme (etwa eine Leitungstätigkeit) während und nach dem Studium verstärkt die Wahrnehmung von Veränderung der Professionalität.
(f) Die Durchsetzbarkeit von professionellem Know-how im Team und in der Organisation hängt von der Performanz und aktiver Passungsherstellungskompetenz der Absolventinnen ab (berufsbiografische Muster).

Bedeutung der Ergebnisse für die Theorieentwicklung im Bereich Sozialer Arbeit
Die vorläufigen Ergebnisse verweisen nachdrücklich darauf, dass es nicht unwesentlich von den strukturellen und personalen Bedingungen einer Organisation abhängt, wie und ob das professionelle Potenzial von diplomierten Sozialarbeiterinnen/-pädagoginnen in der Organisation als Ressource wahrgenommen, begriffen, genutzt und transformiert wird. Das Problem einer ungenügenden Professionalisierung der Absolventinnen entsteht also nicht nur an der Schnittstelle zwischen Hochschule und Studierenden sondern auch an der zwischen Absolventinnen und Praxis resp. Organisation. Inwieweit eine Organisation aber im Stande ist, die professionelle Kompetenz ihrer Mitarbeiterinnen zu assimilieren, hängt wiederum von diesen selbst ab, wie es ihnen schließlich gelingt, einen wahrnehmbaren Habitus Sozialer Arbeit auch gegen eine widerständige Praxis zu entwickeln. Hier entsteht wiederum die Frage: Was brauchen Studierende denn, um aus einer hochschulseitig erworbenen Kompetenz auch eine durchschlagende Performanz („Passungsherstellungskompetenz") in den Trägerorganisationen zu entwickeln? (vgl. beide Teilprojekte genauer in Busse/ Ehlert 2006)

Literatur

Ackermann, Friedhelm 1999: Professionalisierung ohne Profession? In: Sozial Extra, 10/1999, S. 19–20.

Ackermann, Friedhelm/ Seeck, Dietmar (1999): Der steinige Weg zur Fachlichkeit. Hildesheim.

Busse, Stefan/Ehlert, Gudrun 2006: Professionalisierung und Professionalität des Personals in der Sozialen Arbeit. In: Bütow, Birgit/Chassé, Karl August/ Maurer, Susanne (Hrsg.): Soziale Arbeit zwischen Aufbau und Abbau. Transformationsprozesse im Osten Deutschlands und die Kinder- und Jugendhilfe. Wiesbaden, S. 161–175.

Schweppe, Cornelia (2006): Studienverläufe in der Sozialpädagogik. Biographische Rekonstruktionen. Weinheim.

Thole, Werner/Küster-Schapfl, Ernst-Uwe (1997): Sozialpädagogische Profis. Beruflicher Habitus, Wissen und Können von PädagogInnen in der außerschulischen Kinder- und Jugendarbeit. Opladen.

Teil 4

Essays zu den vorgestellten Forschungsprojekten

Der Beitrag der Sozialarbeitsforschung zur Praxis Sozialer Arbeit

Ernst Engelke, Maria Lüttringhaus

Die wissenschaftliche Grundlegung der Praxis Sozialer Arbeit wurde bereits vor über 100 Jahren gefordert. Glendower Evans verlangte, dass ebensoviel Intelligenz und wissenschaftliches Denken für das Verständnis und die Veränderung von sozialen Kräften wie in der Medizin für die Entstehung von Krankheiten und ihre Heilung anzuwenden sind. Andere meinten: Eine engere Verbindung zwischen den Universitäten und den Wohltätigkeitsvereinigungen würde sich positiv auf die Gründlichkeit der Sozialen Arbeit auswirken und ihr eine wissenschaftliche Grundlage geben. Die Nachteile der Wohltätigkeit könnten mit Hilfe vertiefter Kenntnisse in der Wissenschaft vom Menschen beseitigt werden. Statistiken könnten die Ursachen, augenblicklichen Umstände und die sinnvollsten Maßnahmen auf dem Gebiet der Armenfrage erhellen (vgl. Germain 1977, 21).

Seitdem gehört die wissenschaftliche Grundlegung der Praxis Sozialer Arbeit zum professionellen Selbstverständnis in der Sozialen Arbeit. Im angloamerikanischen Sprachraum ist Forschung (research) seit Jahrzehnten fester Bestandteil der Profession Soziale Arbeit (vgl. Fortune/Reid 1998; National Association of Social Workers 1995, 1997; Kirk/Reid 2002 u.a.). In der Definition der Sozialen Arbeit von der International Federation of Social Workers (IFSW) von 2000 wird betont, dass die Profession Soziale Arbeit an den Schnittstellen von Menschen und ihrer Umwelt interveniert und dabei Theorien menschlichen Verhaltens und sozialer Systeme nutzt und ihre Methodologie auf eine systematische Sammlung von begründetem, aus Forschung und Praxisevaluation gewonnenem Wissen, einschließlich lokalem und kontextspezifischem Wissen gründet (IFSW 2000).

Im deutschen Sprachraum wurde und wird dagegen immer wieder die Frage diskutiert: Gibt es überhaupt eine Sozialarbeitsforschung? Die Frage wird sehr unterschiedlich beantwortet, zumeist jedoch verneint; denn bis heute ist im deutschsprachigen Raum die Meinung verbreitet, die Soziale Arbeit sei keine Wissenschaft und folglich könne es auch keine Sozialarbeitsforschung geben. In der Praxis der Sozialen Arbeit würde weit gehend ohne jede wissenschaftliche Begründung – pragmatisch – gearbeitet. Als 1989 gleich mehrere Sammelbände erschienen, die sich alle mit Gegenstand, Funktionen, Bereichen und Methoden der Sozialarbeitsforschung bzw. sozialpädagogischen Forschung befass-

Essays zu den vorgestellten Forschungsprojekten

ten und für die Implementierung der Forschung in der Sozialen Arbeit plädierten, begann eine neue Phase in der wissenschaftlichen Grundlegung der Praxis der Sozialen Arbeit (Huppertz 1998; Rauschenbach/Thole 1998; Steinert/Sticher-Gil/Sommerfeld/Maier 1998 u.a.). Im Folgenden möchten wir Aspekte benennen, die in den anderen Beiträgen nicht ausdrücklich behandelt werden.

(1) Wird überhaupt geforscht?

Die große Zahl der Projekte, die auf dem Kongress vorgestellt wurden, könnte zu einer (zu) schnellen Antwort verführen. Die Beantwortung der Frage hängt für uns aber wesentlich davon ab, wie die Begriffe „Wissenschaft", „Forschung" und „Soziale Arbeit" jeweils definiert und in welchem historischen, gesellschaftlichen und wissenschaftstheoretischen Kontext sie jeweils benutzt werden. In der einschlägigen Fachliteratur gibt es viele, sehr verschiedene Definitionen dieser Fachbegriffe. In den Essays dieses Buches werden den Begriffen ebenfalls explizit oder implizit verschiedene Inhalte zugeordnet. Bei den Projektbeschreibungen fehlen Angaben zum Verständnis von „Wissenschaft", „Forschung" und „Soziale Arbeit"; es ist auch nicht danach gefragt worden. Ohne eine Verständigung darauf, was jeweils unter „Wissenschaft", „Forschung" und „Soziale Arbeit" verstanden wird, kann die Diskussion über die Sozialarbeitsforschung und ihren Beitrag zur Praxis leicht zum Verwirrspiel werden. Wir können hier nur auf diese Problematik aufmerksam machen. Vielleicht gelingt es der scientific community, sich auf gemeinsame Definitionen ihrer kardinalen Begriffe verbindlich zu einigen. Das würde die Diskussion über den Beitrag der Sozialarbeitsforschung zur Praxis ganz sicher erleichtern.

(2) Welche Studien können als Sozialarbeitsforschung angesehen werden?

Die Meinungen gehen auch darüber weit auseinander, wann und aufgrund welcher Kriterien eine Studie als wissenschaftliche Forschung bezeichnet und anerkannt werden kann. Aus den jeweiligen Definitionen der Begriffe „Wissenschaft" und „Forschung" werden die Kriterien, die angewandt werden, abgeleitet. Diese sind zumeist genau so wenig benannt wie die Begriffsinhalte. Auch auf dieses Problem können wir hier nur hinweisen und es nicht näher erörtern (vgl. die Beiträge von Staub-Bernasconi; Fröhlich-Gildhoff/Engel; Schweikert/Steiner; Steinert; Sommerfeld).
Auf einen kontrovers diskutierten Aspekt möchten wir hier ausdrücklich aufmerksam machen: In den 90er Jahren verschwanden – nach unserer Milieukenntnis – an den Hochschulen zunehmend „Besinnungsaufsätze über Gott und die Welt" als Qualifikationsarbeiten zugunsten wissenschaftlich fundierter Qualifikationsarbeiten. Auf dem Kongress sind zahlreiche Qualifikationsarbeiten (Diplomarbeiten, Masterarbeiten, Dissertationen) vorgestellt worden, häufig zusammen mit dem/der betreuenden ProfessorIn. Sind diese Studien als wissenschaftliche Forschungsarbeiten anzusehen? Sommerfeld verneint in seinem Beitrag diese Frage. Nachdem viele Studierende, die eine solche Qualifikations-

arbeit verfasst haben, in der Praxis tätig sind, hat sich nach unserer Milieukenntnis in der Praxis jedenfalls die Akzeptanz von Wissenschaft und Forschung verbessert.

(3) Sozialarbeitsforschung entlarvt Mythen und Klischees

Die Sozialarbeitsforschung hat im Vergleich mit anderen Wissenschaften mit einem speziellen Problem zu kämpfen: Jedermann glaubt die Ursachen, Bedingungen und Folgen sozialer Probleme und auch die wirkungsvollsten Maßnahmen zu kennen. „Penner sind faul. – Denen muss man nur Druck machen." „Kinder armer Eltern sind dumm. – Die kann man nicht fördern." Das alles und noch viel mehr „weiß" man nicht nur an den Stammtischen bierseliger Biedermänner, sondern auch bei den Kaffeekränzchen feiner Damen. Das braucht – auch nach Meinung vieler PolitikerInnen (und SozialarbeiterInnen?) – nicht erst noch erforscht zu werden. Wenn das Tatsachenwissen über den Zusammenhang fehlt, springt die Phantasie in die Lücke ein und ersetzt empirisch begründetes Wissen.

„Obwohl soziale Glaubensbekenntnisse und Ideale einer Realitätsprüfung nicht ganz so unzulänglich sind wie übernatürliche Religionen, können sie doch in bestimmten Situationen so fest gekapselt, so hermetisch abgedichtet sein, dass sie durch kein realitätsbezogenes Argument und keine faktische Erfahrung mehr erreicht werden können." (Elias 1990, 154)

PraktikerInnen sind herausgefordert, Tatsachenwissen über die AdressatInnen ihrer Arbeit zu finden und müssen sich ständig gegen die zähen Alltagstheorien der Bevölkerung wehren. Sie sind aber auch selbst gefährdet, bei in ihrem Arbeitsalltag auf der Ebene von Vermutungen stehen zu bleiben und diese nicht zu überprüfen. Subjektive Annahmen werden dabei zunächst – fachlich salonfähig – als „Hypothesen" etikettiert (nicht als Spekulation!). Das viele Reden darüber lässt diese zunehmend als Realität erscheinen und plötzlich werden Vermutungen ohne weitere Klärungsphase wie Fakten gehandhabt. Umso wichtiger ist es für die Soziale Arbeit, auch in der Praxis auf Ergebnisse empirischer Sozialforschung zurückzugreifen und in der Auseinandersetzung damit die eigenen Arbeitshypothesen zu reflektieren.

Sozialarbeitsforschung kann Mythen und Klischees über das Leben und Verhalten von AdressatInnen und Akteuren der Sozialen Arbeit entlarven und über wirkliche Ressourcen und Defizite aufklären. Ergebnisse der Sozialarbeitsforschung sind oft unbequem, sie können lieb gewordene Klischees zerstören. Mit ihren überprüften Daten bilden sie die Grundlage einer wirklichkeitsorientierten Praxis Sozialer Arbeit.

Zwei Beispiele: Das abwertende Etikett „Penner" für wohnungslose Menschen muss aufgegeben werden, wie die Studien von Karl-Heinz Grohall (Kennziffer A1.1) und Claudia Steckelberg (Kennziffer A 1.3) zeigen. Dass Kinder in benachteiligten Lebenslagen eben nicht „dumm und faul" sind, zeigt die Studie von Karl August Chassé und Peter Rahn (Kennziffer D 4.2).

(4) Sozialarbeitsforschung begleitet kritisch die Praxis

Handlungsmöglichkeiten und Handlungen (Interventionen, Handlungspläne, Handlungsmodelle, Projekte, Initiativen usw.) der Praxis zu erforschen und (weiter) zu entwickeln („model-building-research"), ist nach weit verbreiteter Ansicht eine wichtige Aufgabe der Sozialarbeitsforschung. Es geht darum, angemessene Handlungsmodelle (Synthesemodelle), in denen verschiedene Interventionsformen miteinander verknüpft werden, für die Praxis Sozialer Arbeit zu entwickeln, ihre Wirksamkeit (Effizienz und Effektivität) zu überprüfen und noch bessere Modelle zu kreieren (Rothman/Thomas 1994; Fortune/Reid 1998, 418–430).
Die Komplexität sozialer Probleme – ihre Entstehung, ihre Bedingungen, ihre Bewertung und ihre Alternativen – erfordert eine entsprechend komplexe Forschung.
Zu diesem Aufgabenfeld wurden auf dem Kongress viele Studien vorgestellt (vgl. Fröhlich-Gildhoff/Engel; Schweikert/Steiner). Beispielhaft sei auf die Studie von Sabine Stövesand (Kennziffer A 4.2), in der ein Handlungsansatz zur Prävention und zum Abbau von Gewalt im Geschlechterverhältnis untersucht wird, und auf die Studie von Erika Steinert und Sylvia Wünsche (Kennziffer D 1.2), in der das Xenos-Projekt „Ausbildung für Integration" untersucht wird, hingewiesen.
Aus der Tradition der Aktionsforschung (vgl. Burghardt 1998 u.a.) ist zu fragen: Soll die Befragung ausschließlich der Erhebung und Dokumentation von Daten dienen oder soll mit ihr zugleich eine Veränderung der sozialen Wirklichkeit, indem zum Beispiel die Befragten zum Handeln animiert werden, angestrebt werden? Die Aufhebung der Trennung von ForscherInnen und „Beforschten" und die Aktivierung der „Beforschten" durch die ForscherInnen, also Sozialarbeitsforschung im Sinne von Aktionsforschung, wird in den vorgestellten Projekten und auch in den Essays nicht ausdrücklich thematisiert.

(5) Sozialarbeitsforschung untersucht und reflektiert die Effizienz und Effektivität

Evaluationsuntersuchungen befassen sich mit den Wirkungen Sozialer Arbeit und dienen den beteiligten Akteuren (AdressatInnen und Akteuren) als Feedback und Korrektiv, zugleich sind sie Erfolgskontrollen und Entscheidungshilfen für Kostenträger und (politische) Entscheidungsinstanzen. Die Ausdifferenzierung verschiedener Evaluationskonzepte beruht wiederum auf unterschiedlichen Ansichten über die Ziele und Funktionen von Evaluationsuntersuchungen, die Rolle der ForscherInnen, die Beteiligung der Betroffenen und die Notwendigkeit bzw. Möglichkeit, verallgemeinerbare Erkenntnisse durch wissenschaftliche Forschung zu gewinnen (Heiner 2001, 481). Wissenschaftliche Begleitung sozialer Projekte, die in der Regel sowohl eine Analyse der sozialen Verhältnisse als auch eine Untersuchung der Wirkung der bisherigen Sozialen Arbeit sowie eine fortlaufende Beratung der Praxis im Sinne einer Rückkopplung der Erfahrungen der Praxis mit wissenschaftlichen Theorien und die Weiterent-

wicklung der Praxis wie der Theorien in enger Kommunikation mit den PraktikerInnen einschließt, werden zur Evaluationsforschung gezählt (vgl. Fröhlich-Gildhoff/Engel).
Die Informationen über die wissenschaftliche Begleitung und die Schlussfolgerungen aus der Evaluation sind in der Regel schwer zugänglich, insbesondere dann, wenn das Projekt nicht wunschgemäß verlaufen ist. Evaluationsberichte werden in der Regel nicht systematisch verwaltet und nicht veröffentlicht; daher bleibt es oftmals dem Zufall überlassen, ob man Projektendberichte zu lesen bekommt. Wann wird es eine Institution geben, in der Forschungsergebnisse der Sozialen Arbeit gesammelt und allgemein zugänglich gemacht werden?

(6) Sozialarbeitsforschung entwickelt, fundiert und falsifiziert Theorien der Sozialen Arbeit für die Praxis Sozialer Arbeit

Die Auffassung, dass die Wissenschaft der Sozialen Arbeit Theorien für die Praxis der Sozialen Arbeit zu entwickeln hat, ist umstritten (vgl. Dewe/Otto 2005). Wir meinen allerdings, dass es eine Aufgabe der Wissenschaft/Forschung ist, Theorien der Sozialen Arbeit für die Praxis Sozialer Arbeit zu entwickeln, sie zu fundieren und zu falsifizieren (vgl. die Beiträge von Staub-Bernasconi; Sommerfeld). In der Praxis der Sozialen Arbeit geht es „darum zu wissen, *was* problematisch ist und deshalb nach verändernder Praxis ruft, *warum* etwas im Sinne seiner Verursachung problematisch ist, aber auch *aufgrund welcher Werte* ein Sachverhalt als problematisch beurteilt wird. Es geht aber im Weiteren auch darum, *wer*, *womit*, *woraufhin* und *wie* etwas zu verändern suchen soll, und dies mit welchem Ergebnis." (Staub-Bernasconi 1986, 8)

(7) Sozialarbeitsforschung liefert wissenschaftlich fundierte Begründungen für sozialpolitische Entscheidungen

Es ist sehr schwierig, Geldgeber für die Soziale Arbeit zu finden, das gilt sowohl für die Praxis wie auch für die Sozialarbeitsforschung: Die (Wissenschaft) Soziale Arbeit ist in der akademischen Welt so (wenig) angesehen wie ihre KlientInnen in der Gesellschaft und wird in gleicher Weise behandelt, das heißt benachteiligt (vgl. die Angaben zur Finanzierung der Projekte in Teil 3). Dennoch: Es gibt eine beachtliche Zahl (Forschungs)Projekte in der Sozialen Arbeit, die ausreichend finanziert worden sind. Die Träger oder Kostenträger bestehen in der Regel darauf, dass diese Projekte wissenschaftlich begleitet werden. Die ForscherInnen werden beteiligt, um ihre Kenntnisse und Forschungsmethoden in die Projekte einzubringen und zugleich die Projekte zu evaluieren. Hierdurch soll(t)en die Ergebnisse über das Einzelprojekt hinaus für weiter gehende sozialpolitische Entscheidungen nutzbar gemacht werden. Ein Stolperstein ist oftmals die Tatsache, dass gerade solche beforschten Modellprojekte auf prekären Arbeitsverhältnissen beruhen. Wer will da schon negativ angehauchte Forschungsergebnisse haben, selbst wenn sie extrem wichtig für eine an der Wirklichkeit sich orientierende Praxis wären?

Zunehmend verlangen Kostenträger, dass von der Sozialen Arbeit beantragte Kostenübernahme für Maßnahmen und Projekte (wissenschaftlich) begründet werden; das heißt es müssen begründende und begründete Theorien der Sozialen Arbeit sowie ausgewiesene Forschungsergebnisse in dem Antrag angegeben werden. Je mehr Kostenübernahmen (wissenschaftlich) begründet werden müssen, desto größer wird die Nachfrage nach Sozialarbeitsforschung und damit ihre Bedeutung für die Praxis.

(8) Die Rezeption von Forschungsergebnissen in der Praxis Sozialer Arbeit

Das Verhältnis von Wissenschaft (Theorie/Forschung) und Praxis in der Sozialen Arbeit wird ständig neu diskutiert. Für gewöhnlich teilen ProfessorInnen ihre Auffassungen über dieses Spannungsfeld mit, selten PraktikerInnen. In der Regel wird über „die Praxis" geredet, als gebe es qualifizierte, empirisch fundierte Erkenntnisse über sie. Dagegen fehlen nach unserer Kenntnis entsprechende Studien. Es gibt zwar Statistiken über die sozialen Berufe (Rauschenbach 1999), Deskriptionen der Sozialstrukturen in Deutschland (Geißler 1996), Befragungen der Arbeitgeber und der Studierenden (Berger 2001), Publikationen über Soziale Dienste in Europa (Anheier 2000) und auch eine Studie zur Einschätzung der Sozialen Arbeit in Deutschland (Nodes 1999), aber es gibt unseres Wissens keine Studien, in denen hinlänglich untersucht worden ist, auf welcher empirisch-theoretischen Basis die Praxis der Sozialen Arbeit im deutschsprachigen Raum gründet. Die Diskussion und die Urteile über die Praxis und ihre Rezeption von Forschungsergebnissen beruhen also auf Vermutungen und (bestenfalls) auf persönlichen Milieukenntnissen.

Man könnte zwar versucht sein, aus anderen Daten auf das in der Praxis angewandte wissenschaftliche Wissen zu schließen, indem man zum Beispiel die Verbreitung von Publikationen (Anzahl, Auflagenhöhe und Verbreitung der Publikation, Beachtung in der Fachliteratur, Häufigkeit der Nennung in Literaturverzeichnissen usw.) als Indikator für das in der Praxis rezipierte Wissen nimmt. Studien zur Verbreitung von Basis- und Standardliteratur in der Sozialen Arbeit liegen auch vor (Kreft/Wüstendörfer/Wüstendörfer 2000). Aus der Verbreitung von Büchern und Zeitungsartikeln kann aber noch lange nicht darauf geschlossen werden, dass sie gelesen und die darin enthaltenen Wissensbestände auch wirklich berücksichtigt werden.

(9) Spezielle Schwierigkeiten aus den Praxisfeldern für die Sozialarbeitsforschung

Bei der Erforschung sozialer Probleme tauchen die in der sozialempirischen Forschung bekannten methodischen Probleme in so zugespitzter Form auf, dass „sie die routinemäßige Anwendung des klassischen Methodenkanons sehr erschweren oder gar ausschließen" (Albrecht 1999, 768). Die Zuspitzung methodischer Probleme ergibt sich unter anderem aus den Merkmalen sozialer Probleme: Soziale Probleme haben einen komplexen Prozess ihrer Konstituierung durchlaufen, an dessen Ende sie als soziale Probleme gelten. Der sich häufig über einen langen Zeitraum erstreckende Prozess ihrer Konstituierung, insbesondere der anfängliche Verlauf, entzieht sich weit gehend der Beobachtung. Es geht außerdem zum Teil um Lebenslagen oder Verhaltensweisen, die von den Betroffenen bzw. der Öffentlichkeit als diskreditierend oder formal zu sanktionieren wahrgenommen werden, so dass sich daraus spezifische Zugangsprobleme für die Erforschung ergeben, zum Beispiel aus Scham oder Furcht vor den Sanktionen. Bei sozialen Problemen prallen häufig gegensätzliche Interessen aufeinander; denn soziale Probleme befinden sich regelmäßig in einem politischen Spannungsfeld. Daraus können sich spezifische Probleme ergeben wie zum Beispiel bei der Finanzierung, bei den rechtlichen Fragen des Feldzugangs, durch öffentliche Diskreditierung der ForscherInnen und der Ergebnisse. Die Problembetroffenen befinden sich häufig tendenziell unter sozialer Kontrolle und sind definitionsmächtigen und ressourcenreichen Organisationen, die ihre Lebenslage nachhaltig beeinflussen, gegenübergestellt. Es besteht die Gefahr einer indirekten oder direkten Zensur, da die staatlichen Stellen, die in der Regel die Forschung in Auftrag geben, unter einem beträchtlichen Legitimations- bzw. Erfolgsdruck stehen. Forschungsergebnisse der Sozialen Arbeit können sehr leicht zum Zankapfel politischer Auseinandersetzungen werden, wie die Auseinandersetzungen über Armuts- und Jugendberichte in Deutschland gezeigt haben (Albrecht 1999).

(10) Die Kooperation von ForscherInnen und PraktikerInnen.

Die Zusammenarbeit von PraktikerInnen und ForscherInnen in der Sozialen Arbeit wird von den Beteiligten zumeist als schwierig bezeichnet – und das aus vielfältigen Gründen: Die Eigenart sozialarbeiterischer Praxis (Erfolgsdruck, unmittelbare Handlungsverpflichtung, alltäglicher Arbeitsdruck, wenig Zeit und Kraft zur Reflexion), ideologisch bedingte Barrieren, Angst vor Veränderung, verletzende Umgangsformen, mangelnde Feldkenntnis usw. PraktikerInnen sind gezwungen, sich für ihre komplexen Aufgaben selbst praktikable Synthesemodelle zu entwickeln, da dies von WissenschaftlerInnen bislang vernachlässigt worden ist. Ihre Grundlage dafür ist in der Regel ihr Berufswissen. Sie müssen die Spannung aushalten, die sich daraus ergibt, dass sie als akademisch gebildete/r SozialarbeiterIn fast nur mit Menschen, die sich in Sprache, Kleidung, Ausstattung, Bildung, Interessen, Aussehen und Lebensgewohnheiten stark von ihnen selbst unterscheiden, arbeiten (müssen). WissenschaftlerInnen haben es dagegen in der Regel nur mit Menschen aus der eigenen Bildungsschicht zu tun. Der „Freiheit der Lehre" stehen die „Zwänge der Praxis" gegenüber. PraktikerInnen erfahren die soziale Wirklichkeit als höchst komplex; WissenschaftlerInnen neigen dagegen zum Denken in Kategorien, in Gegenwörtern und zu vereinfachten Modellen, wenn sie zum Beispiel in ihren Theorien die soziale Wirklichkeit auf Dichotomien wie Individuum und Gesellschaft, Inklusion und Exklusion, Therapie und Politik, Hilfe und Kontrolle reduzieren. In der Praxis der Sozialen Arbeit führt unseres Erachtens alles zusammen dazu, dass PraktikerInnen vornehmlich pragmatisch und eklektisch vorgehen (müssen). Sie wählen sich aus den Wissensbeständen das aus, was ihnen am besten passt, was gut zusammengefasst, verständlich, leicht zugänglich und kostengünstig zu erstehen ist.

Im deutschsprachigen Raum ist es verbreitet, für die Soziale Arbeit Disziplin (gleich Wissenschaft/Forschung) und Profession (gleich Praxis) voneinander zu trennen; demnach gehören WissenschaftlerInnen/ProfessorInnen nicht zur Profession Soziale Arbeit, sondern nur die PraktikerInnen bilden die Profession (vgl. Salustowicz 1995; Thole 2005 u.a.). Es kann nicht ausgeschlossen werden, dass diese Dichotomisierung mit ein Grund dafür ist, wenn PraktikerInnen nur zögerlich Beiträge der Sozialarbeitsforschung für ihre Praxis suchen und rezipieren. International ist es dagegen selbstverständlich, dass – wie in jeder anderen Profession auch – die drei interdependenten Figurationen Wissenschaft/Forschung, Praxis und Lehre/Ausbildung zusammen die Profession Soziale Arbeit bilden und die drei Figurationen sich in je eigener Weise mit dem gemeinsamen Gegenstand befassen, ihre Wissensbestände untereinander austauschen und sich gegenseitig ergänzen (vgl. Engelke 2003, 255ff.).

Wer forscht was unter welchen Bedingungen?[1]

Konrad Maier

Die Verberuflichung von Sozialer Arbeit ist von Anfang an eng mit empirischer Forschung verbunden. In den USA war die Begründung der praktischen Sozialarbeit in Hull House unmittelbar eingebettet in die universitäre Sozialforschung und die Begründung der Chicagoer Schule (Staub-Bernasconi 1995, S. 25ff.), aus der zahlreiche bedeutende Untersuchungen über sozialer Verhältnisse hervorgegangen sind. In Deutschland führten große Sozialenqueten insbesondere des Vereins für Socialpolitik und des 1980 gegründeten ‚Deutschen Vereins für Armenpflege und Wohfahrtstätigkeit' zu sozialen Reformen und zur Verberuflichung der Sozialen Arbeit (vgl. Hering/Münchmeier 2000, S. 41ff.). Während in den USA und in zahlreichen anderen Ländern die Ausbildung in Social Work an den Hochschulen angesiedelt war und damit eine wissenschaftliche Disziplin Social Work begründet wurde (Engelke 2003, S. 87ff.), hat sich in Deutschland bis zum letzten Quartal des 20. Jahrhunderts keine entsprechende Sozialarbeitsforschung entwickelt. Dies ist einmal darin begründet, dass das Thema Soziale Arbeit an den deutschen Universitäten von den geisteswissenschaftlich orientierten Pädagogen aufgegriffen wurde, die zwar vielfältige philosophisch/pädagogische Theorien und Konzepte entwickelten, denen aber empirische Forschung fern lag. So stellt Hornstein 1985 fest, dass „eine wirklich empirische, die Problemlagen erschließende Analyse im Hinblick auf die Soziale Arbeit fehle" (Hornstein 1985, S. 474). Die Ausbildung der Fürsorgerinnen wurde ganz überwiegend auf soziale Frauenschulen verlagert, in denen von der Anlage her empirische Forschung nur sehr begrenzt – als Freizeithobby engagierter Dozentinnen – möglich war.

Dies änderte sich grundlegend, als sich Pädagogik – und damit auch Sozialpädagogik – zur Erziehungswissenschaft weiterentwickelte und damit empirische Forschung zu einem Essential des wissenschaftlichen Arbeitens wurde[2], zum andern mit der Verlagerung der Ausbildung von SozialarbeiterInnen/SozialpädagogInnen auf die Fachhochschulen.

Zur empirischen Forschung im Bereich der universitären Sozialpädagogik sind in den letzten Jahren zwar verschiedene Sammelbände erschienen mit grundsätzlichen Reflexionen über Funktion und Methoden der Sozialpädagogikforschung sowie der Darstellung von Forschungsbeispielen (Rauschenbach/Thole 1998; Otto/Oelerich/Micheel 2003; Schrapper 2004, Schweppe/Thole 2005), eine systematische empirische Studie über die Forschung im Bereich der univer-

---

[1] Die statistische Auswertung der in Würzburg vorgestellten Projekte und die Erstellung der Schaubilder dieses Beitrags besorgte Karola Kreutner als Mitarbeiterin der Kontaktstelle für praxisorientierte Forschung an der EFH Freiburg.
[2] So stellen Rauschenbach und Thole 1998 fest: „Erst durch die Konstituierung einer wissenschaftlich eigenständigen Forschungslandschaft kann ein Fachgebiet wie die Sozialpädagogik/Sozialarbeit überhaupt so etwas wie disziplinäre Konturen entwickeln." (Rauschenbach/Thole 1998, S. 9).

sitären Sozialpädagogik liegt jedoch bis heute nicht vor. So stellt Thole fest, dass die „forschungsbezogenen Diskussionen" der Sozialpädagogen primär „programmatische Aspekte fokussieren" (Thole 1999, S. 234), Schrapper beklagt, dass über der „Frage nach dem ‚Eigentlichen' und Eigenständigen sozialpädagogischer Forschung" die „Praxis realer Untersuchungs- und Forschungstätigkeit" nur wenig Beachtung findet (Schrapper 2004, S. 16f.).
Eine erste empirische Untersuchung über Forschung an Fachhochschulen für Soziale Arbeit wurde Ende der 80er Jahre in Nordrhein-Westfalen durchgeführt. Unter Leitung von Salustowicz wurden in einer Fragebogenerhebung 236 Forschungsprojekte von 101 Forscherinnen und Forschern erfasst, die in den Fachbereichen Sozialwesen an den Fachhochschulen in NRW in den Jahren 1971 bis 1988 durchgeführt wurden (Salustowicz/Horn/Klinkmann 1992; Salustowicz 1995). In den Jahren 1993 und 1994 wurde eine Fragebogenerhebung bei allen FachhochschullehrerInnen der Fachbereiche Sozialwesen in Bremen, Hamburg, Niedersachsen und Schleswig-Holstein durchgeführt und die Datenbank des ‚Informationszentrums Sozialwissenschaften' in Bonn ausgewertet. Diese Untersuchung für den norddeutschen Bereich (Böttger/Lobermeier 1996) orientiert sich weithin an den Kategorien und Erhebungsinstrumentarien der nordrhein-westfälischen Untersuchung, sie erreicht jedoch nur bedingt die Aussagekraft der Untersuchung von Salustowicz. Eine erste bundesweite Untersuchung legten wir Ende der 90er Jahre vor auf der Basis einer Fragebogenerhebung bei den Dekanen der Fachbereiche Sozialarbeit/Sozialpädagogik/Sozialwesen, bei der ein bemerkenswerter Rücklauf von 70 % erreicht wurde (Maier 1999). Bei dieser Erhebung wurden auch die rechtlichen und den organisatorischen Rahmenbedingungen in verschiedenen Bundesländern und den einzelnen Hochschulen erhoben und insbesondere differenzierte Informationen über die komplexe Art der Finanzierung der Forschungsprojekte zusammengetragen. Durch Hinweise der Dekane und die Auswertung von Fachzeitschriften konnten 115 Forschungsprojekte aus dem Bereich der Sozialen Arbeit dokumentiert und unter verschiedenen Gesichtspunkten reflektiert werden. 2006 hat Fröhlich-Gildhoff in einer Umfrage bei den Dekanen der Studiengänge Soziale Arbeit (mit einem allerdings begrenzten Rücklauf von 47 %) den Informationsstand aktualisiert (Fröhlich-Gildhoff 2007). Diese in den 80er Jahren beginnende Dokumentation der Sozialarbeitsforschung an Fachhochschulen soll anhand der in diesem Band dokumentierten Forschungsprojekte fortgeschrieben werden, wobei die Informationsbasis mit den bisherigen Veröffentlichungen nur begrenzt vergleichbar ist.
Während die bisher vorliegenden Untersuchungen der Sozialarbeitsforschung im Fachhochschulbereich auf Fragebogenerhebungen bei Dekanen und Forschungsbeauftragten (und teilweise Rückfragen bei forschenden KollegInnen) beruhte, geht die hier gegebene Auswahl von Projekten auf einen Call-for-Papers in den „Mitteilungen" der Deutschen Gesellschaft für Soziale Arbeit (DGS) zurück, wobei insbesondere jüngere WissenschaftlerInnen aufgefordert wurden, ihre Forschungsprojekte einzureichen. Während bei den bisher veröffentlichten Untersuchungen ausschließlich Projekte von ProfessorInnen erfasst

wurden, sind von den hier dokumentierten Projekten nur gut die Hälfte (56 %) unter der Federführung von ProfessorInnen durchgeführt, bei jedem vierten Projekt (27 %) handelt es sich um Dissertationen oder Diplomarbeiten. Immerhin elf Projekte(16 %) werden von MitarbeiterInnen von Instituten verantwortet, davon die Hälfte von Forschungsinstituten außerhalb des Hochschulbereichs. Dies bedeutet, dass diese Forschungsdokumentation für die Sozialarbeitsforschung insgesamt nur bedingt repräsentativ ist: insbesondere große Projekte unter der Leitung von ProfessorInnen, die in der Forschung einen Namen haben, sind vermutlich unterrepräsentiert[3], dafür werden erstmals die Themen und Methoden des (potentiellen?) wissenschaftlichen Nachwuchses sichtbar.
Nach einschlägigen Umfragen (Maier 1999; Fröhlich-Gildhoff 2007) bei den Dekanen ist seit den 90er Jahren des letzten Jahrhunderts in den Fachhochschulgängen Soziale Arbeit eine bemerkenswerte Forschungsstruktur wie auch eine Forschungskultur entstanden: über 90 % der Dekane geben an, dass in ihrem Fachbereich empirische Forschung stattfindet, 90 % der Fachbereiche verfügen über eine/n Forschungsbeauftragte/n, zwei Drittel der Studiengänge verfügen über ein eigenes Forschungsinstitut, jede/r dritte HochschullehrerIn ist in Forschung engagiert. 2006 waren in den befragten Studiengängen im rechnerischen Durchschnitt 3,6 hauptamtliche wissenschaftliche MitarbeiterInnen in Voll- bzw. Teilzeit beschäftigt, hinzukommen 3,3 studentische Hilfskräfte. Zwischen den einzelnen Fachhochschulen gibt es jedoch beträchtliche Unterschiede. So waren Ende 2006 im Forschungsinstitut der Evangelischen Fachhochschule Freiburg 36 hauptamtliche MitarbeiterInnen (auf 27 Vollzeitstellen) beschäftigt. Die Bedeutung der Forschung für das Klima dieser Hochschule wird insbesondere darin deutlich, dass in Freiburg jede/r zehnte Studierende als studentische Hilfskraft bei Forschungsprojekten mitarbeitet. – Hochschulspezifische Untersuchungen der Diplomarbeiten zeigen, dass inzwischen die meisten Diplomarbeiten eigenständige empirische Untersuchungen beinhalten, von den 18 in Würzburg vorgestellten Prüfungsarbeiten verzichten nur zwei auf eine eigene empirische Untersuchung. In den meisten Hochschulregionen wurden inzwischen Formen entwickelt, in denen besonders qualifizierte FachhochschulabsolventInnen auch die Möglichkeit erhalten, ohne den Umweg über ein anderes Studium zu promovieren.[4]
Wir haben anhand von 115 Forschungsprojekten der 90er Jahre eine Typologie erarbeitet (Maier 1999. S. 140ff), die wir auch den AutorInnen der hier dokumentierten Forschungsprojekte vorgegeben haben. Unter dem Gesichtspunkt des Verhältnisses zur Praxis lassen sich mit einer Erweiterung der Heiner'schen

---

[3] So wird gegenwärtig im Rahmen der ‚Kontaktstelle für praxisorientierte Forschung' an der Evangelischen Fachhochschule Freiburg an drei Großprojekten mit jeweils einer siebenstelligen Fördersumme gearbeitet, die in Würzburg nicht vorgestellt wurden.
[4] Im Rahmen der Deutschen Gesellschaft für Soziale Arbeit hat sich auf Initiative von Albert Mühlum und Silvia Staub-Bernasconi bereits 1998 ein entsprechender Arbeitskreis gebildet, der einerseits einen wichtigen Erfahrungsaustausch unter den promotionswilligen FachhochschulabsolventInnen bietet, andererseits die Erfahrungen mit kooperativen Promotionsverfahren sammelt und reflektiert.

Skala und unter Verwendung eingeführter Begriffe unschwer fünf Typen von Praxisforschung im Bereich Sozialer Arbeit unterscheiden:
- Sozialberichterstattung (1) beschreibt und analysiert die Lage von AdressatInnen der Sozialen Arbeit (Staub-Bernasconi), sie dient einmal zur Aufdeckung sozialer Missstände (und als Aufforderung zu sozialem Handeln), andererseits als Basisinformation für soziales Handeln (und dessen Erforschung).
- Evaluationsuntersuchungen (2) beschäftigen sich mit der Wirkung bzw. mit der Effektivität sozialarbeiterischen Handelns und dienen einmal der Erfolgskontrolle für Geldgeber, Träger und politische Entscheidungsinstanzen (summative Evaluation), zum andern als Rückmeldung und Korrektiv für die handelnden SozialarbeiterInnen (formative oder Prozessevaluation) (siehe den Beitrag von Fröhlich-Gildhoff und Engel).
- Neben diesen beiden klassischen Formen der Sozialarbeitsforschung haben wir die wissenschaftliche Begleitung sozialer Projekte als eigenen Forschungstyp beschrieben, der insbesondere durch Förderprogramme der EU und anderer staatlicher Geldgeber an Bedeutung gewinnt: die wissenschaftliche Begleitung schließt in der Regel sowohl eine Analyse der sozialen Verhältnisse wie eine Untersuchung der Wirkung bisher geleisteter Sozialer Arbeit ein, erweitert die Aufgabenstellung der Forschung jedoch um eine fortlaufende Beratung der Praxis im Sinne einer Rückkoppelung der Erfahrung der Praxis mit wissenschaftlichen Theorien und die Weiterentwicklung der Praxis wie der Theorien in enger Kommunikation mit den PraktikerInnen.
- Bei unserer Untersuchung der 90er Jahre waren ebenso häufig Projekte der Sozialplanung, die bei der Würzburger Tagung nur marginal vertreten sind. Im Rahmen einer sozialarbeitswissenschaftlichen Forschung schließt sie in der Regel eine Wirkungsanalyse bisher geleisteter Sozialer Arbeit ein und ist oft Ergebnis einer längerfristigen wissenschaftlichen Begleitung. Die Sozialplanung (meist im Auftrag örtlicher Träger der Sozialen Arbeit) ist zunächst eher einer Dienstleistung bzw. dem Wissenstransfer zuzuordnen. Wenn jedoch über den aktuellen Auftrag hinaus generelle Erkenntnisse generiert werden, sind derartige Planungsarbeiten durchaus der Forschung zuzuordnen.
- Nahezu die Hälfte der Projekte – deutlich mehr als in den 90er Jahren – werden der Entwicklung von Konzepten/Verfahren zugeordnet. Dies ist vermutlich die konsequenteste Art von Praxisforschung in der WissenschaftlerInnen und PraktikerInnen in enger Kooperation neue Verfahren entwerfen, erproben, evaluieren und weiterentwickeln.
- Neben diesen Projekten der Praxisforschung, die einen unmittelbaren Bezug zur sozialarbeiterischen Praxis haben (und häufig einen entsprechenden Auftraggeber) haben wir Grundlagenforschung als eigenen Typ vorgegeben (obwohl diese nach dem Willen des Gesetzgebers den „wissenschaftlichen Hochschulen" vorbehalten bleibt). Entsprechend der Sprachregelung der Forschungsförderung (z.B. der DFG) haben wir hierunter (ebenso wie Engelke) Forschungsprojekte subsumiert, die grundlegende Erkenntnisse generieren, ohne unmittelbaren Anwendungs- bzw. Verwendungsbezug.

Schaubild 1 zeigt, dass diese Art Forschung in den letzten zehn Jahren deutlich zugenommen hat und insbesondere auch in Prüfungsarbeiten einen wichtigen Beitrag hierzu leisten. Der Beitrag von Schweikart/Steiner in diesem Band entwickelt die interessante These, dass im Bereich Sozialer Arbeit die systematische Erforschung sozialarbeiterischen Handelns als zentrale Grundlagenforschung anzusehen ist.
Eher rückläufig sind selbstreferentielle Untersuchungen, die sich mit der Ausbildung und dem Beruf Soziale Arbeit beschäftigen. Dies ist möglicherweise damit zu erklären, dass die Soziale Arbeit als Berufssystem sich zunehmend etabliert hat und nicht mehr der fortlaufenden Diskussion bedarf. Möglicherweise ist es sinnvoll, die Überprüfung von sozialarbeitswissenschaftlichen Theorien, die insbesondere in Prüfungsarbeiten geschieht, wie auch die von Schweikart/Steiner definierte Grundlagenforschung Sozialer Arbeit dieser Kategorie zuzuordnen.
In unserer Untersuchung der 90er Jahre hatten wir eine begrenzte Zahl von Projekten beschrieben, die in unterschiedlicher Weise mit den Methoden der Rechtswissenschaft Soziale Arbeit thematisieren. Hierzu gehören Rechtstatsachenforschung, Untersuchungen darüber, wie gesetzliche Normen adäquat erfüllt werden können wie auch Forschungen im Sinne der Politikberatung. Wir vermuten, dass auch heute noch Juristen in den Studiengängen Soziale Arbeit derartige Untersuchungen durchführen, dass sie sich aber selbst nicht der Sozialarbeitsforschung zuordnen.

Schaubild 1 zeigt, dass die meisten Projekte nicht eindeutig nur einem Typ zugeordnet werden. Dies spricht unseres Erachtens nicht gegen diese Typologisierung, sondern zeigt, dass es in der Praxis der Forschung vielfältige Zwischenformen gibt, die sich einer eindeutigen Zuordnung entziehen.
Begrenzte Aussagekraft hat die thematische Zuordnung der Projekte in Schaubild 2. Dies ist vermutlich nicht zuletzt darin begründet, dass eine befriedigende und allgemein anerkannte Systematik von Arbeitsfeldern und der Sozialen Arbeit nicht vorliegt.[5] Auffällig ist, dass die zentralen Tätigkeiten der Sozialen Arbeit in Form von „Beratung und Behandlung" wie auch „Erziehung und Bildung" relativ wenig behandelt werden gegenüber dem Thema „Gesundheit" (für das deutlich mehr Fördermittel zur Verfügung stehen) und dass im Bereich der Gemeinwesenarbeit kaum geforscht wird, obwohl gerade hier durch die großen Programme für „Stadtteile mit besonderem Entwicklungsbedarf" ein erheblicher Bedarf zu vermuten ist.[6]

---

[5] Die in Schaubild 2 zugrunde liegende Themenliste haben wir von Salustowicz übernommen (Salustowicz/Horn/Klinkmann 1992). Zur Problematik einer Systematisierung von Arbeitsfeldern Sozialer Arbeit vgl. Maier 1995, S. 201ff.
[6] An anderer Stelle haben wir aufgezeigt, dass in diesem weiten Themenbereich die Soziale Arbeit den Diskurs und die Forschung weithin der Soziologie, der Verwaltungswissenschaft und der Stadtplanung überlässt (vgl. Maier 2005).

Ein sehr viel eindeutigeres Bild ergibt sich bei Betrachtung der eingesetzten Methoden. Wie bereits in den einschlägigen Untersuchungen der 90er Jahre zeigt sich eine deutliche Präferenz für qualitative Methoden, bei Prüfungsarbeiten wird aus nahe liegenden Gründen ganz auf quantitative Methoden verzichtet. Dies bedeutet jedoch keineswegs, dass auf quantitative Methoden verzichtet wird. Mit dem Finanzvolumen der Projekte nehmen unterschiedliche Kombinationen von verschiedenen Methoden deutlich zu.

Schaubild 4 zeigt, dass auch unter Nichtbeachtung der Prüfungsarbeiten ein Drittel der Projekte ohne nennenswerte finanzielle Förderung durchgeführt wird. Diese ist teilweise dadurch zu erklären, dass insbesondere jüngere WissenschaftlerInnen aufgefordert waren, ihr Forschungsprojekt zu präsentieren. Immerhin ist gegenüber der Erhebung der 90er Jahre bei den Projekten mit einer Förderung von mehr als 50.000 Euro eine Zunahme festzustellen (von 28 % auf 33 %). In ähnlicher Weise hat der Anteil der länger dauernden Projekte zugenommen (vgl. Schaubild 4). Betrachtet man nur die von ProfessorInnen geleiteten Projekte, sind nur knapp 15 % „One-Person-Projekte", teilweise in Zusammenarbeit mit einer studentischen Hilfskraft, gut ein Drittel verfügt über MitarbeiterInnen mit Fachhochschulabschluss und immerhin jede/r Zweite/r mit Universitätsabschluss.

Die meisten Fördermittel kommen von Landesministerien, Kommunen, gefolgt von kleineren, überwiegend regionalen Stiftungen und sozialen Einrichtungen. Immerhin fünf Projekte wurden gefördert im Rahmen des Bundesprogramms zur Förderung von Forschung und Entwicklung an Fachhochschulen. Nur ein Projekt wurde von der DFG gefördert, ein anderes (aus dem Bereich des Gesundheitswesens) von der Volkswagen-Stiftung. Dagegen wurden immerhin vier Projekte vom Schweizer Nationalfond finanziert. Hier zeichnet sich die neuere Entwicklung in der Schweiz ab, wo in jüngster Zeit an den Fachhochschulen beachtliche Forschungskapazitäten aufgebaut wurden und offensichtlich die Fachhochschulforschung auch voll in die öffentliche Forschungsförderung aufgenommen ist, während in Deutschland die Forschung im Bereich Sozialer Arbeit weithin darauf angewiesen ist, begrenzte Zuschüsse für Projekte zu akquirieren, die im Interesse von sozialen Einrichtungen wie auch örtlichen und überörtlichen Trägern der Sozialen Arbeit liegen.

Zusammenfassend kann festgehalten werden, dass in den Fachhochschulstudiengängen Soziale Arbeit in beträchtlichem Umfang praxisorientiert geforscht wird und die Praxis inzwischen auch begrenzte Mittel für praxisorientierte Forschung zur Verfügung stellt. Für eine theoretische Begründung der Sozialen Arbeit sind jedoch sehr viel umfangreichere und aufwendigere Forschungsprojekte erforderlich, die gegenwärtig nur in Ausnahmefällen durch komplizierte Mischfinanzierung möglich sind (vgl. hierzu den Beitrag über ‚Entwicklung von Verfahren' in diesem Band).

Schaubild 1: Typen der Forschung (in %):

	1996/99[7]		2006 (ohne Prüfungsarbeiten)		2006 (Prüfungsarbeiten)	
	in % der Projekte n=115	in % der Nennungen n=207	in % der Projekte n=48	in % der Nennungen n=88	in % der Projekte n=18	in % der Nennungen n=27
Sozialberichterstattung	22,6	12,6	25,0	13,6	22,2	14,8
Evaluation	31,3	17,4	31,3	17,1	11,1	7,4
wissenschaftliche Begleitung	22,6	12,6	16,7	9,1	5,5	3,7
Sozialplanung	22,6	12,6	6,3	3,4	0	0
Entwicklung von Konzepten und deren wiss. Überprüfung	36,5	20,3	47,9	26,1	50,0	33,3
Rechtswissenschaftliche Untersuchungen	7,8	4,3	0	0	0	0
Grundlagenforschung	26,1	14,5	47,9	26,1	50,0	33,3
Selbstreferentielle Untersuchungen	10,4	5,8	8,3	4,6	11,1	7,4
Summe	179,9	100,1	183,4	100,0	149,9	100,0

---

[7] Vgl. Maier (1999).

Schaubild 2: Inhaltliche Schwerpunkte (in %):

Inhaltlicher Schwerpunkt	2006		1996/99	NRW 1987/88
	ohne Prüfungs-arbeiten	nur Prüfungs-arbeiten		
n=	48	18	115	236
SA/SP als Beruf	15,8	15,2	4,8	7,3
Sozialplanung und -verwaltung	13,9	18,2	12,5	3,4
Gesundheit	12,9	15,2	14,4	12,8
Erziehung und Bildung	11,9	9,1	7,7	22,3
Beratung und Behandlung	9,9	9,1	2,9	12,5
Sozialpolitik	6,9	6,1	18,3	4,3
Resozialisierung	5,0	6,1	9,6	8,3
SA/SP als Disziplin	5,0	3,0	7,7	12,5
Gemeinwesenarbeit	2,0	6,1	2,9	2,1
Beratung im Arbeitsleben	2,0	0	5,8	3,1
Sonstige	14,9	12,1	13,5	11,3
Summe	100,0	100,0	100,0	100,0

Schaubild 3: Angewandte Forschungsmethoden (in %)

	2006		1996/99
	ohne Prüfungsarbeiten	nur Prüfungsarbeiten	
Quantitative Methoden	18,8	5,6	15,7
Qualitative Methoden	29,2	77,8	45,2
Kombinationsgruppendesigns	50,0	5,6	39,1
Andere Methoden	2,1	11,1	0

Schaubild 4: Dauer der Projekte (in %):

	Maier 2006 (ohne Prüfungsarbeiten)	1996/99
keine Finanzmittel/keine Angabe	43,8	24,3
weniger als 1.000 Euro	0	0
1.000 – 5.000 Euro	6,3	13,0
5.001 – 10.000 Euro	4,2	5,2
über 10.000 bis 50.000 Euro	12,5	29,7
über 50.000 bis 100.000 Euro	10,4	8,7
über 100.000 bis 500.000 Euro	18,6	13,9
über 500.000 Euro	4,2	5,2
Summe	100,0	100,0

Schaubild 5: Finanzvolumen (in %):

	2006 ohne Prüfungsarbeiten	1996/99	Norddtl. 1993/94[8]	NRW 1987/88[9]
n=	48	99	45	260
bis 1 Jahr	14,6	23	16	34
1 bis 2 Jahre	35,4	34	49	22
2 bis 3 Jahre	22,9	24	22	15
3 bis 4 Jahre	6,3	8	4	11
mehr als 4 Jahre	20,8	11	9	18
Insgesamt	100,0	100	100	100

---

[8] Böttger/Lobermeier 1996, S. 46.
[9] Salustowicz 1992, S. 73.

Essays zu den vorgestellten Forschungsprojekten

Grundlagenforschung in der Sozialen Arbeit

Rudolf Schweikart, Uta Steiner

Angesichts der erfreulichen Vielfalt von Forschungsvorhaben, die sich inzwischen unter dem Dach der Sozialarbeitsforschung sammeln, wäre es aus unserer Sicht vor allem dann sinnvoll und nützlich, einen Teilbereich Grundlagenforschung abzugrenzen, wenn sich handhabbare Kriterien für eine solche Abgrenzung finden ließen. Wir möchten zunächst auf vier Ebenen mögliche Kriterien für eine Zuordnung von Forschungsvorhaben, die auf der Fachtagung in Würzburg vorgestellt wurden, zu einem Teilbereich Grundlagenforschung diskutieren: im disziplinären Kontext, auf wissenschaftspolitischer, wissenschaftstheoretischer und auf forschungspraktischer Ebene. In einem zweiten Schritt werden dann die einzelnen Forschungsprojekte, die Ansätze von Grundlagenforschung enthalten, nach Themenbereichen geordnet dargestellt.

1. KRITERIEN FÜR GRUNDLAGENFORSCHUNG

a) Sozialarbeitsforschung

In unterschiedlichen Veröffentlichungen wurde in den letzten Jahren die Praxisorientierung einer Sozialarbeitsforschung betont (Klüsche 1999; Sommerfeld 1998; Steinert u.a. 1998; Steinert 1998). Die programmatisch verstandene Eingrenzung von Sozialarbeitsforschung als praxisorientiert muss heute, so legen zumindest die in Würzburg vorgestellten Projekte nahe, eher etwas geöffnet werden. Im Kontext der Fachdiskussion um Sozialarbeitsforschung erscheint es uns angesichts der vielfältigen Forschungsaktivitäten, die sich erfreulicherweise unter dem Dach der Sozialarbeitsforschung zusammenfinden, von daher im Gegenzug angebracht, nur solche Forschungen der Grundlagenforschung zuzurechnen, die Praxis als spezifische Interventionsform, als beruflicher Habitus sowie in ihrer institutionellen und administrativen Einbindung untersuchen. Grundlagenforschung wäre von daher in einer ersten Annäherung dadurch bestimmt, dass sie Soziale Arbeit nicht an ihren Ergebnissen oder vor dem Hintergrund eines politischen Auftrags misst, sondern als eine Praxis zur Darstellung bringt, die ohne praxisbezogene Forschung in vieler Hinsicht „unsichtbar" (Pithouse 1987; Hall u.a. 2006) bliebe.

Auch wenn in der Fachdiskussion um Sozialarbeitsforschung die Bezeichnung Grundlagenforschung kaum benutzt wird (eine Ausnahme bildet Hanses 2003), finden sich in den letzten Jahren begriffliche Annäherungen, zum Beispiel wenn Thole von grundlagenorientierter Forschung (Thole 2005) spricht oder Schefold Kernbereiche sozialpädagogischer Forschung von suboptimaler Forschung unterscheidet (Schefold 2005). Der Tenor der Diskussion ist dabei eindeutig: Im Kernbereich von Sozialarbeitsforschung findet eine empirische Auseinandersetzung mit den Geheimnissen von Praxis statt, die, und das dürfte ein gewisses Novum sein, nicht von vornherein darauf ausgerichtet ist, der Praxis ihre Geheimnisse mit wissenschaftlichen Mitteln entreißen zu wollen (Dewe/Otto 2005, Dörr/Müller 2005, Hall u.a. 2006, Hamburger 2005). Insofern sich diese Forschung zumindest um einen respektvollen Umgang mit Praxis bemüht, Praxis nicht mit theoretischen Mitteln dekonstruieren will, lässt sich davon sprechen, dass Grundlagenforschung Praxis als Praxis untersucht, als ein von theoretischer Reflexion grundsätzlich verschiedener Umgang mit Welt.

Gaby Straßburger zeigt in ihrem Projekt „fai bene" (D 1.1), dass es dabei auch um Erfolgsgeheimnisse gehen kann, die Praktikern entlockt werden sollen, um sie an verschiedenen Stellen zu implementieren. An diesem Projekt wird eine grundsätzliche Frage deutlich, die im Zusammenhang mit praxisorientierter Forschung zu stellen ist: Produziert die Forschung eine Art überlegenes Wissen, das es ohne die Aktivitäten der Forscher nicht gäbe? Oder verweist diese Art Forschung nicht zumindest auch auf ein praktisches Wissen, das den Forschern eher verschlossen bleibt? Konrad Maier deutet mit seinem Projekt der „Inszenierung des Sozialen" (F 4.3) an, dass es bei den Aktivitäten von Forschern am Ende um mehr gehen kann, als die Erstellung eines Forschungsberichtes. Praxisbezogene Forschung übernimmt hier unmittelbare Verantwortung für die Gestaltung des Sozialen.

b) Wissenschaftspolitik

Wollte man eine Klärung des Begriffs „Grundlagenforschung" versuchen, wäre das wohl vor allem in wissenschaftspolitischer Hinsicht halbwegs erfolgversprechend. Die Verwendung des Begriffes kam nach dem zweiten Weltkrieg auf und ist untrennbar mit dem kalten Krieg und der politischen Bewertung von Innovationsstrategien verbunden. Zusätzlich dient der Begriff einer statistischen Zuordnung von Forschungsmitteln auf OECD-Ebene (Calvert 2004). Zu einem national oder international einheitlichen Verständnis von „basic research" ist es nicht gekommen. Unter Grundlagenforschung wird heute, und darin ist bei allen Differenzen eine Übereinstimmung zu finden, nicht mehr eine Art esoterisches Unterfangen im faustschen Sinn verstanden. In der wissenschaftspolitischen Diskussion ist unumstritten, dass Grundlagenforschung in einem anwendungsorientierten Forschungsbereich wie beispielsweise der Technikforschung immer anwendungsorientiert sein wird. Den Gegenpol zur Grundlagenforschung bildet dabei die Auftragsforschung. Grundlagenforschung kann also selbstverständlich anwendungsorientiert sein, hat aber einen Erkenntnisgewinn anzustreben, der frei zugänglich gemacht wird. Im EU-Jargon heißt das, sie dient einer „Erweiterung der wissenschaftlichen und technischen Kenntnisse, die nicht auf industrielle oder kommerzielle Ziele ausgerichtet sind" (Gemeinschaftsrahmen für staatliche FuE-Beihilfen 1996, Anlage I). Reine Auftragsforschung wäre in dieser Logik nicht aus öffentlichen Mitteln förderfähig, da ihre Ergebnisse nicht frei verfügbar sind.

Nun findet in der Sozialen Arbeit Auftragsforschung im engeren Sinn kaum statt, es lassen sich jedoch Analogien finden. Evaluationsuntersuchungen, die ausschließlich der Überprüfung eines Konzeptes dienen, ohne selbst Anspruch auf Praxisentwicklung zu erheben, sind als eine Art Auftragsforschung anzusehen. Die wissenschaftliche Begleitung staatlicher Programme stellt oft schwerpunktmäßig eine Legitimationsforschung dar, mit deren Hilfe gezeigt werden soll, dass die öffentlichen Mittel sinnvoll ausgegeben wurden. Sie wären nur dann ausschließlich der Auftragsforschung zuzurechnen, wenn die Forschungsergebnisse nicht veröffentlicht werden könnten. Wie fließend die Grenzen zwischen einer anwendungsorientierten Grundlagenforschung und Auftragsforschung sein können, zeigt das Projekt „Zusammenarbeit mit Herkunftsfamilien" von Günther Koch (B 3.2). Es wirft im Hinblick auf die Arbeit mit Eltern einen genauen Blick auf sozialarbeiterische Praxis und berücksichtigt dabei die Perspektive der Kinder und Eltern. Im Kontext der Sozialarbeitsforschung weist es von daher eindeutig Elemente von Grundlagenforschung auf. Gleichzeitig ist es aus wissenschaftspolitischer Perspektive eine Auftragsforschung für die SOS Kinderdörfer.

c) Wissenschaftstheorie

Mit der Einordnung von Sozialarbeitsforschung als Praxisforschung oder praxisorientierte Forschung ist eine Weichenstellung getroffen, die zu wissenschaftstheoretischen Fragen führt. Dabei geht es an dieser Stelle vorrangig um das Verhältnis von Forschung zur Praxis. Herbert A. Simon hat mit Bezug auf Technik und Sozialsysteme den Begriff der „design sciences" in die wissenschaftstheoretische Debatte eingeführt (Simon 1996) und dabei die Schwierigkeiten beschrieben, Zukunft zu gestalten. Seine Überlegungen münden in einer gewissen Bescheidenheit hinsichtlich der Wertschätzung des dafür verfügbaren theoretischen Instrumentariums. Von der Hoffnung, Forschung könne eine Art Expertenwissen zur Verfügung stellen, das von Praxis nur noch angewandt werden müsse, wie es Ansätze zur erfahrungswissenschaftlichen Begründung sozialarbeiterischer Interventionen nahe legen (Reid 2002; Reid u.a. 2004), ist Simon ziemlich weit entfernt.

Muss daher umgekehrt argumentiert werden, sozialarbeiterische Praxis verfüge im Umgang mit Klienten über einen Erfahrungsfundus, der sich über Forschung nicht näher erschließen ließe und gleichsam intuitiv genutzt würde? (Baumard 1999; Blom 2002; Büssing u.a. 1999; Dewe/Otto 2005, Neuweg 1999; Speelman/Maybery 1998; Taylor 2006) Im ersten Fall würde Forschung Wissen produzieren, das der Praxis überlegen wäre. Im zweiten Fall wäre es eher umgekehrt: Praxis hätte exklusiven Zugriff auf einen eigenen, systematischer Forschung nicht zugänglichen Wissensfundus. In der Mitbehandlung solcher Fragestellungen hat Grundlagenforschung zumindest einen indirekten Theoriebezug, insofern es gilt, bezogen auf das Verhältnis von Theorie und Praxis Position zu beziehen.

Aus Sicht der Praktiker scheint die Frage nach praxisrelevanten Kompetenzen klar zu sein. Nach den Ergebnissen von Brigitte Geißler-Prinz (C 1.1) sehen sie fast ausschließlich Arbeitserfahrungen, Lebenserfahrungen und die Unterstüt-

zung durch KollegInnen als Quellen für ihre fachliche Expertise an. Der Transfer von Forschungsergebnissen in Praxis spielt diesbezüglich keine Rolle. Man müsste also fragen, wieso dann überhaupt praxisbezogene Forschung notwendig sei, wenn deren Ergebnisse so offensichtlich von den Praktikern nicht gewürdigt werden. Eine mögliche Antwort ergibt sich aus einer seit Jahrzenten geführten fachwissenschaftlichen Debatte, die in den letzten Jahren wieder neuen Auftrieb bekommen hat. Im Kern geht es darum, ob den Praktikern so ohne weiteres der nahezu ausschließliche Bezug auf ihr berufliches Erfahrungswissen zugestanden werden kann. Ist Praxiswissen gleichzusetzen mit fachlich „richtigem" Wissen? Inwieweit kommt in den durch Erfahrungswissen genährten Arbeitsroutinen nicht auch ein Herrschafts- und Unterdrückungszusammenhang zum Ausdruck? Inwieweit ist sozialarbeiterische Praxis Teil eines wohlfahrtsstaatlichen Regimes zur Zwangsintegration von Bevölkerungsgruppen? (Dahme/Wohlfahrt 2002; Hansen 2005; Heritage/Sefi 1992; Holland 2000; Juhila u.a. 2003; Leonhard 1997; Lorenz 2000; Rothman/Smith 1996; Shaw 2005; Spratt/Callan 2004; Treptow 2005)
Die Forschungsergebnisse von Ulrike Eichinger (F 4.2) zeigen zunächst einmal, wie Soziale Arbeit von ihren Arbeitsbedingungen her Veränderungsprozessen ausgesetzt ist, die mit einem Wandel des Wohlfahrtsstaates verbunden sind und meist als Übergang von einer „welfare"- zu einer „workfare"-Orientierung des Staates charakterisiert werden (Ames/Jäger 2006; Exworthy/Halford 1999; Dahme/Wohlfahrt 2002). Gleichwohl, und das macht auch Ulrike Eichinger deutlich, wäre es überzeichnet, Soziale Arbeit deshalb eine Art Opferrolle zugestehen zu wollen. Soziale Arbeit ist immer Teil eines Hilfesystems, in dem der Wohlfahrtsstaat zum Ausdruck kommt und das Klienten ihre Rolle zuweist (Thole 2005). In dem von Christian Stark vorgestellten Beispiel zum Umgang mit wohnungslosen Menschen (A 1.2) ist es die Rolle der Armen und Ausgegrenzten, die das Hilfesystem festschreibt und wodurch Menschen stigmatisiert und entmündigt werden. Konsequenzen der Selbstbezogenheit des Hilfesystems zeigt auch Peter Sommerfeld (C 3.1) am Beispiel von Integrationsangeboten für Haftentlassene auf, die sich kaum an den Nutzern der Hilfen orientieren. Auch wenn es richtig und notwendig ist, auf die Gefahren hinzuweisen, die einer wohlfahrtsstaatlich organisierten Sozialen Arbeit inne wohnen, sollte dieser Aspekt nicht überzeichnet werden (Nadai/Sommerfeld 2005; Hall u.a. 2006). Die Forschungsprojekte von Ralf Quindel (F 2.2) zur Sozialpsychiatrie, Irmingar Fritsch (F 1.2) zur Arbeit mit Menschen mit Behinderungen und von Stefan Borrmann (F 2.3) zu ethischen Dilemmata in der Sozialen Arbeit ergeben insgesamt ein differenziertes Bild. Die Einbindung Sozialer Arbeit in wohlfahrtsstaatliche Rahmenbedingungen lässt Spielräume nach verschiedenen Richtungen zu, die in der sozialarbeiterischen Praxis und von den Trägerorganisationen genutzt werden können.
Zum anderen, und das ist eine Konsequenz der wissenschaftstheoretischen Überlegungen, hat auch die Sozialarbeitsforschung selbst ihren Platz in diesem Gefüge. Sie muss sich dem Kolaborationsverdacht stellen und sich mit dem Vorwurf

befassen, selbst nur Teil eines wohlfahrtsstaatlichen Regimes zu sein (Hanley 2005, Lorenz 2000). Und sie muss sich fragen lassen, inwieweit sie die von ihr Beforschten entmündigt und zu Opfern des Forschungsprozesses macht (Dörr/ Müller 2005; Richter u.a. 2003; Shaw 2006). Die Rolle eines neutralen Schiedsrichters kann von Sozialarbeitsforschung also nicht beansprucht werden.

Beide Diskussionsebenen, die Frage nach einem überlegenen Wissen und die Frage nach einem wohlfahrtsstaatlichen Regime, stehen in einem Zusammenhang. Gegenüber einer sozialarbeiterischen Praxis, die sich einerseits auf ihr unantastbar intuitives Wissen beruft und sich anderseits als Teil eines Kontroll- und Unterdrückungsapparates darstellt, hätte Sozialarbeitsforschung einerseits eine gewisse Aufklärungspflicht (Rauschenbach/Thole 1998) und gleichzeitig allen Grund zu einer selbstkritischen Reflexion der eigenen Praxis. Es ist in diesem Zusammenhang keine neue Erkenntnis, dass wissenschaftliche Aktivitäten selbst als Praxis angesehen werden sollten, die ihre Ergebnisse nach bestimmten Produktionsbedingungen erzeugen (Maier 1998). Die theoretische Diskussion um Praxis hat in den letzten Jahren einen erheblichen Aufschwung erfahren (Reckwitz 2003; Schatzki u.a. 2001). Im Vordergrund vieler Forschungsvorhaben steht die Frage nach der Art und Weise, wie sozialarbeiterische Praxis etwas herstellt, welche Arbeitsroutinen und Alltagsrituale diesem Herstellungsprozess zugrunde liegen (Hall u.a. 2003; Nadai/Sommerfeld 2005; Pfadenhauer 2002; Wulf 2006). Das kritische und auch selbstkritische Potenzial einer solchen Forschung liegt in der Genauigkeit und Unvoreingenommenheit, mit der sie auf Praxis schaut.

d) Forschungspraxis

Im deutschsprachigen Raum hat sich bisher kaum eine Forschungstradition entwickelt, in der Praxis als Praxis untersucht wird. So wurde die Art und Weise, wie Klienten in den Interaktionen mit Sozialarbeitern zu Klienten „gemacht" werden, wie die Wechselwirkungen zwischen Anpassungsleistungen und Gratifikationen aussehen, vor allem in verschiedenen englischsprachigen Untersuchungen dargestellt (Hall u.a. 2003; Holland 2000; Kullberg 2005; Nijnatten u.a. 2001; Shaw/Shaw 1999; Taylor 2006). In detailgenauen Studien wurde zudem nachgezeichnet, wie normierende Effekte, zum Beispiel aus Falleinschätzungen oder sonstigen administrativen Routinen (Fallkonferenzen, Fallakten), entstehen (Hall u.a. 2006).

Dagegen gibt es nur einzelne deutschsprachige Forschungsveröffentlichungen, die sich mit ähnlichen Fragestellungen beschäftigen und gleichzeitig Praxis als Praxis untersuchen. Von daher beschränkt sich Forschung häufig auf Selbstinszenierungen von Praktikern in Interviews (Schweikart 2003; Urban 2004), was auch interessant sein kann, jedoch keine auf direkten Beobachtungen beruhende Aussagen über den Arbeitsalltag von Sozialarbeiterinnen zulässt. In den wenigen Forschungsbeispielen, die auf direkten Praxisbeobachtungen beruhen, wird deutlich, dass sozialarbeiterische Praxis eben auch von Auseinandersetzungen um Machtpositionen gegenüber den Klienten und zwischen den Sozialarbeite-

rinnen geprägt ist (Arnold u.a. 2005, Nadai/Sommerfeld 2005) oder Klienten gegenüber eigene Normalitätsvorstellungen durchzusetzen versucht (Petko 2004).
Die deutschen Forschungsergebnisse sind also vergleichbar mit den Ergebnissen der englischsprachigen Fachliteratur. Nur über solche Forschungen werden die Zwänge deutlich, in denen sozialarbeiterische Praxis steckt, und es werden die Engführungen deutlich, die Praxis ohne äußere Zwänge entwickelt. Soziale Arbeit existiert nur in ihrer praktischen Umsetzung, in alltäglichen Arbeitsroutinen, Einschätzungen, Austauschprozessen und so weiter. Diese verstärkt zum Thema von Forschung zu machen und darüber einen kritischen Dialog mit der Praxis zu führen, wäre aus unserer Sicht eine sinnvolle Aufgabenbeschreibung für Grundlagenforschung in der Sozialen Arbeit. Nicht zuletzt die Fachtagung in Würzburg hat gezeigt, dass wir auf dem Weg in diese Richtung sind. Das soll nun an einzelnen Themenfeldern dargestellt werden.

2. Forschungsthemen

Ausgehend von den in Würzburg vorgestellten Forschungsprojekten zeichnen sich Forschungsschwerpunkte ab, die mehr oder weniger eng mit den oben aufgeworfenen Fragen zur Grundlagenforschung in Zusammenhang gebracht werden können. Fünf Themenschwerpunkten lassen sich unterscheiden: Es dominieren Projekte, die sich mit Praxis als Intervention (sechs) beziehungsweise den professionellen Grundlagen von Praxis (neun) beschäftigen. Spezifische Fragen zu den Nutzern sozialarbeiterischer Leistungen werden von vier Projekten gestellt. Ebenfalls vier Projekte beschäftigen sich mit den Effekten Sozialer Arbeit im Hinblick auf das Hilfe- oder Versorgungssystem. In zwei Projekten kommen zudem Fragen zu den organisatorischen und politischen Rahmenbedingungen Sozialer Arbeit zum Ausdruck. Insgesamt haben wir 19 Projekte dem Bereich der Grundlagenforschung zugeordnet, einige dieser Projekte decken mehrere Themenfelder gleichzeitig ab.

a) Interventionsforschung

Auf einige Projekte aus dem Themenfeld Interventionsforschung haben wir oben schon hingewiesen. Drei Projekte (D 1.1, B 3.2 und F 4.3) stehen in einer Tradition der Sozialarbeitsforschung als „design science" (Simon 1996), bei der es auch um die Entwicklung und Gestaltung von Praxis geht. Allerdings wird hier Praxis nicht auf einer Rezeptebene dargestellt, sondern der Gestaltungsprozess ist in den Forschungsprozess integriert. Praxis muss als Praxis offen gelegt und analysiert werden, um daraus Vorschläge für ihre Gestaltung zu gewinnen.
Das Forschungsprojekt „Aggressive Verhaltensweisen im Kindergarten" von Angelika Weber und Stephanie Gröhl (B 1.2) zeigt in exemplarischer Weise die Verschränkung von Grundlagenforschung und Praxisgestaltung auf. Nur ein durch Forschung den Praktikern vermitteltes differenziertes Bild der Aggressionsaus-

prägungen von Kindern ermöglicht den Erzieherinnen einen angemessenen Umgang mit den Aggressionen.
Die Projekte von Eva-Maria Engel (B 2.3, auch der Nutzer- und Resilienzforschung zugeordnet) und von Christiane Vetter und Susanne Schäfer-Walkmann (B 1.3, auch dem Themenbereich organisatorischer Rahmenbedingungen zugeordnet) werden weiter unten vorgestellt.

b) Professions- und Kompetenzforschung

Das Themenfeld der Professions- und Kompetenzforschung gehört aus unserer Sicht zum Kernbestand einer praxisbezogenen Grundlagenforschung. Hier geht es um die Kopplung von beruflicher Praxis und ausübenden Personen, den damit verbundenen Rollenbildern und Rollenkonflikten, Kompetenzprofilen und Arbeitserfahrungen. Bei einer forschungspraktischen Schwerpunktsetzung auf Fragen der Ausübung Sozialer Arbeit beschäftigt sich die Professions- und Kompetenzforschung mit den Ausübenden selbst, den je nach theoretischer Diktion „Agenten" (Turner 2002) oder „Performatoren" (Pfadenhauer 1999) Sozialer Arbeit.
Auf fünf Projekte zu diesem Themenkomplex hatten wir schon hingewiesen (C 1.1, F 1.2, F 2.2, F 2.3 und F 4.2). Als Vorstufe eines Praxisdesigns kann das Projekt „Gewalterleben von Fachkräften der Sozialen Arbeit" von Klaus Fröhlich-Gildhoff (A 4.1) angesehen werden. Es zeigt einerseits das Ausmaß von direkt oder indirekt erlebter Gewalt in Kindertagesstätten in Abhängigkeit vom Wohnumfeld auf und stellt dar, wie Fachkräfte damit umgehen können und welchen Entwicklungsbedarf es diesbezüglich noch gibt.
Heike Schulze kombiniert mit ihrer Untersuchung „Kindesinteressenvertretung im Familiengericht" (B 2.2) eine Forschungsfragestellung mit einer Gestaltungsaufgabe, indem sie anhand von Gerichtsakten nachzeichnet, wie Soziale Arbeit ihre Leistungen zumindest einem Teil der Familiengerichte anbieten könnte.
Eine Sicht auf Soziale Arbeit von außen hat Franz J. Schermer in seinem Projekt „Schulsozialarbeit aus Lehrersicht" (D 2.1) analysiert. Schulen, in denen Schulsozialarbeit stattfindet, weisen eine größere Sensibilität gegenüber sozialen Problemlagen ihrer Schüler auf und haben realistischere Erwartungen hinsichtlich der Problemlösungskapazität der SozialarbeiterInnen als Schulen, die bisher keine Erfahrungen mit Schulsozialarbeit haben.
Auch wenn bei einigen Projekten aus dem Themenschwerpunkt „Professions- und Kompetenzforschung" die Frage, was die Praxis Sozialer Arbeit von den Fachkräften verlangt, nicht unmittelbar im Vordergrund stand, scheinen aus unserer Sicht Anknüpfungspunkte an die praxistheoretische Frage nach dem Ausüben Sozialer Arbeit, Sozialer Arbeit als beruflicher Performanz, deutlich zu werden. Die Profession ist kein Schutzschild, hinter dem sich Personen verstecken können, sondern Soziale Arbeit ist zunächst und vor allem einmal das, was SozialarbeiterInnen daraus machen.

c) Nutzer- und Resilienzforschung

In der englischsprachigen Fachliteratur finden sich in den letzten Jahren viele Forschungsergebnisse zur Seite der Empfänger sozialarbeiterischer Hilfen (Beresford/Croft 2004; Berlin 2005; Hall u.a. 2003; Rothman/Smith 1996; Spratt/ Callan 2004; Straß 2004). In der deutschen Fachliteratur ist eine vergleichsweise Vielfalt noch nicht festzustellen (Heiner 2005; Petko 2004; Ribner 2002). Eingebunden ist diese Nutzerforschung in die oben skizzierte Diskussion um eine nicht-unterdrückende Soziale Arbeit und die eng damit verbundene und vor allem von Berufsverbänden voran getriebene ethische Selbstfestlegung Sozialer Arbeit (Langer 2005).

Mit der Nutzerforschung unmittelbar verbunden sind die Forschungsergebnisse der Resilienzforschung (Turner 2001). Eine sozialarbeiterische Leistung wäre für ihre Empfänger schon dann schlecht, wenn sie deren Widerstandskraft, Selbsthilfefähigkeit und Selbstheilungskraft schwächen würde. Das Projekt „Resilienzförderung in der Kindertagesstätte" von Klaus Föhlich-Gildhoff (A 4.1) ist ein Entwicklungs- und Implementationsprojekt verbunden mit einer wissenschaftlichen Evaluation, fällt also thematisch auch in den Bereich Interventionsforschung. Kinder, Eltern und Erzieherinnen werden angeleitet, die Resilienzfaktoren der Kinder zu berücksichtigen.

Eva-Maria Engel (B 2.3) hat auf den ersten Blick „nur" einen „Leitfaden zur Qualitätssicherung in der sozialpädagogischen Familienhilfe" erarbeitet. Diesem Entwicklungsprojekt liegt jedoch eine Vielzahl von Verlaufsinterviews mit Familien und Professionellen zugrunde, die diese Leistung erhalten/erbracht haben. Es zeigen sich deutliche Unterschiede in der Einschätzung des Hilfebedarfs auf Seiten der Familien und auf Seiten der professionellen Helfer. Die Familien schätzen ihren Hilfebedarf geringer ein und bewerten die Hilfe als wirksamer als die Helfer.

Die Forschungsbeispiele zeigen, dass neben der ausübenden Seite der professionellen Helfer auch die aktiv ausübende Seite der Hilfeempfänger berücksichtigt werden muss. Hier kann die Grundlagenforschung einen Beitrag dazu leisten, das Bild vom passiv leidenden, in jeder Hinsicht den Helfern ausgelieferten Leistungsempfänger zu verabschieden.

d) Versorgungsforschung

Sozialarbeiterische Hilfen sind in einen sozialstaatlichen Rahmen eingebunden, zu dem unterschiedliche institutionelle und administrative Ebenen gehören. Das Hilfesystem insgesamt produziert Effekte, die den Einzelfall betreffen und auch darüber hinausgehen, sich auf die durch Hilfen ausgelöste Versorgung auswirken (vgl. A 1.2 und C 3.1). Peter Voll zeichnet in seinem Projekt „Tutelary Child Protection" (B 2.1) den Zusammenhang institutioneller Rahmenbedingungen und sozialarbeiterischer Handhabung von Maßnahmen des Kinderschutzes nach. Den administrativen Prozessen scheint eine „Tendenz zur Risikovermeidung" inne zu wohnen, die einer sachlich begründeten Beendigung von Maßnahmen entgegenstehen.

Mit den Fragen der Versorgungsforschung werden die bisher vorgestellten Themenbereiche der Grundlagenforschung um die Ebene des Hilfesystems erweitert. Wenn es um die Diskriminierung von Klientengruppen, Formen der Fehlversorgung oder der Überversorgung geht, sollen nicht die ausübenden Fachkräfte aus ihrer Verantwortung entlassen werden, gleichwohl kann das Zusammenspiel verschiedener Akteure im Hilfesystem bestimmte Effekte verstärken oder abschwächen.

e) Erforschung institutioneller und organisatorischer Rahmenbedingungen

In dem gerade erwähnten Projekt von Peter Voll (B 2.1) wurde der Zusammenhang zwischen administrativen Prozeduren und dem Umgang mit Klienten in der sozialarbeiterischen Praxis deutlich. Das oben vorgestellte Projekt von Ulrike Eichinger (F 4.2) verweist auf die umgekehrte Entwicklungsrichtung. Sie zeigt auf, inwieweit sich institutionelle Rahmenbedingungen auf Arbeitszusammenhänge auswirken. So oder so geht es um die Einbindung Sozialer Arbeit in einen sich verändernden Wohlfahrtsstaat. Soziale Arbeit hat in diesem Prozess Anpassungsleistungen zu erbringen und passt gleichzeitig ihre Klienten an die sich verändernden Bedingungen an. Das verläuft nicht alles zwangsläufig oder gleichsam automatisch ab. Bestehende Freiheitsgrade könnten oft stärker genutzt werden, als es tatsächlich geschieht (Nadai/Sommerfeld 2005). Widersprüchlichkeiten der sozialarbeiterischen Praxis (Urban 2004) prägen das Erscheinungsbild der Sozialen Arbeit oft nachhaltiger als institutionelle Zwänge. Gerade deshalb sollten diese Widersprüchlichkeiten zum Gegenstand von Forschung werden (Leonhard 1997).

Dass es Einrichtungen Sozialer Arbeit oft selbst in der Hand haben, die organisatorischen Rahmenbedingungen für Praxis zu optimieren, zeigen Christiane Vetter und Susanne Schäfer-Walkmann mit ihrem Projekt „Kindertagesstätten als Lernende Organisation" (B 1.3) auf. Praxis kann demnach auch als Lernort inszeniert werden, an dem sowohl das berufliche Erfahrungswissen als auch das wissenschaftliche Wissen auf den Prüfstand muss. Grundlagenforschung, die der Praxis einen Dialog anbietet, ohne sie „anleiten" zu wollen, könnte dazu einen wichtigen Beitrag leisten.

Die eingangs gestellte Frage, welche Art des Weltzugangs, der theoretisch reflektierende oder der praktische, über ein überlegenes Wissen verfüge, sollte als schlechte Alternative zurückgewiesen werden. Weder hätte die absolute Gegenüberstellung von theoretischem versus praktischem Wissen Bestand noch der Versuch ihrer Vermittlung. Ziel könnte eine Art praxisorientierte Verwendung unterschiedlichster Formen von Wissen sein (Dewe/Otto 2005), die zueinander nicht im Verhältnis der Unter- oder Überordnung stehen, sondern sich einem gemeinsamen Vorhaben verpflichtet fühlen, der Gestaltung von Praxis.

Sozialberichterstattung in der Sozialen Arbeit

Lothar Stock, Carina Tausch

Das Vorhaben, ein Essay zum Thema Sozialberichterstattung unter der Rahmung der Sozialarbeitsforschung zu verfassen, stößt gleich zu Beginn auf das zentrale Problem, dass für beide Sujets keine allgemein verbindlichen Definitionen vorliegen. Schon allein die breite Themenvielfalt der sich (unter anderem) der Sozialberichterstattung selbst zuordnenden Forschungsprojekte in diesem Band – von der klassischen Sozialraumanalyse (E 1.1) über die Implementierung von gesundheitsfördernden Maßnahmen in einem Industrieunternehmen (F 3.2) bis hin zum Lebenslangen Lernen in der Sozialen Arbeit (G 1.3) – verdeutlicht die offensichtlich inhaltliche Unschärfe des Begriffs. Darüber hinaus stellt sich zudem jedoch die noch viel grundlegendere Frage, ob beziehungsweise unter welchen Voraussetzungen Sozialberichterstattung überhaupt der Sozialarbeitsforschung zuzurechnen ist und nicht etwa der Wissenschaftsdisziplin der Soziologie. Unmittelbar daran schließt sich die Fragestellung an, handelt es sich hier um einen eigenständigen Forschungstypus – wie in dem Fragebogen zur Erfassung der Forschungsprojekte in diesem Band vorgegeben – oder verbirgt sich hinter Sozialberichterstattung nicht eine ganz spezifische Vorgehensweise zur umfassenden Beschreibung konkreter sozialer Wirklichkeit in einem mehr oder weniger weit gefassten räumlichen Bezugsrahmen. Trifft Letzteres zu, wie verhält es sich dann mit entsprechenden Forschungsprojekten, deren Fokus explizit auf die Lebensbedingungen ganz bestimmter, in der Regel sozialarbeiterisch relevanter Bevölkerungsgruppen (z.B. wohnungslose Mädchen und junge Frauen [A 1.3], lesbische Frauen im Alter [A 3.2], benachteiligte Kinder [D 4.2]) gerichtet ist? Hinter dieser Fragestellung steht gleichsam der forschungstheoretische Zugang zur Sozialberichterstattung. Erfolgt dieser strikt aufgrund von sozialräumlichen Prämissen oder aber auch über zielgruppenbezogene Themenstellungen? Nähert sich Sozialberichterstattung somit eher der Sozialraumanalyse und damit verbunden der Sozialplanung oder aber doch mehr der Lebenslagen-/Lebensqualitätsforschung? Mitunter sind diese beiden hier als Antipoden angeführten unterschiedlichen Zugänge in der konkreten Forschungspraxis allerdings gar nicht so strikt voneinander zu trennen, wie beispielsweise das Forschungsprojekt „FrauenLeben am Rande" (A 3.1) belegt. Hier existiert ganz offensichtlich sowohl der zielgruppenspezifische (Frau) als auch der sozialräumliche (sozialer Brennpunkt) Zugang.

Bevor nachfolgend der Versuch unternommen wird, Antworten auf die eben aufgeworfenen Fragestellungen zu finden und somit das Thema Sozialberichterstattung im Rahmen der Sozialarbeitsforschung zunächst inhaltlich einzugrenzen, um dann im nächsten Schritt die sich (unter anderem) dieser Forschungsrichtung zuordnenden Forschungsprojekte an den aufgestellten Krite-

rien zu messen, soll an dieser Stelle noch auf grundsätzliche Problematiken, die der von den Herausgebern dieses Bandes vorgegebenen Aufgabenstellung für diesen Beitrag immanent sind, hingewiesen werden:
- Die Betrachtung der Forschungsprojekte erfolgt ausschließlich anhand der vorliegenden Kurzdarstellungen; diese sind notwendiger Weise äußerst komprimiert, enthalten nicht zu allen abgefragten Punkten entsprechende Angaben und unterliegen somit insgesamt der Gefahr der Missinterpretation.
- 17 der 64 vorgestellten Forschungsprojekte (26,6 %) ordnen sich (unter anderem) dem Forschungstypus Sozialberichterstattung zu; aus den Kurzdarstellungen geht jedoch nicht hervor, welche Priorität dieser Zuschreibung von dem jeweiligen Forschungsprojekt innerhalb der insgesamt vorgenommenen Zuordnungen beigemessen wird; mit anderen Worten: handelt es sich hierbei *primär* um Sozialberichterstattung oder eben *auch* um Soziaberichterstattung?
- Selbst bei den drei Forschungsprojekten (4,7 % aller Projekte), die sich ausschließlich der Sozialberichterstattung zuordnen (FrauenLeben am Rande [A 3.1], lesbische Frauen im Alter [A 3.2], die aktuelle Qualitätsdebatte in der Kinder- und Jugendhilfe: ein Element neoliberaler Steuerung [G 1.2]), ist nicht auszuschließen, dass diese Zuordnung vielleicht lediglich aus Gründen fehlender inhaltlicher Alternativen erfolgt ist.
- Wissenschaft ist nie objektiv; daher fließt bei der in diesem Beitrag vorgenommenen Klassifizierung der Forschungsprojekte stets auch die subjektive Sichtweise der Autorin und des Autors sowie das dahinter stehende Verständnis von Sozialberichterstattung ein. Andere mögen dies vielleicht ganz anders sehen.

Sozialberichterstattung – Versuch einer inhaltlichen Eingrenzung

Wie eingangs bereits erwähnt, existiert keine allgemein verbindliche Definition von Sozialberichterstattung. Einigkeit besteht jedoch dahin gehend, dass die datengestützte Analyse der vorgefundenen vielfältigen Lebensbedingungen der Bevölkerung (oder einer entsprechenden Teilpopulation) die Grundlage einer jeden Sozialberichterstattung darstellt. Ebenso besteht Einvernehmen darüber, dass dieses sozialstatistische Datenmaterial in irgendeiner Weise räumlich zu verorten ist. Die Spannweite reicht dabei allerdings üblicherweise von den Grenzen des Nationalstaats (z.B. Sozialberichte der Bundesregierung oder die Untersuchung zur Lebenslage und Lebensbewältigung von Menschen mit Behinderungen in der Schweiz [E 2.3] in diesem Band) über die Landes- und kommunale Ebene bis hin zum eher kleinräumigen sozialen Brennpunkt (Forschungsprojekt A 3.1). Im Zuge des geeinten Europas erfolgt Sozialberichterstattung zunehmend auch auf dieser Ebene.

Legt man Hradils Konzept der „sozialen Lage" der Sozialberichterstattung zu Grunde, so bewegt sich die Untersuchung auf den vier Ebenen ökonomische Lage, wohlfahrtsstaatliche Absicherung, soziale Teilhabe sowie subjektive Einschätzung (Hradil 1987). Zu allen vier Ebenen sind dann entsprechende Indikatoren abzuleiten (Zapf 1978). Schon allein die Breite des Untersuchungsansatzes legt hier eine Kombination von quantitativen und qualitativen Verfahren der empirischen Sozialforschung nahe, für die Zuordnung der Sozialberichterstattung zur Sozialarbeitsforschung ist dieser Methodenmix für die Verfasserin und den Verfasser allerdings unabdingbar. Jedoch ist die alleinige Erhebung, Sichtung und Auswertung derartigen Datenmaterials sowie die Skizzierung auf dieser Grundlage ableitbarer möglicher Entwicklungstrends als Forschungsvorhaben wohl eher der Soziologie als der Sozialarbeitswissenschaft zuzuordnen. So findet man entsprechende theoretische Ausarbeitungen zur Sozialberichterstattung in der Tat dann auch primär in explizit soziologisch ausgerichteter Fachliteratur (vgl. Noll 2005, ders. 2003). In dem Maße aber wie Sozialberichterstattung – möglichst im Rahmen eines dialogischen Prozesses – auch Fragen des Vorhandenseins einer bedarfsgerechten und problemadäquaten sozialen Infrastruktur sowie deren Inanspruchnahme durch die jeweilige Bevölkerung nachgeht, verbunden mit dem Ziel, durch sozialpolitische Maßnahmen den im Rahmen der Untersuchung erkannten sozialen Problemlagen abzuhelfen beziehungsweise bereits im Vorfeld möglicher Problementstehungen präventiv tätig zu werden, „bewegt sich die Forschung im Kernbereich der Sozialen Arbeit" (Sticher-Gil 1998, S. 166). Ganz in diesem Sinne sieht auch Hanesch (2007, S. 839) als Aufgabe der Sozialberichterstattung „die umfassende Bereitstellung von Informationen über die Entwicklung und Verteilung von Ressourcen und Lebenslagen für Politik und (Fach-)Öffentlichkeit. Sie soll sozialpolitisch relevante Problem- und Bedarfslagen transparent machen und zugleich Erkenntnisse über Ziele und Wirkungen sozialpolitischer Interventionen zur Verbesserung der Lebensqualität zur Verfügung stellen. Die Erfüllung dieser Aufgabe bildet eine unverzichtbare Voraussetzung für eine rationale, präventiv ausgerichtete Sozialpolitik." Der Bezug zur Sozialarbeitswissenschaft ist evident, allerdings auch das Verständnis von Sozialberichterstattung als unmittelbar konkretes Forschungsthema und nicht als ein (breit) ausdifferenzierter Forschungstypus innerhalb derselben.

Neben der hier dargelegten Sicht einer umfassenden Sozialberichterstattung existieren auf Bundes-, Landes- und auch kommunaler Ebene eine ganze Reihe von weiteren Berichten, die spezifische soziale Problemlagen beziehungsweise die von diesen besonders betroffenen Personengruppen in den Fokus ihrer Aufmerksamkeit stellen. Sind diese themen- beziehungsweise adressatenbezogenen Untersuchungen ebenfalls als der Sozialberichterstattung zugehörig zu verstehen? Nach dem in diesem Beitrag vertretenen Verständnis ja, sofern diese Forschungsprojekte auf einer breiten Datenanalyse beruhen, einen räumlichen Bezugsrahmen konstruieren und sich gleichsam explizit dem Ziel der Einleitung sozialer Innovationen sowie sozialpolitischer Maßnahmen zur Veränderung der vorgefundenen sozialen Wirklichkeit beziehungsweise zur Verbesserung der Lebensbedingungen der entsprechenden Bevölkerungsgruppen verpflichtet sehen. Je lokal eingegrenzter insgesamt der Untersuchungsrahmen dabei gesetzt wird, umso deutlicher kommt dann auch der sozialräumliche Zugang zum Tragen beziehungsweise die inhaltliche Nähe von Sozialberichterstattung und Sozialplanung. Damit stehen dann aber nicht mehr einzig und allein die sozialen Problematiken und die davon besonders betroffenen Personengruppen im Blickfeld der Aufmerksamkeit, sondern auch die jeweils zu der entsprechenden Thematik vorgehaltenen staatlichen und kommunalen Hilfeleistungen sowie die dazugehörigen Unterstützungssysteme. Eine Einbeziehung der freien und neuerdings zunehmend auch gewerblichen Träger dieser sozialen Dienstleistungen sowie der Betroffenen selbst beziehungsweise gegebenenfalls deren Initiativen und Zusammenschlüsse in die Untersuchungen sollte spätestens auf dieser Ebene dann zu den Standards einer qualifizierten Sozialberichterstattung im Rahmen der Sozialarbeitsforschung gehören.

Der Verfasserin und dem Verfasser liegt es fern, mit diesem Beitrag in sektiererischer Art und Weise zwischen „wahrer" und „unwahrer" Sozialberichterstattung zu unterscheiden und die Forschungsprojekte in diesem Band, die sich dieser Art von Forschung selbst zugeordnet haben, anhand dieser Klassifikation in „gut" oder „schlecht" zu unterteilen. Im Hinblick auf eine unseres Erachtens jedoch unabdingbar erforderliche inhaltliche Klarheit hinsichtlich der verwendeten Begrifflichkeit (auch in Abgrenzung zu anderen, inhaltlich ähnlichen Begriffen, z.B. Sozialreportage, Lebenslagenforschung) sollen an dieser Stelle die für uns konstitutiven Elemente einer Sozialberichterstattung unter dem Dach der Sozialarbeitsforschung noch einmal zusammengefasst werden. Auch unter dem vorrangigen Aspekt einer wissenschaftlichen Profilierung derartiger Forschung halten wir diese Konkretisierung und inhaltliche Eingrenzung eines offensichtlich sehr weit gefassten Begriffs für unverzichtbar.

Sozialberichterstattung im Rahmen der Sozialarbeitsforschung

– basiert auf einer breiten Datengrundlage zu vielfältigen Aspekten der Lebenslage der Bevölkerung (oder einer Teilpopulation),
– ist (sozial-)räumlich verortet (EU, Nationalstaat, Bundesland, Kommune, Stadtteil, Wohnquartier),
– bedient sich eines Mix von quantitativen und qualitativen Methoden der empirischen Sozialforschung,
– sucht den Diskurs mit der Bevölkerung (oder besonderen Betroffenengruppen) sowie mit den Trägern von sozialen Angeboten und Dienstleistungen,
– identifiziert soziale Missstände und Problemlagen,
– zielt auf soziale Innovation sowie auf sozialpolitische Maßnahmen zur Behebung der identifizierten Defizite ungerecht verteilter materieller Ressourcen sowie sozialer und gesellschaftlicher Teilhabechancen,
– sollte auf Kontinuität und Fortschreibung hin orientiert sein.

Betrachtet man die sich in dem vorliegenden Band (unter anderem) der Sozialberichterstattung selbst zuordnenden Forschungsprojekte unter diesen inhaltlichen Vorgaben, so wird sehr schnell deutlich, dass nur wenige von diesen die oben dargelegten inhaltlichen Vorgaben in Gänze erfüllen. Der Sozialberichterstattung können demnach lediglich drei Forschungsprojekte explizit zugeordnet werden:

die Sozialraumanalyse Wynental (E 1.1) und bereits mit leichten Abstrichen versehen die Untersuchungen zur Lebenssituation, Sicherheit und Gesundheit von Prostituierten (A 2.1) sowie zur Lebenslage und Lebensbewältigung von Menschen mit Behinderungen in der Schweiz (E 2.3). Alle anderen Forschungsprojekte erfüllen – durchaus in merklich unterschiedlichem Umfang – maximal Teilaspekte der von der Verfasserin und dem Verfasser als für eine Sozialberichterstattung konstitutiv erachteten Elemente. Bei dieser Einschätzung sind allerdings die eingangs angeführten, der Aufgabenstellung immanenten Problematiken zu beachten.
Bemerkenswert ist noch, dass von den drei sich ausschließlich als Sozialberichterstattung klassifizierenden Forschungsprojekten (s.o.) keines die hierfür oben in ihrer Gesamtheit als konstitutiv erachteten Kriterien erfüllt. Dagegen ordnen sich die drei als Sozialberichterstattung identifizierten Projekte daneben noch der Sozialplanung sowie der Entwicklung von Konzepten/Verfahren (E 1.1), den selbstreferentiellen Untersuchungen (A 2.1) oder auch der Grundlagenforschung (E 2.3) zu.

Analyse der Kurzdarstellungen der drei als Sozialberichterstattung identifizierten Forschungsprojekte

Im nachfolgenden Teil des Beitrags werden die drei als Sozialberichterstattung eingeordneten Forschungsprojekte anhand der im Fragebogen zur Kurzdarstellung abgefragten Angaben näher betrachtet. Hierbei werden die oben dargelegten Kriterien einer Sozialberichterstattung unter dem Dach der Sozialarbeitsforschung offensichtlich.

Rahmenbedingungen

Die drei Forschungsprojekte weisen schon auf den ersten Blick große Unterschiede in den Rahmenbedingungen wie Anlass der Forschung, Durchführende, Projektdauer und finanzielle Ausstattung auf. Gemeinsam ist ihnen, dass sie alle drei an Fachhochschulen durchgeführt wurden. Gemeinsam ist ihnen ebenfalls, dass finanzielle Mittel für die Forschungsarbeiten zur Verfügung gestellt wurden, dies allerdings in merklich unterschiedlicher Höhe. Finanziert wurden alle drei Projekte durch öffentliche Mittel, in zwei Fällen waren dies Landes- bzw. Bundesmittel, im dritten Fall Gelder eines regionalen Verbundes. Die Projektdauer liegt zwischen zehn und maximal 36 Monaten. Hinsichtlich einer Fortschreibung der jeweiligen Untersuchung wurden von den Forschungsprojekten keine Angaben gemacht. So ist eher davon auszugehen, dass diese einmalig durchgeführt wurden und zunächst keine kontinuierliche Berichterstattung vorgesehen ist.
Die Sozialraumanalyse Wynental entstand im Auftrag des Regionalplanungsverbandes Wynental, einem Verbund von 13 Gemeinden, der sich die Neugestaltung der Zukunft der Region zum Ziel gesetzt hat. Die Untersuchung wurde als Lehrforschungsprojekt in Zusammenarbeit der Katholischen Hochschule für Soziale Arbeit Saarbrücken und der Fachhochschule Nordwestschweiz durchgeführt. Für das Projekt stand ein Finanzvolumen von 16.000 Euro zur Verfü-

gung und die Projektdauer erstreckte sich auf einen Zeitraum von zehn Monaten. Das Forschungsprojekt zur Untersuchung der Lebenssituation, Sicherheit und Gesundheit von Prostituierten erfuhr eine Förderung durch das Hessische Ministerium für Wissenschaft und Kunst. Für die Untersuchung standen Finanzmittel in Höhe von 50.000 Euro zur Verfügung; die Projektdauer betrug 16 Monate. Das Forschungsprojekt zur Lebenslage und Lebensbewältigung von Menschen mit Behinderungen in der Schweiz ist Teil eines umfangreichen Forschungsprogramms unter der Überschrift „Probleme des Sozialstaates", das vom Schweizerischen Nationalfonds in Auftrag gegeben wurde und in dessen Rahmen 35 Forschungsprojekte in den Modulen Arbeitsmarkt/Arbeitslosigkeit, Gesundheitswesen, Sozialpolitik und soziale Sicherung sowie Behinderung initiiert wurden. Das Finanzvolumen allein für die Betrachtung der Lebenslage und Lebensbewältigung von Menschen mit Behinderungen betrug 220.000 Euro. Mit der Untersuchung wurde im Januar 2001 begonnen, über die Projektdauer wurden keine Angaben gemacht. Da das Gesamtprogramm „Probleme des Sozialstaats" den Zeitraum von 2000–2003 umfasste, ist daher von einer maximalen Projektdauer von 36 Monaten auszugehen.

Tabelle 1: Rahmenbedingungen

	Sozialraumanalyse Wynental	Lebenssituation von Prostituierten	Menschen mit Behinderungen in der Schweiz
Förderung des Projektes	Regionalplanungsverband Wynental	Hessisches Ministerium für Wissenschaft und Kunst	Schweizerischer Nationalfonds zur Förderung der wissenschaftlichen Forschung
Finanzvolumen	16.000 Euro	50.000 Euro	220.000 Euro
Projektbeginn und Dauer	1/2005 10 Monate	6/2004 16 Monate	1/2001 (maximal 36 Monate)
Beteiligte Fachhochschulen	Katholische Hochschule für Soziale Arbeit Saarbrücken und Fachhochschule Nordwestschweiz	Fachhochschule Frankfurt am Main	Fachhochschule Nordwestschweiz und Hochschule für Soziale Arbeit Zürich

Forschungsmethoden
Bei jedem der drei Forschungsprojekte wurden sowohl quantitative als auch qualitative Methoden der empirischen Sozialforschung eingesetzt, jedoch aus-

schließlich in der Kurzdarstellung zur Untersuchung der Lebenssituation von Prostituierten wurden Angaben darüber gemacht, anhand welchen Verfahrens die gewonnenen qualitativen Aussagen ausgewertet wurden. Alle drei Forschungsprojekte haben mit Experteninterviews den Diskurs mit dem Hilfesystem gesucht, Gespräche auf der Betroffenenebene fanden ebenfalls statt.
Im Rahmen der Erhebung der Daten für die Sozialraumanalyse Wynental wurden sowohl quantitative Längsschnittanalysen als auch qualitative Verfahren wie Beobachtungen, narrative Interviews, qualitative Befragungen und Experteninterviews eingesetzt. In der Projektbeschreibung bleibt allerdings offen, an welche Personen oder Personengruppen sich die Forschungsgruppe im Rahmen der Befragungen und Interviews jeweils explizit gewendet hat. Um der Zielstellung der Erforschung der Lebens- und Arbeitsbedingungen von Frauen in der Prostitution gerecht zu werden, wurden in diesem Forschungsprojekt in mehreren Befragungsabschnitten ein standardisierter Fragebogen eingesetzt sowie Leitfaden gestützte Interviews mit Prostituierten, Expertinnen und Experten aus dem Hilfesystem sowie mit Menschen aus dem Rotlichtmilieu geführt. Die Auswertung der hier erhaltenen Aussagen erfolgte inhaltsanalytisch nach Mayring. Im Forschungsprojekt zur Untersuchung der Lebenslage und Lebensbewältigung von Menschen mit Behinderungen in der Schweiz wurden quantitative Daten zur sozialen Lage dieser Bevölkerungsgruppe anhand von Sekundäranalysen regelmäßiger Datenerhebungen (z.B. Schweizerische Gesundheitsbefragung) gewonnen. Ergänzend wurden qualitative Interviews mit Menschen mit Behinderungen sowie Expertinnen und Experten aus dem Hilfesystem geführt sowie eine standardisierte schriftliche Befragung von Leistungsempfängern der Schweizerischen Invalidenversicherung durchgeführt.

Tabelle 2: Angewandte Forschungsmethoden

	Sozialraumanalyse Wynental	Lebenssituation von Prostituierten	Menschen mit Behinderungen in der Schweiz
Quantitative Forschungsmethoden	Quantitative Längsschnittanalysen	Standardisierter Fragebogen	Sekundärstatistische Analysen, standardisierte schriftliche Befragung
Qualitative Forschungsmethoden	Beobachtung, narrative Interviews, qualitative Befragungen, Experteninterviews	Leitfadeninterviews mit Prostituierten, ExpertInnen aus Behörden und Hilfevereinen sowie Menschen aus dem Rotlichtmilieu	Problemzentrierte Tiefeninterviews

Essays zu den vorgestellten Forschungsprojekten

Inhaltliche Ebene

Bei der Sozialraumanalyse Wynental umfasst das Untersuchungsgebiet die 13 Gemeinden des Regionalplanungsverbandes Wynental. Innerhalb dieses lokal begrenzten Sozialraumes lag der Fokus der Untersuchung auf der Betrachtung der Zielgruppen Migrantinnen und Migranten, Jugendliche (insbesondere im Rahmen der Übergangsproblematik von Schule zu Beruf) sowie ältere Menschen (im Hinblick auf deren Vereinsamung). Somit kennzeichnet sich dieses Forschungsprojekt zwar primär durch einen sozialräumlichen Bezug, ist aber gleichfalls auch zielgruppenspezifisch angelegt. Die sozialen Problemlagen der im Mittelpunkt der Untersuchung stehenden Zielgruppen wurden bereits im Vorfeld der Forschungsarbeiten als solche identifiziert und erfuhren dann im Rahmen der Untersuchung eine weitere Spezifizierung. Zielstellung der Sozialraumanalyse ist die Entwicklung von Handlungsstrategien zur Verbesserung der sozialen Situation in der Region. Damit zielt diese Untersuchung deutlich auf Interventionen und Einleitung sozialpolitischer Maßnahmen ab. Das Forschungsprojekt zur Lebenssituation von Prostituierten umfasst geografisch das gesamte Gebiet der Bundesrepublik Deutschland. Allerdings wird hier die Lebenslage nur einer einzelnen, spezifischen Personengruppe erforscht; im Fokus stehen dabei gesundheitliche Aspekte sowie erlebte Gewalterfahrungen von Prostituierten. Gleichsam werden die Auswirkungen des neuen Prostitutionsgesetzes untersucht, die Erreichbarkeit von sozialen und gesundheitlichen Hilfeeinrichtungen durch die Prostituierten überprüft sowie die Einflussnahme der Einrichtungen der öffentlichen Ordnung auf die Lebenssituation der Zielgruppe kritisch hinterfragt. Das Forschungsprojekt weist somit eine explizit sozialpolitische Dimension auf. Die Untersuchung zur Lebenslage und Lebensbewältigung von Menschen mit Behinderungen in der Schweiz erstreckt sich ebenfalls auf die nationale Ebene und nimmt ebenso die Lebenssituation einer bestimmten Bevölkerungsgruppe in den Blick. Durch die im Rahmen der Forschungsarbeiten erfolgte Bestimmung der zentralen Dimensionen der Lebenslage Behinderung gibt die Untersuchung Aufschluss über die diversen Problematiken der alltäglichen Lebenssituation von Menschen mit Behinderungen und leistet damit gleichsam einen Beitrag zur Gestaltung von Sozialpolitik.

Veröffentlichung/Erkenntnistransfer

Alle drei Forschungsprojekte haben ihre Erkenntnisse auf den Weg in die (Fach-)Öffentlichkeit gebracht und die erhaltenen Befunde in unterschiedlicher Form veröffentlicht.

Evaluationsforschung in der Sozialen Arbeit

Klaus Fröhlich-Gildhoff, Eva-Maria Engel

1. EINLEITUNG

In diesem Beitrag geht es darum, die vorliegenden Studien- bzw. Forschungsberichte in diesem Buch, die sich selbst in der Klassifikation „Evaluationsuntersuchung" eingestuft haben, dezidierter zu betrachten. Hierzu wird zunächst kurz auf die Diskussion um Evaluation und ihrer Methoden insbesondere in der Sozialen Arbeit eingegangen, um hieraus Kriterien für die Analyse der vorliegenden Beiträge abzuleiten. In einem zweiten Schritt werden die Beiträge dann auf der Grundlage dieser Kriterien näher untersucht. In einem dritten Schritt werden Konsequenzen aus der Untersuchung gezogen und (Güte-)Kriterien für eine gegenstandsangemessene Evaluation im Bereich der Sozialarbeitsforschung formuliert.

2. EVALUATIONSFORSCHUNG IM BEREICH DER SOZIALEN ARBEIT

Die Diskussion um die Evaluation, ihre Sinnhaftigkeit für die Soziale Arbeit und die entsprechenden Methoden hat mittlerweile eine mindestens zehnjährige Geschichte in Deutschland. So befasste sich beispielsweise Müller (1998) in einem Grundsatzartikel mit „sozialpädagogischer Evaluationsforschung" und auch im Rahmen der „Bundesinitiative Qualitätssicherung in der Kinder- und Jugendhilfe" fand 1997 eine Tagung zur Evaluation in der sozialpädagogischen Praxis statt (BMFSFJ 1997).
Der Evaluationsbegriff ist unterschiedlich definiert worden. Im Kern geht es um die systematische Untersuchung sozialer Programme und damit um die Möglichkeit der Bewertung dieser Projekte und Programme. Beispielhaft seien zwei entsprechende Definitionen aufgeführt:
„Evaluationsforschung beinhaltet die systematische Anwendung empirischer Forschungsmethoden zur Bewertung des Konzeptes, des Untersuchungsplanes, der Implementierung und der Wirksamkeit sozialer Interventionsprogramme" (Bortz/Döring 2003, S. 102).
„Unter Evaluation versteht man eine systematische, auf vorliegenden oder neu erhobenen Daten erhobene Beschreibung und Bewertung von Gegenständen der sozialen Wirklichkeit" (Beywl/Schepp-Winter 2000, S. 17).
Die Notwendigkeit von Evaluation ist mittlerweile unumstritten. Bis in den elften Jugendbericht hinein wird betont, dass die Soziale Arbeit Wissen über die Wirkung eigenen Handelns generieren muss. Dies ist insbesondere nötig

- um sich als Profession weiterzuentwickeln und Anschluss zu finden an die Methodik der Bezugs- und Nachbarschaftsdisziplinen
- um in der Fachdebatte Kriterien für die Beurteilung von guten und weniger guten Arbeitsformen zu entwicklen
- um den (finanziellen) Aufwand für Institutionen und Programme durch den Nachweis der Effekte zu rechtfertigen.

Der Evaluationsbegriff ist gekoppelt an die Wirkung von Interventionen oder Programmen. Im Bereich der Sozialen Arbeit sind die Gegenstände – und die damit verbundenen Programme – immer hochkomplex (vgl. z.B. Fröhlich-Gildhoff 2006).
Auf Grund dieser Komplexität lassen sich keine einfachen, linearen Ursache-Wirkungs-Ketten beschreiben. Es müssen Ausgangsbedingungen beschrieben und beobachtet werden und dann die (im besten Fall) erzeugten Effekten beobachtet werden, um daraus Kausalitäten abzuleiten. Diese Kausalität hat „offenbar erstens etwas mit Beobachtung, zweitens etwas mit Zeit zu tun (...). ‚Wir setzen hier voraus, dass Kausalität eine Zurechnung von Wirkung auf Ursachen erfordert, also auch eine Selektion aus einem Endloshorizont von in Betracht kommenden Ursachen und einem zweiten Endloshorizont von in Betracht kommenden Wirkungen' (Luhmann 2000, S. 178)" (Lüders/Haubrich, 2006, S. 9). Diese zwei Aspekte, Beobachtung und Zeit, sollen im Folgenden etwas genauer betrachtet werden.

Beobachtung

Bei der Beobachtung kommt es zum einen auf den/die BeobachterIn und seinen/ihren Standpunkt an, zum anderen insbesondere auf die jeweiligen Beobachtungs-Methoden – wobei „Beobachtung" im Sinne eines Erfassens von Daten weit gefasst sein soll. Die Auswahl der Beobachtungsverfahren muss begründet und theoriegeleitet – das heißt unter Bezugnahme auf bisheriges Wissen, vor allem bisherige Studien – ausgewählt werden. Dabei gilt es insbesondere festzulegen:

- *Was* soll beobachtet werden? Also: Wie ist der Gegenstand möglichst genau zu erfassen? Was sind Beobachtungskriterien?
- *Wie* soll diese Beobachtung vorgenommen werden? Also: Mit welchen Methoden? (Hier ist das Spektrum bekanntermaßen groß: Von der direkten teilnehmenden Beobachtung über das Befragen bis zum Applizieren von Tests.)
- *Durch wen* soll der Gegenstand erfasst werden? Also: Welche Perspektiven sollen von wem erfasst werden?

Die Komplexität sozialer Sachverhalte wird sich wahrscheinlich nie in ihrer Vollständigkeit abbilden lassen, also müssen klare Kriterien festgelegt werden, welche Ausschnitte der Realität auf welche Weise möglichst präzise erfasst werden und welche „vernachlässigt" werden können. Oder anders: Es stellt sich zentral die Frage nach der Begründung, welche Wirkungszusammenhänge als relevant betrachtet werden sollen.

Um der Komplexität gerecht zu werden, erscheint es angebracht, Methodenkombinationen zu realisieren (vgl. Fröhlich-Gildhoff 2006; Hoch 2006).
Ein weiteres Problem, das zumindest theoretisch bei der Planung des Evaluationsdesigns reflektiert werden muss, ist die Verlässlichkeit der Daten und die Frage der (Multi-) Perspektivität. „Außerdem ist es maßgeblich, dass die Wirkungszusammenhänge sich nicht einmaligen Situationen und einzigartigen Konstellationen verdanken, sondern eine gewisse Verlässlichkeit und Situationsunabhängigkeit aufweisen, damit sie übertragen werden können. Mit anderen Worten: Es geht vorrangig um regelhaft absichtsvoll erzielbare Wirkungen. In diesem Sinne liegen Wirkungen also dann vor, wenn die beobachteten Phänomene verlässlich bestimmten Interventionen zugerechnet werden können, also nachvollziehbare theoretische Annahmen, sowie empirische Daten über die Verbindungen von Maßnahmen/Aktivitäten und Resultaten beigebracht sind" (Lüders/Haubrich 2006, S. 11).
Die Komplexität des Gegenstandes wird noch umfassender, wenn es nicht nur um die Erfassungen der Wirkungen (von Programmen oder Interventionen) auf Personen, sondern beispielsweise auf Arbeitsfelder oder soziale Räume geht. So hat Maier (2005) in seinen Untersuchungen zur Stadtteilentwicklung und der Bedeutung bewohneraktivierender Sozialarbeit explizit auf die Probleme hingewiesen, die Vielzahl von relevanten – und wirksamen – Variablen zu identifizieren; diese Problemtak wird aktuell bei der Evaluation des Bund-Länder-Programms Soziale Stadt diskutiert (z.B. Greiffenhagen & Neller 2005).

Zeit

Wirkungen entfalten sich in der Regel in der Zeit im Prozess. Dabei sind zumeist kurzfristige und langfristige Wirkungen zu erfassen oder auch zu unterscheiden. Hinzu kommt, dass sich bei dem Verlauf einer Intervention „Schwankungen" oder Prozessänderungen ergeben. Dies bedeutet, dass zum einen Wirkungen in der Regel nur im Vergleich mehrerer Messzeitpunkte erfasst werden können, zum anderen die summative (Vorher – Nachher-) Evaluation durch formative oder Prozessevaluation ergänzt werden muss (vgl. auch Lüders/Haubrich 2006, S. 15; Haubrich/Lüders/Strohkamp 2007).
Nun weisen Programme in der Sozialen Arbeit einen unterschiedlichen Reifegrad auf. Es gibt solche Programme, die über längere Zeit entwickelt und in der Praxis bewährt sind und solche, die im Entstehen und in der Erprobungsphase sind. Entsprechend unterschiedlich müssen Evaluationsdesigns aufgesetzt werden: Programme in einer Konzipierungsphase werden danach evaluiert werden müssen, ob und wie sie Zielgruppen erreichen, welche Effekte überhaupt zu erfassen sind. Bei „reifen" Programmen, die diese Erprobungsphase durchlaufen haben, geht es um die systematische Erfassung der Wirkung(en) dieses Programms. Dies bedeutet in der Regel auch die Notwendigkeit (quasi-) experimenteller Designs in Praxiszusammenhängen, insbesondere das systematische Arbeiten mit Vergleichs- oder Kontrollgruppen.

3. EVALUATIONSKRITERIEN

Die Deutsche Gesellschaft für Evaluation hat Standards für die Durchführung von Evaluationsvorhaben beschrieben. Demnach sollen „Evaluationen (...) vier grundlegende Eigenschaften aufweisen: Nützlichkeit – Durchführbarkeit – Fairness – Genauigkeit" (Deutsche Gesellschaft für Evaluation 2002, S. 8). Weil es sich hierbei um Qualitätskriterien handelt, die auf einer breiten Ebene von einer Fachgesellschaft dargelegt werden, sollen diese im Folgenden vorgestellt werden, wobei eine Auswahl der Kriterien im Hinblick auf ihre Bedeutung für die Evaluationsforschung in der Sozialen Arbeit getroffen wurde (vgl. ebd. S. 8 ff).

„*Nützlichkeitsstandards* sollen sicherstellen, dass die Evaluation sich an den geklärten Evaluationszwecken, sowie am Informationsbedarf der vorhergesehenen Nutzer und Nutzerinnen ausrichtet" (ebd.). Dies bedeutet insbesondere

- „Identifizierung der Beteiligten und Betroffenen"
- „Auswahl und Umfang der Informationen"
- „Vollständigkeit und Klarheit der Berichterstattung" (ebd.).

„Die *Durchführbarkeitsstandards* sollen sicherstellen, dass eine Evaluation realistisch, gut durchdacht, diplomatisch und kostenbewusst geplant und ausgeführt wird" (ebd.). Dies betrifft insbesondere die Angemessenheit von Verfahren und deren Begründung. Evaluationsverfahren, einschließlich der Verfahren zur Beschaffung notwendiger Informationen, sollen „so gewählt werden, dass Belastungen des Evaluationsgegenstandes bzw. der Beteiligten und Betroffenen in einem angemessenem Verhältnis zum erwarteten Nutzen der Evaluation stehen" (ebd.).

„Die *Fairnessstandards* sollen sicherstellen, dass in einer Evaluation respektvoll und fair mit den betroffenen Personen und Gruppen umgegangen wird" (ebd.). Dies betrifft das Abfassen formaler Vereinbarungen, aber auch die Offenlegung der Ergebnisse.

„Die *Genauigkeitsstandards* sollen sicherstellen, dass eine Evaluation gültige Informationen und Ergebnisse zu dem jeweiligem Evaluationsgegenstand und den Evaluationsfragestellungen hervorbringt und vermittelt. Dies betrifft

- die „Beschreibung des Evaluationsgegenstandes"
- die „Beschreibung von Zwecken und Vorgehen"
- die „Angaben von Informationsquellen"
- das Erfassen von „valide(n) und reliable(n) Informationen"
- die „Analyse qualitativer und quantitativer Informationen"
- „begründete Schlussfolgerungen" (ebd.).

In anderen Zusammenhängen wurden wichtige Grundprinzipien für die Forschung in der Sozialen Arbeit festgelegt.

- Ein zentrales Grundprinzip ist das der Transparenz (Jaeggi/Faas/Mruck 1998) bzw. der „Verfahrensdokumentationen" (vgl. Steinke 2000). Dies bedeutet, dass dargestellt werden muss, „wie im Einzelnen, Schritt für Schritt, der Forschungsprozess ablief" (Mayring 1999, S.70).
- Ein weiteres Prinzip hinsichtlich der Auswertung ist, dass ein systematisches und regelgeleitetes Vorgehen erfolgt, welches das Kriterium der 'inneren Konsistenz' (Jaeggi/Faas/Mruck 1998) erfüllt. Die Verfahren müssen, wie beschrieben, gegenstandsangemessen sein. Dies wird in der Regel durch Kombinationsdesigns zumindest durch die Berücksichtigung mehrerer Perspektiven, vor allem durch das Prinzip der Triangulation (Flick 1995) gewährleistet.
- Um Veränderungen auf die Wirkung einer Intervention zurückführen zu können ist ein Kontrollgruppendesign – das praxisgerecht adaptiert ist – das Mittel der Wahl (vgl. hierzu Fröhlich-Gildhoff 2007).

Diese Grund-Kriterien waren handlungsleitend bei der Analyse der dargestellten Evaluationsstudien.

4. Analyse der Kurzdarstellungen über Evaluationsprojekte (im vorliegenden Buch)

Von den insgesamt 64 dargestellten Studien haben sich insgesamt 17 selbst als Evaluationsstudien eingeordnet (26,6 %). Dabei stuften vier AutorInnen ihre Studien ausschließlich als „Evaluationsuntersuchung" ein, ansonsten wurden mehrere Möglichkeiten an Forschungstypen benannt.

Die einzelnen untersuchten und analysierten Darstellungen hatten eine sehr unterschiedliche Beschreibungs'tiefe' und Präzision. Unter Berücksichtigung der Kürze der Darstellungen erfolgte die Analyse zunächst auf einer formalen Ebene, dann hinsichtlich der Betrachtung der Methoden einschließlich des Designs.

(1) Formale Analyse

Die dargestellten 17 Berichte stellen in breiter Weise Arbeitsfelder bzw. Zielgruppen der Sozialen Arbeit dar. Es gibt keine deutlichen Schwerpunktsetzungen. Das Spektrum reicht von Kindertageseinrichtungen über das Feld der Jugendhilfe bis zur Altenhilfe. Zielgruppen waren daneben Menschen mit Migrationshintergrund, Wohnungslose etc.

Erstaunlicherweise zeigt sich, dass in der Mehrzahl die Projekte (n=10) über einen längeren Zeitraum von mehr als zwei Jahren realisiert werden.

Bei der Betrachtung des *Finanzvolumens* ist auffallend, dass die meisten Projekte ohne (n=4) oder mit weniger als 100.000 Euro (n=7) auskommen. Lediglich drei Projekte verfügen über einen Etat von mehr als 100.000 Euro.

(2) Methoden

Die *Stichprobe* und deren Größe sind nur bei acht von 17 Projekten klar beschrieben. Die Stichprobengröße in diesen Projekten ist eher auf kleinere Gruppen ausgerichtet (drei liegen unter 20, je zwei liegen zwischen 20 und 50 bzw. 50 und 200 Personen).

Bei den *Untersuchungsmethoden* herrschen Kombinationsdesigns vor. Im Vergleich zu der Erhebung von Fröhlich-Gildhoff (2007) – hier zeigte sich eine Gleichverteilung von quantitativen, qualitativen und Kombinationsmethoden – werden in den in diesem Band dargestellten Studien wesentlich häufiger Kombinationsdesigns umgesetzt.

Die eingesetzten *Verfahren/Instrumente* sind dabei relativ vielfältig.

Schaubild 1: Eingesetzte Verfahren/Instrumente

	Anzahl*
Fragebögen (inkl. normierte Instrumente)	10
Interview, leitfadengestützt	11
Interview, narrativ	2
Teilnehmende Beobachtung	4
Inhaltsanalyse von Konzepten/Dokumenten	4
Systematische Prozessdokumentation	2

* Mehrfachangaben waren möglich wegen des Einsatzes mehrerer Methoden/Instrumente in einer Studie

(3) Design

Von allen vorgestellten Studien arbeitete nur eine mit einer Kontroll-/Vergleichsgruppe. Fünf Forschungsprojekte haben systematisch mehrere Perspektiven im Sinne einer Triangulation realisiert.

Bei fast der Hälfte der Projekte (n=8) blieb unklar, wie viele *Messzeitpunkte* bei den Untersuchungen realisiert wurden. Lediglich fünf der vorgestellten Studien arbeiten mit zwei und mehr Messzeitpunkten.

Weiterhin wurde untersucht, wie klar die *Beschreibung der Evaluationskriterien* erfolgte. Immerhin wurden in zehn der 17 Studien diese Kriterien relativ klar beschrieben und die Erfolgs- bzw. Vergleichskriterien entweder theoretisch (vier Angaben), aus Voruntersuchungen (3 Angaben) oder in Kombination (eine Angabe) abgeleitet. Bei zwei Beiträgen blieb unklar, wie die Kriterien entstanden sind. Bei den Ergebnisdarstellungen war der Prozess, wie die Ergebnisse zustande kamen, in sieben Studien nicht eindeutig nachzuvollziehen. Klare nachvollziehbare Darstellungen mit oder ohne Zahlen fanden sich in acht Berichten, bei zweien lagen die Ergebnisse noch nicht vor.

5. Schlussfolgerungen

Gemessen an den dargestellten Gütekriterien bzw. Standards für Evaluationsuntersuchungen weisen viele der analysierten Darstellungen von Evaluationsprojekten Entwicklungspotentiale auf. Dies mag an der (geforderten) Kürze der Darstellungen oder dem geringen Umfang der Projekte – hierauf weisen die zur Verfügung stehenden Etats hin – liegen; möglicherweise weist dies jedoch auf noch bestehende grundsätzliche Probleme hin:

- Zumindest die Größe der Stichprobe hätte in allen realisierten Studien beschrieben werden können.
- Evaluationsuntersuchungen, die den Anspruch haben (sollen), Wirkungen zu erfassen, müssen zumindest die Variable „Zeit" reflektieren; dies tun jedoch nur fünf Studien, dies ist weniger als 1/3!
- Wenn Wirkungen erfasst werden sollen, so ist i.d.R. ein Kontrollgruppendesign (in einem quasi-experimentellen Setting) das Mittel der Wahl; ein solches Design wird nur in einer Studie angewandt!
- Zwar waren in immerhin mehr als der Hälfte der analysierten Studien die Evaluationskriterien klar und nachvollziehbar und in nahezu der Hälfte auch die Ergebnisse klar beschrieben, dies stellt dennoch eine geringe Quote dar.

Andererseits sind aus der Analyse auch einige positive Schlüsse zu ziehen:

- Die Projektdauer ist relativ hoch; sie liegt im Durchschnitt bei 20,5 Monaten. Offensichtlich stehen längere Prozesse im Fokus der Untersuchungen.
- Es werden in der Mehrzahl der Fälle Kombinationsdesigns aus qualitativen und quantitativen Untersuchungsmethoden realisiert, und auch das Prinzip der Triangulation ist zumindest in knapp einem Drittel der Studien umgesetzt.
- Ein breites Spektrum an Forschungsmethoden wurde eingesetzt.

Dennoch ist die wesentliche Schlussfolgerung aus dieser Analyse, dass ein Bedarf an der Weiterentwicklung der Evaluationsmethoden besteht – und dass die Notwendigkeit besteht, die Evaluation von Projekten oder Interventionen in der Sozialen Arbeit noch präziser und gegenstandsangemessener zu planen und umzusetzen. Es gilt insbesondere die folgenden Gütekriterien zu berücksichtigen, wenn es wirklich darum geht, Wirkungen zu erfassen und zu beschreiben:

- präzise und begründete Definition von (validen) Ausgangskriterien, die erfasst werden sollen
- präzise und nachvollziehbare Dokumentation des Vorgehens bei Durchführung und Auswertung der Untersuchung (und dazu gehört eben auch die Beschreibung der Stichprobe/n)
- Kombination von Ergebnis- und Prozessevaluation
- Berücksichtigung der Variable „Zeit" beim Entwurf des Untersuchungsdesigns

- gegenstandsangemessene Methodenauswahl – der Regelfall sollte eine Kombination aus quantitativen und qualitativen Methoden sein
- Erfassung der Wirkung von bereits ausreichend konzipierten Programmen über Kontrollgruppendesigns im quasi-experimentellen, praxisgerechten Setting.
- nachvollziehbare Ableitung und Darstellung der Ergebnisse
- „kommunikative Validierung" der Resultate, z.B. im Rahmen eines Austauschs mit Auftraggebern, Betroffenen und der Fachöffentlichkeit.

Auch wenn, wie angedeutet, in manchen Studien (wie z.B. bei der Evaluation des Bund-Länder-Programms Soziale Stadt) sehr komplexe Sachverhalte und Entwicklungen untersucht werden, ja manchmal die Ziele eines Programms erst im Laufe des Prozesses mit den AdressatInnen bestimmt werden und auf diese Weise ein „klassisches" empirisches Design mit präzisen Variablen- und Kriterien-Definitionen im Vorhinein nicht zu realisieren ist, sollten dennoch die dargelegten Qualitätsanforderungen oder Gütekriterien reflektiert werden; die Abweichung sollte begründet sein.

Wenn sich die Sozialarbeitsforschung einen anerkannten Platz im Reigen der Bezugs- oder „Schwester-" Disziplinen erarbeiten will, so muss sie sich zumindest an den empirischen Kriterien dieser Wissenschaftstraditionen orientieren – denn die Gegenstände der Sozialarbeitsforschung sind so grundlegend nicht von denen beispielsweise der Psychologie oder der Soziologie zu unterscheiden.

Mit Handschuhen und Pinzette?! –
Zum Umgang mit Moral und Ethik in der Sozialarbeitsforschung

Karola Kreutner

Nähert man sich als Soziologe dem Gebiet der Moral und der Ethik, so lautet die Empfehlung von Niklas Luhmann, sollte man unbedingt Handschuhe tragen und möglichst sterile Instrumente benutzen, um der moralischen Infektionsgefahr vorzubeugen (vgl. 1989, S. 359). Denn die wissenschaftliche Untersuchung von Ethik und Moral könnte Forschende dazu verleiten, selbst moralische Aussagen zu treffen und damit die Wissenschaftlichkeit der Analyse unterminieren. Neben der darin anklingenden Forderung nach Genauigkeit und Sorgfalt bei der Erforschung von Moral und Ethik, verlangt Luhmann vor allem eines von einer wissenschaftlichen Untersuchung: „Enthaltsamkeit in Sachen Moral" (1989, S. 359). Ziel wissenschaftlicher Untersuchungen ist es nicht, normative, sondern deskriptive Aussagen zu entwickeln.
Inwiefern dieser Imperativ auch in der Forschung Sozialer Arbeit den Umgang mit Moral und Ethik bestimmen soll und wie sich die Realität dazu verhält, ist Gegenstand dieses Beitrags.
Hierzu ist eine kurze Bestimmung der Begriffe Moral und Ethik, wie sie nachfolgend verwendet werden, notwendig. Moral bezeichnet alle für einen Menschen oder in einer Gemeinschaft gültigen Regeln, Gebote, Werte und Normen sowie „Ideale des guten und richtigen Sichverhaltens (...) plus der mehr oder weniger vernünftigen Überzeugungen, die es ermöglichen, diesen Normen und Idealen einen ernst zu nehmenden Sinn zu geben, sie zu rechtfertigen oder gegebenenfalls auch kritisch zu modifizieren" (Kettner 2002, S. 410). Ethik hingegen ist die wissenschaftliche Disziplin, die Moral zum Gegenstand hat. Ihre Aufgabe ist es, gültige Moralvorstellungen zu hinterfragen und einer Geltungs- und Legitimationsprüfung zu unterziehen.
Im Gegensatz zu Luhmanns Forderung finden sich in Wissenschaft und Forschung Sozialer Arbeit durchaus auch normative Aussagen. In einem ersten Schritt sollen anhand der in dem vorliegenden Band präsentierten Forschungsprojekte Beispiele hierfür herausgearbeitet werden. Vor dem Hintergrund der Kontroverse um den Status normativer Aussagen wird in einem zweiten Schritt die Wissenschaftsfähigkeit normativer Aussagen begründet. Auf dieser Grundlage werden – drittens – die in den Projekten implizierten Ethikverständnisse kritisch reflektiert. Abschließend werden die Vorzüge eines praktischen Wissenschaftsverständnisses für die Wissenschaft Sozialer Arbeit kurz skizziert.

Normative Aussagen in Wissenschaft und Forschung der Sozialen Arbeit

Der Status normativer Aussagen in der Sozialen Arbeit ist umstritten, unbestritten ist allerdings, dass normative Aussagen häufig Bestandteil theoretischer Konzepte sind (Schlittmaier 2005, Sahle 2002, Feth 1998). So integriert Staub-Bernasconi mit den „Wert-und Kriterienfragen" und dem Bezug zu den *Menschenrechten* normative Aussagen in ihre Handlungstheorie Sozialer Arbeit, die Manuel Arnegger und Ursula Korf sowie Manuela Leideritz zum Ausgangspunkt ihrer Forschungsprojekte machen (E 3.1 und A 2.3). Daneben wird in Fragestellungen der Sozialarbeitsforschung auch auf Werte Bezug genommen: Myriam Fröschle-Mess untersucht, inwieweit sich Industrieunternehmen im Zusammenhang mit Maßnahmen zur Gesundheitsförderung auch mit Fragen der *Menschenwürde* auseinandersetzen (F 3.2); Silke Gahleitner und Kirsten Becker-Bikowski erforschen Unterstützungsmöglichkeiten für *menschenwürdige* Copingstrategien bei TumorpatientInnen (C 1.2); Ulrike Schmauch verfolgt das Ziel, die spezifischen Bedürfnisse für ein alten*gerechtes* Leben lesbischer Frauen zu eruieren (A 3.2).

Diese zwar deskriptiv formulierten Fragestellungen implizieren normative Aussagen, da sich nicht empirisch erfassen lässt, was als gerecht oder als menschenwürdig gelten soll. Sie basieren auf Sollensvorstellungen, die festgelegt werden müssen, gerade im Detail häufig strittig sind und daher einer Begründung bedürfen.

In ähnlicher Weise werden normative Zielsetzungen in den Projektdarstellungen sichtbar:

- Thierschs Formel des „gelingenderen Alltags" (vgl. 1986) für gemeinwesenorientierte Soziale Arbeit präzisierend entwickelte Konrad Maier zusammen mit seinem Forschungsteam unter dem Stichwort der „Inszenierung des Sozialen" eine Methode zum Aufbau einer „*tragfähigen sozialen Alltagskultur*" im Stadtteil (F 4.3).
- Unter Verweis auf die Gefahr, neoliberale Mechanismen sozialer Kontrolle im Gemeinwesen zu fördern, entwickelt Sabine Stövesand in ihrer Dissertation ein Verfahren zur *Prävention und Reduktion von Gewalt* im Geschlechterverhältnis, das *emanzipatorische* Perspektiven verfolgt und auch auf eine *Veränderung kultureller Leitvorstellungen* zielt (A 4.2).
- Im Gegensatz zu diesen sozialräumlich orientierten Projekten richtet Kurt Bader den Fokus auf das Subjekt. In seinem Konzept zur Qualitätsentwicklung geht er davon aus, dass die Unterstützung *selbstständiger* Lebensführung von betreuten Menschen mit einer *Erhöhung ihrer Lebensqualität* einhergeht (C 3.3).
- Einen ähnlichen Ansatz verfolgen Michael Leupold und Christoph Walther. Sie untersuchen, ob das Betreute Wohnen für chronisch psychisch kranke Menschen deren *selbstbestimmte Lebensführung* fördert (C 3.2).

- Und auch Ralph Quindel zielt in diese Richtung, indem er aufzeigt, welche personalen und institutionellen Bedingungen erfüllt sein müssen, um *Empowerment*-Prozesse in der Sozialpsychiatrie zu ermöglichen (F 2.2).
- Klaus Fröhlich-Gildhoff stellt einen ganzheitlichen Ansatz zur *Förderung von Resilienzfaktoren* bei Kindern vor (B 1.1)
- Um ein zukunftsfähiges Instrument für die Hilfeplanung im Bereich der Altenhilfe zu erarbeiten, erforscht Michael Klassen neben den Bedürfnissen älterer Menschen auch ihre *legitimen Wünsche*, deren Erfüllung er als Aufgabe der Sozialen Arbeit zuschreibt (D 3.1).
- Schließlich wurden auf der Würzburger Tagung zwei Evaluationsuntersuchungen zu Projekten vorgestellt, die die *Integration* von MigrantInnen fördern sollen (D 1.2 und D 1.3).

Insgesamt lassen sich bei mehr als einem Drittel (35%) der vorgestellten Projekte (implizite oder explizite) normative Aussagen ausmachen. Auffallend ist, dass es bei knapp zwei Dritteln (62%) dieser Projekte SozialarbeiterInnen/SozialpädagogInnen sind, die die Projektleitung innehaben, die übrigen Forschungsprojekte – außer zweien, die nicht zuordenbar sind – werden von WissenschaftlerInnen anderer Disziplinen (z.B. Psychologie, Soziologie) geleitet. Darin spiegelt sich möglicherweise die in der Wissenschaft Sozialer Arbeit weit verbreitete Auffassung, dass normative Aussagen nicht nur wissenschaftsfähig sind, sondern quasi einen genuinen Bestandteil einer Wissenschaft Sozialer Arbeit als „Handlungswissenschaft" (vgl. Staub-Bernasconi in diesem Band) darstellen. Die Wissenschaft Sozialer Arbeit basiert „auf Wertvorstellungen und Veränderungsabsichten, ist also notwendigerweise normative Wissenschaft" (Mühlum 2004, S. 12), es gehört zu ihren unverzichtbaren Aufgaben „sich mit den ethischen Prinzipien der Sozialen Arbeit (Findung, Begründung, Verwirklichung usw.) zu befassen, sie zu erforschen und zu reflektieren" (Engelke 2003, S. 314). Vor diesem Hintergrund konzipiert Konrad Maier Sozialarbeitswissenschaft als „praktische Wissenschaft", die sich „nicht nur auf ‚nomologische' Theorien und ‚technologische' Aussagesysteme beschränkt, sondern (...) sich ebenso auf normative Aussagen" (Maier 1998, S. 60f) bezieht.
Im Gegensatz dazu plädiert Nikolaus Sidler für eine werturteilsfreie Sozialarbeitswissenschaft und sieht den Ort einer systematischen Reflexion normativer Aussagen in einer „sozialarbeiterischen Teleologie" (vgl. 2004, S. 56). Auch Hans-Jürgen Göppner und Juha Hämäläinen sprechen normativen Aussagen ihren wissenschaftlichen Status ab. „[E]s darf aber auch die Gegensätzlichkeit zwischen Ethik und Wissenschaftlichkeit nicht wegretuschiert werden. Wissenschaft hat immer den Anspruch auf objektive Wahrheit, die von moralischen Urteilen befreit ist, Wissenschaft kann nicht ethisch begründet werden. Es besteht auch eine Unmöglichkeit der wissenschaftlichen Begründung von Moral (...)" (Göppner/Hämäläinen 2001, S. 282).

NORMATIVE AUSSAGEN – WISSENSCHAFTSFÄHIG ODER NICHT?

Dieser These von der Unmöglichkeit der wissenschaftlichen Begründung von Moral möchte ich zunächst unabhängig von der Sozialen Arbeit nachgehen. Sehen wir uns dazu den Prozess der Theoriebildung sowie gängige Begründungstheorien der empirischen Wissenschaften an, mit deren Hilfe sich die Wissenschaftlichkeit deskriptiver Aussagen bestimmen lässt: Lange Zeit dominierten dort ‚fundamentalistische' oder ‚fundamentistische'[1] Begründungstheorien. Diese gehen von der Annahme aus, dass es ‚fundamentale' Überzeugungen gibt, die selbstevident und nicht begründungsfähig sind und als Basis zur Begründung anderer Überzeugungen dienen (vgl. Bartelborth 1996, S. 107; Nida-Rümelin 1994, S. 736f.). Für fundamentistische Rechtfertigungstheorien in den empirischen Wissenschaften sind z.B. Beobachtungsüberzeugungen der Form „Vor mir steht ein Bildschirm" fundamentale Überzeugungen: alle wissenschaftlichen Aussagen müssen demnach auf Beobachtungen zurückführbar sein. Als wissenschaftlich anerkannte Begründungsstrukturen zwischen fundamentalen Überzeugungen und nicht-fundamentalen Aussagen gelten Deduktion, d.h. der logische Schluss von Aussagen aus fundamentalen Überzeugungen bzw. aus bereits begründeten Annahmen, und Induktion, d.h. die Begründung allgemeinerer Hypothesen oder Theorien anhand einzelner Beobachtungen. Die Eignung der in ihren Grundzügen vorgestellten fundamentistischen Begründungstheorie als Modell überzeugender Begründungsstrukturen wurde jedoch in den 1960er/70er Jahren zunehmend in Frage gestellt:

– Erstens kam man zu der Einsicht, dass fundamentale Überzeugungen immer ein Irrtumsrisiko beinhalten. Letztendlich gibt es keine Garantie dafür, dass auf Beobachtungen zurückführbare Aussagen wahr[2] sind. So könnte beispielsweise die Beobachtungsüberzeugung „Vor mir steht ein Bildschirm" Ergebnis einer Sinnestäuschung sein. Daher bedürfen auch vermeintlich evidente Überzeugungen einer Begründung. Das heißt: Sollen Dritte meiner Überzeugung, vor mir stehe ein Bildschirm, folgen, muss ich Gründe dafür angeben können, weshalb ich glaube, mich nicht zu irren.
– Zweitens zeigte sich, dass Beobachtungserkenntnisse immer auf Hintergrundwissen und Hintergrundannahmen basieren, „weil jede Beobachtung immer schon von bestimmten, die Beobachtung leitenden bzw. begleitenden Begriffen bzw. Vorstellungen über den Wahrnehmungsvorgang geprägt ist" (Badura 2002a, S. 95). Auf unser Beispiel bezogen bedeutet das: Zu der Aussage „Vor mir steht ein Bildschirm" werde ich erst kommen, wenn ich bereits

---

[1] Der Begriff ‚Fundamentismus' wird als Synonym für den in der Philosophie gebräuchlichen Begriff ‚Fundamentalismus' verwendet, besitzt allerdings den Vorteil, nicht ebenso sehr an die alltagssprachliche Bedeutung im Sinne des religiösen Fundamentalismus zu erinnern (vgl. Badura 2002b, S. 194).
[2] Vorausgesetzt man definiert Wahrheit mit Kant als „die Übereinstimmung der Erkenntnis mit ihrem Gegenstande" (Kant zit. nach Bartelborth 1996, S. 58). Zum korrespondenztheoretischen Wahrheitsbegriff vgl. auch Staub-Bernasconi in diesem Band.

weiß, welche Erscheinungseigenschaften ein Bildschirm besitzt. Fundamentistische Begründungstheorien können derartige Wechselbeziehungen zwischen Hintergrundwissen und Beobachtungsüberzeugungen nicht angemessen abbilden (vgl. ebda.).
– Drittens stellte man fest, dass empirische Theorien meist nicht deduktiv bzw. induktiv hergeleitet werden, sondern sich die Schlussverfahren adäquater als Abduktionen, d.h. als „Schluss auf die beste Erklärung" (Bartelborth 1996, S. 141) beschreiben lassen. Hierbei wird aus einer beliebigen Anzahl erklärungsbedürftiger Tatsachen E_i auf eine (hypothetische) Annahme H geschlossen, die E_i besser erklärt als alle alternativen Annahmen. Dieser Schlusstyp ist uns aus Kriminalfilmen und Gerichtsurteilen bekannt: Verschiedene Indizien – die Fingerabdrücke von Frank auf der Tatwaffe, Frank hat für die Tatzeit kein Alibi etc. – stützen die Annahme, Frank habe die Tat begangen. Auch aus den Naturwissenschaften sind vielfältige Beispiele für Abduktionen bekannt. Eines der prominentesten ist sicherlich der Schluss aus Fossilienfunden auf die Evolutionstheorie (vgl. ebda., S. 144).

Vor dem Hintergrund der geschilderten Problematik gewannen kohärentistische Begründungstheorien in den empirischen Wissenschaften an Bedeutung. Im Gegensatz zu fundamentistischen Modellen, die die Gültigkeit von Begründungen anhand ihrer deduktiven bzw. induktiven Rückführbarkeit auf fundamentale Überzeugungen bemessen, ist bei Kohärenztheorien entscheidend für die Gültigkeit einer Begründung, ob sich das zu Begründende durch abduktives Schließen in ein kohärentes Überzeugungssystem integrieren lässt. Neben den Beobachtungsüberzeugungen (Überzeugungen erster Ordnung) findet in dieser Konzeption insbesondere das Hintergrundwissen des/der Beobachtenden (Metaüberzeugungen oder Überzeugungen zweiter Ordnung) Berücksichtigung. Ein weiterer Unterschied zwischen beiden Ansätzen besteht darin, dass kohärentistische Theorien nicht von fundamentalen Überzeugungen ausgehen. Eine formale Kohärenztheorie basiert auf der Annahme, es gebe keine selbstrechtfertigenden Überzeugungen. Daher sind alle Überzeugungen zu begründen (vgl. ebda., S. 109).

Diese in den empirischen Wissenschaften bereits anerkannten Überlegungen zur Theoriebildung wurden auch in der Ethik aufgegriffen, wo im Zuge einer stärkeren Praxisorientierung ethischer Reflexion traditionelle fundamentistische Ansätze (z.B. Kantianismus oder Utilitarismus) ebenfalls in Kritik gerieten (vgl. Badura 2002b, S. 196):
Einerseits wird ihnen ihre mangelnde Praxisrelevanz bei moralischen Orientierungsproblemen vorgehalten: fundamentistische Ethiken begründen in der Regel sehr allgemeine und abstrakte Normen und laufen so Gefahr, „in ein Wolkenkuckucksheim aprioristischer Moralkonstruktionen zu entschweben, die mit unserem Alltagsverständnis von Moral nichts mehr zu tun haben" (Koller 1979, S. 138).
Andererseits beanspruchen die unterschiedlichen fundamentistischen Ethikansätze einen exklusiven Geltungsanspruch der durch sie begründeten Prinzipien und Normen. Dabei geraten sie in einen Widerstreit, dessen Auflösbarkeit be-

zweifelt werden darf. Im Gegensatz dazu offeriert der ethische Kohärentismus keine statischen moralischen Geltungsgrundlagen, sondern fasst die unterschiedlichen normativ-grundlagenethischen Theorien als „komplementäre Perspektiven" (Badura 2002a, S. 57) auf, die stets aufs Neue in einen kohärenten Zusammenhang gebracht werden müssen. Dabei wird neben moralischen Überzeugungen auch die Notwendigkeit der Integration nicht-moralischer Aussagen betont.

Ein Überzeugungssystem gilt demnach dann als kohärent, „wenn

a) einzelne Überzeugungen sich gegenseitig stützen und ein Überzeugungssystem mit in erster Linie abduktiven Relationen bilden, also nicht beliebig nebeneinander stehen (...);
b) sowohl Überzeugungen im System als auch neu auftretende Überzeugungen, in einem weiteren Sinne auch Hypothesen oder Intuitionen, im Rahmen dieses Überzeugungssystems erklärbar sind und sich dadurch eine gewisse Stabilität des Überzeugungssystems erweist (...) und diese Stabilität über die Zeit besteht;
c) keine Inkohärenz des Überzeugungssystems entsteht durch Inkonsistenzen, isolierte Subsysteme, Erklärungsanomalien oder konkurrierende abduktive Schlussvarianten im System" (ebda., S. 103).

Inzwischen feiern begründungsmethodische Ethikansätze unter dem Begriff des ‚ethischen Kohärentismus' Hochkonjunktur (vgl. Bayertz 1999, S. 84). Eines der bekanntesten und zugleich grundlegenden Beispiele für eine kohärentistische Theoriebildung im Bereich der Ethik stellt John Rawls „Theorie der Gerechtigkeit" dar.

Was bedeuten diese Überlegungen nun für den Status normativer Aussagen in der Wissenschaft und Forschung Sozialer Arbeit? Meines Erachtens führen sie die These von der Unmöglichkeit der wissenschaftlichen Begründung von Moral ad absurdum, denn es ist nicht plausibel, weshalb deskriptive Aussagen als wissenschaftsfähig, normative Aussagen hingegen als nicht wissenschaftsfähig zu betrachten sein sollen, wenn doch Begründung und Theoriebildung in den empirischen Wissenschaften und in der Ethik dem selben Schema folgen können.

Die Projektdarstellungen als Spiegel unterschiedlicher Ethikverständnisse in der Sozialen Arbeit

An die eingangs getroffene Unterscheidung zwischen Moral und Ethik anknüpfend lässt sich damit folgende These aufstellen: Moralische Aussagen sind dann wissenschaftlich, wenn sie ethisch reflektiert und kohärent begründet wurden. Da eine derartige Unterscheidung zwischen Moral und Ethik in der Sozialen Arbeit nicht durchgängig gemacht wird und der kohärentistische Ethikansatz bisher weitgehend unbeachtet blieb,[3] würde eine an diesen Kriterien orientierte kri-

---

[3] Eine Ausnahme bildet Schlittmaier 2004.

tische Reflexion der Projekte zwangsläufig negativ ausfallen.[4] Deshalb soll nachfolgend der Blick auf die in den Projekten implizierten Ethikverständnisse gerichtet und diese mit dem ethischen Kohärentismus kontrastiert werden.
Der von Stefan Borrmann vorgestellten Untersuchung zu „ethischen Dilemmata" (F 2.3) liegt ein Ethikverständnis zugrunde, das in der Sozialen Arbeit weit verbreitet ist.[5] Unter der Bezeichnung „Berufsethik" wird ein Katalog an moralischen Prinzipien und Normen aufgelistet, die als allgemeine Richtlinien und Verhaltenskodizes das berufliche Handeln von SozialarbeiterInnen/SozialpädagogInnen bestimmen sollen, ohne dass eine Begründung der normativen Basis geleistet wird. Dabei werden universelle, d.h. unabhängig von Zeit, Person und Situation gültige Werte vorausgesetzt, „wie sie etwa im Katalog der Menschenrechte oder den Persönlichkeitsrechten und dem Sozialstaatsgebot des Grundgesetzes zum Ausdruck kommen" (DBSH 1997, § 1). Vermittels berufsethischer Kodizes wird suggeriert, dass ihre strikte Einhaltung immer zu moralisch gutem Handeln führt. VertreterInnen des ethischen Kohärentismus teilen diese Ansicht nicht: Sie gehen davon aus, dass kohärente Überzeugungssysteme zeitlich gesehen in ihrem Kern zwar relativ stabil, prinzipiell aber revidierbar sind und fordern fall- und situationsbezogene Entscheidungen. Moralische und ethische Überzeugungen können daher immer nur vorläufigen Charakter annehmen und bedürfen einer beständigen Rückversicherung durch eine ethische Reflexion. Ein Ethikverständnis wie es den berufsethischen Prinzipien zugrunde liegt, das Moral und Ethik gleichsetzt, „versperrt eine tiefergehende Auseinandersetzung mit den zentralen moralischen Normen der Sozialen Arbeit" (Schlittmaier 2006, S. 44). Die dort festgehaltenen Grundsätze bilden die Moral Sozialer Arbeit, ergeben aber noch keine (wissenschaftliche) Ethik.
Die wissenschaftlich-ethische Qualität von Stefan Borrmanns Untersuchung liegt vielmehr in der empirischen Erfassung und dem Vergleich moralischer Einstellungen und Haltungen von Professionellen der Sozialen Arbeit in den USA und Deutschland, sowie der moralischen Dilemmata, die sie bisher in ihrer Praxis erfahren haben und deren Umgang damit. Wie es in der deskriptiven Ethik üblich ist, macht er Moral wie sie ist, nicht wie sie sein soll zu seinem Forschungsgegenstand. Eine derartige Herangehensweise ist für die Erfassung der Vielschichtigkeit und Komplexität von Moral unumgänglich und dient als ergänzende Betrachtungsweise für die Reflexion des Gesollten (vgl. Scarano 2002, S. 26): Erst wenn es uns gelingt, Aussagen über die Wesenhaftigkeit des Menschen und seine mora-

---

[4] Eine Beurteilung der Wissenschaftlichkeit der vorgestellten Projekte ist aufgrund der geforderten Kürze der Projektdarstellungen ohnehin schwierig. Nachfolgend beziehe ich mich daher lediglich auf diejenigen Projekte, bei denen es mir gelungen ist, Forschungsberichte, Vortragsskripte oder weiterführende Veröffentlichungen einzusehen.
[5] Die Projektbeschreibung von Stefan Borrmann beinhaltet keine Definition des Ethikbegriffs. Meine Ausführungen diesbezüglich basieren auf Borrmann 2004; Hinter der Bezeichnung „forschungsethische Fragen", die Claudia Steckelberg (A 1.3) in ihrer Untersuchung zu berücksichtigen angibt, verbirgt sich vermutlich dasselbe Ethikverständnis. Eine kritische Auseinandersetzung hierzu findet sich in Schlittmaier 2006.

lischen Fähigkeiten zu machen, können Aussagen über sinnvolle und einforderbare Prinzipien getroffen werden. Nach kohärentistischer Auffassung ist es darüber hinaus notwendig, problembezogenes Fachwissen wie auch moralpsychologisch, soziologisch und pädagogisch zu erschließende Aspekte einzubeziehen (vgl. Badura 2002b, S. 203). Deskriptive Ethik und andere empirische Wissenschaften gelten damit als wichtige Bezugsgrößen der normativen Ethik.
Ohne explizit moralreflexiv angelegt zu sein, verfolgen zwei weitere Projekte einen deskriptiv-ethischen Ansatz: Monika Thomsen rekonstruiert das professionelle Selbstverständnis von SchuldnerberaterInnen in der Sozialen Arbeit und arbeitet dabei deren Werthaltungen heraus (G 1.1). Ralph Quindel fragt nach den „ethischen Utopien", die das Handeln von SozialpädagogInnen, PsychologInnen und ÄrtzInnen im Sozialpsychiatrischen Dienst leiten (F 2.2).
Aspekte der normativen Ethik nimmt Christian Stark in seine Projektdarstellung auf, indem er mit Bezug auf die Menschenwürde den Umgang mit Wohnungslosen sowie das darin offenbarte Menschenbild kritisiert (A 1.2).
Ein gleichermaßen deskriptives wie normatives Erkenntnisinteresse verfolgt Irmingard Fritsch in ihrer Masterthesis über Menschenbilder in der Arbeit mit Menschen mit Behinderungen (F 1.2). Zunächst rekonstruiert sie im Rahmen einer qualitativen Untersuchung die Menschenbilder von MitarbeiterInnen der Behindertenhilfe, im Anschluss bemisst sie diese an den Forderungen nach Achtung der Autonomie und der Menschenwürde. Dabei geht sie streng fundamentistisch vor: Sie formuliert zwei Grundnormen, denen sie universale Geltungskraft einräumt, aus diesen leitet sie Normen mittlerer Reichweite und konkrete Handlungsnormen ab (Deduktion); für die Rekonstruktion der Menschenbilder wählt sie ein induktives Vorgehen, deren Ergebnisse sie nach dem gleichen Muster (konkrete Handlungsnormen – Normen mittlerer Stufe – Grundnorm) präsentiert. In diesem Forschungsprojekt wird die Problematik des fundamentistischen Ansatzes besonders deutlich: Weder die im deduktiven noch die im induktiven Verfahren formulierten Normen sind unmittelbar einleuchtend und intersubjektiv nachvollziehbar: So erscheint es mir beispielsweise nur schwer verständlich, weshalb die Aussage eines Menschen mit Behinderung „Ich muss in der Gruppe verschiedene Dienste machen" eine partnerschaftliche Beziehung der MitarbeiterInnen zu Menschen mit Behinderung bezeugen soll – so die Argumentation von Irmingard Fritsch –, die Aussage einer Mitarbeiterin, dass Kinder am Gruppennachmittag etwas gemeinsam unternehmen müssten, hingegen die Annahme begründet, dass diese Mitarbeiterin die Entscheidung Anderer nicht respektiert (vgl. Fritsch 2006). Beide Aussagen geben konkrete Erwartungshaltungen von Mitarbeitenden gegenüber ihren KlientInnen wieder. Eine Einschätzung dessen, was die eine gegenüber der anderen als moralisch besser auszeichnet, verlangt meines Erachtens jedoch nach einer transparenten Begründung, die hier nicht geleistet wird. Um ein moralisches Urteil fällen zu können, ist ein verantwortungsethischer Ansatz hilfreich, bei dem die Gesinnung, d.h. die moralische Motivation des/der Handelnden ebenso wie das Handlungsziel, die eingesetzten Mittel und Methoden, die konkrete Handlungssituation und die Handlungsfolgen kritisch reflek-

tiert und bei einer Entscheidung berücksichtigt werden.[6] Auf das Beispiel bezogen hieße das, danach zu fragen, ob sich die Kinder darüber beklagen, an gemeinsamen Aktivitäten teilnehmen zu müssen, sie alternative und realisierbare Vorschläge für die Nachmittagsgestaltung einbringen, die dann aber ignoriert werden etc. Ein verantwortungsethisches Vorgehen kann nach reiflicher Überlegung auch zu dem Schluss führen, dass es in einer bestimmten Situation eben nicht besser oder „gut" ist, eine Entscheidung des/der Anderen zu respektieren, sondern auf angemessene Weise einen alternativen Weg vorzugeben.

AUSBLICK: SOZIALE ARBEIT ALS PRAKTISCHE WISSENSCHAFT

Anhand der großen Bandbreite der in diesem Band vorgestellten Forschungsprojekte, dürfte deutlich geworden sein, dass in der Forschung Sozialer Arbeit sehr unterschiedliche Erkenntnisinteressen verfolgt werden: von der rein deskriptiven Analyse sozialer Verhältnisse über die Beschreibung sozialer Probleme, die mit dem Problembegriff häufig bereits eine normative (d.h. wertende) Komponente enthält, über die Entwicklung von Verfahren, um normative Zielsetzungen zu erreichen, bis hin zu Projekten mit einem explizit moralreflexiv angelegten normativen Erkenntnisinteresse.

Vor diesem Hintergrund erscheint ein praktisches Wissenschaftsverständnis, wie es Maier (1998) vorschlägt, die Wissenschaft Sozialer Arbeit durchaus adäquat abzubilden, da sie die oben angesprochenen Blickwinkel vereint: die Beschreibung und Erklärung der Wirklichkeit, die Reflexion des Guten und Gesollten und das Entwickeln von Verfahren zur Verwirklichung des Guten im Rahmen der gegebenen Möglichkeiten. Im Gegensatz zu einer rein empirischen Wissenschaft, bleibt die praktische Wissenschaft nicht bei der Erforschung der Realität stehen, sondern setzt sich zum Ziel, Handlungsvorschläge für die Praxis zu entwickeln, die den zugrunde liegenden Ziel- und Wertsetzungen in besserer Weise gerecht werden.

Dies erfordert jedoch ein hohes Maß an analytischer Genauigkeit und Transparenz. Einerseits sind naturalistische Fehlschlüsse zu vermeiden, weshalb deskriptive und normative Aussagen genau unterschieden und in logisch kohärente Beziehungen gebracht werden müssen. Andererseits sollten normative Aussagen explizit gekennzeichnet werden, damit sie der ethischen Reflexion zugänglich sind und intersubjektiv nachvollzogen werden können. Solange normative Aussagen nicht ethisch reflektiert werden, erreichen sie nicht den Status wissenschaftlicher Aussagen. Genau das sollte jedoch Ziel einer wissenschaftlichen Untersuchung sein.

In diesem Sinne kann es also durchaus ratsam sein, „mit Handschuhen und Pinzette" vorzugehen, wenn eine wissenschaftliche Untersuchung kein rein empirisches, sondern ein normatives Erkenntnisinteresse verfolgt.

---

[6] Eine anschauliche Einführung in die Verantwortungsethik mit Bezug zur Sozialen Arbeit leistet Gruber 2005.

Zur wissenschaftlichen Qualität der vorgestellten Forschungsprojekte

Erika Steinert

Die Frage, ob die in den Dokumentationen präsentierten Forschungsarbeiten wissenschaftlichen Standards genügen, ist kaum zu beantworten. Beurteilungsgrundlage können nicht die Projekte selbst, nur die Dokumentationen und die zwangsläufig wenigen persönlich erlebten Präsentationen während der Fachtagung „Theorie und Empirie in der Sozialen Arbeit" sein. Die Dokumentationen sind, so war es gefordert, kurz und bündig gehalten und enthalten kaum ausreichende Hinweise auf die wissenschaftliche Qualität der beschriebenen Studien. Aus Platzgründen muss darauf verzichtet werden, alle Dokumentationen, die es verdient hätten, in der folgenden Auswertung zu würdigen. Als praktikabel erscheinen lediglich exemplarische Verweise auf die eine oder andere von ihnen. Im Folgenden sei zunächst kurz geklärt, was I. unter Sozialarbeitsforschung verstanden wird und wie sie sich in das System der Wissenschaft Sozialer Arbeit einfügt. Anschließend werden wissenschaftliche Standards und zeitgemäße Anforderungen an empirische Forschung skizziert. Schließlich wird II. eine Einschätzung der Dokumentationen vorgenommen und III. abschließend ein Resümee gezogen.

I. BEZUGSPUNKTE DER ANALYSE

1. Forschung als Teil der Wissenschaft Sozialer Arbeit

Die von uns in der Arbeitsgruppe „Theorie- und Wissenschaftsentwicklung Sozialer Arbeit" des Fachbereichstages erarbeitete Systematik verortet Forschung im Spielfeld der Wissenschaft und Profession Sozialer Arbeit.[1] Diese Systematik liefert im Weiteren Referenzpunkte zur Gliederung der Dokumentationen und wird daher kurz skizziert:

Sozialarbeitsforschung liegt vor, wenn ein Thema mit Bezug auf den Gegenstand Sozialer Arbeit argumentativ und kontextuell bearbeitet wird. Dieser Bezug ist gegeben, wenn es um die Analyse der – mehrdimensionalen – Bearbeitung von gesellschaftlichen und/oder professionell als relevant angesehenen Problemlagen geht. Sozialarbeitsforschung liefert wissenschaftliche Daten für die „Lehre von den Definitions-, Erklärungs- und Bearbeitungsprozessen" dieser Problemlagen. Ihre Aussagen beziehen sich auf den Gegenstandsbereich[2],

---

[1] Steinert in Steinert et al. 1998, S. 33; Steinert 2000, S. 11–28; Klüsche 1999, S. 18
[2] Gemeint sind damit die gesellschaftlichen Rahmenbedingungen Sozialer Arbeit, die Einbindung Sozialer Arbeit in die Gesellschaft, die Arbeitsabläufe und Organisationsformen Sozialer Arbeit, die Interaktionsprozesse zwischen Helfenden und Adressaten sowie deren Wirkungen, die Alltagswelt und Lebenslagen der Adressaten und Adressatinnen.

die Gegenstandsbearbeitung[3], die Gegenstandserklärung[4] und die Gegenstandsbestimmung.[5]
Sozialarbeitswissenschaftliche Forschung ist praxisorientiert und hat den Transfer ihrer Erkenntnisse zu leisten.

2. Qualitätsstandards empirischer Forschung

Von zeitgemäßer Sozialarbeitsforschung können vor dem Hintergrund der bisherigen Ausführungen u.a. die folgenden Qualitätskriterien erwartet werden (Steinert 2005):

(1) Kooperation von Wissenschaft und Praxis: Grundlagen-, Praxiswissenschaft[6] und Praxis finden dabei eine gemeinsame Schnittmenge.
(2) Kooperation in Forschungsverbünden: Nachhaltigkeit, größere Relevanz der Untersuchungsfragen und breitere Anwendung der Befunde sind eher von einem Verbund als von Einzelkämpfern zu erwarten. Darüber hinaus sind Forschungsprogramme oft für Verbünde ausgelegt.
(3) Interdisziplinarität: Sozialarbeitswissenschaft ist als Praxiswissenschaft auf Erkenntnisse der Nachbar- oder Bezugsdisziplinen angewiesen; Sozialarbeitsforschung nimmt deren Forschungsstand zur Kenntnis und integriert ihn auf die eigenen Fragen bezogen.
(4) Internationalität: Europäisierung und Globalisierung erfordern international vergleichende Forschung.
(5) Wissenschaftliche Standards: Arbeitsziele des Vorhabens sowie der Stand der Wissenschaft und Forschung, die Innovation der Fragestellung und die Untersuchungsmethoden sind auszuweisen, die Beachtung der wissenschaftlichen Gütekriterien ist nachzuweisen, die (erwarteten) Ergebnisse sind darzustellen und auf den Stand der Forschung zu beziehen, der Erkenntnistransfer ist zu berücksichtigen.
(6) Gender: Seit Frauen- und Männerforschung in vielfältigen Studien Ungleichheiten und Unterschiede zwischen den Geschlechtern nachgewiesen haben, sollten Untersuchungsfragen geschlechtsbezogen differenziert werden. Im Zeitalter des Gender Mainstreaming dürfte dies, ohne einer Politisierung von Wissenschaft das Wort zu reden, nicht mehr wesentlich in Frage gestellt werden.

---

[3] D.h., die Art und Qualität des professionellen Handelns, der Einsatz fachlicher Standards.
[4] Verstanden wird darunter die Entstehung von Problemlagen sowie Ziele Sozialer Arbeit.
[5] Das Spezifikum Sozialer Arbeit ist damit gemeint.
[6] Die Bezeichnung „Handlungswissenschaft" ist auf „Handlung" bezogen. Da der Schwerpunkt Sozialer Arbeit auf Interaktion (zwischen Trägern der Profession und deren Adressaten) liegt, erscheint die Bezeichnung Praxiswissenschaft gegenüber Handlungswissenschaft als angemessener und aussagefähiger.

Essays zu den vorgestellten Forschungsprojekten

II. ZUR QUALITÄT DER FORSCHUNGSDOKUMENTATIONEN

Handelt es sich bei den dokumentierten Forschungsprojekten in jedem Fall um – wissenschaftliche – empirische Forschung? Überwiegend ja, wenn man darunter die Erhebung und Interpretation von Daten anhand von Methoden der quantitativen und qualitativen empirischen Sozialforschung versteht. Rein auf den Einzelfall bezogene Konzeptentwicklung oder Fallstudien ohne Prüfung der Verallgemeinerbarkeit sollten jedoch Ausschlusskriterien darstellen. So würde beispielsweise der Entwurf eines Diagnoseinstruments, Organisations- und Mitgliederentwicklung oder Personalbedarfsplanung nicht unter wissenschaftliche Forschung subsumierbar sein.

Bei der folgenden Analyse ist zu beachten, dass die meisten in sie eingehenden Faktoren nicht explizit im Fragebogen, mit welchem die Forschungsprojekte darzustellen waren, abgefordert worden sind. Offen bleiben muss deshalb, ob diese Faktoren im Forschungsprozess der einzelnen Projekte unberücksichtigt blieben oder lediglich in der Dokumentation nicht erwähnt – vielleicht auch einfach aus Platzgründen nicht erwähnt – wurden. Entscheidbar kann deshalb auch nicht sein, ob wissenschaftliche Standards hinreichend eingehalten worden sind.

Ein Bezug auf (den Gegenstand) Soziale/r Arbeit ist nahezu bei allen Dokumentationen gegeben, Praxisnähe und Erkenntnistransfer ebenfalls – meist wird an Fragen der Berufspraxis gearbeitet. Folgt man der eingangs skizzierten Systematik der Wissenschaft Sozialer Arbeit mit ihren Bezugskategorien und ordnet die Projekte diesen zu, wird deutlich, dass die meisten (etwa 2/3) dem Gegenstandsbereich (Arbeitsabläufe und Organisationsformen Sozialer Arbeit, Alltagswelt und Lebenslagen der Adressaten und Adressatinnen), viele (knapp die Hälfte) der Gegenstandsbearbeitung (dem professionellen Handeln) zu subsumieren sind, während Arbeiten zur Gegenstandserklärung (Entstehung von Problemlagen) kaum vorkommen.[7]

1. Zu den Qualitätsmerkmalen Kooperation, Internationalität und Interdisziplinarität

Diese Faktoren finden in den Dokumentationen am wenigsten Beachtung. Wird Sozialarbeitsforschung von EinzelkämpferInnen betrieben? In den Dokumentationen stellt es sich zumindest so dar; Kooperation wird nur selten erwähnt. Bei Praxisforschungsprojekten ist es naheliegend, mit einem Praxisträger zu kooperieren.[8] Dem Konzept der „integrierten Praxisforschung"[9] ist eine konsequente *Kooperation* von Wissenschaft und Praxis inhärent; WissenschaftlerInnen und PraktikerInnen arbeiten für eine begrenzte Zeit zur Entwicklung neuer

---
[7] So war der Stand der eingetroffenen Dokumentationen, als ich Ende Januar mit ihrer Analyse zur Vorbereitung des Essays begann.
[8] S. etwa D 1 Gaby Straßburger
[9] F 4.3 Maier

Verfahren eng zusammen, beschreibt Konrad Maier diesen gut dokumentierten und modellhaften Ansatz.[10]

Forschungsverbünde sind in den Dokumentationen so gut wie gar nicht vertreten. Ein Projekt bildet eine Ausnahme, in dem eine außerhochschulische Forschungsgruppe, ein Institut und eine Hochschulprofessorin einen Verbund bilden und das mit einer beachtlichen Finanzierung ausgestattet ist.[11] Im Ergebnis zeichnet sich eine hohe Praxisrelevanz ab; u.a. werden gelingende Formen der Zusammenarbeit zwischen allen an der Erziehung im Kinderdorf Beteiligten formuliert. Dazu zählt wesentlich, dass den Eltern jener Kinder, die in SOS Kinderdörfern leben, Beratung angeboten werden muss, um die Zusammenarbeit zwischen den SOS Kinderdörfern und ihnen zu ermöglichen.

In einer der Dokumentationen, in denen *Interdisziplinarität* vorkommt, geht es um – sehr hoch geförderte – Forschung und Entwicklung auf der Basis eines biopsychosozialen Gesundheits- und Krankheitsmodells.[12] Dabei werden Modelle und Standards für eine integrative Rehabilitation entwickelt. Aus diesem Gesundheitsverständnis resultiert für das Handlungsfeld Rehabilitation und den daran beteiligten Berufsgruppen eine interdisziplinäre Vorgehensweise. Ähnlich wie das zuvor genannte Projekt zeichnet sich auch dieses durch eine hohe Praxisrelevanz aus: Ein umfassendes mehrdimensionales Gesundheitsmanagement soll für Betriebe unter Berücksichtigung der biopsychsozialen Entstehungsfaktoren und mit Beteiligung der Sozialen Arbeit im Ergebnis vorgelegt werden.[13]

Ein *international* angelegtes Projekt wurde von Borrmann[14] durchgeführt. Der Umgang mit ethischen Dilemmata wurde von ihm in einem Ländervergleich untersucht und im Ergebnis ein Professionalisierungsdefizit in Deutschland gegenüber den USA festgestellt. Hier wird deutlich, wie der bikulturelle Vergleich den Blick auf die eigene Kultur schärfen kann.

2. Zum Qualitätsmerkmal „wissenschaftliche Standards"

Wird der Stand von Wissenschaft und Forschung (state of the art) berücksichtigt, ein innovatives Anliegen verfolgt, werden die wissenschaftlichen Gütekriterien beachtet? Letztere finden in den Dokumentationen selten Erwähnung. Insofern kann eine Einschätzung diesbezüglich nicht vorgenommen werden. So sind im Folgenden die Fragen nach Forschungsstand und Innovation zu klären.

---

[10] Da die Zitate sich stets auf die AutorInnen der Dokumentationen beziehen, entfällt die Namens- und Ortsangabe im Weiteren.
[11] B 3.2 Koch
[12] Siehe F 3.3 Haas
[13] In einer weiteren Dokumentation wird angegeben, interdisziplinär zu forschen: E 2.1 Obrecht: Dabei handelt es sich nicht um empirische Forschung, sondern um die „theoretische Analyse und Synthese bestehender Forschung in Bereichen der Biologie, Psychologie, Sozialwissenschaften und der Philosophie".
[14] F 2.3 Borrmann

Essays zu den vorgestellten Forschungsprojekten

(1) State of the Art
Was liegt bisher an empirischer Forschung bezogen auf die eigene Forschungsfrage vor? Wie können die Ergebnisse auf den Forschungsstand bezogen werden? Wie gehaltvoll diese Fragen beantwortet wurden, entscheidet wesentlich darüber, ob die Forschungsprojekte einen Gewinn für die disziplinäre Theoriebildung beinhalten.[15] Selten finden sich in den Dokumentationen Angaben zum Forschungsstand, seltener noch zur Verortung der eigenen Befunde im Forschungsstand.

Die zentrale Frage nach dem Gewinn für die disziplinäre Theoriebildung erfordert es, sich der wissenschaftlichen Tätigkeiten, zu denen empirische Forschung beiträgt, zu vergewissern. Sie bestehen nach gängiger Auffassung darin, den Gegenstand zu beschreiben, erklären, verstehen und ihn zu konzeptualisieren. Erklärung wird häufig mit quantitativen Methoden, Verstehen mit qualitativen gleichgesetzt. Dass Erklärung aber auch qualitativ möglich ist, zeigt beispielsweise Peter Sommerfeld mit einer Untersuchung über Integration und Exklusion (s.u.).[16] Hans Merkens weist am Beispiel von Textanalysen darauf hin, dass „Verstehen auch mit quantitativen Methoden gestützt werden kann".[17] Beschreibung ist sowohl mit einem qualitativen als auch einem quantitativen Setting möglich.[18]

Wie kann Forschung zur Theoriebildung beitragen? Quantitative Sozialforschung leistet deduktiv einen Beitrag zur Theoriebildung, indem Hypothesen (Erklärungen) über den Zusammenhang zwischen Problemen und vermuteten Problemursachen und –folgen empirisch überprüft werden.[19] Für qualitative Forschung hingegen können Theorien sowohl Werkzeuge wie auch ihre Resultate sein.[20] Wer nicht dem „induktivistischen Selbstmissverständnis"[21] unterliegt und einerseits von der Unhintergehbarkeit theoretischen Wissens, andererseits aber dem methodologischen Anspruch qualitativer Forschung ausgeht, unbekannte Phänomene zu erkennen, sieht die Lösung des Problems in abduktivem Vorgehen: Abstrakte und empirisch gehaltlose theoretische Aussagen können als Heuristiken oder nach Strauss als Aufmerksamkeitsrichtungen für eine theoretische Perspektive sorgen. Im Unterschied zu quantitativ angelegter Forschung „wird dieses Vorwissen jedoch nicht in Form empirisch gehaltvoller Hypothesen und messbarer Variablen operationalisiert, sondern dient in der Form ‚heuristisch-analytischer Konzepte' zur Sichtbarmachung bislang nicht entdeckter sozialer Phänomene".[22]

---

[15] Eine Differenzierung verschiedener Theoriearten kann hier nicht vorgenommen werden.
[16] S. C 3.1 Sommerfeld
[17] http://www.ofaj.org/paed/texte/eintauchen/eintauchen.html
[18] Variablen können beschreibend erfasst und ihre Verteilung überprüft werden.
[19] Ausführlicher dazu s. Staub-Bernasconi in vorl. Band.
[20] Kelle et al. 2003, S. 250 f.
[21] Ebd., S. 255
[22] Ebda., S. 256

Mit dem Ausgeführten können an Dokumentationen die folgenden Fragen herangetragen werden, um zu entscheiden, ob sie einen Gewinn für die disziplinäre Theoriebildung beinhalten und einen Beitrag zur Gegenstandserklärung, zum Gegenstandsbereich oder zur Bearbeitung des Gegenstands der Disziplin leisten:
Wird der Anspruch überhaupt erhoben, einen Beitrag zur disziplinären Theoriebildung zu betreiben? Dies ist nicht in jedem Fall gegeben. Vermutlich ist bei der einen oder anderen Dokumentation ein Versuch zur Theoriebildung – da in der Dokumentation abgefragt –, „nachgeschoben" worden und überzeugt deswegen nicht so sehr. Dass Theoriebildung als Anspruch an eigene Forschung nicht verfolgt wird, ist aus meiner Sicht aber nicht anzuprangern. Der Anspruch auf Theoriebildung sollte Forschung nicht erschlagen und nicht als Zwangsjacke daherkommen. Es ist schon viel gewonnen, wenn relevante Fragestellungen empirisch handwerklich sauber verfolgt werden und dabei der Forschungsstand rezipiert wird. Theoriefreie Forschung kann sich gleichwohl mit Praxisrelevanz verbinden, wie einige Dokumentationen zeigen.[23]
Wird der Forschungsstand, der im besten Falle auch einen Theoriehintergrund aufweist, berücksichtigt, die Ergebnisse der eigenen Forschung darauf bezogen und ein Beitrag zur disziplinären Theoriebildung geleistet? In der Auseinandersetzung mit dem State of the Art werden zentrale Festlegungen für die empirische Bearbeitung der interessierenden Forschungsfragen getroffen, das Erkenntnisinteresse wird markiert. So ist beispielsweise in einem qualitativen Setting unter Beachtung des Forschungsstands zu entscheiden, ob es um mentale Objekte gehen soll. In diesem Fall wird das Anliegen verfolgt, subjektiven Sinn nachzuvollziehen und Deutungsmuster oder Schemata zu rekonstruieren. Davon abzugrenzen ist das Tun und damit die Deskription oder Rekonstruktion sozialen Handelns und sozialer Milieus. Wird diese Unterscheidung nicht getroffen, bleibt der Gegenstand unklar. Wenn beispielsweise Soziale Arbeit in einer Einrichtung des stationären Medizinwesens in einem qualitativen Setting wissenschaftlich untersucht wird[24], dabei aber die Ebenen des Mentalen und des Tuns nicht unterschieden werden, sind die Ergebnisse schwerlich nachvollziehbar. Wird die Untersuchungsfrage, welche Aufgaben Soziale Arbeit im Gesamtteam hat, lediglich aus der Perspektive der Teambeteiligten rekonstruiert, kann die Komplexität bestehender Praxis nicht eingefangen werden. Lautete die Forschungsfrage „Wie sehen die SozialarbeiterInnen im interdisziplinären Team einer medizinischen Einrichtung ihre Aufgaben?", dann wäre es angemessen, lediglich mentale Objekte zu erheben. Soll aber untersucht werden, wie Soziale Arbeit in medizinischen Einrichtungen durch andere Berufsgruppen bestimmt und zurück gedrängt wird, ist es unumgänglich, die Ebene des Tuns zu erfassen. Den tatsächlichen Stellenwert Sozialer Arbeit im interdisziplinären Team zu ermitteln, lässt sich beispielsweise aus Praxisritualen und ihrer Performanz im

---
[23] Siehe G 3
[24] Siehe C 2.3

Team ableiten. Sind mehrere Berufsgruppen in einem Team vertreten, beginnen Aushandlungsprozesse, Kämpfe um die Besetzung eines Feldes; es bestehen unterschiedliche, sicher auch widersprüchliche Vorstellungen, wie die Aufgaben zu definieren und zu erfüllen sind, die es im Forschungsprojekt zu ermitteln gilt. Hier ist eine Entscheidung darüber zu treffen, ob diese Aushandlungsprozesse mental oder über das Tun, die Performanz, ermittelt werden. Eine solche Entscheidung wird auch vor dem Hintergrund bestimmter Theorietraditionen getroffen, ist also „theoriebezogen".

Diese Ebenen zu unterscheiden und die eigene Forschungsfrage entsprechend angemessen zu formulieren, ist eine Voraussetzung für Theoriebildung. Selten wird diese Dimension in den Dokumentationen deutlich. Ob die Forschungspraxis aber komplexer und anspruchsvoller gestaltet wird als in den Dokumentationen präsentiert, muss dahin gestellt bleiben.

Wird eine Theorie oder ein Konzept, werden Begriffe in die Erhebung oder Auswertung qualitativer Daten als Theoriefolie eingeführt, Forschungsfragen darauf bezogen beantwortet? Wird ein Beitrag zur Deskription geleistet? Bei nicht wenigen Dokumentationen trifft dies zu. So haben Christiane Vetter/Susanne Schäfer-Walkmann in einem qualitativ angelegten Praxisforschungsprojekt zur Implementierung des Orientierungsplans für Bildung und Erziehung in baden-württembergischen Kindertagesstätten eine Metatheorie der „Lernenden Organisation" zugrunde gelegt und vor diesem Hintergrund einen aktiven und partizipatorischen Lernprozess initiiert, welcher es der Praxis ermöglicht, selbst eine geeignete Implementierungsstrategie zu entwickeln. Gegenüber einer Top-Down-Strategie erweist sich ein solches Vorgehen als nachhaltiger und kann gleichzeitig als nutzerorientiert gelten (s.u.).[25] Christine Schmidt überprüft in einem qualitativen Setting Lothar Böhnischs Konzept der biografischen Lebensbewältigung und stellt eine Lücke in diesem fest: Neben der selbstbestimmten Biografiegestaltung muss Sozialarbeit über das „Gute" und „Gesollte" nachdenken.[26] Biografische Lebensbewältigung anhand diskontinuierlicher Erwerbsverläufe wird dabei beschrieben.

Werden Hypothesen als Operationalisierungen einer Theorie formuliert und überprüft? Wird ein Beitrag zur Erklärung des Gegenstands der Disziplin oder Profession geleistet? Theoriegeleitete Hypothesenüberprüfung ist in den Projekten kaum vertreten. Peter Sommerfeld verfolgt in einem überwiegend qualitativ angelegten Projekt das Anliegen, Dynamiken von Integration und Ausschluss zu erklären.[27] So wird u.a. deutlich, dass ein enger Zusammenhang zwischen Struktur und Dynamik von Reintegrationsprozessen einerseits und Problemgenese sowie Verlauf einer stationären Unterbringung andererseits besteht. *Wird ein Beitrag zu einem Handlungskonzept geleistet?* Diese liegen in einer beträchtlichen Anzahl vor. Exemplarisch hierfür kann das Projekt von Sabine Stö-

---

[25] B 1.3
[26] D 4.3
[27] Siehe C 3.1 Sommerfeld, darüber hinaus D 4.3 Schmidt.

vesand gelten, in dem es um die wissenschaftliche Fundierung und Konzeptualisierung eines neuen Handlungsansatzes zur Prävention und zum Abbau von Gewalt im Geschlechterverhältnis geht.[28] Neben der differenzierten Aufarbeitung der Erkenntnisse zur Gewalt im Geschlechterverhältnis wird der gesamtgesellschaftliche Kontext unter der Perspektive der „Gouvernementalität" miteinbezogen.[29] Mit dem so angedeuteten state of the art und einem angerissenen Theoriehintergrund wird eine innovative Lösung des Gewaltproblems im Ergebnis benannt: Während bisher häusliche Gewalt eher individualisiert und als Täter-Opfer-Verhältnis gesehen wird, dabei ausdifferenzierte Hilfeansätze nicht zu einer Reduzierung der Gewalt geführt haben, werden von Stövesand innovative Impulse dadurch gesetzt, dass das Problem als ein sozialräumlich/gemeinwesenorientiertes interpretiert und in einem nachbarschaftsorientierten Konzept „emanzipatorische" Perspektiven gesehen werden. Unter der Perspektive der „Gouvernementalität" wird herausgearbeitet, „dass ein nachbarschaftsorientiertes Konzept zwar anschlussfähig an aktuelle neoliberale Regierungstechniken . . . ist, gleichzeitig aber auch emanzipatorische Perspektiven bietet." Ansätze zu einer speziellen Handlungstheorie werden im Ergebnis vorgelegt.

(2) Innovation

Innovation kann sich mit der Entwicklung neuer Methoden verbinden, mit einer spezifischen, zuvor nicht untersuchten Forschungsfrage oder, indem der aktuelle Diskurs weiter entwickelt wird.
Als forschungsmethodisch innovativ fällt in den Forschungsdokumentationen der Einsatz von Ressourcenassessmentverfahren[30] auf, beispielsweise von Eco-Maps[31], mit deren Hilfe Lösungsressourcen, die sich mit Netzwerken verbinden, in den Blick genommen werden.[32] Solche Verfahren einer akteursbezogenen Perspektive sind an ressourcentheoretische Diskurse anschlussfähig (s.u.). Innovativ dürfte auch das *Real Time Monitoring* sein, mit welchem die Erfassung und Analyse von Daten in Echtzeit vorgenommen werden kann.[33]
Ob aktuelle Fachdiskurse in den Projekten angemessen zur Kenntnis genommen werden, ist schwerlich erschöpfend beurteilbar. Gegenwärtig zeichnet sich ein neueres Forschungsverständnis ab, gegenüber einer Entmündigung durch

---

[28] Siehe A 4.2 Stövesand.
[29] Diese Kategorie von Foucault wird seit den 90er Jahren im angloamerikanischen Raum und zunehmend auch bei uns als Hintergrund benutzt, um die neoliberale Umgestaltung des Staates zu beschreiben: Selbstführung, Selbstmanagement, Selbstkontrolle und Selbstregulation als universalisierte Imperative.
[30] Siehe C 3.1/Sommerfeld
[31] Siehe C 2.1/Dettmers
[32] Vgl. Bullinger 1998, Nestmann 1987, Pearson 1997, Straus 1990, Röhrle 1989, Altena 2003.
[33] „Die Untersuchungspersonen füllen jeden Tag einen kurzen Fragebogen auf einem Palm-PDA aus. Die über das Internet an einen zentralen Server übermittelten Daten werden automatisch ausgewertet und die Verläufe grafisch dargestellt. Die Analyseverfahren ermöglichen die Identifikation von kritischen Fluktuationen und dynamischen Phasen, die in den reflektierenden Gesprächen bestimmten Lebensereignissen oder Interventionen zugeordnet werden können". (Sommerfeld, C. 3.1))

Forschung wachsam zu sein. Nutzerforschung, die Untersuchung ressourcenorientierter Fragestellungen, von Resilienz- oder Salutogenese werden dabei als Möglichkeit gesehen, eine „Kolonialisierung" der Befragten zu vermeiden. Unerheblich ist dabei, ob qualitative oder quantitative Forschungsmethoden zum Einsatz kommen, denn auch qualitative Methoden können Befragte kolonialisieren.

Eine Nutzerperspektive und Untersuchungen zu gelingender Intervention[34] und Salutogenese[35] finden sich mehrmals in den Dokumentationen.[36] Als Beispiel für ein wertschätzendes, ressourcenorientiertes Vorgehen („Countercolonialisation") sei auf Gaby Straßburger verwiesen, die Praxis darauf hin befragt, wie Unterstützung gelingt und wie diese beschrieben werden kann, und dies bei einem „schwierigen" Klientel bildungsferner Familien mit Migrationshintergrund.[37]

3. Zum Qualitätsmerkmal Gender

Einige Projekte bearbeiten Gender reflektierende Fragestellungen.[38] Die meisten von ihnen untersuchen die Lebenssituation von Frauen.[39] Geschlechtsbezogene Unterschiede werden darüber hinaus von Angelika Weber bei aggressiven Verhaltensweisen im Kindergarten untersucht und dabei herausgefunden, dass speziell ausländische fünf- bis sechsjährige Mädchen einen besonderen Interventionsbedarf haben.[40] Zu Fragen des Geschlechterverhältnisses liegen von Sabine Stövesand[41] und Lotte Rose[42] Dokumentationen vor.[43]

III. RESÜMEE

Die dokumentierten Forschungsprojekte weisen eine beeindruckende Vielfalt an innovativen Fragestellungen auf. Ihre Praxisrelevanz korrespondiert mit einem in der Regel gegebenen Transfer der Ergebnisse.

In den Dokumentationen bleiben Kooperation, Interdisziplinarität, wissenschaftliche Gütekriterien und Forschungsstand oftmals unerwähnt. Sollte es sich um Schwachstellen und nicht bloß um Auslassungen handeln, wäre darauf

---

[34] D 1.1 Straßburger, B 1.3 Vetter/Schäfer-Walkmann, B 3.2 Koch, 3.1 Klasen, C 3.2 Leupold/Walther, B 2.3 Engel, B 2.2 Schulze, B 1.2 Weber, G 1.1 Thomsen können hier zugeordnet werden.
[35] A 4.1 Fröhlich-Gildhoff, F 3.2 Fröschle-Mess, Haas, B 1.2 Weber können hier zugeordnet werden.
[36] Siehe hierzu Rudolf Schweikarts Ausführung in vorl. Band
[37] D 1.1. S. beispielsweise auch B 3.2 Koch
[38] Vgl. hierzu Gruber/Fröschl 2001
[39] Siehe A 3.1 Helmhold-Schlösser, Schmauch, A 2.3 Leideritz:, A 2.2 Geisler, A 1.3 Steckelberg, A 2.1 Brückner, A 3.3 Steinert
[40] B 1.2 Weber
[41] s.o.
[42] Siehe B 4.3 Rose, darüber hinaus: B 4.2 Möller
[43] Allerdings wird nicht immer eingelöst, was im Titel mit der Benennung beider Geschlechter suggeriert wird, so von Thomsen G 1.1 und weiterhin Zimmermann E 1.2.

bei der weiteren Entwicklung zu achten. Gleiches gilt für geschlechtstheoretische Aussagen.

Positiv hervorzuheben ist, dass eine mehrmethodische Anlage in fast der Hälfte der Projekte gegeben ist, oftmals werden qualitative und quantitative Methoden kombiniert. Dass qualitative Methoden dominieren[44], beweist vielleicht deren besondere Angemessenheit für Fragen Sozialer Arbeit, weist aber auch darauf hin, dass künftig eine stärkere methodische Ausgewogenheit erreicht werden sollte.

Immerhin sind über ein Drittel der finanzierten Projekte mit Personalkosten ausgestattet und verfügen damit über Erfolg versprechende Bedingungen. Geförderte Projekte haben in der Regel eine wissenschaftliche Begutachtung durchlaufen. Damit ist ihre wissenschaftliche Qualität nachgewiesen. Einige Projekte arbeiten mit einer erstaunlich hohen Finanzierung. Es sind meist staatlich finanzierte, schweizerische oder österreichische Projekte. Deutsche Förderpolitik auf sozialarbeitswissenschaftliche Gegenstände bezogen erscheint im Vergleich als optimierbar.

Steckbrief:

Erika Steinert, geb. 1950, Prof. Dr. phil., Studium mit Abschluss M.A. der Erziehungswissenschaft, Politik und Soziologie an der Universität Heidelberg, dort auch Promotion in Erziehungswissenschaft. Praxiserfahrungen im Bereich autonomer Frauenhausarbeit, Forschungsmitarbeiterin am SINUS-Institut Heidelberg sowie ISO-Institut Saarbrücken. Professorin für Sozialarbeitswissenschaft am Fachbereich Sozialwesen der Hochschule Zittau/Görlitz (FH) seit 1992, Direktorin des Instituts für Transformation, Wohnen und soziale Raumentwicklung (TRAOWS) der Hochschule Zittau/Görlitz, Prorektorin Bildung der Hochschule Zittau/Görlitz (FH) 2003-2006. Lehrgebiete: Theorien Sozialer Arbeit, Forschungsmethoden in der Sozialen Arbeit, Handlungsmethoden Sozialer Arbeit. Forschungssschwerpunkte: Genderforschung, Internationale Sozialarbeit. e.steinert@hs-zigr.de

---

[44] Eine rein quantitative Anlage findet sich in nur wenigen Fällen.

Essays zu den vorgestellten Forschungsprojekten

Entwicklung von Verfahren durch integrierte Praxisforschung in der Sozialen Arbeit

Konrad Maier

Nahezu die Hälfte der in diesem Band vorgestellten Projekte (48,5 %) wird von den AutorInnen dem Forschungstyp „Entwicklung von Verfahren/integrierte Praxisforschung" zugeordnet. Dies bedeutet zunächst nicht mehr, als dass „Entwicklung von Verfahren"in Verbindung mit „Praxisforschung" bei den im Bereich Sozialer Arbeit Forschenden sehr positiv besetzt ist und es nahe liegt, das eigene Projekt dem zunächst wenig präzisen Begriff der „Praxisforschung" zuzuordnen. Die Forderung nach einer engen Zusammenarbeit von Theorie und Praxis durchzieht wie ein roter Faden den Diskurs um die Profession (als Überbegriff über die Wissenschaft und die berufliche Praxis) Sozialer Arbeit. Darüber, wie sich wissenschaftliche Forschung in dem Spannungsfeld zwischen dem Wissenschaftssystem, das auf die Produktion von Erkenntnis ausgerichtet und dem Wahrheitsideal verpflichtet ist und dem Praxissystem, das auf unmittelbare Wirkung ausgerichtet ist, konkret aussehen kann und soll, bestehen jedoch sehr unterschiedliche und oft vage Vorstellungen. Deswegen wird zunächst ein Überblick gegeben über die Entwicklung und den heutigen Stand dieser Diskussion. Auf diesem Hintergrund wird der Beitrag der in Würzburg vorgestellten Projekte zur Entwicklung von Verfahren Sozialer Arbeit dargestellt und reflektiert, um abschließend die „integrierte Praxisforschung", wie sie von uns entwickelt wurde, idealtypisch vorzustellen.

ZUSAMMENARBEIT VON WISSENSCHAFT UND PRAXIS ALS KENNZEICHEN DER SOZIALARBEITSFORSCHUNG?

Seit es wissenschaftliche Untersuchungen über Armut und soziale Benachteiligung gibt, wird immer wieder die Forderung nach einer Überwindung der Trennung von Theorie und Praxis erhoben und eine unmittelbare Verbindung von wissenschaftlicher Forschung und praktischer Bekämpfung der untersuchten Zustände gefordert. In dieser Tradition steht die „Aktionsforschung" bzw. „Handlungsforschung". Das Programm der Aktionsforschung, das auf dem Konzept des action research von Lewin (1953) aufbaut, lässt sich folgendermaßen charakterisieren:

– Theorie und Praxis werden zu einer dialektischen Einheit zusammengeführt, in der forschen immer auch handeln und handeln immer auch forschen bedeutet;
– Die gleichberechtigte Einbeziehung der Beforschten in den Forschungsprozess und der ForscherInnen in den Handlungsprozess führt zu einem herrschaftsfreien Diskurs zwischen Beforschten und Forschenden;

– Sowohl auf der Ebene der Forschung wie auf der Ebene der Handlung werden Entscheidungen gemeinsam gefällt. Forschung ist damit in die permanente Veränderung des Objektbereichs einbezogen (Moser 1975; Moser 1977).

Rückblickend erscheint die ‚Aktions'- bzw. ‚Handlungsforschung' „vor allem als eine Episode des reformpolitischen Optimismus der 70er Jahre" (Wensierski 1997, S. 109) und, so der Hauptprotagonist der Aktionsforschung in Deutschland, Heinz Moser „nur noch als historische Kategorie sinnvoll" (Moser 1995, S. 55). Er spricht sich für eine „Praxisforschung" in einem sehr weiten Sinne aus. Die Ursache für das Scheitern der Aktionsforschung sieht er nicht zuletzt darin, dass der grundlegende Unterschied zwischen Wissenschaftssystem und Praxissystem geleugnet wurde: „Während der Praktiker bzw. die ‚Feldsubjekte' Beobachtungen im System unternehmen, ist der Wissenschaftler einem außerhalb der Praxis bestehenden System – dem Wissenschafts-System – zugehörig. Wird dieser entscheidende Unterschied vernachlässigt, so geht verloren, dass Wissenschaft und Praxis für das Gesellschaftssystem unterschiedliche und je unverwechselbare Funktionen erfüllen. Auch wo Praxisforschung die Verbindung zur Praxis sucht, ist erst einmal von dieser fundamentalen Differenz auszugehen." (Moser 1995, S. 70f)

Das Label „Praxisforschung" wurde insbesondere von Maja Heiner aufgegriffen, als Bezeichnung für „die Untersuchung der Praxis beruflichen Handelns in der Sozialen Arbeit". Diese ist „umsetzungsorientiert und kooperiert im Interesse einer Unterstützung und Absicherung dieser Umsetzung mehr oder minder extensiv mit der Praxis" (Heiner 1988, S. 7). Die Projekte dieser Praxisforschung lassen sich auf einem Kontinuum einordnen, dessen einer Pol die klassische summative Evaluation ist und dessen anderer Pol eine Praxisforschung bildet, bei der die PraktikerInnen weithin selbst forschen und die WissenschaftlerInnen die forschenden PraktikerInnen beraten, ergänzen und koordinieren (Heiner 1988, S. 8f).

Die Entwicklung einer Praxisforschung wurde verstärkt durch die Verlagerung der Ausbildung von SozialarbeiterInnen auf die Fachhochschulen und die damit gegebene Nähe zu den Ingenieurwissenschaften. So wird den Fachhochschulen in allen einschlägigen Landesgesetzen „anwendungsbezogene", „praxisnahe", „angewandte" Forschung und „Entwicklung" als Aufgabe zugewiesen (Waldeyer 2000; vgl. Maier 1999, S. 95ff.). Auch das „Bundesprogramm zur Förderung von Forschung und Entwicklung an Fachhochschulen" wurde ganz im Blick auf die Ingenieurwissenschaften konzipiert. Die Förderrichtlinien erwiesen sich jedoch durchaus als sinnvoll für eine der Sozialen Arbeit angemessene „Praxisforschung" (immerhin wurden fünf der in diesem Band dargestellten Projekte durch dieses Programm gefördert).

Auch die „integrierte Praxisforschung", die wir als zukunftsweisende Form der „Entwicklung von Verfahren" beschreiben wollen, ist im Zusammenhang von Technik und Wirtschaft entstanden. Traditionell vollzieht sich die Kooperation von Wissenschaft und Praxis sowohl in den Ingenieurwissenschaften wie in der Sozialwissenschaft in der Form des Wissenstransfers, in dem die angewandte Wissenschaft das von ihr produzierte Faktenwissen und darauf aufbauende

Theorien der Praxis zur Verfügung stellt und darüber hinaus die in der Praxis gemachten Erfahrungen im Sinne einer Evaluation überprüft. Dabei wird von einem hierarchischen Verhältnis von Wissenschaft zur Praxis ausgegangen, in dem Sinne, dass die Rationalität mit der Nähe zu praktischen Problemen sinkt und es Aufgabe des Wissenstransfers ist, dieses Rationalitätsgefälle zwischen Wissenschaft und Praxis zu reduzieren. Kein geringerer als Bourdieu hat diese Annahme einer Hierarchie der Rationalität als „das größte Hindernis für die Konstruktion einer adäquaten Theorie der Praxis" bezeichnet (Bourdieu 1993, S. 55). Mitte der 90er Jahre haben Gibbons u.a. eine neue Form der Wissensproduktion beschrieben (Gibbons u.a. 1995), die sich strukturell von der universitären, disziplinär und hierarchisch organisierten Form wissenschaftlicher Arbeiten abhebt: zur Lösung komplexer Handlungsprobleme arbeiten WissenschaftlerInnen und PraktikerInnen aus verschiedenen Berufszusammenhängen zeitlich begrenzt und projektförmig zusammen mit dem doppelten Ziel, für eine konkrete Aufgabe der Praxis eine Lösung zu finden und zugleich ein verallgemeinerbares Verfahren zu entwickeln. Peter Sommerfeld hat aufgezeigt, dass diese neue Form der Wissensproduktion („Modus 2") für die Soziale Arbeit in besonderer Weise geeignet ist, einmal da die PraktikerInnen inzwischen selbst ein Studium absolviert haben und damit eine hohe Kommunikationsfähigkeit mit WissenschaftlerInnen zu erwarten ist, zum anderen weil auf diese Weise das „implizite Wissen" (Kruse 2004, S. 194ff.) und die Kreativität der PraktikerInnen in die Entwicklung von Verfahren ebenso eingebracht werden wie das wissenschaftliche Wissen (Sommerfeld 1999b; Wendt 2007, S. 36ff.). In einem umfangreichen Projekt der Stadtteilarbeit (F. 4.3) haben wir diese zeitlich begrenzte Kooperation von WissenschaftlerInnen und PraktikerInnen erprobt und als „integrierte Praxisforschung" beschrieben (Maier/Sommerfeld 2005; Sommerfeld/Maier 2003; Maier 1998).

Unterschiedliche Beiträge zur Entwicklung von Verfahren

Für die Dokumentation in diesem Band haben wir als möglichen Forschungstyp die wenig präzise Formel „Entwicklung von Verfahren/integrierte Praxisforschung" vorgegeben, bei dem ganz unterschiedliche Formen der Zusammenarbeit der Forschenden mit PraktikerInnen möglich sind. Dabei ergibt sich eine beträchtliche Streubreite zwischen dem traditionellen hierarchischen Verständnis von Wissenschaft und Praxis einerseits und der von uns als integrierte Praxisforschung beschriebenen heteronomen Kooperation „auf Augenhöhe" (vgl. hierzu Heiner 1988, S. 7ff.) andererseits.
Teilweise sind die der Entwicklung von Verfahren zugeordneten Projekte eher dem Typus der Sozialberichterstattung zuzuordnen, wenn die soziale Situation bestimmter Problemgruppen, z.B. alleinstehender Wohnungsloser (A. 1.1) oder von Kindern psychisch erkrankter Eltern (D. 2.2), untersucht wird, wenn ein bestimmter Sozialraum analysiert wird (E. 1.1) oder die Haltungen und Sichtweisen von für die Soziale Arbeit relevanten Akteuren, z.B. von LehrerInnen im Zu-

sammenhang mit der Schulsozialarbeit (D. 2.1), erforscht werden. Silvia Staub-Bernasconi ordnet derartige Projekte der „Erforschung der Lebensbedingungen von AdressatInnen" zu (Abschnitt 3.1), Engelke der „Assessmentforschung". Thole spricht in diesem Zusammenhang von „sozialpädagogischer Import-Forschung", die „zwar auf ein sozialpädagogisches Interesse trifft ..., jedoch ... nicht aus sozialpädagogischen Diskursen heraus entwickelt" wird. (Thole 1999, S. 230). Teilweise sind diese Projekte zwar für die Soziale Arbeit relevant/interessant, jedoch ohne unmittelbaren Bezug zur Sozialen Arbeit konzipiert wie die Längsschnittstudie zu Jugendlichen ohne Berufsausbildung im Projekt B. 4.1. Teilweise wird ein Sozialraum oder eine Problemgruppe durchaus aus der Perspektive bzw. mit der Brille der Sozialen Arbeit untersucht wie bei dem Schweizer Projekt von Haupert (E. 1.1), es bleibt jedoch bei einer Exploration der sozialen Verhältnisse mit dem Aufzeigen von Handlungsbedarfen und Handlungsansätzen. Diese werden jedoch nicht zur Entwicklung von Verfahren weitergeführt (was im Rahmen eines Unterrichtsprojekts mit einem Fördervolumen von 16.000 Euro auch völlig illusorisch wäre). In ähnlicher Weise fordern die Ergebnisse der Untersuchung von Grohall über „Alleinstehende Wohnungslose" (A. 1.1) geradezu dazu heraus, auf der Basis der Ergebnisse angemessene Verfahren der Sozialen Arbeit zu entwickeln und zu erproben und die Erfahrungen wiederum mit den empirischen Ergebnissen rückzukoppeln. Aber auch hierfür wäre ein Vielfaches an personellen, zeitlichen und finanziellen Ressourcen erforderlich.

Neben Untersuchungen im Sinne der Sozialberichterstattung werden insbesondere Evaluationsuntersuchungen und die wissenschaftliche Begleitung innovativer Projekte dem Typus der ‚Entwicklung von Verfahren' zugeordnet. Dabei gibt es fließende Übergänge von der summativen Evaluation, die sich mehr oder weniger konsequent am Modell der epidemiologischen Forschung orientiert (exempl. B. 3.2) über die formative oder Prozessevaluation, deren Adressaten primär die handelnden PraktikerInnen sind und auf die Verbesserung der Praxis zielen (exempl. D. 1.2), bis hin zur wissenschaftlichen Begleitung von (meist innovativen) Projekten, die eine fortlaufende Kommunikation zwischen Forschenden und PraktikerInnen vorsieht (und insbesondere bei EU-Projekten gefordert ist) (exempl. C. 3.3).[1] Von dieser wissenschaftlichen Begleitung gibt es sicherlich fließende Übergänge zu der von uns entwickelten integrierten Praxisforschung. Entscheidend ist hierfür, inwiefern die Forschenden die Position einer höheren Rationalität der Wissenschaft beibehalten und im Sinne des Wissenstransfers beraten oder eine tatsächliche Kommunikation und Kooperation „in Augenhöhe" stattfindet, bei der das Wissen der Praxis voll in den Forschungsprozess einfließt.

---

[1] Steinert (D. 1.2) wie auch Bader (C. 3.3) benützen bei der Darstellung ihrer Projekte sowohl die Bezeichnung Evaluation wie auch wissenschaftliche Begleitung weithin synonym. So ist bei Bader Ziel der Untersuchung, „die Evaluation der konkreten Arbeit in der Institution mit Hilfe evaluierender Dialoge unter größtmöglicher Teilhabe aller Beteiligten als kontinuierlichen Prozess der Qualitätsentwicklung durchzuführen".

Einen Beitrag ganz anderer Art zur Entwicklung von Verfahren leisten insbesondere Dissertationen und andere Prüfungsarbeiten, wenn sie theoretisch entwickelte Konzepte auf ihre Tragfähigkeit hin überprüfen und/oder auf konkrete Situationen hin präzisieren. So hat Christine Schmidt das Konzept der biographischen Lebensbewältigung von Böhnisch anhand biographischer Interviews einer kritischen Prüfung unterzogen (D. 4.3). Manuel Arnegger entwickelt auf dem Hintergrund der Theorie von Silvia Staub-Bernasconi unter bedürfnistheoretischer und menschenrechtlicher Perspektive ein Diagnoseverfahren für die Kinder- und Jugendhilfe (E. 3.1). Michael Klassen entwirft auf der Basis der Bedürfnistheorie von Bunge, Obrecht und Staub-Bernasconi ein Instrument für die „bedarfsbasierte Hilfeplanung in der Arbeit mit älteren Menschen" (D. 3.1). Durch eine empirische Untersuchung der Rolle der Sozialarbeit im Rahmen von Familiengerichtsprozessen leistet die Dissertation von Heike Schulze einen bemerkenswerten Beitrag zum professionellen Handeln der Sozialarbeit. In ähnlicher Weise untersucht Lisa Brandl-Thür in ihrer Master-Thesis die Rolle der Sozialarbeit im Rahmen der Palliativmedizin (C. 2.3).

Der spezifische Beitrag von wissenschaftlichen Arbeiten von PraktikerInnen auf dem Hintergrund eigener beruflicher Praxis werden deutlich bei der Dissertation von Sabine Stövesand (A. 4.2): Im Zentrum der Untersuchung steht ein Projekt zum Abbau von Gewalt gegen Frauen, welches die Verfasserin als Sozialarbeiterin selbst initiiert und durchgeführt hat. In die Arbeit fließt eine 15-jährige Praxis in der Arbeit mit misshandelten Frauen und im Gemeinwesen ein. Im Rahmen der Dissertation wird das wissenschaftliche Wissen in Form von Erklärungstheorien und Handlungstheorien systematisch gesammelt und auf die Fragestellung hin fokussiert und abschließend ein Handlungskonzept entwickelt, in das die eigene Praxiserfahrung wie auch die wissenschaftliche Reflexion einfließen. Zu untersuchen bleibt die Frage, ob und inwiefern in einer Person das Spannungsverhältnis zwischen wissenschaftlichem Wissen und Praxiswissen angemessen ausgetragen werden kann. Das hier sichtbar werdende Problem hat Peter Sommerfeld folgendermaßen formuliert: „Wenn ein Sozialarbeiter seine eigene Familie unter Fallkriterien ‚bearbeitet', ist die Katastrophe vorprogrammiert. Wenn eine Therapeutin ihren Partner bei auftretenden Beziehungsproblemen ‚therapiert', wird sowohl die Therapie als auch die Beziehung scheitern. Wenn Forschungsmethoden in der professionellen Praxis angewandt werden, ist trotz der dadurch verwendeten Methodik der Wissensproduktion nicht der gleiche Effekt erzielbar, wie bei Anwendung der gleichen Methoden in der wissenschaftlichen Praxis. Es sind sowohl in der Familie wie in der Beziehung, wie in der therapeutischen und sozialarbeiterischen, wie in der wissenschaftlichen Praxis jeweils differente Selbst- und Fremdreferenzen, die prozessiert werden, die das System und seine Sinnhaftigkeit in der Art und Weise, wie sie prozessiert werden, konstituieren, so dass hier im wahrsten Sinne des Wortes es nicht das Gleiche ist, wenn zwei das Gleiche tun und zwar aufgrund der Einbettung in je differente soziale

Systeme" (Sommerfeld 1999a, S. 22).[2] Diese Problematik in wissenschaftlichen Arbeiten von PraktikerInnen bedarf einer eigenen Untersuchung, die für die Weiterentwicklung einer Wissenschaft Soziale Arbeit und einer Sozialarbeitsforschung vermutlich von großer Bedeutung ist.
Insgesamt ist festzuhalten, dass die in Würzburg vorgestellten Prüfungsarbeiten einen wichtigen Beitrag leisten zur Überprüfung und Konkretisierung der „grand theories" im Diskurs der Sozialen Arbeit und damit auch zur Entwicklung von professionellen Verfahren anstelle von unterschiedlichen „Ansätzen" Sozialer Arbeit, an denen sich vielfach die Praxis orientiert.
Eine förmliche Zusammenarbeit zwischen WissenschaftlerInnen (verschiedener Disziplinen) und PraktikerInnen wird interessanterweise in zwei Projekten beschrieben, in denen zwar SozialarbeiterInnen beschäftigt sind, die jedoch eher anderen Berufssystemen zuzuordnen sind. Ein großes, von der Volkswagenstiftung gefördertes Projekt ist angesiedelt im Bereich des Gesundheitswesens (F. 3.3). Die Aufgabe der Sozialen Arbeit wird beschrieben als Erforschung von Umsetzungschancen einer klinischen Sozialarbeit in einem Rehabilitationskontext und im Kontext einer betrieblichen Gesundheitsförderung. Offensichtlich sind im Bereich der Gesundheitswissenschaft wie auch im Bereich der Ingenieurswissenschaften derartige Projekte durchaus üblich und auch finanzierbar. Ein zweites Projekt, das dem Typus der ‚integrierten Praxisforschung' voll entspricht, ist im Bereich der Pädagogik der frühen Kindheit angesiedelt (B. 1.1). Auf der Basis der Resilienzforschung wurde ein Trainingsprogramm für Kinder im Rahmen von Kindertagesstätten entwickelt und in verschiedenen Kindertagesstätten unmittelbar eingesetzt. Indem die Erfahrungen systematisch evaluiert und beschrieben werden, wird auf diese Weise nicht nur ein Konzept erprobt, sondern systematisch ein professionelles Verfahren entwickelt. (Sommerfeld spricht in seinem Beitrag in diesem Band von einer „Technologie".)

‚INTEGRIERTE PRAXISFORSCHUNG' ALS CHANCE FÜR DIE SOZIALE ARBEIT UND DIE HOCHSCHULFORSCHUNG

Im engeren Bereich der Sozialen Arbeit ist eine konsequente Zusammenarbeit von WissenschaftlerInnen und PraktikerInnen zur Entwicklung von Verfahren nur in dem vom Verfasser dieses Beitrages referierten Projekt „Inszenierung des Sozialen im Wohnquartier" beschrieben (F 4.3), das auf der Basis einer komplexen Mischfinanzierung explizit als „integrierte Praxisforschung" konzipiert ist.

---

[2] Auch Maja Heiner, die selbst mit der Begründung von Selbstevaluation in den Verdacht geraten ist, die Grenze zwischen professionellem und wissenschaftlichem Handeln zu verwischen, stellt klar: „Als Disziplin hat die Soziale Arbeit die Aufgabe, theoretisches Wissen zu produzieren, empirische Forschung zu betreiben und auszubilden. Als Profession hat sie die Aufgabe, in der beruflichen Praxis tagtäglich zwischen Individuum und Gesellschaft zu vermitteln und dabei gesellschaftlich definierte Normalität zu sichern" (Heiner 1995, S. 542).

Angesichts der Bedeutung dieses Forschungstyps für die Soziale Arbeit sei im Folgenden die Grundstruktur dieser integrierten Praxisforschung anhand des beschriebenen Forschungsprojekts dargestellt und in der gebotenen Kürze reflektiert.

Zunächst ging es um das konkrete lokale Problem, welche Maßnahmen ergriffen werden können, um zu verhindern, dass in einem Neubaustadtteil auf der grünen Wiese im verdichteten Etagenwohnungsbau die für die Neubausiedlungen der 50er und 60er Jahre typischen sozialen Probleme entstehen, m.a.W. wie ein gutes Gemeinwesen aufgebaut werden kann. Hierzu erschien neben der praktischen Erfahrung von GemeinwesenarbeiterInnen eine systematische Aufbereitung von diesbezüglichen Forschungsarbeiten und wissenschaftlichen Theorien erforderlich, da eine anwendbare Technologie bzw. Verfahren nicht zur Verfügung stand. Aus der Perspektive der Sozialarbeitswissenschaft bot sich hier die Chance, ein solches Verfahren zu entwickeln, was wiederum nur in Verbindung mit PraktikerInnen und praktischen Erfahrungen möglich erschien. Im Forschungsinstitut der Fachhochschule war es möglich, einen organisatorischen Rahmen und durch komplexe Mischfinanzierung die finanziellen Voraussetzungen zu schaffen für eine integrierte Praxisforschung. Diese hat eine doppelte Aufgabenstellung: Sie ist dem Wissenschaftssystem verpflichtet und somit einem mittel- bis langfristigen Erkenntnisprozess, der sich in Theorien, Modellen und „Verfahren" oder „Technologien" vergegenständlicht. Sie ist aber auch dem Praxissystem verpflichtet und somit einem unmittelbar kurzfristigen Erkenntnisprozess, der auf die Bearbeitung unmittelbarer Handlungsprobleme zielt. Damit ist die Idee verbunden, im Forschungsprozess Wissenschaft und Praxis kooperativ zu verschränken (Sommerfeld 1998; ders. 1999) und eine „hybride" (transdisziplinäre und multiprofessionelle) Form der Wissensproduktion (Wendt 2007, Gibbons u.a. 1994) zu schaffen, die den heute vorherrschenden komplexen Handlungs- und Erkenntnisproblemen angemessen ist.

Diese Kooperation beginnt mit der Phase der Konzeptentwicklung: Wissensbestände aus unterschiedlichen Disziplinen wurden systematisch gesichtet, auf die konkrete Fragestellung hin fokussiert und mit PraktikerInnen aus unterschiedlichen Praxisfeldern (einschl. Stadtplanung, Verwaltung, Gemeindeaufbau) diskutiert, um ein tragfähiges Handlungskonzept zu entwickeln. Nach Gredig ist diese Arbeitsphase dadurch gekennzeichnet, dass

- die TrägerInnen von unterschiedlichen Wissensständen (WissenschaftlerInnen aus unterschiedlichen Disziplinen, PraktikerInnen aus unterschiedlichen Arbeitsfeldern, unterschiedliche Akteure im Gemeinwesen und beim Aufbau eines Stadtteils),
- in einem von Reflexion begleiteten Prozess
- zusammengeführt werden müssen
- in einer gleichberechtigten Kommunikationssituation,
- in der die regulative Idee des besseren Arguments gilt,

– in der WissenschaftlerInnen als TrägerInnen von Wissen agieren nebst TrägerInnen anderen Wissens, also nicht als Forschende und nicht als „spiritus rector" und als Besitzende eines überlegenen Wissens auftreteten
– und über entsprechende skills verfügen müssen, die ihnen erlauben, in einem solchen Kontext angemessen agieren zu können (Gredig 2007).

Auf diese Weise wurden – insbesondere in Projektseminaren unter Einbeziehung von PraktikerInnen – das Konzept einer tragfähigen Alltagskultur, der Inszenierung des Sozialen als zentraler Methode und ein Kanon von Handlungszielen entwickelt.

In der Implementationsphase hat der Projektleiter die vorangegangenen konzeptionellen Überlegungen und die dahinter stehenden theoretischen Annahmen immer wieder in die regelmäßigen Dienstbesprechungen eingebracht. Der Beitrag der PraktikerInnen zur Forschung bestand darin, systematisch „Spuren" zu hinterlassen in Form von Protokollen, formalisierten Erhebungsbögen (von Veranstaltungen), Tagebüchern, sowie einer systematischen Selbstevaluation (vgl. Heiner 1996) ausgewählter Inszenierungen. Parallel hierzu wurden mit wissenschaftlichen Methoden unterschiedliche Befragungen bei BewohnerInnen sowie teilnehmende Beobachtungen im Sinne ethnografischer Studien durchgeführt. Hierbei wirkten an wissenschaftlicher Forschung interessierte PraktikerInnen als InterviewerInnen und BeobachterInnen mit, es wurde jedoch sehr deutlich bewusst gemacht, dass hier ein Wechsel der Rollen vollzogen wird.

In halbjährlichen Abständen fanden gemeinsame Klausurtage statt, für die die verschiedenen Materialien und „Spuren" ausgewertet und in ausführlichen Arbeitspapieren vorgelegt wurden. Ziel war die kritische Überprüfung der Praxis anhand des vorgegebenen Konzepts wie auch die Korrektur bzw. Weiterentwicklung dieses Konzepts.

Die umfangreichen Papiere, die in den sieben Jahren der Projektdauer entstanden sind, bildeten in Verbindung mit einer abschließenden BewohnerInnenbefragung und einer Vergleichsuntersuchung mit einem anderen Stadtteil die Grundlage für den Abschlussbericht und die Formulierung des Ertrags dieses Projekts. In dieser letzten Projektphase wirkten die PraktikerInnen – wie auch BewohnerInnen und andere Akteure im Stadtteil – dadurch mit, dass sie in ausführlichen Interviews rückblickend ihre Sicht der Entwicklung und des Ertrags darstellten. Die PraktikerInnen haben darüber hinaus die von den WissenschaftlerInnenn formulierten Texte kritisch gelesen und ihre Deutung in die Diskussion eingebracht.

Die Komplexität des Projekts und der verschiedenen Systemlogiken, die es zu berücksichtigen und zu integrieren galt, bereitete erhebliche Schwierigkeiten und führte immer wieder zu Konflikten zwischen den in der Sache sehr engagierten Projektmitarbeitenden und dem ebenso engagierten Projektleiter. Zu erwarten war ein Spannungsverhältnis zwischen Wissenschaft und Praxis: während die WissenschaftlerInnen darauf ausgerichtet waren, Erkenntnisse zu formulieren ohne Rücksicht auf die zu erwartenden Folgen, haben die PraktikerInnen immer zunächst gefragt, was bedeutet das für uns und wie wirkt eine Aussage in der Öffentlichkeit. Für die PraktikerInnen war es eine Herausforderung, wenn die WissenschaftlerInnen bei Erreichung eines bestimmten Zieles immer wieder kritisch nachfragte, wodurch dieses Ziel letztlich erreicht wurde und ob es tatsächlich eine Folge der Sozialen Arbeit war. Hinzu kamen zunächst die sehr differenten Logiken von Politik und Verwaltung, die beim Aufbau eines neuen Stadtteils sehr dicht präsent waren und immer wieder zu Irritationen innerhalb des Projekts Quartiersaufbau Rieselfeld führten. Schließlich wurde durch die Art der Finanzierung ein betriebswirtschaftliches Denken erforderlich, das von den ProjektmitarbeiterInnen immer wieder als Herausforderung (und Zumutung) empfunden wurde.[3] Mit einem beträchtlichen Aufwand an Supervision und moderierter Konfliktlösung konnten in diesem Projekt letztendlich eine sehr fruchtbare Zusammenarbeit von WissenschaftlerInnen und PraktikerInnen erreicht werden. Nach unseren Erfahrungen scheint es sinnvoll und geboten, bei derartigen Kooperationsprojekten von Anfang an eine Projektbegleitung einzurichten, die die komplizierte „Kooperation auf Augenhöhe" moderiert und ermöglicht.[4]

Trotz aller Schwierigkeiten ist es bei diesem Projekt gelungen, das „implizite Wissen" der PraktikerInnen und ihre Kreativität mit dem wissenschaftlichen Wissen zusammen zu führen zur Entwicklung eines mitteilbaren Verfahrens bzw. einer sozialarbeiterischen Technologie.

Diese Form der kooperativen Praxisforschung eröffnet den Hochschulstudiengängen Soziale Arbeit die Chance, selbst Schnittstellen zwischen Theorie und Praxis zu organisieren. Mit der Übernahme von konkreten Aufgaben/Aufträgen im regionalen Umfeld der Fachhochschule wird die Forschung wie die Lehre an den Fachhochschulen mit konkreten Anforderungen der Praxis konfrontiert, die Fachhochschule leistet einen unmittelbaren Beitrag zur Weiterentwicklung der Praxis im regionalen Umfeld. Wichtig ist dabei, dass die Wissenschaft nicht versucht, eine bessere Praxis zu machen als PraktikerInnen, sondern dass sie die Praxis mit den Erkenntnissen und den Erkenntnismöglichkeiten der Wissenschaft konfrontiert und dass die Praxis sich ihrer eigenen Professionalität verpflichtet weiß und selbstbewusst in den Dialog mit der Wissenschaft geht.

---

[3] Peter Sommerfeld hat als kritischer Beobachter und nur teilweise in das Geschehen integrierter die komplexen Konflikte und Auseinandersetzungsprozesse differenziert beschrieben (Sommerfeld 2007).

[4] Die Erfahrungen und die Bewältigung der hier angedeuteten Konflikte bei unserem Projekt Quartiersaufbau Rieselfeld wurden neuerdings differenziert beschrieben in Sommerfeld 2007.

Der Beitrag der Forschung zur Theoriebildung in der Sozialen Arbeit

Peter Sommerfeld

Ziel meiner Ausführungen ist es, auf der Basis der in diesem Band versammelten Forschungsprojekte über den Entwicklungsstand der Wissenschaft der Sozialen Arbeit zu reflektieren. Damit verbindet sich auch das Ziel, einen Beitrag zur Selbstvergewisserung und damit auch zur Klärung einiger grundlegender Anforderungen an die Entwicklung dieser jungen Wissenschaft zu leisten. Gleichwohl ist das Vorgehen essayistisch. Das heisst, dass ich keine Systematik auf der Grundlage einer Analyse aller Forschungsarbeiten in der Sozialen Arbeit hier anbieten kann, sondern dass ich einige Auffälligkeiten und Merkmale der vorliegenden Forschungsprojekte aus meiner Perspektive heraus zu einem Aussagensystem verdichten werde, das eine Annäherung an das Tagungsthema: der Beitrag der Forschung zur Theoriebildung in der Sozialen Arbeit ermöglicht. Der in ihm angelegte Anspruch, dass Forschung zur Theoriebildung beitragen solle, wurde von den Autor/innen sehr unterschiedlich aufgenommen und hat in der Folge sehr unterschiedliche Aussagen hervorgebracht, wie denn der jeweilige Beitrag zur Theoriebildung des Faches aussieht.
Auffallend über die einzelnen Projekte hinweg ist, dass sich in einer ganzen Reihe von Projekten keine Angaben finden, welchen Beitrag sie zur Theorieentwicklung leisten, obwohl dies das Thema der Tagung war, zu der sie sich gemeldet haben, und obwohl aus meiner Aussensicht heraus in einigen dieser Projekte deutliche Bezüge zur Theoriebildung darstellbar wären. Und umgekehrt werden teilweise Angaben gemacht, die für mich nicht nachvollziehbar sind, beispielweise, inwieweit die Implementation eines Trainingsprogramms ein Beitrag zur Theorieentwicklung ist. Oder, um noch eine Illustration hier anzufügen: „Die Wahrnehmungen und Sichtweisen der Bewohnerschaft in den Prozess der Stadtteilentwicklung einzubeziehen, ist ein wichtiger Teil des neuen integrativen Politikansatzes." Dieser Satz als Charakterisierung des Beitrags eines Forschungsprojekts zur Theorieentwicklung in der Sozialen Arbeit (und von dieser Art finden sich diverse Beispiele), ebenso wie die explizite Nicht-Bezugnahme auf die Theoriebildung in relativ vielen Projektbeschreibungen könnte auf eine ernste Problematik hinweisen. Praxisorientierte Forschung kann ad-hoc erfolgen, das heisst ausserhalb des wissenschaftlichen Bezugssystems. Die wissenschaftlichen Forschungsmethoden können, weil sie Daten über Fakten erzeugen, als Mittel der Informationsbeschaffung für ein unmittelbares Interesse aus und in der Praxis eingesetzt werden. Dies ist völlig legitim und oft auch hilfreich, muss aber grundsätzlich von Forschung unterschieden werden, die als Teil der wissenschaftlichen Methode ein weiterführendes, auf Verallgemeinerbarkeit zielendes Erkenntnisinteresse verfolgt. Projekte, die ausschliesslich der

Informationsbeschaffung für einen Praxispartner dienen, laufen deshalb an meiner Hochschule als Dienstleistungsprojekte. Dazu zählen unter Umständen auch Evaluationsprojekte. Von dieser in Bezug auf die Theoriebildung eher problematischen Projektkategorie klar zu unterscheiden sind Projekte, die sich auf die Erzeugung von Faktenwissen begrenzen und deshalb keinen Anspruch verfolgen, unmittelbar zur Theoriebildung beizutragen, sondern Grundlagen für diese Theoriebildung bereitstellen, wie es in der folgenden Aussage zum Ausdruck kommt: „Das Projekt hat Grunddimensionen der Lebenslage von Menschen mit Behinderungen herausgearbeitet und die Unterschiedlichkeit der Lebenslagen von Menschen mit Behinderungen aufgezeigt."
Bevor wir uns weiter mit der hier aufgemachten Problematik beschäftigen, und um die bisherigen Aussagen besser nachvollziehen zu können, scheint es mir notwendig, einige allgemeine Ausführungen zum Verhältnis von Theorie und Forschung zu machen und damit meine diesbezügliche Position und Perspektive ansatzweise zu explizieren (vgl. Sommerfeld 2000/2004/2006) und so einen gemeinsamen Bezugspunkt für die Diskussion zu schaffen: Forschung erzeugt Daten über die Fakten, die in einem Realitätsausschnitt beobachtbar sind, indem sie die Instrumente bzw. die Methoden der Wissenschaft zur Anwendung bringt. Als Teil der wissenschaftlichen Form, Wissen über die Welt zu gewinnen, bezieht sie sich immer auf Theorie. Sowohl die Konstruktion der Fragestellung als auch die Wahl der Methoden ist prinzipiell geleitet durch Vorannahmen über die Beschaffenheit der Welt, die sich im Stand des Wissens (state of the art) vergegenständlichen. Dieser Stand des Wissens setzt sich aus den bekannten Fakten und den bereits vorhandenen Theorien zusammen, also aus Aussagensystemen zur Erklärung der Fakten bzw. der Phänomene, die in der Welt beobachtet werden können. Theorien sind in diesem Sinn eine Art Erkenntnisspeicher. Der Anspruch an die Wissenschaftlichkeit einer Arbeit beginnt mit der Auseinandersetzung mit diesen Formen gespeicherten Wissens. Die Forschung beginnt also grundsätzlich nicht immer von vorne oder im Zustand des absoluten oder einfach naiven Nicht-Wissens, sondern baut auf bestehendem Wissen auf. Das ermöglicht den Erkenntnisfortschritt ebenso wie die Steigerung der menschlichen Erkenntnismöglichkeiten. Im Fall einer Handlungswissenschaft wie der Sozialen Arbeit kommt die Sorte theoretischer Aussagen hinzu, die sich auf das (professionelle) Handeln beziehen. Die allgemeine Fragestruktur der Theorien („Wie ist die Welt beschaffen und wie funktioniert sie bzw. wie sind die Phänomene darin zu verstehen/ zu erklären?") wird ergänzt, nicht etwa ersetzt, durch die technologische Fragestruktur („Wie ist das Handeln x beschaffen und wie ist zu verstehen/ zu erklären, dass daraus das Ergebnis y entsteht oder nicht entsteht?" sowie auf den diesbezüglichen Antworten aufbauend „Was ist sinnvollerweise zu tun, um das Ergebnis y zu erzielen?"). Alle auf Empirie bezogene Theorie versucht, Gesetzmässigkeiten zu bestimmen. Nur so kann sie den Anspruch auf Allgemeingültigkeit einlösen. Das heisst, dass neben der Beschreibung die erklärenden Zusammenhänge (Mechanismen oder Dynamismen) den Kern von Theorien bilden. Im Grunde geht es also um die Beschreibung von (Kausal-) Beziehungen. Diese

können einfach und linear sein, im Falle der Sozialen Arbeit sind sie in der Regel komplex und nicht-linear. Technologien stellen also Zweck-Mittel-Wissen in der Form von theoretischen Aussagen über die Gesetzmässigkeiten des zielgerichteten Handelns in einem bestimmten Feld dar und orientieren in diesem Sinn das Handeln, wenn es rationales Handeln ist, was für professionelles Handeln unterstellt wird. Nicht aus jedem Forschungsprojekt muss eine neue Theorie entstehen. Grundsätzlich stellt jede Forschungsarbeit einen mindestens potentiellen Beitrag zur Theoriebildung dar, weil sie die Datenlage über die Fakten der Welt auf der Basis des bestehenden Wissens anreichert. Weil die Beobachterperspektive andere Wahrnehmungen ermöglicht und dies durch die Verwendung von spezifischen Forschungsmethoden noch gesteigert werden kann, kann die Forschung auch die Praxis unmittelbar mit Information anreichern, und mittelbar durch die Prüfung und theoretische Fundierung der in der Praxis entwickelten Konzepte und Methoden zur technologischen Wissensbasis der Profession beitragen, die in der Praxis einem Realitätstest unterzogen wird.

Wenden wir uns wieder den Fallbeispielen zu: Der im Grundsatz zirkuläre Zusammenhang von Theorie und Forschung kann an einem Dissertationsprojekt gezeigt werden. Aufbauend auf den Theorien von Foucault und Freud werden Grundzüge der Sozialen Arbeit in der Psychiatrie herausgearbeitet. Einerseits stösst der Autor auf ein bekanntes Grundproblem, die Paradoxie von Hilfe und Kontrolle. Die Kritik, die sich daraus ableiten lässt, gipfelt in der Aussage, dass die Anerkennung der Klient/innen als Subjekte fraglich sei. Andererseits werden auf der Grundlage der beobachteten Formen des konstruktiven Umgangs mit dem Strukturprinzip Hilfe und Kontrolle und den organisatorischen Rahmenbedingungen theoretische Aussagen dazu möglich, welche Veränderungen der Rahmenbedingungen vermutlich das professionelle Handeln in diesem Kontext verbessern würden. Dazu gehören Bewusstsein über den Kontrollaspekt, politisches Bewusstsein, Offenheit für alternative Lebensentwürfe, institutionelle Alternativen, Demokratisierung der Psychiatrie. Auch das sind nicht unbedingt völlig neue Erkenntnisse, aber aufgrund der präzisen und dichten Beschreibung der Verhältnisse und der erklärenden Zusammenhänge wird ein Beitrag zur arbeitsfeldspezifischen Theoriebildung der Sozialen Arbeit geleistet, die Faktenlage wird verbessert und Variablen der organisatorischen und professionellen Rahmenbedingungen werden im Hinblick auf Gestaltungsoptionen diskutiert. Daraus könnten forschungsbasierte Konzepte entstehen, in deren Gefolge die theoretischen und technologischen Aspekte dieser Praxisform wieder Gegenstand sein könnten. So weit geht es in diesem Fall aber nicht.

Die Beziehung der Forschungsergebnisse zur Theorie kann aber auch linear gedacht werden als „eine Rückbesinnung auf sozialarbeitsrelevante Theorien, Ansätze und Methoden, die (...) passgenau Anwendung finden können". Forschung bildet in diesem Verständnis den Bezugspunkt in der Realität, an dem die „Anwendung" vorhandener Theorien begründet und legitimiert werden kann. Ein Beitrag zur Theorieentwicklung wird hier nicht gesehen, obwohl es sich um eine explorative Studie handelt, die zur Beschreibung eines spezifischen Handlungsfeldes der Sozialen Arbeit und seiner Grenzen und damit auch zur Funktionsbestimmung wichtige Hinweise liefert. Eine Variante dieses Typus, der ebenfalls in verschiedenen Projekten als der Beitrag zur Theoriebildung genannt wurde, ist der Einbezug der Theorie als „forschungsstrukturierend". Dies stellt die Grundvoraussetzung dar, dass es sich überhaupt um Forschung handelt. Ein Beitrag zur Theoriebildung ist dies noch nicht, aber die Ergebnisse sind auf dieser Basis anschlussfähig und können prinzipiell von anderen für die Theoriebildung genutzt werden.

Ähnlich theorieverwendend wird im Rahmen eines der beiden Grossforschungsprojekte argumentiert. „Für die Theorieentwicklung in der Sozialen Arbeit ist insbesondere die Umsetzung des Person-in-Environment-Ansatzes und der Sozialen Diagnose von großer Bedeutung, da damit gezeigt werden kann, dass Sozialer Arbeit eine zentrale Bedeutung im Rehabilitationsprozess chronischer Krankheiten zukommt. Ferner gelingt es durch die anwendungsbezogene Forschung, die beschriebenen Theorien und Modelle auf ein neues Handlungsfeld der Sozialen Arbeit, nämlich die Gesundheitsförderung im Betrieb, hin anzuwenden und ihre theoretische Relevanz etwa zur Erklärung von Krankheitsfolgen zu bestätigen." Mit der Forschung werden Ansatzpunkte für die Anwendung und Legitimation dieser Ansätze geschaffen sowie die Gestaltung der Umsetzung in der Praxis mit Faktenwissen unterlegt. Wie im Beispiel zuvor wird die eigentliche Theorieentwicklung als bereichsspezifische Theorie zur Beschreibung der Sozialen Arbeit in diesem Feld nicht als Möglichkeit gesehen bzw. genannt, obwohl sie dazu faktisch einen wichtigen Beitrag leisten (könnten). Der Fokus liegt auf der Nutzbarmachung des bereits bestehenden Wissens und damit nicht auf Erkenntnisgewinn, sondern auf Anwendung, was eigentlich keine Forschung ist. Allerdings werden Daten erhoben, die zur Beschreibung der konkreten Bedingungen, die im Rehabilitationsprozess zu beachten sind, genutzt werden. Da es sich in diesem Fall um ein Projekt auf offensichtlich hohem Niveau handelt, drängt sich die Frage auf, wieso Forschung als Anwendung von bestehendem Wissen kodiert wird und der mögliche bzw. gegebene erkenntnisgenerierende Anteil und damit die Beziehung zur Theoriebildung in der Sozialen Arbeit unterbelichtet bleibt.

Das andere der beiden Grossforschungsprojekte weist viele Parallelen zum eben genannten Projekt auf. Der Akzent wird allerdings stärker auf die Kombination von Theoriebildung und zugleich Praxisentwicklung gelegt, wofür der Begriff der „integrierten Praxisforschung" (Sommerfeld & Maier 2003) geprägt wurde. Der Unterschied liegt vor allem darin, dass ein umfassendes Verfahren für den Aufbau einer tragfähigen Alltagskultur als Aufgabe der Gemeinwesenarbeit entwickelt wurde, das zumindest seinem Anspruch nach theoretische und technologische Aussagen bereitstellt. Der Entwicklungsprozess wurde auf einer breiten Rezeption des sozialarbeiterischen (Verfahrens-)Wissens einerseits und auf der Basis der Forschung, die in einen breiteren sozialwissenschaftlichen Horizont eingelassen war, durchgeführt. Im Laufe des Forschungspozesses wurden einige theoretische Grundlagen geschaffen (z.B. ein Entwicklungsmodell der Sozialität im sozialen

Nahraum), die einen wesentlichen Teil der Verfahrensentwicklung bildeten. Diese Grundlagen leisten einen Beitrag zur Theorieentwicklung der Sozialwissenschaften, hier insbesondere der Soziologie. Es ist zugleich ein Beitrag zur Theorieentwicklung der Sozialen Arbeit, genauer: der bereichsspezifischen Theorie der Gemeinwesenarbeit, die technologische Aussagen beinhaltet und sehr weitgehend die gesellschaftlichen Bedingungen mit einbezieht.

In einem anderen Fall wurden die Schritte, die soeben der „integrierten Praxisforschung" zugerechnet wurden, in zwei separate Projekte geteilt: Zuerst wurde mit einem gross angelegten Forschungsprojekt zum Risikoverhalten von heterosexuellen Männern Faktenwissen geschaffen, das zu einer Erweiterung der bestehenden Theorien in diesem Realitätsausschnitt beigetragen hat. Im Anschlussprojekt wurde sodann zusammen mit verschiedenen Praxispartnern ein Konzept der betrieblichen HIV-Prävention entwickelt und umgesetzt, das derzeit evaluiert wird. Wichtig ist an dieser Stelle, dass die kooperative Konzeptentwicklung erst eine Vorstufe der eigentlichen Entwicklung von theoretischen Aussagen über die Zweck-Mittel-Relationen ist. Das Besondere dieser Art der Konzeptentwicklung ist, dass sie unmittelbar auf Forschungsergebnissen aufbaut und in Kooperation zwischen Wissenschaft und Praxis der Sozialen Arbeit durchgeführt wurde. Zusammen mit den Ergebnissen aus der Evaluation können dann weiterführende theoretische oder technologische Aussagen formuliert werden. Erst dann handelt es sich um einen expliziten Beitrag zur Theorieentwicklung der Sozialen Arbeit, nämlich Aussagen über ein spezifisches Arbeitsfeld und darin eingelagertes, spezifisches Zweck-Mittel-Wissen.

Es ist möglich, mit sehr viel weniger Aufwand die doppelte Aufgabenstellung der handlungswissenschaftlichen Perspektive zu bewältigen. In einem Fall wurde die Fragestellung für die Forschung aus der Praxis heraus generiert, mit dem Ziel, diese Praxis (interkulturelle Mädchenarbeit) mit Wissen über einen sehr spezifischen kulturellen Hintergrund und dessen Auswirkungen auf die Lebensführung von Klientinnen der Sozialen Arbeit anzureichern. Der Beitrag zur Theoriebildung wurde wie folgt beschrieben: „Verknüpfung beschreibenden und erklärenden Wissens verschiedener Bezugswissenschaften unter sozialarbeiterischem Fokus und ausgerichtet auf konkrete sozialarbeiterische Praxis." Mit dieser Position wird zwar der Weg der disziplinären Wissensbildung durch den Bezug zur Praxis sehr schön zum Ausdruck gebracht, aber sie gleitet vorschnell wieder in die Praxis ab. Der Theoriebezug wird so gerade nicht hergestellt. Ein Konzept oder eine veränderte Interpretationsfolie in der Praxis, die aus Forschung entsteht, ist typischerweise ein Produkt informierter Praxis und nicht Theorie im Sinne wissenschaftlicher Aussagensysteme.

Handlungskonzepte oder Konzeptionen, wie eine bestimmte Praxis zu gestalten wäre, werden in den Projektbeschreibungen des öfteren, vorschnell, als Beitrag zur Theoriebildung genannt. Das ist ein interessanter Punkt, der zu diskutieren ist. Schauen wir uns deshalb noch einen anderen, etwas differenzierter formulierten Fall an: „Die Ergebnisse liefern Erkenntnisse über die aktuellen Lebenshintergründe einer besonderen Lebensweise in der Alleinstehenden Wohnungslosigkeit und deren besonders gravierende Probleme; b) sie können dazu beitragen, Inkompatibilitäten zwischen Problemlagen und Hilfeangeboten zu entdecken und eine Optimierung der fachlichen Hilfe unterstützen; c) sie können helfen, die Hilfen der Aufsuchenden Beratung sowohl im Überlebenssystem der Betroffenen als auch im Hilfesystem besser zu platzieren und d) methodisches Vorgehen im Einzelkontakt mit den Adressaten im Rahmen von Streetwork beschreiben, erklären und Anregungen zu deren Verbesserung geben." Hier werden zunächst Grundlagen geschaffen im Sinne von Faktenwissen über Lebensbedingungen. Der Punkt b verweist auf die kritische Funktion der Forschung, nämlich Unzulänglichkeiten der professionellen Praxis aufzudecken. Auch hier bewegen wir uns immer noch auf der Ebene des Faktenwissens. Der Punkt c zielt auf Konzeptentwicklung im Hinblick auf die Verbesserung der Praxis und d schliesslich präzisert dies im Hinblick auf Theorie- und Technologiebildung. Es scheint mir notwendig, auf ein klares Verständnis und damit auf die Differenz der Begriffe zu insistieren. Die Beschreibung und Erklärung des Handelns (hier streetwork) ist eine arbeitsfeldspezifische Theoriebildung. Nur dies ist ein unmittelbarer Beitrag zur Theoriebildung. Wenn darin und darauf bezogen Aussagen zum methodischen Handeln gemacht werden, die ebenfalls beschreibend und die Wirkmechanismen erklärend ausgelegt sind, dann ist dies ein Beitrag zur Technologieentwicklung oder mindestens zur Methodologie. Die Ideologiekritik und das Faktenwissen über diese Praxis und wie hier über die Lebenswelt der Klientel sind dafür (über Forschung generierte) Voraussetzungen.

Ein anderer Aspekt derselben Thematik zeigt sich in folgendem Zitat: „Wie sich aus den Ergebnissen zeigte, stellen hierarchische Systeme ungünstige kontextuale Bedingungen für ein salutogenetisch orientiertes Gesundheitsmanagement dar. Um die Lernprozesse, die im Empowermentkonzept angelegt sind, hier erfahrbar zu machen, müssten die strukturalen und kulturellen Bedingungen verändert werden. Für die Soziale Arbeit ergibt sich hieraus ein sehr interessantes Arbeitsfeld, wodurch die zukünftige Gestaltung der Verhältnisse und Kultur unserer Gesellschaft mitverantwortlich beeinflusst werden kann. Auf diese Art wird ermöglicht, sozial-human relevante Aspekte in das unternehmerische Geschehen miteinfließen zu lassen, die für eine gesundheitsförderliche Rahmengestaltung unabdingbar sind. Salutogenetische Gesundheitsförderung stellt demnach mit seiner Konzeptbildung ein neues Beratungsfeld dar, das die Ganzheitlichkeit des Menschen stärker berücksichtigt." In diesem Zitat wird aus Faktenwissen über einen Zusammenhang von strukturellen Bedingungen und möglichen Wirkungen ein Arbeitsfeld der Sozialen Arbeit mit einer sehr weitgehenden Zielsetzung konstruiert. Diese Art von konzeptionellen Überlegungen findet sich in der Sozialen Arbeit zuhauf. Sie sind keine Theorien im engeren Sinn des Wortes, den ich gerne im Unterschied zum Begriff der „Konzepte" oder „Konzeptionen" reservieren und stark machen würde. Die unmittelbar praxisorientierten Konzepte sind möglicherweise wertvoll, und forschungsbasierte Konzepte sind mir persönlich lieber als andere, weil sie in der Regel Informationen mit verarbeiten, die sonst nicht zugänglich wären, aber sie sind eine

Vorstufe oder höchstens eine Zwischenstufe im Prozess der kontinuierlichen Theoriebildung.
Dies soll nicht heissen, dass solche Konzeptentwicklungen unsinnig sind. Im Gegenteil sind sie ein notwendiger Bestandteil, um die Aufgabenstellung bewältigen zu können und der Praxis Wissensgrundlagen und Reflexivität (im Sinne auch von Kritik!) bereitzustellen. Da diese feine, aber zentrale Unterscheidung von besonderer Bedeutung ist, noch ein Beispiel: „Die Ergebnisse weisen Bedingungen aus, unter denen Resilienzpotentiale besser genutzt werden können. Darauf aufbauend wird ein neues Pflegeelternkonzept vorgestellt: „Familie eigener Art". Die Pflegefamilie wird als eine von der Herkunftsfamilie unabhängige soziale Einheit verstanden, deren zentrale Leistung darin besteht, dem Pflegekind Alternativverfahren zu ermöglichen, indem die Pflegeeltern in ihrer Sozialisationspraxis einen gegenüber dem Herkunftsmilieu anderen Zugang und Umgang mit Familiengrenzen, triadischen Strukturen und affektiver Rahmung vermitteln. Pflegeeltern sind im Zusammenleben mit Pflegekindern gezwungen, sich in diesen Sozialisationsbereichen zu bewähren bzw. sie haben die Möglichkeit, entsprechende Vorerfahrungen der Pflegekinder in diesem sozialisatorischen Dreieck (Grenze, Triade, Bindung) zu differenzieren und damit eine gegenüber dem Herkunftsmilieu nicht bessere, sondern eine andere Sozialisationspraxis zu etablieren." In dieser knappen Beschreibung wird ein weitläufiger theoretischer Hintergrund deutlich, der mindestens die Familiensoziologie, die Sozialisationstheorie und die Resilienzforschung umfasst. Auf der Grundlage der Forschungsergebnisse wird eine Theorie der Pflegefamilie präsentiert, die hier interessanterweise Konzept genannt wird. In meinem Verständnis würde aus der in diesem Projekt entwickelten Theorie der Pflegefamilie ein Konzept entstehen, wie dieses soziale System idealtypisch gestaltet werden *soll*, das in der Praxis zu erproben und zu überprüfen wäre. In weiteren Schritten müsste dieses Konzept aufgrund des darauf bezogenen, über Forschung generierten Faktenwissens und den beschreibenden und erklärenden Komponenten der Theorie der Pflegefamilie, die eventuell noch zu modifizieren oder zu verfeinern wäre, zu technologischen Aussagen verdichtet werden (z.B.: wenn es den Pflegeeltern gelingt, die „als-ob" Struktur emotional gut zu verarbeiten, sind gute Voraussetzungen für sozialisatorische Alternativverfahren gegeben. Vermittle den Pflegeeltern Wissen über diese besonderen Gegebenheiten und unterstütze sie bei der emotionalen Verarbeitung). Schliesslich würde man auf diesem Wege zu einer konsolidierten Theorie eines Teilbereichs der Sozialen Arbeit gelangen, der als state of the art oder als ein Teil davon gelten kann.
Was ich unter arbeitsfeldspezifischer Theoriebildung und damit verbundenen Theoriearbeiten verstehe, wird am nächsten Beispiel deutlich: „Eine Altensozialarbeit benötigt eine differenzierte Theorie des Alterns. Sie muss von unterschiedlichen historisch bedingten Generationslagen, lebenszyklischen Krisen und sozialen Milieus Älterer ausgehen. Hierzu leistet [das Projekt, pso] einen Beitrag. Krisen oder auch anomische Situationen wirken sich auf das Altern aus und können zu einem Interventionsbedarf für die Sozialarbeit führen. Krisenbewältigung

und Zielfindung im Hinblick auf die sinnvolle Gestaltung erwerbsarbeitsfreier Zeit kann eine präventive Aufgabe der Sozialen Arbeit sein, um krisenhafte Verläufe zu vermeiden. Aus einer lebenszyklischen Perspektive erscheinen Ältere und Alte weniger als zu pflegende oder zu betreuende Personen, sondern als Männer und Frauen, die existenzielle lebenszyklische Aufgaben und Probleme zu bewältigen haben, was ihnen auch häufig gelingt." Auch hier haben wir es mit einer Variation desselben Themas zu tun. Es geht um die Bildung einer Theorie der Altensozialarbeit. Voraussetzung dafür ist eine Theorie des Alterns bzw. dieser Lebensphase, die als Arbeitsfeld der Sozialen Arbeit unter Bezugnahme auf eine allgemeine Theorie der Sozialen Arbeit ausgewiesen und auf der Basis der Theorie des Alterns, unterlegt mit den Forschungsergebnissen, begründet wird. Hier sind es nicht technologische Komponenten, die einen konzeptionellen Charakter haben, sondern es sind die „teleologischen" Komponenten (vgl. zu diesem Begriff Sidler 2004: 111ff). Auf diese Weise theoretisch begründete Zielsetzungen müssen einen vorläufigen Charakter haben. Sie sind sinnvoll in Bezug auf die Theorie, aus der sie hervorgehen, und bilden eine Komponente dieser arbeitsfeldspezifischen Theorie der Sozialen Arbeit.

Eine andere Form der Bewältigung der doppelten Aufgabenstellung kann darin bestehen, die Ergebnisse einer Forschungsarbeit und deren theoretische Schlüsse in die Instrumentenentwicklung der Praxis einfliessen zu lassen. Wenn beispielsweise ein Ergebnis der Forschung ist, dass Ausgegrenzte in der Schule von den Lehrkräften weiter ausgegrenzt werden, weil jene die Ausgrenzung als Störung ihres Unterrichts betrachten, dann wird vor dem Hintergrund einer allgemeinen Theorie der Sozialen Arbeit (z.B. aufgrund der Funktionsbestimmung als zuständig für soziale Desintegrationsprobleme) eine spezifische, forschungsgestützte Theorie der Problembeschreibung in diesem Arbeitsfeld (hier die Schulsozialarbeit) zu einem wesentlichen Teil der arbeitsfeldspezifischen Theorie. Und davon ausgehend macht es dann Sinn, Instrumente in der und für die Praxis zu entwickeln, die solche eigenständigen fallbezogenen Problembeschreibungen möglich machen, die dann in der interprofessionellen Kommunikation als valide gelten können. Das Sichtbarmachen sozialer Prozesse bzw. der sie strukturierenden Mechanismen/Dynamismen kann generell als eine wichtige Aufgabe in der Sozialen Arbeit angesehen werden. Jedenfalls kann die Wissenschaft konzeptionelle Vorschläge machen, wie ein solches Instrument aussehen könnte. Und sie kann dessen Einsatz überprüfen, vorausgesetzt dass es in der Praxis verwendet wird. Wenn es sich bewährt, wird es Bestandteil der Methoden und der Ausbildung und in einem grösseren Horizont der Theorie der Schulsozialarbeit, die in diesem Sinn technologische Komponenten beinhaltet. Wie bei der Teleologie können technologische Fragen nicht abschliessend von der Wissenschaft „gelöst" werden. Langfristig kann die Wissenschaft aber technologische Erkenntnisse speichern, verdichten, als Wissensbasis tradieren und vermitteln und damit auch zur technologischen Innovation beitragen.

Noch weiter geht es in dieselbe Richtung, wenn, wie in einem Beispiel, auf der Basis der Resilienzforschung ein Trainingsprogramm für Kinder im Rahmen von Kindertagesstätten entwickelt (Konzept!) und evaluiert wird. Hier sind wir im Grunde sehr nahe dran an technologischen Aussagen im engeren Sinn. Wenn die Prozesse der Wirkungserzeugung theoretisch beschrieben und hinreichend erklärt sind und sich die angestrebten Wirkungen wie hier in einem Kontrollgruppenverfahren nachweisen lassen, dann ist es wahrlich zu bescheiden, von einem Konzept zu reden. In diesem Fall haben wir ein technologisches Element im Arbeitsfeld Kindertagesstätten gefunden und beschrieben und können es zusammen mit seiner Erklärung getrost lehren. Um so weit zu kommen, auch das ist hier vielleicht einmal der Erwähnung wert, sind umfangreiche Forschungen notwendig. Die Resilienzforschung ist ein internationaler Forschungszweig, der sich aus Hunderten von Einzelprojekten zusammensetzt.

Für die Theoriebildung in der Sozialen Arbeit sind neben den bislang im Vordergrund gestandenen Projekten, die sich direkt mit der doppelten Aufgabenstellung auseinandersetzen, und damit ihren Praxisbezug auf spezifische Weise herstellen, Grundlagenarbeiten notwendig, die nicht unbedingt in ein Konzept münden müssen, sehr wohl aber können, wie dies am Beispiel des HIV-Projekts dargestellt wurde. Grundlagenforschung im Bereich der Sozialen Arbeit kann die Lebenswelt der Klientel als Erkenntnisgegenstand wählen. Wenn letztlich die Intervention in problematische Verhältnisse bzw. Entwicklungen das Ziel ist, dann ist die theoretische Klärung dieser problemverursachenden oder problemstabilisierenden Verhältnisse elementar. „Theoretisch geht es um die Klärung der Frage, wie sich Ungleichheiten verstärkende gesellschaftliche Entwicklungstendenzen und Strukturen umsetzen und auswirken in Krisen und Problemen in den Lebenswelten, hier also vor allem in problematische Sozialisationsverläufe bzw. eine schichtspezifische Peerintegration. Viele gesellschaftliche Entwicklungstendenzen in den Sozialisationsmilieus behindern die Entwicklungsmöglichkeiten der Individuen, führen zur Herabsetzung ihrer Lebensbewältigungskompetenzen und wirken sich identitätsgefährdend aus. Besonders problematisch wirken sich dabei u.a. mangelnde oder fehlende Anerkennung (z.B. durch Arbeitslosigkeit) und damit verbundene Sinnkrisen – neben den materiellen Aspekten – aus". Das Projekt zielt also auf die Erklärung von Mechanismen, die erklären, wieso und wie gesellschaftlich erzeugte Ungleichheit sich auf der individuellen Ebene auswirkt. Zumindest in der Kurzbeschreibung bleibt es bei dem Nennen von Faktoren. Die Mechanismen sind auch ungleich schwieriger zu finden und vor allem zu überprüfen. Sie sind es aber, die für die Intervention und ihre theoretische Durchdringung entscheidend sind. Wie bei der Resilienz benötigt man auch bei den schädigenden Einflüssen breite Forschungstätigkeiten, bis die Faktenlage ausreichend ist und bis die wichtigsten Mechanismen als geklärt gelten können. Es ist nicht unbedingt hilfreich, wenn auf dem Weg dahin jedes Projekt versucht, eine neue Praxiskonzeption zu formulieren.

Die andere Möglichkeit, Grundlagen für die Theoriebildung in der Sozialen Arbeit zu schaffen, sind Studien zur Praxis der Sozialen Arbeit. Auch hier geht es um die Beschreibung von Einflussgrössen auf das Handeln und eventuell die Erklärung der Dynamik der beobachteten Praxisform. „Die Ergebnisse zeigen, dass die Fallführung in hohem Ausmaß durch das institutionelle Setting bestimmt wird, in dem sie stattfindet. Zentraler Vermittlungsfaktor ist hierbei der Umgang mit dem Risiko, das Entscheidungen unter Ungewissheit bzw. bei unvollständiger Information anhaftet." Es handelt sich bei diesem Projekt um das Arbeitsfeld der Vormundschaft. Ob die Forschungsergebnisse für eine Theorie der Vormundschaft ergiebig genug sind, kann ich auf der Basis der Kurzbeschreibung nicht beurteilen. Im Grunde würde sich eine solche Theorie aber aus Erkenntnissen zusammensetzen, wie sie hier kurz beschrieben wurden. Unmittelbar könnte man ein Konzept entwickeln (in der Praxis oder für sie), wie man mit dem Risiko zu früher oder zu später Intervention in diesem Feld umgeht, um diese Risiken der rationalen Bearbeitung zuzuführen. Es ist beispielsweise möglich, ein Verfahren zur Entscheidungsfindung zu entwickeln, das die Praktiker/innen entlastet und die Trefferquote optimiert. Wenn sich dieses Verfahren bewährt (mit Forschung geprüft), dann ist wieder ein technologisches Element gefunden, das in die Theorie der Vormundschaft eingebaut werden kann (eine Möglichkeit, wie dies aussehen kann, vgl. Kindler/ Lillig/ Blüml/ Meysen & Werner 2005, Kapitel 2.2 „Erhebung und Bewertung bei Kindeswohlgefährdung").

Eine spezifische Form theoriebildender Forschung ist die Methode der „Grounded Theory" (Strauss & Corbin 1996). Diese kann im Hinblick auf ein Arbeitsfeld sinnvoll sein, oder, wie in einem Beispiel, bezogen auf einen Ausschnitt der Lebenswelt der Klientel. „Die Ergebnisse sind für die Theorieentwicklung im Bereich Sozialer Arbeit einerseits bedeutsam, weil sie es möglich machen, eine im empirischen Material begründete Theorie, d.h. eine *Grounded Theory* von Re-Integrationsprozessen zu entwickeln. Die Resultate des Forschungsprojektes eignen sich sowohl zu einem kritischen Hinterfragen bestehender Theorieangebote als auch für eine eigenständige gegenstandsbezogene Theoriebildung. Darüber hinaus sind wir einen grossen Schritt weiter gekommen in der wertvollen Erschliessung der Theorie der Synergetik für eine Theorie der Sozialen Arbeit." Hier ist das Ziel der Forschung, mit den Ergebnissen eine Theorie der Prozessdynamik von Fallverläufen zu erstellen, also zu beschreiben, was die relevanten Elemente solcher Verläufe sind und zu erklären, wie in einem bestimmten Fall bzw. über alle Fälle hinweg das Ergebnis der Re-Integrationsprozesse zustande kommt. Es geht also um eine Theorie der Integration. In diesem Kontext wird eine Theorie nicht-linearer Systeme (die Synergetik), die aus einem interdisziplinären Kontext stammt, in ihrem Wert für die Theoriebildung in der Sozialen Arbeit ausgelotet.

Schliesslich sind noch drei Typen von Forschung zu nennen, die im vorliegenden Sample Einzelfälle darstellen, über die ich aber froh bin, weil sie zeigen, dass die Forschung in der Sozialen Arbeit ein breites Spektrum hat. Die Frage, die sich daran allerdings anschliesst ist, wie „exotisch" diese Einzelfälle insgesamt sind. Der erste dieser drei Typen ist die historische Forschung. „Der historische Rückbezug stellt ein kritisches Potential dar für die theoretische Klärung und Durchleuchtung des vielschichtigen, oft paradoxen Zusammenhangs von Integration und Ausschluss in den Feldern der Sozialen Arbeit. Unsere Ergebnisse zeigen zudem die Abhängigkeit der Leitvorstellung ‚Integration' von politischen Programmen. Dieses Wissen stellt die Soziale Arbeit heute, in Zeiten neuer gesellschaftlicher Ungleichheiten, vor die dringliche Aufgabe, das ihr eigene Integrationsparadigma theoretisch zu klären und ihre Funktion im Kontext gesellschaftlicher Ausschliessung kritisch zur Diskussion zu stellen. Unsere Forschung versteht sich als Beitrag dazu." Dem ist nichts mehr hinzuzufügen, ausser zu hoffen, dass die historische Forschung in der Sozialen Arbeit angesichts der unmittelbaren Praxisorientierung, wie sie in den meisten Projekten zu sehen ist, Bestand haben wird in ausreichend grossem Umfang.

Der zweite Sondertypus im Sample ist Forschung zu ethischen Grundfragen in der Sozialen Arbeit. „Soziale Arbeit ist eine normative Profession. Leider zeigt sich, dass sowohl bei der Konzeptentwicklung wie auch in der Handlungspraxis die normativen Grundpositionen oft unausgesprochen vorausgesetzt werden und somit ein Wertekonsens unterstellt wird, der nicht zwangsläufig der Realität entspricht. Die Ergebnisse der Untersuchung deuten (bei aller Vorsicht) darauf hin, dass es tatsächlich bestimmte ethische Grundhaltungen gibt, die das Handeln bestimmen – und dies länderübergreifend im gleichen Arbeitsfeld. Der Umgang mit ethischen Streitfragen unterscheidet sich jedoch z.T. deutlich, was Fragen der Ausbildung, Vermittlung und Fortbildung in das Blickfeld rückt." Es geht hier um das Sichtbarmachen von handlungsleitenden Orientierungen, also um Faktenwissen. Grundsätzlich kann das in verschiedene Richtungen weitergedacht werden. Für die Theoriebildung ist es ein Bestandteil der Beschreibung der Beschaffenheit der Sozialen Arbeit (in verschiedenen Ländern, also in vergleichender Perspektive).

Schliesslich und nicht zufällig am Schluss der Liste (last but not least!) ist ein Projekt zu nennen, das den Rahmen der anderen Projekte sprengt. Es handelt sich um eine Grundlagenarbeit der klassischen Art. Forschung ist hier gleichbedeutend mit Theoriebildung. Die Forschungstätigkeit besteht in der Sichtung und Analyse verschiedener Theorien sowie in der Sekundäranalyse vorhandener Forschungsarbeiten. Dies kann nur gelingen, indem eine neue Theorie formuliert wird, die über die bestehenden Theorien hinausgelangt, das heisst einen höheren Erklärungswert hat. Das ist zumindest das hohe Ziel, das mit einem solchen Vorgehen verbunden ist. Ohne dies hier und schon gleich gar nicht auf der Grundlage der Kurzbeschreibung beurteilen zu wollen: es sollte anhand der anderen hier herausgestellten Aspekte der Forschung in der Sozialen Arbeit klar geworden sein, dass zumindest die Sekundäranalyse sowie synthetisierende Arbeiten im Hinblick auf die Theorieentwicklung der Sozialen Arbeit absolut unerlässlich sind.

Essays zu den vorgestellten Forschungsprojekten

DISKUSSION

Auf der Basis der Stichprobe der in diesem Band präsentierten Forschungsarbeiten lässt sich nunmehr etwas differenzierter auf die sich abzeichnenden Entwicklungen der Forschungstätigkeit in der Sozialen Arbeit eingehen. Die Breite der Themen und der verwendeten Methoden, die unterschiedlichen Projektformen, Zugänge und Bezüge, all das weist darauf hin, dass die Forschungstätigkeit in der Sozialen Arbeit sich nicht grundsätzlich von anderen sozialwissenschaftlichen Disziplinen unterscheidet. Der Stellenwert, den die Forschung tatsächlich einnimmt, ist auf dieser Grundlage nicht abschliessend zu beurteilen. Was wir vor allem auf dieser Grundlage unmittelbar nicht sehen können, ist, ob und in welchem Umfang das Wachstum der Forschung und die Übereinstimmung mit wissenschaftlich-methodologischen Standards zur Theoriebildung in der Sozialen Arbeit beitragen.

Allerdings zeigt sich, dass die Struktur der Handlungswissenschaft „Soziale Arbeit" auch tatsächlich strukturierend wirkt (vgl. Giddens 1992). Der Kommunikationszusammenhang der Disziplin begrenzt und ermöglicht gleichermassen bestimmte Erscheinungsformen der Forschung, ohne diese zu determinieren. Die Soziale Arbeit bildet offenbar einen strukturierten und strukturierenden Sinnzusammenhang, in dem die einzelnen Projekte eine Position oder Referenz markieren. Es zeigt sich, dass die Forschung in der Sozialen Arbeit prinzipiell ein konsistentes Ganzes bildet, einen sinnvollen disziplinären Zusammenhang. Dies führt zur Einschätzung, dass die einzelnen Projekte, in sehr unterschiedlicher Weise und mit sehr unterschiedlicher Reichweite in diesem grösseren Ganzen zur Theoriebildung potentiell beitragen. Damit wäre die Soziale Arbeit in der „Normalität" einer empirischen Sozialwissenschaft angelangt.

Der Begriff „potentiell" verweist darauf, dass zum jetzigen Zeitpunkt noch völlig offen ist, welche Gestalt letztlich mit den derzeitigen Prozessen realisiert werden kann. Mit den kleinen Rekonstruktionen oben sind auch einige strukturierende Kräfte sichtbar geworden, die nicht unbedingt in die Richtung einer forschungsbasierten Theoriebildung weisen. Die Frage ist, ob sich der soziale Raum Soziale Arbeit längerfristig füllt, mit Erkenntnissen über den interessierenden Ausschnitt der Realität in einer anwendungsorientierten Perspektive. Erst wenn sich die in den Projekten vergegenständlichten Prozesse der Wissensproduktion aufeinander beziehen, sie also nicht als Solitäre in der Landschaft stehen, füllt sich der disziplinäre Sozialraum mit forschungsfundierten oder sogar forschungsgesättigten Theorien. In der Regel braucht es hunderte von Forschungen zu einem Thema, bevor der Wissensstand in einem wissenschaftlichen Sinne als gesichert gelten kann. Wenn dies zutrifft, dann stehen wir diesbezüglich trotz den Indizien, die für eine Normalisierung sprechen, an einem hoffnungsvollen Anfang. Mehr nicht.

Die zentrale Frage, die sich mir im Anschluss daran stellt, ist, ob und wie die Forschungstätigkeit zu einer nachhaltigen Weiterentwicklung der Wissensbasis der Sozialen Arbeit und damit der Disziplin beitragen wird. Der Weg dazu führt nur über Theoriebildung, inklusive Theorien über Zweck-Mittel-Relationen. Der Grad der Vernetztheit der disziplinären Wissensproduktion entlang von Theorien, die Knotenpunkte für die innere Strukturbildung darstellen, entscheidet letztlich über den Gehalt und die Ausdehnung, die dieser disziplinäre Forschungsraum gewinnt. In einigen Projekten zeigt sich die Tendenz, unmittelbar in Richtung Konzeptentwicklung zu gehen, was aufgrund der Bedarfe der Praxis notwendig, legitim und sinnvoll ist. Zum jetzigen Zeitpunkt ist aber nicht absehbar, ob diese Konzeptentwicklungen jeweils singuläre Erscheinungen sind, oder ob sie längerfristig zur Theorie- und Technologiebildung in der Sozialen Arbeit beitragen. Es besteht eine ernsthafte Gefahr in diesem Zusammenhang, dass sich die unmittelbaren Bedarfe der Praxen mit einer kurzfristig angelegten Drittmittelförderung zu einem Projektaktivismus kurzschliessen, der keinen Beitrag zur Theoriebildung leisten würde. Es stellt sich also die Frage, inwieweit die rahmende Infrastruktur die Wissenschaftler/innen der Sozialen Arbeit in die Lage versetzt, nicht nur in der Hatz nach Drittmitteln ein Einzelprojekt an das nächste zu reihen, sondern zum disziplinären und interdisziplinären Diskurs aktiv beizutragen und möglicherweise selbst Theorien zu entwickeln. Silvia Staub-Bernasconi sieht diese Gefahr ähnlich, wenn sie fragt: „Wie kann ein gleichgültiger, undisziplinierter, atomisierter Ad-hoc-Pluralismus von Theoriefragmenten vermieden werden, ohne dass man zu einer in sich geschlossen Supertheorie ohne Empirie und Alternativen Zuflucht nimmt?" (Staub-Bernasconi 2006: 32) Sie plädiert in diesem Zusammenhang für „einen integrierten Pluralismus". Die Frage, die sich daran allerdings anschliesst, ist, wie entsteht ein solcher „integrierter Pluralismus"? Anders formuliert: Wie kann die innere Kohärenz eines Faches hergestellt respektive gesteigert werden bzw. was braucht es dazu? Letztlich geht es um die Frage, was die wichtigen Kristallisationspunkte in diesen Prozessen sind, die dem Fach eine kontinuierliche kohärente Entwicklung ermöglichen.

Elena Wilhelm hat unlängst den „Abschied von der grossen Erzählung" als Titel ihrer Überlegungen zur Theoriebildung in der Sozialen Arbeit gewählt (Wilhelm 2006). Mit der „grossen Erzählung" ist die eine und einende Supertheorie gemeint, die es, so Wilhelm in Übereinstimmung mit Staub-Bernasconi (op. cit) nicht geben kann, die aber immer noch als Anspruch in der Sozialen Arbeit herumgeistert. Statt dessen fordert sie eine Ausdifferenzierung des Fachs, und zwar entlang dessen, was ich arbeitsfeldspezifische Theoriebildung nenne: „Auch in der Sozialen Arbeit entstehen zunehmend Forschungszusammenhänge und damit auch Zusammenhänge der Theoriebildung – Theoriebildung allerdings verstanden als lokale, spezifische und spezialisierte, feldbezogene Theoriebildung über eingegrenzte und eindeutig konturierte Gegenstandsbereiche der Sozialen Arbeit, die in der Praxis als solche schon seit langem existieren (wie beispielsweise Jugendarbeit, … Altenarbeit, Sozialhilfe, (…), Bewährungshilfe usw.). Im Moment besteht die Soziale Arbeit eher aus noch wenig organisierten und systematisierten Anhäufungen von empirischen Beobachtungen, historischen Analysen, rohen Ergebnissen, Verschreibungen, Vorschriften und Anleitungen und ist demnach eine noch etwas ungestalte Disziplin" (Wilhelm op. cit: 40f).

Die Antwort auf die Frage, wie die Einheit des Faches respektive seine innere Kohärenz hergestellt und verbessert werden kann, ist also eine klassisch systemtheoretische: durch Differenzierung, genauer durch Differenzierung der Theoriebildung. In dieser Vorstellung sind die Arbeitsfelder der Sozialen Arbeit die inhaltlichen Kristallisationspunkte, an denen sich entlang Forschungsfragen anlagern und in hinreichender Zahl und über eine angemessene Zeitspanne bearbeitet werden können. Und zwar in der Form, die die wissenschaftliche Methode als wissensgenerierende auszeichnet: durch Bezugnahme auf bereits vorliegende Erkenntnisse, das heisst durch Theoriebildung. Die Betonung dieser differenzierten Theoriebildung scheint mir angesichts der vorliegenden Projektbeschreibungen und deren Umgang mit der Frage des Beitrags zur Theoriebildung elementar. Wir brauchen ein Bewusstsein darüber, was Theoriebildung in einer Handlungswissenschaft überhaupt heisst, und wir brauchen fokussierte und vernetzte Forschungstätigkeit, um diese voranzutreiben.

Es sind auch in den hier präsentierten Projekten Anzeichen für die Entwicklung der Sozialen Arbeit hin zu einer auf Forschung aufbauenden sozialwissenschaftlichen Disziplin zu erkennen. Die diesem Befund widersprechenden Anzeichen in den Projekten sind ebenfalls zu beobachten. Die Möglichkeiten für die Theoriebildung müssen insgesamt erst noch genutzt werden.

Teil 5

Literaturverzeichnis

Ackermann, F./Seeck, D. (1999): Der steinige Weg zur Fachlichkeit. Handlungskompetenz in der Sozialen Arbeit. Hildesheim
Albrecht, G. (1999): Methodische Probleme der Erforschung sozialer Probleme. In: Albrecht, G./Groenemeyer, A./Stallberg, F.W. (Hrsg.): Handbuch soziale Probleme. Opladen, Wiesbaden. S. 768–882
Altena, H. (2003): Von sozialen Netzwerken zur institutionellen Kooperation. In: Rundbrief 1/2003. Verband für sozial-kulturelle Arbeit. Berlin. S. 30–33
Ames, A./Jäger, F. (2006): Die Arbeitsverwaltung als omnipotente Sozialarbeiterin oder der Bock als Gärtner. Zur Korrumpierung sozialarbeiterischer Begriffe und Konzepte durch Sozialgesetzbuch II. In: Widersprüche 26, S. 75–82
Angel, H.-F./Bröking-Bortfeld, M./Hemel, U. et al. (2006): Religiosität. Anthropologische, theologische und sozialwissenschaftliche Klärungen. Stuttgart
Anheier, Helmut K. (2000): Social Services in Europe. An Annotated Bibliograph. Frankfurt a.M.
Arnold, S./Kempe, D./Schweikart, R. (2005): Berufliches Erfahrungswissen und gute pädagogische Praxis. Münster
Badura, J. (2002a): Die Suche nach Angemessenheit. Praktische Philosophie als ethische Beratung. Münster, Hamburg, London
Badura, J. (2002b): Kohärentismus. In: Düwell, M./Hübenthal, C./Werner, M.H. (Hrsg.): Handbuch Ethik. Stuttgart, Weimar. S. 194–205
Bartelborth, T. (1996): Begründungsstrategien. Ein Weg durch die analytische Erkenntnistheorie. Berlin
Bartelheimer, P. (2001): Sozialberichterstattung für die „Soziale Stadt". Methodische Probleme und politische Möglichkeiten. Frankfurt a.M.
Bartosch, U./Maile, A./Speth, Ch. (2006): Qualifikationsrahmen Soziale Arbeit (QR SArb). Fachbereichstag Sozialwesen. Eichstätt
Bauer, J. (2006): Prinzip Menschlichkeit. Warum wir von Natur aus kooperieren. Hamburg
Baumard, P. (1999): Tacit Knowledge in Organizations. London
Bayertz, K. (1999): Moral als Konstruktion. Zur Selbstaufklärung der angewandten Ethik. In: Kampits, P./Weiberg, A. (Hrsg.): Angewandte Ethik. Wien. S. 73–89
Beresford, P./Croft, S. (2004): Service Users and Practitioners Reunited. The Key Component for Social Work Reform. In: British Journal of Social Work 34, S. 53–68

Berger, R. (Hrsg.) (2001): Studienführer Soziale Arbeit. Münster i.W.
Berlin, S. (2005): The Value of Acceptance in Social Work Direct Practice. A Historical and Contemporary View. In: Social Service Review 79, S. 482–510
Beywl, W./Schepp-Winter, E. (2000): Zielgeführte Evaluation von Programmen – Ein Leitfaden. In: BMFSFJ (Hrsg.): QS 29 – Materialien zur Qualitätssicherung in der Kinder- und Jugendhilfe. Bonn. S. 5–97
Bitzan, M. (1997): Geschlechterdifferenz in der Gemeinwesenarbeit. In: Fiebertshäuser B. et al. (Hrsg.): Sozialpädagogik im Blick der Frauenforschung. Weinheim. S. 209–224
Blom, B. (2002): The Social Worker-Client Relationship. A Startrean Approach. In: European Journal of Social Work 5, S. 277–285
BMFSFJ (Bundesministerium für Familie, Frauen und Jugend) (Hrsg.) (1997): Evaluation der Sozialpädagogischen Praxis, QS 11 – Materialien zur Qualitätssicherung in der Kinder- und Jugendhilfe. Bonn
Borrmann, S. (2004): Die Berufsethischen Prinzipien des DBSH – Ethische Dilemmata und ein Lösungsvorschlag. In: Forum SOZIAL 3, S. 12–14
Borrmann, S. (2005): Soziale Arbeit mit rechten Jugendcliquen. Wiesbaden
Bortz, J./Döring, N. (2003): Forschungsmethoden und Evaluation für Human- und Sozialwissenschaftler. Berlin
Böttger, A./Lobermeier, O. (1996): Sozial(arbeits)wissenschaftliche Forschung an Fachhochschulen. Theoretische Hintergründe und Ergebnisse einer empirischen Untersuchung an den Fachbereichen Sozialwesen in Norddeutschland. Wolfenbüttel
Bourdieu, P. (1988): Homo academicus. Frankfurt a.M.
Brückner, M. (2003): Care – der gesellschaftliche Umgang mit zwischenmenschlicher Abhängigkeit und Sorgetätigkeiten. In: Neue Praxis, 2, S. 162–172
Bullinger, H. (1998): Soziale Netzwerkarbeit. Eine Einführung für soziale Berufe. Freiburg i.Br.
Bunge, M. (1999): Philosophy of Science, Bd. I und II. New Brunswick, London
Bunge, M. (1999): The Sociology-Philosophy-Connection. Brunswick, London
Bunge, M./Mahner, M. (2004): Über die Natur der Dinge. Stuttgart, Leipzig
Burghardt, T. (1998): Aktionsforschung – Wo liegt ihre theoretische Bedeutung für die Veränderung sozialer Praxis? In: Huppertz, N. (Hrsg.): Theorie und Forschung in der Sozialen Arbeit. Neuwied, Kriftel. S. 91–118
Büssing, A./Herbig, B./Ewert,T. (1999): Implizites Wissen und erfahrungsgeleitetes Arbeitshandeln. Konzeptualisierung und Methodenentwicklung. Bericht Nr. 48 aus dem Lehrstuhl für Psychologie, München
Butterwegge, C. (1996): Rechtsextremismus, Rassismus und Gewalt. Erklärungsversuche in der Diskussion. Darmstadt
Buttner, P. (2006): Soziale Arbeit studieren. In: Blätter der Wohlfahrtspflege 2, S. 43–46

Calvert, J. (2004): The Idea of „Basic Research" in Language and Practice. In: Minerva 42, S. 251–268

Costella, E.J./Compton, S.N./Keeler, G./Angold, A. (2003): Relationships Between Poverty and Psychopathology. A Natural Experiment. In: Journal of the American Medical Association, Vol. 290, No. 15, S. 2023–2029

Dahme, H.-J./Wohlfahrt, N. (2002): Aktivierender Staat. Ein neues sozialpolitisches Leitbild und seine Konsequenzen für die soziale Arbeit. In: Neue praxis 32, S. 10–32

Deutsche Gesellschaft für Evaluation (2002): Standards für Evaluation. Köln

Deutscher Berufsverband für Sozialarbeit, Sozialpädagogik und Heilpädagogik (DBSH) (1997): Berufsethische Prinzipien des DBSH. Beschluss der Bundesmitgliederversammlung vom 21.–23.11.97 in Göttingen (www.dbsh.de/Berufsethische_Prinzipien_DBSH.doc – 21.10.2005)

Dewe, B./Otto, H.-U. (2005): Reflexive Sozialpädagogik. Grundstrukturen eines neuen Typs dienstleistungsorientierten Professionshandelns. In: Thole, W. (Hrsg.): Grundriss Soziale Arbeit. Wiesbaden. 2. überarb. und aktualisierte Aufl. S. 179–198

Dörr, M./Müller, B. (2005): „Emotionale Wahrnehmung" und „begriffene Angst". Anmerkungen zu vergessenen Aspekten sozialpädagogischer Professionalität und Forschung. In: Schweppe, C./Thole, W. (Hrsg.): Sozialpädagogik als forschende Disziplin. Theorie, Methode, Empirie. Weinheim. S. 233–252

Elias, N. (1990): Engagement und Distanzierung. Arbeiten zur Wissenssoziologie I. Frankfurt a.M.

Engelke, E. (2002): Theorien der Sozialen Arbeit. Freiburg i.Br.

Engelke, E. (2003): Die Wissenschaft Soziale Arbeit. Werdegang und Grundlagen. Freiburg i.Br.

Exworthy, M./Halford, S. (1999): Professionals and Managers in a Changing Public Sector. Conflict, Compromise and Collaboration? In: Exworthy, M./Halford, S. (Eds.): Professionals and the New Managerialism in the Public Sector. Buckingham. S. 1–17

Feth, R. (1998): Sozialarbeitswissenschaft. Eine Sozialwissenschaft neuer Prägung. In: Wöhrle, A. (Hrsg.): Profession und Wissenschaft Sozialer Arbeit. Pfaffenweiler. S. 205–236

Fiebertshäuser, B./Jakob, G./Klees-Möller, R. (1997): Einleitung: Das Projekt einer geschlechterbewussten Sozialpädagogik in Forschung und Praxis, In: Fiebertshäuser, B./Jakob, G./Klees-Möller, R. (Hrsg.): Sozialpädagogik im Blick der Frauenforschung. Weinheim. S. 9–23

Fiebertshäuser, B./Jakob, G./Klees-Möller, R. (Hrsg.) (1997): Sozialpädagogik im Blick der Frauenforschung. Weinheim

Flick, U. (1995): Qualitative Forschung. Reinbek bei Hamburg

Fortune, A.E./Reid, W.J. (1998): Research in social work. New York. 3. Aufl.

Fritsch, I. (2006): Dämon-Opfer-Ware. Das Menschenbild in der Arbeit mit Menschen mit Behinderungen. Unveröff. Vortragsskript der DGS Jahrestagung 2006

Fröhlich-Gildhoff, K. (2006): Kombination von quantitativen und qualitativen Methoden in der Sozialarbeitsforschung. In: Fröhlich-Gildhoff, K./Engel, E.M./Rönnau, M./Kraus, G. (Hrsg.): Forschung zur Praxis in den ambulanten Hilfen zur Erziehung. Freiburg i.Br. S. 15–30

Fröhlich-Gildhoff, K. (2007): Effektivitätsforschung in der Sozialen Arbeit – ein heißes Eisen. In: Klie, T./Roß, P.-S. (Hrsg.): Sozialarbeitswissenschaft und angewandte Forschung in der Sozialen Arbeit. Festschrift für Prof. Dr. Konrad Maier. Freiburg i.Br. S. 109–127

Galuske, M. (1999): Methoden der Sozialen Arbeit. Eine Einführung. Weinheim, München

Gambrill, E. (2004): The Future of Evidenc-based Social Work Practice. In: Thyer B./Kazi M.A.F. (Eds.): International Perspectives on Evidence-based Practice in Social Work. Birmingham. S. 215–234

Gambrill, E. (2007): Rezension von Norcross, J.C., Beutler, L.E./Levant, R.F. (Eds.) (2005): Evidence-Based Practices in Mental Health: Debate and Dialogue on the Fundamental Questions, American Psychological Association, Washington DC. In: Research on Social Work Practice, S. 428–434

Geiser, K. (2000): Problem- und Ressourcenanalyse in der Sozialen Arbeit. Eine Einführung in die Systemische Denkfigur und ihre Anwendung. Luzern

Geißler, R. (1996): Die Sozialstruktur Deutschlands. Zur gesellschaftlichen Entwicklung mit einer Zwischenbilanz zur Vereinigung. Opladen. 2., neubearb. und erw. Aufl.

Gemeinschaftsrahmen für staatliche FuE-Beihilfen (1996), Anlage I. In: Amtsblatt der Europäischen Gemeinschaften vom 17. 2. 1996. (www.kp.dlr.de/profi/easy/bmbf/pdf/0119.pdf – 20.4.2007)

Germain, C.B. (1977): Soziale Einzelhilfe und Wissenschaft: eine historische Auseinandersetzung. In: Roberts, R.W./Nee, R.H. (Hrsg.): Konzepte der Sozialen Einzelhilfe. Stand der Entwicklung. Neue Anwendungsformen. Freiburg i.Br. S. 17–46

Gibbons, M. et al. (1995): The new production of knowledge. The dynamics of science and research in contemporary societies. London, Thousand Oaks, New Delhi

Giddens, A. (1992): Die Konstitution der Gesellschaft. Grundzüge einer Theorie der Strukturierung. Frankfurt a.M., New York

Göppner, H.-J. (2006a): Empirische Forschung für Sozialarbeitswissenschaft. Plädoyer für Forschungstagungen. In: Mitteilungen der Deutschen Gesellschaft für Sozialarbeit 1, S. 3

Göppner, H.-J. (2006b): Sozialarbeitswissenschaft – was hat die Praxis davon? Oder: Wie kann Soziale Arbeit wissen, dass sie gut ist? In: Sozialmagazin 4, S. 34–46

Göppner, H.-J./Hämäläinen, J. (2004): Die Debatte um Sozialarbeitswissenschaft. Auf der Suche nach Elementen für eine Programmatik. Freiburg i.Br.

Grawe, K. (2004): Neuropsychotherapie. Göttingen, Bern, Toronto

Gredig, D. (2007): Joint-Venture mit Zukunft: kooperative Wissensbildung von Praxis und Wissenschaft. Festansprache an der Diplom-Abschlussfeier der EFH Freiburg im Februar 2007. Unveröffentliches Manuskript

Greiffenhagen, S./Neller, K. (Hrsg.) (2005): Praxis ohne Theorie? Wissenschaftliche Diskurse zum Bund-Länder-Programm „Stadtteile mit besonderem Entwicklungsbedarf – die Soziale Stadt". Wiesbaden

Gruber, C./Fröschl, E. (2001): Gender Aspekte in der Sozialen Arbeit. Wien

Gruber, H.-G. (2005): Ethisch denken und handeln. Grundzüge einer Ethik der Sozialen Arbeit. Stuttgart

Hall, C./Juhila, K./Parton, N./Pöso, T. (2003): Constructing Clienthood in Social Work and Human Services. Interaction, Identities and Practices. London

Hall, C./Slembrouck, S./Sarangi, S. (2006): Language Practices in Social Work. Categorisation an Accountability in Child Welfare. London

Hamburger, F. (2005): Forschung und Praxis. In: Schweppe, C./Thole, W. (Hrsg.): Sozialpädagogik als forschende Disziplin. Weinheim. S. 35–48

Hanesch, W. (2007): Sozialberichterstattung. In: Deutscher Verein für öffentliche und private Fürsorge (Hrsg.): Fachlexikon der sozialen Arbeit. Baden–Baden. S. 839f.

Hanley, B. (2005): Research as Empowerment? Report of a Series of Seminars organised by the Toronto Group. Joseph Rowntree Foundation (www.jrf.org.uk/bookshop/eBooks/1859353185.pdf – 20.4.2007)

Hansen, E. (2005): Risiken in der Sozialen Arbeit. Oder warum Soziale Arbeit mit anderen Berufen nicht zu vergleichen ist. In: Sozialmagazin 30, S. 14–23

Hanses, A. (2003): Angewandte Biographieforschung in der Sozialen Arbeit. Erörterungen zu „Abkürzungsverfahren" biographischer Analysen in praxisorientierter Forschung. In: Otto, H.-U./Oelerich, G./Micheel, H.-G. (Hrsg.): Empirische Forschung und Soziale Arbeit. Ein Lehr- und Arbeitsbuch. Neuwied. S. 259–278

Hanses, A. (2003): AdressatInnenforschung in der Sozialen Arbeit – Zwischen disziplinärer Grundlegung und Provokation. In: Schweppe, C./Thole, W.(Hrsg.): Sozialpädagogik als forschende Disziplin. Theorie, Methode, Empirie. Weinheim, München. S. 185–199

Haubrich, K./Lüders, C./Strohkamp, G. (2007): Wirksamkeit, Nützlichkeit, Nachhaltigkeit. Was Evaluationen von Modellprogrammen realistischerweise leisten können. In: Schröder, O./Streblow, C. (Hrsg.): Fremd- und Selbstevaluationsansätze anhand von Beispielen aus Jugendarbeit und Schule. Opladen, Farmington Hills. S. 183–201

Heiner, M. (Hrsg.) (1988): Praxisforschung in der sozialen Arbeit. Freiburg i.Br.

Heiner, M. (1995): Nutzen und Grenzen systemtheoretischer Modelle für eine Theorie professionellen Handelns (Teil II). In: neue praxis 6, S. 525–546

Heiner, M. (Hrsg.) (1996): Qualitätsentwicklung durch Evaluation. Freiburg i.Br.

Heiner, M. (Hrsg.) (1998): Experimentierende Evaluation. Ansätze zur Entwicklung lernender Organisationen. Weinheim, München

Heiner, M. (2001): Evaluation. In: Otto, H.-U./Thiersch, H. (Hrsg.): Handbuch der Sozialarbeit/Sozialpädagogik. Neuwied, Kriftel. S. 481–495

Heiner, M. (2005): Performanz und Professionalität. Handlungsmodelle und Performanzkonzepte der Praxis Sozialer Arbeit zwischen Dominanz und Passung. In: Blätter der Wohlfahrtspflege 6, S. 219–222

Hering, S./Münchmeier, R. (2000): Geschichte der Sozialen Arbeit. Eine Einführung. Weinheim, München

Heritage, J./Sefi, S. (1992): Dilemmas of Advice. Aspects of the Delivery and Reception of Advice in Interactions between Health Visitors and First-Time Mothers. In: Drew, P./Heritage, J. (Hrsg.): Talk at Work. Interaction in Institutional Settings. Cambridge. S. 359–417

Hoch, H. (2006): Der multi-methodale Ansatz in der ermpirischen Sozialforschung. In: Fröhlich-Gildhoff, K./Engel, E.-M./Rönnau, M./Kraus. G. (Hrsg.): Forschung zur Praxis in den ambulanten Hilfen zur Erziehung. Freiburg i.Br. S. 31–59

Holland, S. (2000): The Assessment Relationship. Interactions between Social Workers and Parents in Child Protection Assessments. In: British Journal of Social Work 30, S. 149–163

Hollstein-Brinkmann, H./Staub-Bernasconi, S. (Hrsg.) (2005): Systemtheorien im Vergleich. Was leisten Systemtheorien für die Soziale Arbeit? Versuch eines Dialogs. Wiesbaden

Hornstein, W. (1985): Die Bedeutung erziehungswissenschaftlicher Forschung für die Praxis der Sozialen Arbeit. In: neue praxis 6 (15) S. 463–477

Hradil, S. (1987): Sozialstrukturanalyse in einer fortgeschrittenen Gesellschaft. Von Schichten und Klassen zu Lagen und Milieus. Opladen

Hradil, S. (Hrsg.) (1992): Zwischen Bewußtsein und Sein. Die Vermittlung „objektiver" Lebensbedingungen und „subjektiver" Lebensweisen. Schriftenreihe Sozialstrukturanalyse Band 1. Opladen

Huppertz, N. (Hrsg.) 1998: Theorie und Forschung in der Sozialen Arbeit. Neuwied, Kriftel

International Federation of Social Workers (IFSW) 2000: Definition of Social Work. (www.ifsw.org/Publications/4.6e.pub.html – 19.04.2007)

International Federation of Social Workers (IFSW) 2001: Constitution. (www.ifsw.org – 19.04.2007)

Jaeggi, E./Faas, A./Mruck, K. (1998): Denkverbote gibt es nicht! Vorschlag zur interpretativen Auswertung kommunikativ gewonnener Daten. Forschungsbericht aus der Abteilung Psychologie am Institut für Sozialwissenschaft der Technischen Universität Berlin, Nr. 97–3

James, A.L. (2004): The McDonaldization of Social Work – or 'Come Back Florence Hollis, All Is (or Should Be) Forgiven'. In: Lovelock, R./Lyons, K./Powelll, J. (Eds.): Reflecting on Social Work – Discipline and Profession. Ashgate, Aldershot. S. 37–54

Juhila K./Pöso, T./Hall, C./Parton, N. (2003): Introduction. Beyond a Universal Client. In: Hall, C./Juhila, K./Parton, N./Pöso, T. (Hrsg.): Constructing

Clienthood in Social Work and Human Services. Interaction, Identities and Practices. London. S. 11–26

Kappeler, M. (2000): Der schreckliche Traum vom vollkommenen Menschen. Rassenhygiene und Eugenik in der Sozialen Arbeit. Marburg

Kelek, N. (2005): Die fremde Braut. Ein Bericht aus dem Inneren türkischen Lebens in Deutschland. Köln

Kelek, N. (2006): Die verlorenen Söhne. Plädoyer für die Befreiung des muslimischen Mannes. Köln

Kelle, U./Marx J./Pengel, S./Uhlhorn, K./Witt I. (2003): Die Rolle theoretischer Heuristiken im qualitativen Forschungsprozess. In: Otto, H.-U./Oelerich, G./ Micheel, H.-G. (Hrsg.): Empirische Sozialforschung und Soziale Arbeit. München

Kettner, M. (2002): Moral. In: Düwell, M./Hübenthal, C./Werner, M.H. (Hrsg.): Handbuch Ethik. Stuttgart, Weimar. S. 410–414

Kindler, H./Lillig, S./Blüml, H./Meysen T./Werner, A. (2005): Handbuch Kindeswohlgefährdung. München

King, G./Keohane, R.O./Verba, S. (1994): Designing Social Inquiry. Scientific Inference in Qualitative Research. Princeton, New Jersey

Kirk, S.A./Reid, W.J. (2002): Science and social work. A critical appraisal. New York

Klassen, M. (2004): Was leisten Systemtheorien in der Sozialen Arbeit? Ein Vergleich der systemischen Ansätze von Niklas Luhmann und Mario Bunge. Bern, Stuttgart, Wien

Klüsche, W. (Hrsg.) (1999): Ein Stück weiter gedacht. Beiträge zur Theorie- und Wissenschaftsentwicklung der Sozialen Arbeit. Freiburg i.Br.

Knupfer, C./Vogel, U./Affolter, K. (2005): Erwartungen der Arbeitgebenden an das sozialarbeiterisch tätige Personal in der Sozialhilfe und die Berufsausbildungen. (www.skos.ch)

Koller, P. (1979): Die Konzeption des Überlegungsgleichgewichts als Methode der moralischen Rechtfertigung. In: conceptus 15, S. 129–142

Kreft, D./Wüstendörfer, M./Wüstendörfer, W. (2000): Was muss man gelesen haben, um Bescheid zu wissen? Umfrage zur Basis- und Standardliteratur in der Sozialen Arbeit. In: Sozialmagazin 2 (25) S. 28–35

Kruse, J. (2004): Arbeit und Ambivalenz. Die Professionalisierung Sozialer und Informatisierter Arbeit. Bielefeld

Kullberg, C. (2005): Differences in the Seriousness of Problems and Deservingness of Help. Swedish Social Workers' Assessments of Single Mothers and Fathers. In: British Journal of Social Work 35, S. 373–386

Kutzner, S./Streuli, E. (2006): Traditionalistische Geschlechtsarrangements in Working Poor Haushalten: Persistenz jenseits der ökonomischen Logik. In: Schweizerische Zeitschrift für Soziologie 2, S. 295–320

Langer, A. (2005): Professionsethik, Effizienz und professionelle Organisationen. Kontroll- und Steuerungsmodi professionellen Handelns. In: Pfadenhauer, M. (Hrsg.): Professionelles Handeln. Wiesbaden. S. 165–180

Leonhard, P. (1997): Postmodern Welfare. Reconstructing an Emancipatory Project. London

Lewin, K. (1953): Die Lösung sozialer Konflikte. Bad Nauheim

Liebig, S./Lengfeld, H. (Hrsg.) (2002): Interdisziplinäre Gerechtigkeitsforschung. Zur Verknüpfung empirischer und normativer Perspektiven. Frankfurt a.M.

Liebig, S./Wegener, B. (1999): Protest und Verweigerung – die Folgen sozialer Ungerechtigkeit in Deutschland. In: Schmidt, M./Montaka, L. (Hrsg.): Gerechtigkeitserleben im wiedervereinigten Deutschland. Opladen. S. 263–298

Lorenz, W. (2000): Contentious Identities. Social Work Research and the Search for Professional and Personal Identities. In: Theorising Social Work Research. Researching Social Work as a Means of Social Inclusion, Seminar organised by Quality for ESRC National Centre for Research Methods. Edinburgh University. 6 March 2000 (www.scie.org.uk/publications/misc/tswr/seminar4/lorenz.asp – 20.4.2007)

Lüders, C./Haubrich, K. (2006): Wirkungsevaluation in der Kinder- und Jugendhilfe: Über hohe Erwartungen, fachliche Erfordernisse und konzeptionelle Antworten. In: Projekt Exe (Hrsg.): Wirkungsevaluation in der Kinder- und Jugendhilfe. Einblick in die Evaluationspraxis. München. S. 5–24

Luhmann, N. (1989): Gesellschaftsstruktur und Semantik. Studien zur Wissenssoziologie der modernen Gesellschaft. Bd. 3. Frankfurt a.M.

Luhmann, N. (2000): Organisation und Entscheidung. Opladen

Maeder, C./Nadai, E. (2004): Organisierte Armut. Sozialhilfe aus wissenssoziologischer Sicht. Konstanz

Maier, K. (1995): Berufsziel Sozialarbeit/Sozialpädagogik. Biografischer Hintergrund, Studienmotivation, soziale Lage während des Studiums, Studierverhalten und Berufseinmündung angehender SozialarbeiterInnen/SozialpädagogInnen. Freiburg i.Br.

Maier, K. (1998a): Zur Abgrenzung der Sozialarbeitsforschung von der Forschung in den Nachbardisziplinen. Ein Versuch. In: Steinert, E./Sticher-Gil, B./Sommerfeld, P./Maier, K. (Hrsg.): Sozialarbeitsforschung: was sie ist und leistet. Eine Bestandsaufnahme. Freiburg i.Br. S. 51–66

Maier, K. (1998b): Das Projekt „Quartiersaufbau Rieselfeld". Entwicklung und Erprobung eines „Verfahrens" zum Aufbau sozialer Strukturen in Neubaustadtteilen. In: Steinert, E./Sticher-Gil, B./ Sommerfeld, P./ Maier, K. (Hrsg.): Sozialarbeitsforschung: was sie ist und leistet. Eine Bestandsaufnahme. Freiburg i.Br. S. 67–85

Maier, K. (Hrsg.) (1999): Forschung an Fachhochschulen für Soziale Arbeit. Bestandsaufnahme und Perspektiven. Kontaktstelle für praxisorientierte Forschung e.V. Freiburg i.Br.

Maier, K. (2005): Das Wohnquartier als Bedingungsrahmen für gelingenden Alltag. Überlegungen zur Evaluation des Bund-Länder-Programms Soziale Stadt aus der Perspektive der Sozialen Arbeit. In: Greiffenhagen, S./ Neller, K. (Hrsg.): Praxis ohne Theorie? Wissenschaftliche Diskurse zum Bund-

Länder-Programm „Stadtteile mit besonderem Entwicklungsbedarf – Die Soziale Stadt". Wiesbaden. S. 95–110
Maier, K./Sommerfeld, P. (2005): Inszenierung des Sozialen im Wohnquartier. Darstellung, Evaluation und Ertrag des Projekts „Quartiersaufbau Rieselfeld". Freiburg i.Br.
Mardorf, S. (2006): Konzepte und Methoden der Sozialberichterstattung. Eine empirische Analyse kommunaler Armuts- und Sozialberichte. Wiesbaden
Mayring, P. (1999): Einführung in die qualitative Sozialforschung. Weinheim
Merkens, H.: Das Eintauchen in die Kultur und Sprache des Anderen. (www.ofaj.org/paed/texte/eintauchen/eintauchen.html)
Montada, L. (2002): Doing Justice to the Justice Motive. In: Ross, M./Miller, D.T. (Eds.): The Justice Motive in Everyday Life. Cambridge UK. S. 41–62
Montada, L./Kals, E. (2000): Mediation. Weinheim
Moser, H. (1975): Aktionsforschung als kritische Theorie der Sozialwissenschaften. München
Moser, H. (1977): Methoden der Aktionsforschung. Eine Einführung. München
Moser, H. (1995): Grundlagen der Praxisforschung. Freiburg i.Br.
Mühlum, A. (2004): Zur Entstehungsgeschichte und Entwicklungsdynamik der Sozialarbeitswissenschaft. Einleitung. In: Mühlum, A. (Hrsg.): Sozialarbeitswissenschaft – Wissenschaft der Sozialen Arbeit. Freiburg i.Br. S. 9–26
Müller, C.W. (1988): Achtbare Versuche. Zur Geschichte von Praxisforschung in der Sozialen Arbeit. In: Heiner, M. (Hrsg.): Praxisforschung in der sozialen Arbeit. Freiburg i.Br. S. 17–33
Müller, C.W. (1998): Sozialpädagogische Evaluationsforschung. In: Rauschenbach T./Thole, W. (Hrsg.): Sozialpädagogische Forschung. Weinheim. S. 157–177
Nadai, E./Sommerfeld, P. (2005): Professionelles Handeln in Organisationen. Inszenierungen der Sozialen Arbeit. In: Pfadenhauer, M. (Hrsg.): Professionelles Handeln. Wiesbaden. S. 181–206
Nadai, E./Sommerfeld, P./Bühlmann, F./Krattiger, B. (2005): Fürsorgliche Verstrickung. Soziale Arbeit zwischen Profession und Freiwilligenarbeit. Wiesbaden
National Association of Social Workers (Hrsg.) 1995a, b, c: Encyclopedia of Social Work. Washington. 19. Aufl.
National Association of Social Workers (Hrsg.) (1997): Encyclopedia of Social Work. Supplement. Washington. 19. Aufl.
Nestmann, F. (1987): Macht vierzehnachtzig – Beratung inklusive! In: Keupp H./Röhrle, B: Soziale Netzwerke. Frankfurt a.M. S. 268–293
Neuweg, G.H. (1999): Könnerschaft und implizites Wissen. Zur lehr- und lerntheoretischen Bedeutung der Erkenntnis- und Wissenstheorie Michael Polanyis. Münster
Nida-Rümelin, J. (1994): Zur Reichweite theoretischer Vernunft in der Ethik. In: Fulda, H.F./Horstmann, R.-P. (Hrsg.): Vernunftbegriffe in der Moderne. Stuttgart. S. 727–747

Nijnatten, C. van/Hoogsteder, M./Suurmond, J. (2001): Communication Care and Coercion. Institutional Interactions between Family Supervisors and Parents. In: British Journal of Social Work 31, S. 705–720

Nodes, W. (1999): An Zustimmung wird nicht gespart. DBSH-Studie zum Ansehen der Sozialen Arbeit. In: FORUM sozial. Die berufliche Soziale Arbeit 2, S. 2–7

Noll, H.-H. (1997): Sozialberichterstattung in Deutschland – Konzepte, Methoden und Ergebnisse für Lebensbereiche und Bevölkerungsgruppen. Basistexte Soziologie. Weinheim, München

Noll, H.-H. (2003): Sozialindikatorenforschung und Sozialberichterstattung: Ziele, Ergebnisse und aktuelle Entwicklungen. In: Orth, B./Schwiering, T./Weiß, J. (Hrsg.): Soziologische Forschung: Stand und Perspektiven. Opladen. S. 449–466.

Noll, H.-H. (2005): Sozialindikatorenforschung und Sozialberichterstattung: Ansätze zur Messung und Analyse der Lebensqualität. In: Genov, N. (Hrsg.): Entwicklung des soziologischen Wissens. Ergebnisse eines halben Jahrhunderts. Wiesbaden. S. 185–212

O'Hare, T. (2005): Evidence-Based Practices for Social Work: An Interdisciplinary Approach. Chicago

Obrecht, W. (2003): Transdisziplinäre Integration in Grundlagen- und Handlungswissenschaften. Ein Beitrag zu einer allgemeinen Handlungstheorie für Handlungswissenschaften und ihrer Nutzung innerhalb der professionellen Sozialen Arbeit. In: Sorg, R. (Hrsg.): Soziale Arbeit zwischen Politik und Wissenschaft. Münster. S. 119–172

Obrecht, W. (2006): Interprofessionelle Kooperation als professionelle Methode. In: Schmocker, B. (Hrsg.): Liebe, Macht und Erkenntnis. Freiburg i.Br. S. 408–445

Obrecht, W./Gregusch, P. (2003): Wofür ist Lösungsorientierung eine Lösung? Ein Beitrag zur sozialarbeitswissenschaftlichen Evaluation einer therapeutischen Methode. In: Archiv für Wissenschaft und Praxis der Sozialen Arbeit 1, S. 61–93

Otto, H.-U. (2007): Die Jahrhundertchance – ein Zeitfenster zur Selbtbestimmung und Neuordnung von Studium und Professionalität in der Sozialen Arbeit. In: neue praxis 1 (37) S. 107ff.

Otto, H.-U./Oelerich, G./Micheel, H.-G. (Hrsg.) (2003): Empirische Forschung und Soziale Arbeit. Ein Lehr- und Arbeitsbuch. München

Otto, H.-U./Thiersch, H. (Hrsg.) (2005): Handbuch der Sozialarbeit/Sozialpädagogik. München, Basel. 2. Aufl.

Pearson, R. (1997): Beratung und soziale Netzwerke. Weinheim

Petko, D. (2004): Gesprächsformen und Gesprächsstrategien im Alltag der Sozialpädagogischen Familienhilfe. Göttingen

Pfadenhauer, M. (1999): Rollenkompetenz. Träger, Spieler und Professionelle als Akteure für die hermeneutische Wissenssoziologie. In: Hitzler, R./Reichertz, J./Schröer, N. (Hrsg.): Hermeneutische Wissenssoziologie. Standpunkte zur Theorie der Interpretation. Konstanz. S. 267–285

Pfadenhauer, M. (2002): Markierung von Ungeduld. Der Körper des Professionellen beim Aushandeln von Wirklichkeit. In: Hahn, K./Meuser, M. (Hrsg.): Körperrepräsentationen. Die Ordnung des Sozialen und der Körper. Konstanz. S. 207–223

Pithouse, A. (1987): Social Work. The Social Organisation of an Invisible Trade. Aldershot

Rauschenbach, T. (1999): Das sozialpädagogische Jahrhundert. Analysen zur Entwicklung Sozialer Arbeit in der Moderne. Weinheim, München

Rauschenbach, T./Thole, W. (1998): Sozialpädagogische Forschung. Gegenstand und Funktionen, Bereiche und Methoden. Weinheim

Rauschenbach, T./Züchner, I. (2005): Theorie der Sozialen Arbeit. In: Thole, W. (Hrsg.): Grundriss Soziale Arbeit. Wiesbaden. S. 139–160

Rawls, J. (1994): Eine Theorie der Gerechtigkeit. Frankfurt a.M. 8. Aufl.

Reckwitz, A. (2003): Theorie sozialer Praktiken. In: Zeitschrift für Soziologie 32, S. 282–301

Reid, W.J. (2002): Knowledge for Direct Social Work Practice. An Analysis of Trends. In: Social Service Review 76, S. 7–57

Reid, W.J./Kenaley, B.D./Colvin, J. (2004): Do Some Interventions Work Better than Others? A Review of Comparative Social Work Experiments. In: Social Work Research 28, S. 71–81

Ribner, D. (2002): Client's View of a Succesful Helping Relationship. In: Social Work 47, S. 379–387

Richter, H./Coelen, T./Mohr, E./Peters, L. (2003): Handlungspausenforschung – Sozialforschung als Bildungsprozess. Aus der Not eine Tugend machen. In: Otto, H.-U./Oelerich, G./Micheel, H.-G. (Hrsg.): Empirische Forschung und Soziale Arbeit. Ein Lehr- und Arbeitsbuch. Neuwied. S. 45–62

Riedi, A.M./Schleicher, J. (2007): Der Blick fürs Ganze. Master-Studium in Sozialer Arbeit an Fachhochschulen. In: SozialAktuell 4, S. 2–5

Roberts, A.R./Yeager, K.R. (Eds.) (2006): Foundations of Evidence-Based-Social Work Practice. New York

Röhrle, B./ Sommer, G./ Nestmann, F. (1998): Netzwerkintervention. Tübingen

Rothman, J./Smith, W. (1996): Client Self-Determination and Professional Intervention. Striking a Balance. In: Social Work 41, S. 396–405

Rothman, J./Thomas, E.J. (Hrsg.) 1994: Intervention research: design and development for human service. Binghamton, New York

Rubin, A./Babbie, E. (1993): Research Methods for Social Work. Pacific Grove/CA, 2nd ed.

Sahle, R. (2002): Paradigmen der Sozialen Arbeit – Ein Vergleich. In: Archiv für Wissenschaft und Praxis, S. 42–74

Salustowicz, P. (1995): Soziale Arbeit zwischen Disziplin und Profession. Weinheim

Salustowicz, P./Horn, B./Klinkmann, N. (1992): Forschung an Fachhochschulen – Der Weg in eine neue Identität? Weinheim

Scarano, N. (2002): Metaethik – ein systematischer Überblick. In: Düwell, M./ Hübenthal, C./Werner, M.-H. (Hrsg.): Handbuch Ethik. Stuttgart, Weimar. S. 25–35

Schatzki, T.R./ Knorr C., K./Savigny, E. (2001): The Practice Turn in Contemporary Theory. London

Schefold, W. (2005): Sozialpädagogische Forschung. Stand und Perspektiven. In: Thole, W. (Hrsg.): Grundriss Soziale Arbeit. Ein einführendes Handbuch. Wiesbaden. S. 881–902

Scherr, A./Stehr, J. (1998): Bewältigungsmuster von Arbeitslosigkeit: Wie Jugendliche in Maßnahmen der Jugendhilfe mit Erfahrungen des Scheiterns umgehen. In: Steinert, E./Sticher-Gil, B./Sommerfeld, P./Maier, K. (Hrsg.): Sozialarbeitsforschung: was sie ist und leistet. Eine Bestandsaufnahme. Freiburg i.Br. S. 109–120

Schlittmaier, A. (2004): Ethische Grundlagen Klinischer Sozialarbeit. Weitramsdorf. (www.ipsg.de/pdf/beitraege%20zur%20klinischen%20sozialarbeit%203.pdf – 09.08.2006)

Schlittmaier, A. (2005): Wissenschaftstheoretische Elemente einer Praxiswissenschaft. Überlegungen zur Theoriebildung im Rahmen der Sozialarbeitswissenschaft. In: Sozialmagazin 3, S. 26–30

Schlittmaier, A. (2006): Ethik und Soziale Arbeit. In: Sozialmagazin 2, S. 43–51

Schmidt-Urban, P. et al. (1992): Kommunale Sozialberichterstattung. Schriften des Deutschen Vereins für öffentliche und private Fürsorge. Arbeitshilfen Heft 41. Frankfurt a.M.

Schrapper, C. (Hrsg.) (2004): Sozialpädagogische Forschungspraxis: Positionen, Projekte, Perspektiven. Weinheim, München

Schrödter, M. (2007): Soziale Arbeit als Gerechtigkeitsprofession. Zur Gewährleistung von Verwirklichkeitschancen. In: neue praxis 1, S. 3–28

Schultz, G. (2007): Professionelle Handlungsmuster in der Intensiven Sozialpädagogischen Einzelbetreuung und ihre Auswirkungen auf die Lebenswelt Jugendlicher. Ein Beitrag zur Jugendhilfeforschung. Disseration an der Technischen Universität Berlin (in Vorbereitung)

Schulze-Krüdener, J. (2003): Die Ausbildung zur Sozialen Arbeit im Spiegel der Forschung. Forschung und die Qualifizierung von Studium und Lehre. In: Schweppe, C./Thole, W.(Hrsg.): Sozialpädagogik als forschende Disziplin. Theorie, Methode, Empirie. Weinheim, München. S. 201–215

Schweikart, R. (2003): Identitätsbildende Effekte beruflicher Arbeit. In: Fabian, T./Schweikart, R. (Hrsg.): Brennpunkte der Sozialen Arbeit. Münster

Schweppe, C./Thole, W. (Hrsg.) (2003): Sozialpädagogik als forschende Disziplin. Theorie, Methode, Empirie. Weinheim, München

Shaw I./Shaw A. (1999): Game Plans, Buzzes and Sheer Luck. Doing Well in Social Work. In: Kirk, S. (Hrsg.): Research Methods. Current Social Work Applications. Washington. S. 316–332

Shaw, I. (2005): Practitioner Research. Evidence or Critique? In: British Journal of Social Work 35, S. 1231–1248

Shaw, I. (2006): Theorising Qualitative Research in Practice Oriented Disciplines. In: Theorising Qualitative Methods. Paradigms and Methods, Seminar organised by Quality for ESRC National Centre for Research Methods, Edinburgh University, 15 June 2006. (www.cardiff.ac.uk – 11.04.2007)

Sidler, N. (2004): Sinn und Nutzen einer Sozialarbeitswissenschaft. Eine Streitschrift. Freiburg i.Br.

Simon, H.A. (1996): The Sciences of the Artificial. Cambridge

Sommerfeld, P. (1998): Erkenntnistheoretische Grundlagen der Sozialarbeitswissenschaft und Konsequenzen für die Forschung. In: Steinert, E./Sticher-Gil, B./Sommerfeld, P./Maier, K. (Hrsg.): Sozialarbeitsforschung: was sie ist und leistet. Eine Bestandsaufnahme. Freiburg, i.Br. S. 13–31

Sommerfeld, P. (1998): Spezifische Sozialarbeitsforschung. Ein Resümee zu den dargestellten Forschungsprojekten. In: Steinert, E./Sticher-Gil, B./Sommerfeld, P./Maier, K. (Hrsg.): Sozialarbeitsforschung: was sie ist und leistet. Eine Bestandsaufnahme. Freiburg, i.Br. S. 182–192

Sommerfeld, P. (1999a): Zum Verhältnis von Alltag, Profession und Wissenschaft in der Sozialen Arbeit. In: Maier, K. (Hrsg.): Forschung an Fachhochschulen für Soziale Arbeit. Bestandsaufnahme und Perspektiven. Freiburg i.Br. S. 16–27

Sommerfeld, P. (1999b): Perspektiven der Forschung in der Sozialen Arbeit. In: Maier, K. (Hrsg.): Forschung an Fachhochschulen für Soziale Arbeit. Bestandsaufnahme und Perspektiven. Freiburg i.Br. S. 279–291

Sommerfeld, P. (2000): Forschung und Entwicklung als Schnittstelle zwischen Disziplin und Profession. Neue Formen der Wissensproduktion und des Wissenstransfers. In: Homfeldt, H.G./Schulze-Krüdener, J. (Hrsg.): Wissen und Nichtwissen. Herausforderungen für die Soziale Arbeit in der Wissensgesellschaft. Weinheim, München. S. 221–236

Sommerfeld, P. (2004): Soziale Arbeit – Grundlagen und Perspektiven einer eigenständigen wissenschaftlichen Disziplin. In: Mühlum, A. (Hrsg.): Sozialarbeitswissenschaft – Wissenschaft der Sozialen Arbeit. Freiburg i.Br. S. 175–203

Sommerfeld, P. (Hrsg.) (2005): Evidence based social work – towards a new professionalism? Frankfurt a.M., Berlin, Bern – Rezension von Heiner, M./Kindler, H. vom 13.10.2006, in. Socialnet Rezensionen (www.socialnet.de/rezensionen/3553.php – 12.4.2007)

Sommerfeld, P. (2006): Das Theorie-Praxis-Problem. In: Schmocker, B. (Hrsg.): Liebe, Macht und Erkenntnis. Luzern. S. 289–312

Sommerfeld, P. (2007): Die Kooperation von Wissenschaft und Praxis. Wunschbild, Trugbild oder die Zukunft der Sozialen Arbeit?, in: Klie, T./ Roß, P.-S. (Hrsg.): Sozialarbeitswissenschaft und angewandte Forschung in der Sozialen Arbeit. Festschrift für Prof. Dr. Konrad Maier. Freiburg i.Br. S. 51–65

Sommerfeld, P./Maier, K. (2003): Integrierte Praxisforschung als Theoriebildung und Praxisentwicklung. Reflexionen zur Kooperation von Wissenschaft und Praxis am Beispiel des Projekts „Quartiersaufbau Rieselfeld". In: Otto,

H.-U./Oelerich, G./Micheel, H.-G. (Hrsg.): Empirische Forschung und Soziale Arbeit. Ein Lehr- und Arbeitsbuch. München. S. 112–141

Speelman, C./Maybery, M. (1998): Automaticity and Skill Acquisition. In: Kirsner, K./Speelman, C./Maybery, M. et al. (Hrsg.): Implicit and Explicit Mental Processes. Mahwah. S. 79–98

Spratt, T./Callan, J. (2004): Parent's Views on Social Work Interventions in Child Welfare Cases. In: British Journal of Social Work 34, S. 199–224

Staub-Bernasconi, S. (1986): Soziale Arbeit als eine besondere Art des Umgangs mit Menschen, Dingen und Ideen. Zur Entwicklung einer handlungstheoretischen Wissensbasis Sozialer Arbeit. In: Sozialarbeit 10, S. 2–71

Staub-Bernasconi, S. (1995): Systemtheorie, soziale Probleme und Soziale Arbeit: lokal, national, international, oder: vom Ende der Bescheidenheit. Bern, Stuttgart, Wien

Staub-Bernasconi, S. (2005): Die würdigen und unwürdigen Armen. Menschenwürdige Existenz und Sozialarbeitswissenschaft. In: Schmid, W./Tecklenburg, U. (Hrsg.): Menschenwürdig leben? – Vivre dignement? In: Caritas Schweiz Luzern S. 113–132

Staub-Bernasconi, S. (2006): Theoriebildung in der Sozialen Arbeit. Stand und Zukunftsperspektiven einer handlungswissenschaftlichen Disziplin – ein Plädoyer für „integrierten Pluralismus". In: Schweizerische Zeitschrift für Soziale Arbeit 1, S. 10–36

Staub-Bernasconi, S. (2007a): Soziale Arbeit als Handlungswissenschaft. Systemtheoretische Grundlagen und professionelle Praxis – Ein Lehrbuch. Bern, Stuttgart, Wien

Staub-Bernasconi, S. (2007b): Der Beitrag der systemischen Ethik zur Bestimmung von Menschenwürde und Menschenrechten in der Sozialen Arbeit. In: Dungs, S./Gerber, U./Schmidt, H./Zitt, R. (Hrsg.): Soziale Arbeit und Ethik im 21. Jahrhundert. Leipzig. S. 267–289

Staub-Bernasconi, S. (2007c): Soziale Arbeit als Dienstleistung oder Menschenrechtsprofession? Zum Selberverständnis Sozialer Arbeit in Deutschland mit einem Seitenblick auf die internationale Diskussionslandschaft. In: Lesch, W./Lob-Hüdepohl, A. (Hrsg.): Einführung in die Ethik der Sozialen Arbeit. (Im Druck)

Steinert, E. (1998): Zu den wissenschaftlichen Standards der dargestellten Forschungsprojekte. In: Steinert, E./Sticher-Gil, B./Sommerfeld, P./Maier, K. (Hrsg.): Sozialarbeitsforschung: was sie ist und leistet. Eine Bestandsaufnahme. Freiburg, i.Br. S. 175–181

Steinert, E. (2005): Forschung und Entwicklung in der Sozialen Arbeit: Pragmatische Aspekte. In: Protokoll des Fachbereichstages Soziale Arbeit in München. 7.4.2005

Steinert, E./Sticher-Gil, B./Sommerfeld, P./Maier, K. (Hrsg.) (1998): Sozialarbeitsforschung: was sie ist und leistet. Eine Bestandsaufnahme. Freiburg, i.Br.

Steinert, E./Thiele, G. (2000): Sozialarbeitsforschung für Studium und Praxis. Fortis FH Köln

Steinke, I. (2000): Gütekriterien qualitativer Forschung. In: Flick, U./Kardorff, E.v./Steinke, I. (Hrsg.): Qualitative Forschung: Ein Handbuch. Reinbek bei Hamburg. S. 319–331

Sticher-Gil, B. (1998a): Einführung. In: Steinert, E./Sticher–Gil, B./Sommerfeld, P./Maier, K. (Hrsg.): Sozialarbeitsforschung: was sie ist und leistet. Eine Bestandsaufnahme. Freiburg, i.Br. S. 7–12

Sticher-Gil, B. (1998b): Zum Gegenstand der Sozialarbeitsforschung – Klärungen unter Bezugnahme auf die dargestellten Forschungsprojekte. In: Steinert, E./Sticher-Gil, B./Sommerfeld, P./Maier, K. (Hrsg.): Sozialarbeitsforschung: was sie ist und leistet. Eine Bestandsaufnahme, Freiburg, i.Br., S. 155–174

Stock, L. (2005): Sozialberichterstattung als Forschungsfeld der Sozialen Arbeit. In: Hochschule Magdeburg-Stendal (FH) in Zusammenarbeit mit Deutscher Berufsverband für Soziale Arbeit e.V., Landesverband Sachsen-Anhalt (Hrsg.): Forschung der Sozialen Arbeit. Dialog zwischen Forschung und Praxis. Magdeburger Reihe Band 17. Magdeburg. S. 72–84

Stolk, v. B./Wouters C. (1987): Frauen im Zwiespalt. Eine Modellstudie. Frankfurt a.M.

Stövesand, S. (2007): Mit Sicherheit Sozialarbeit! Gemeinwesenarbeit als innovatives Konzept zum Abbau von Gewalt im Geschlechterverhältnis unter den Bedingungen neoliberaler Gouvernementalität. Hamburg

Straß, U. (2004): „Irgendwie ist Herr Müller doch gestört!". Über Minenfelder der Sozialen Arbeit zwischen Hilfe und Kontrolle. In: Sozialmagazin 29, S. 48–56

Straus, F. (1990): Netzwerkarbeit. Die Netzwerkperspektiven in der Praxis. In: Textor, M. (Hrsg.): Hilfen für Familien. Ein Handbuch für psychosoziale Berufe. Frankfurt a.M. S. 496–515

Strauss, A.L./Corbin, J. (1996): Grounded Theory: Grundlagen qualitativer Sozialforschung. Weinheim

Sutterlüty, F. (2002): Gewaltkarrieren. Jugendliche im Kreislauf von Gewalt und Missachtung. Frankfurt a.M.

Sutterlüty, F. (2006): Wer ist was in der deutsch-türkischen Nachbarschaft? In: Aus Politik und Zeitgeschichte 40–41, S. 26–34

Taylor, C. (2006): Narrating Significant Experience. Reflective Accounts and the Production of (Self)Knowledge. In: British Journal of Social Work 36, S. 189–206

Thiersch, H. (1986): Die Erfahrung der Wirklichkeit. Perspektiven einer alltagsorientierten Sozialpädagogik. Weinheim, München

Thode–Arora, H. (1999): Interethnische Ehen. Theoretische und methodische Gundlagen ihrer Erforschung. Berlin, Hamburg

Thole, W. (1999): Die Sozialpädagogik und ihre Forschung. Sinn und Kontur einer empirisch informierten Theorie der Sozialpädagogik. In: neue praxis 3, S. 224–244

Thole, W. (Hrsg.) (2005a): Grundriss Soziale Arbeit. Ein einführendes Handbuch. Wiesbaden. 2., überarb. und aktualisierte Auflage

Thole, W. (2005b): Soziale Arbeit als Profession und Disziplin. Das sozialpädagogische Projekt in Praxis, Theorie, Forschung und Ausbildung – Versuch einer Standortbestimmung. In: Thole, W. (Hrsg.): Grundriss Soziale Arbeit. Wiesbaden. S. 13–62

Thyer, B.A./Klazi, Manssor A.F. (2004): An Overview of Evidence-based Practice in Social Work. In: Thyer, B.A./Klazi, Manssor A.F. (Hrsg.): International Perspectives on Evidence-based Practice in Social Work, British Assocation of Social Workers. Birmingham

Tillmann, K.-J./Holler-Nowitzki, B./Holtappels, H.-G. et al. (1999): Schülergewalt als Schulproblem. Verursachende Bedingungen, Erscheinungsformen und pädagogische Handlungsperspektiven. München

Treptow, R. (2005): International vergleichende Sozialpädagogik. Eine Aufgabe zwischen Projektkooperation und Grundlagenforschung. In: Thole, W. (Hrsg.): Grundriss Soziale Arbeit. Ein einführendes Handbuch. Wiesbaden. S. 903–916

Turner, S. (2002): Brains – Practices – Relativism. Social Theory after Cognitive Science. Chicago, London

Turner, S.G. (2001): Resilience and Social Work Practice. Three Case Studies. In: Families in Society 82, S. 441–448

Urban, U. (2004): Professionelles Handeln zwischen Hilfe und Kontrolle. Sozialpädagogische Entscheidungsfindung in der Hilfeplanung. Weinheim

Urban, U./Schruth, P. (2006): Der Berliner Rechtshilfefonds Jugendhilfe e.V.: Hilfe zum Recht – Hilfe zu Recht. In: Widersprüche. Was ist heute kritische Soziale Arbeit? Bielefeld. S. 127–135

Verein für Sozialplanung (VSOP) (1994): Standards der Armutsberichterstattung. Fachpolitische Stellungnahme. Speyer

Waldeyer, H.-W. (2000): Das Recht der Fachhochschulen. Heidelberg

Weiss, I./Welbourne, P. (Eds.) (2007): Social Work as a Profession – A Comparative Cross-National Perspective. Birmingham/UK (Im Druck)

Welzer, H. (2006): Täter. Wie aus ganz normalen Menschen Massenmörder werden. Frankfurt a.M. 4. Aufl.

Wendt, W.R. (2007): Erstreckungen Sozialer Arbeit – Ihre Handlungsräume und ihre praktischen und theoretischen Übergänge in Ökonomie und Politik. In: Klie, T./Roß, P.-S. (Hrsg.): Sozialarbeitswissenschaft und angewandte Forschung in der Sozialen Arbeit. Festschrift für Prof. Dr. Konrad Maier. Freiburg i.Br. S. 29–50

Wensierski, H.-J. v. (1997): Verstehende Sozialpädagogik. Zur Geschichte und Entwicklung qualitativer Forschung im Kontext der Sozialen Arbeit. In: Jakob, G./Wensierski, H.-J. v. (Hrsg.): Rekonstruktive Sozialpädagogik. Konzepte und Methoden sozialpädagogischen Verstehens in Forschung und Praxis. Weinheim, München

Wilhelm, E. (2005): Rationalisierung der Jugendfürsorge. Bern, Stuttgart, Wien

Wilhelm, E. (2006): Abschied von der großen Erzählung. Stand und Zukunftsperspektiven der Theoriebildung in der Sozialen Arbeit. In: Schweizerische Zeitschrift für Soziale Arbeit 1, S. 37–46

Winkler, M. (1995): Bemerkungen zur Theorie der Sozialpädagogik. In: Sünker, H. (Hrsg.): Theorie, Politik und Praxis sozialer Arbeit. Bielefeld. S. 102–119

Winkler, M. (2003): Sozialpädagogische Forschung und Theorie – Ein Kommentar. In: Schweppe, C./Thole, W. (Hrsg.): Sozialpädagogik als forschende Disziplin. Theorie, Methode, Empirie. Weinheim, München. S. 15–33

Wolpert. L. (2004): Unglaubliche Wissenschaft. Frankfurt a.M.

Wulf, Ch. (2006): Das Soziale als Ritual. In: Musner, L./Uhl, H. (Hrsg.): Wie wir uns aufführen. Performanz als Thema der Kulturwissenschaften. Wien. S. 43–58

Zapf, W. (1978): Einleitung in das SPES-Indikatorensystem. In: Zapf, W. (Hrsg.): Lebensbedingungen in der Bundesrepublik. Sozialer Wandel und Wohlfahrtsentwicklung. Frankfurt a.M., New York. S. 210–230

Zapf, W./Schupp, J./Habich, R. (Hrsg) (1996): Lebenslagen im Wandel: Sozialberichterstattung im Längsschnitt. Frankfurt a.M.

Zyl, van M.W. (2004): Evidence-based Practice in South Africa. In: Thyer B./Kazi AmA.F. (Eds.): International Perspective on Evidence-based Practice in Social Work. Birmingham. S. 133–148

HerausgeberInnen und AutorInnen der Essays

Borrmann, Stefan Dr.; geboren 1974; Diplom-Pädagoge. Studium der Erziehungswissenschaft mit dem Schwerpunkt Sozialpädagogik sowie Promotion an der Technischen Universität Berlin. 2004–2005 Aufenthalt als Gastwissenschaftler an der School of Social Welfare der University of California at Berkeley. Geschäftsführer der SICSW. Derzeit Wissenschaftlicher Referent in der Institutsleitung des Deutschen Jugendinstituts (DJI) sowie Fachhochschullektor am Management Center Innsbruck (MCI). Lehr- und Forschungsgebiete: Theorien, Ethik und Handlungslehre Sozialer Arbeit; International Social Work; Rechtsextremismus; Jugend und Jugendarbeit; Frühkindliche Bildung.
E-Mail: stefan.borrmann@socialwork.de

Engel, Eva-Maria; geboren 1974; Diplom-Psychologin; seit 2003 wissenschaftliche Mitarbeiterin im Zentrum für Kinder- und Jugendforschung (ZfKJ) an der Kontaktstelle für praxisorientierte Forschung der Evangelischen Fachhochschule Freiburg. Arbeitsgebiete: Pädagogik der frühen Kindheit und Jugendhilfe.
E-Mail: Engel@efh-freiburg.de

Engelke, Ernst Dr.; geboren 1941; Studien der Philosophie, Theologie, Pädagogik und Psychologie in Freiburg i.Br. und Würzburg; Promotion in Theologie, Diplom in Psychologie, Habilitation für das Lehrgebiet Erziehungswissenschaft/Sozialpädagogik (TU Berlin). Berufliche Tätigkeiten in Jugendarbeit, Klinikseelsorge, Ehe-, Familien- und Lebensberatung und Psychiatrie. Von 1980–2007 Professor für Soziale Arbeit an der Fachhochschule Würzburg-Schweinfurt. Lehr- und Forschungsgebiete: Geschichte, Theorien und Handlungslehre der Sozialen Arbeit; Palliativmedizin, Palliative Care, Hospizarbeit und Sozialpsychiatrie.
E-Mail: ernst.engelke@arcor.de

Fröhlich-Gildhoff, Klaus Dr.; geboren 1956; Professor für Klinische Psychologie und Entwicklungspsychologie an der Evangelischen Fachhochschule Freiburg. Approbation als Psychologischer Psychotherapeut und Kinder- und Jugendlichenpsychotherapeut. Zusatzausbildungen in Psychoanalyse (DGIP, DGPT), Personzentrierter Psychotherapie mit Kindern und Jugendlichen (GwG), Gesprächspsychotherapie (GwG). 20 Jahre Tätigkeit als niedergelassener Psychotherapeut und als Geschäftsführer eines Jugendhilfeträgers (AKGG). Supervisor bzw. Dozent/Ausbilder bei verschiedenen Psychotherapie-Ausbildungsstätten. Leiter des Zentrums für Kinder- und Jugendforschung an der EFH Freiburg; Forschung im Bereich Jugendhilfe, Pädagogik der Frühen Kindheit, Psychotherapie mit Kindern und Jugendlichen. Co-Leiter des BA Studiengangs Pädagogik der Frühen Kindheit. Projektleiter Freiburg des Programms „Profis in Kitas" (Robert Bosch Stiftung).
E-Mail: Froehlich-Gildhoff@efh-freiburg.de

HerausgeberInnen und AutorInnen der Essays

Kreutner, Karola; geboren 1979; Studium der Sozialen Arbeit in Nürnberg, La Paz und Freiburg i.Br.; wissenschaftliche Mitarbeiterin der Kontaktstelle für praxisorientierte Forschung an der EFH Freiburg; Doktorandin an der Fakultät Erziehungswissenschaften der TU Dresden.
E-Mail: kkreutner@yahoo.de

Lüttringhaus, Maria Dr.; geboren 1964; Dipl.-Sozialpädagogin (FH) und Diplompädagogin (univ.). Freiberuflich: LüttringHaus: Institut für Sozialraumorientierung, Quartier- und Case Management (DGCC); freie Mitarbeiterin am Institut für Stadtteilbezogene Soziale Arbeit und Beratung (ISSAB – Uni Duisburg-Essen). Arbeitsschwerpunkte: Qualifizierungsprozesse in der beruflichen Fortbildung in der Jugendhilfe / sozialer Dienste, Gemeinwesenarbeit/Quartiermanagement. Mitglied im Vorstand der Deutschen Gesellschaft für Soziale Arbeit.
E-Mail: ml@luettringhaus.info

Maier, Konrad Dr. phil.; geboren 1939; Studium Geschichte, Politikwissenschaft, Soziologie, Philosophie und Theologie in München und Freiburg; langjährige Berufstätigkeit im Bereich außerschulischer politischer Bildung; von 1970-2005 Professor für Politikwissenschaft an der Evangelischen Fachhochschule Freiburg; Initiator und langjähriger Leiter der Kontaktstelle für praxisorientierte Forschung an der EFH Freiburg. Arbeitsgebiete: Armut/Arbeitslosigkeit/Krise der Arbeitsgesellschaft; Arbeitsmarkt- und Arbeitsfelder Sozialer Arbeit; Geschichte, Theorie und Forschung im Bereich der Sozialen Arbeit; Stadtteilarbeit/Gestaltung sozialer Räume.
E-Mail: maier@efh-freiburg.de

Schweikart, Rudolf Dr. phil.; geboren 1950; Studium der Mathematik, Physik und Soziologie in Gießen und Frankfurt, Promotion 1983; bis 1991 wissenschaftlicher Mitarbeiter in Forschungsprojekten; 1992 bis 1996 Leitung des ISPO-Instituts in Saarbrücken mit Arbeitsschwerpunkten in der Begleitforschung und der Beratung von Sozialunternehmen; seit 1996 Professor für Sozialadministration an der HTWK Leipzig; Forschungsschwerpunkte: Soziologie der Dienstleistungsarbeit, betriebliche Organisation Sozialer Arbeit, berufliche Identität und berufliche Praxis von Sozialarbeitern.
E-Mail: schweikart@sozwes.htwk-leipzig.de

Sommerfeld, Peter Dr. rer. soc.; geboren 1958; Studium der Soziologie, Erziehungswissenschaften und Psychologie in Tübingen und Grenoble, Promotion am Institut für Erziehungswissenschaft der Universität Tübingen, frühere Lehrtätigkeiten an den Universitäten Fribourg, Bielefeld, Tübingen, freie Universität Berlin und Universität Krems (Österreich). Seit 2000 Professor für Soziale Arbeit an der Fachhochschule Nordwestschweiz. Seit 2006 Leiter Institut Professionsforschung und kooperative Wissensbildung. Schwerpunkte: Professionalisierung der Sozialen Arbeit, Evidence-based Social Work, Gemeinwesenarbeit, Theorie der Sozialen Arbeit und Soziale Arbeit in der Psychiatrie.
E-Mail: peter.sommerfeld@fhnw.ch

HerausgeberInnen und AutorInnen der Essays

Spatscheck, Christian Dr.; geboren 1971; Diplom-Pädagoge und Diplom-Sozialarbeiter (FH). Studium der Sozialarbeit an der Katholischen Fachhochschule Freiburg, der Erziehungswissenschaft an der Pädagogischen Hochschule Freiburg sowie Promotion an der Technischen Universität Berlin. Derzeit Vertretungsprofessor für Didaktik/Methodik der Sozialpädagogik am Fachbereich Sozial- und Kulturwissenschaften der Fachhochschule Düsseldorf; Fachhochschullektor am Management Center Innsbruck (MCI), Lehrbeauftragter an der Alice-Salomon Fachhochschule Berlin sowie stellvertretender Geschäftsführer der SICSW. Lehr- und Forschungsgebiete: Theorien und Methoden Sozialer Arbeit; International Social Work; sozialraumbezogene Arbeits- und Forschungsansätze; Kinder- und Jugendhilfe, Jugendarbeit und Jugendkulturarbeit.
E-Mail: christian.spatscheck@gmx.net

Staub-Bernasconi, Silvia Dr. habil.; geboren 1936; Studium der Sozialen Arbeit in Zürich und USA; Studium der Soziologie, Sozialpsychologie, Pädagogik und Sozialethik an der Universität Zürich; Professorin für Soziale Arbeit und Menschenrechte an der Hochschule für Soziale Arbeit Zürich von 1967–1997, an der Technischen Universität Berlin von 1997–2003; ab 2002 Lehrgangsleitung des Kooperationsstudienganges der drei Berliner Hochschulen für Soziale Arbeit sowie des Instituts für Rehabilitationswissenschaften der Humboldt-Universität zu Berlin: Master of Social Work – Soziale Arbeit als Menschenrechtsprofession. Vizepräsidium der Deutschen Gesellschaft für Soziale Arbeit, Vorsitz der Sektion „Theorie- und Wissenschaftsentwicklung der Sozialen Arbeit" der Deutschen Gesellschaft für Soziale Arbeit. Arbeitsschwerpunkte: Soziale Probleme und Theorien Sozialer Arbeit; Soziale Arbeit als systemtheoretisch begründete Handlungswissenschaft; Ökonomisierung und Soziale Arbeit; Menschenrechtsbildung und -praxis; Armut, Genderfragen und Migration; interkulturelle Konflikte und Gewalt; Internationalisierung Sozialer Arbeit.
E-Mail: staubernasco@bluewin.ch

Steiner, Uta; geboren 1981; Studium der Sozialarbeit/Sozialpädagogik an der HTWK Leipzig; 2004 bis 2006 Projektmitarbeiterin im Fachbereich Sozialwesen der HTWK Leipzig; derzeit Studium zum Master of Arts in Social Work an der Universität Kassel.
E-Mail: u_steiner@freenet.de

Steinert, Erika Dr. phil.; geboren 1950; Studium mit Abschluss M.A. der Erziehungswissenschaft, Politik und Soziologie an der Universität Heidelberg, dort auch Promotion in Erziehungswissenschaft. Praxiserfahrungen im Bereich autonomer Frauenhausarbeit, Forschungsmitarbeiterin am SINUS-Institut Heidelberg sowie ISO-Institut Saarbrücken. Professorin für Sozialarbeitswissenschaft am Fachbereich Sozialwesen der Hochschule Zittau/Görlitz (FH) seit 1992; Direktorin des Instituts für Transformation, Wohnen und soziale Raumentwicklung (TRAOWS) der Hochschule Zittau/Görlitz; Prorektorin Bildung der Hochschule Zittau/Görlitz (FH) von 2003-2006. Lehrgebiete: Theorien So-

zialer Arbeit, Forschungsmethoden in der Sozialen Arbeit, Handlungsmethoden Sozialer Arbeit. Forschungsschwerpunkte: Genderforschung, Internationale Sozialarbeit.
E-Mail: e.steinert@hs-zigr.de

Stock, Lothar Dr. phil.; geboren 1955; Studium der Erziehungswissenschaften in Frankfurt am Main, langjährige Berufstätigkeit in der Gemeinwesenarbeit, zuletzt als Geschäftsführer der Landesarbeitsgemeinschaft Soziale Brennpunkte Hessen e.V., seit 1999 Professor für Sozialarbeitswissenschaft an der Hochschule für Wirtschaft, Technik und Kultur Leipzig (FH), Fachbereich Sozialwesen mit den Schwerpunkten Methoden der Sozialen Arbeit/Gemeinwesenarbeit, Sozialpolitik; Arbeitsgebiete: neue Formen der Bürgerbeteiligung, bürgerschaftliches Engagement, Arbeitslosigkeit/Krise der Arbeitsgesellschaft/Perspektiven des Sozialstaats, Sozialberichterstattung, Armutsforschung.
E-Mail: stock@sozwes.htwk-leipzig.de

Tausch, Carina; geb. 1982; Diplom-Sozialarbeiterin/Sozialpädagogin (FH); berufliche Tätigkeit: Integrative Kindertageseinrichtung Stadt Leipzig; Wissenschaftliche Mitarbeiterin in verschiedenen Forschungsprojekten am Fachbereich Sozialwesen der Hochschule für Wirtschaft, Technik und Kultur Leipzig (FH) zur Sozialraumorientierung und Sozialberichterstattung, Expertise und Erhebung zur Familienfreundlichkeit an der Hochschule.
E-Mail: carina_tausch@web.de